教育学

陈伟军 主编

陈文华 李 群 副主编

科学出版社

北 京

内 容 简 介

本书全面系统地论述了课程、教学、教育实践、教育制度、教育目的、教育评价、教育管理等教育学领域的基本理论及相关问题，并对教育与文化、教育与社会等关系作了全新的阐释。全书材料平实，体系严整，观点鲜明，内容丰富，并适当汲取了当代西方教育学的最新理论，在具有普适性的同时兼具有较高的科学性和前沿性。

本书可作为高校本科学生、高职高专学生公共课教材，也可作为本科生考研的基础读物以及考取教师资格证的复习材料。

图书在版编目(CIP)数据

教育学/陈伟军主编. —北京：科学出版社，2009
ISBN 978-7-03-023960-0

Ⅰ.教… Ⅱ.陈… Ⅲ.学前教育-教育学-高等学校-教材 Ⅳ. G610

中国版本图书馆 CIP 数据核字（2009）第 011637 号

责任编辑：王 彦/ 责任校对：耿 耘
责任印制：吕春珉 / 封面设计：耕者设计工作室

科学出版社 出版
北京东黄城根北街 16 号
邮政编码：100717
http://www.sciencep.com
三河市骏杰印刷有限公司印刷
科学出版社发行 各地新华书店经销
*
2009 年 3 月第 一 版 开本：787×1092 1/16
2021 年 8 月第九次印刷 印张：19
字数：401 000

定价：46.00 元

（如有印装质量问题，我社负责调换〈骏杰〉）
销售部电话 010-62136131 编辑部电话 010-62130750

前　言

当前，我国教育领域正在进行变革。带有强烈功利色彩的教育机制的弊端已是有目共睹，而来自西方的现代教育思潮却在不停地涤荡着教育学界学人的神经，诸多业内人士的教育观念业已发生了明显的改变，一场强烈的观念改革正自教育界内部渐趋蔓延开来。然而，由于教育现状积重难返，真正的改革才刚刚起步，在如此情况下编写《教育学》教材必然面临一定的难题：观念若超前往往会导致在实际使用上的尴尬，而内容的保守又难免招来种种的批评，因此，对编者而言实有迟疑不决之嫌。然而，教育的复杂性和广泛性又决定了教材编写的必要性和多样性。虽然每部教材均难免存有差谬，每部教材也都难称众人之心，但正是这一部部参差不齐而又迥然有异的教材铸就了教育学大厦的根基。从这一角度而言，任何一部教材都有其生存的价值。正是基于这一想法，笔者方不揣浅陋，勉力为之，唯望各位方家拨冗赐教。

本书具有如下四个特点：

一、普适性。适当参考历年教育学考研大纲，力求全面、系统地兼顾到教育及教育学的诸多领域及问题，以利于本科生复习考研之用，以及为本、专科及高职院校的普遍使用打下基础。笔者认为，教育实践虽有万千差异，但教育在本质上具有同构性，尤其在基本理论上具有较强的延散性。

二、平实性。在观点的采用上不求险怪，在材料的择取上不求冷僻，力求使各章各节的观点及内容平实有力、扎实稳妥，使学生能较为踏实地了解、掌握教育学的基本理论，为进一步深造及后续学习提供较为质实的教育学背景。

三、前沿性。虽然本教材讲求平实风格，但在教育与教育学、教育与文化、教育与社会、课程等章中适当汲取了当代西方较为前沿的学术成果，可使读者在一定程度上窥见教育学的发展现状，并有利于启示读者对教育实践、教育现象的深层思考。

四、均衡性。由于本书讲求普适性，因此，各章内容的选取上尽量不偏嗜一端，而是均衡处理各部分内容的比例和分量，不以编者的嗜好及特长影响内容的布置，一切以有利于学生的使用为宗旨。

本书编写具体分工如下：第一章，魏建培；第二章，王元臣；第三章，刘兴顺；第四章，杜蕾；第五章，陈文华；第六章，隋立国；第七章，魏建培；第八章，李群；第九章，李淑丽；第十章，刘兴顺；第十一章，王新民；第十二章，齐华云。陈伟军对全书统稿、定稿，并对部分章节进行了较大幅度的修改。

本书在编写过程中参考了诸多学者的相关成果，这在书中及参考文献中均已标出，在此谨表谢意！另外，中华女子学院山东分院屈玉霞教授给予了大力帮助，特致谢忱！

陈伟军

2009 年 3 月

目　录

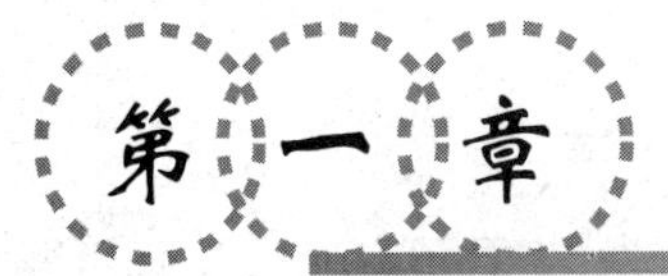

教育及教育学

【内容提要】 教育在不同的民族和文化空间中也存有巨大的差异，教育的进步主要是来自于人类对自身认知的不断深入。教育是在个人与社会之间进行的主体间的文化相互传承的特殊社会交往活动，是个体社会化和社会个性化的实践活动。19 世纪末至 20 世纪在西方出现的进步教育思潮和教育运动奠定了现代教育学的基础。其共同特点是反对传统的教师中心、教材中心和课堂中心，主张以学生为中心，强调儿童学习的独立性和创造性，要求把教育与社会生活联系起来。

第一节　教育及其历史演进

一、教育的概念

理清教育的概念是一个非常麻烦的事情。一方面，教育就像阳光和空气一样弥漫在我们的周围，不仅与我们的成长息息相关，而且关涉我们生活的方方面面。正是由于教育存在的过于广泛，又难以被清晰地加以涵括，这就注定了它留给我们的感觉——熟悉而又难以界定。另一方面，教育又是一个变动不居的概念，以致我们难以一劳永逸地为教育找到一个准确的定义。

因此，我们不得不面对这样一个现实，我们对每天都接触的教育似乎早已了然于心，甚至许多人每天都以自己理解的方式从事着教育工作，然而，正如许多貌似浅显而又实则充满玄机的哲学问题一样，当我们真正要回答“教育是什么”这个最基本的问题时才发现，我们对教育的内涵认识得并不清晰，对教育的诠释又总是众说纷纭抑或莫衷一是。也许，我们所能准确描述的只能是，教育是发展的、动态的和多样化的，或者模仿美学家为“美”下定义那样为教育下一个无奈的界定——教育是难的！

所幸的是，尽管我们还无法为教育下一个完备的定义，但这并不妨碍我们从事教育工作，教育依然以自己的规律在运行。虽然对教育的不同理解可以影响教育的效率，但不会使教育工作陷于停顿。

我们仍然要竭力理清教育的概念，我们需要清醒地认知、反思我们的教育行动，以使我们的教育变得更加科学，更加完善。而且从哲理上来说，任何理论都是有缺陷的，所以，我们不妨对教育做出自己的解答。

我们先从词源上来考察“教育”的本质。

（一）教育的根源

“教育”一词最早见于《孟子·尽心上》。孟子认为，“君子有三乐”，而“得天下英才而教育之”便是其“三乐”之一。孟子所言“教育”并不是一个合成词，而是两个单音动词。《说文解字》释曰：教，“上所施，下所效也。”育，“养子使作善也。”这两个动词均含有“教导、培养”之义，与今天含义极为丰富、复杂的“教育”一词虽有一定的相通之处，但并不完全相同。事实上，在20世纪前，人们很少将这两个字作为一个完整的词汇来使用，在谈到教育问题时，大多使用的是“教”与“学”两个词。而且，两相比较，又以“学”字使用为多，中国古代的教育思想也集中体现在有关“学”的论述上，“教育”的著述也多以“学”为名,如《学记》（乐正克）、《大学》（无名氏）、《进学解》（韩愈）、《劝学篇》（张之洞）等。显然，“教”与“学”中所包含的观念就是中国文化背景下所谓“教育”的根源，这两个字也很好地体现了当今“教育”所涵蕴的主要意义。

从字源的角度来分析，“教”在甲骨文中写作，金文写作。这是一个明显的会意字，左下方的“子”表示儿童或年轻人，应是教的对象；左上方的“爻”表示占卜的活动，应是教的内容；右下方的“又”表示一只举起的手，右上方的“/”则是举起的鞭子或棍子，表示教的手段和过程。各部分组和起来表示成人手拿器械督促儿童学习。“学”在甲骨文中写作，金文写作，这也是一个会意字。“学”字上方左、右两边分别表示两只手，位于中间的“爻”同样表示占卜活动。“∩”象征着家或屋子，下面的“子”则是学习者——学生。因此，从字源上看，两个字中均含有“爻”字，表明古代氏族中普遍存在的带有宗教意味的“仪式”活动，被视为“教”或“学”的主要内容，是学校教育的起源。同时，这两个字的构词法也告诉我们，上古时期，人们并不把基本的生产劳动技能作为教和学的主要内容，而是把“教”和“学”与祭祀、占卜等族群的重大宗教活动联系在一起，视为一种上层社会人士才可以从事的尊贵的行为。而且，由于占卜活动带有明显的对未来的预示的企图，因此，原始的教育在起初就含有了对被教育者进行培养以助益其未来的功能。显然，在远古时期，氏族群体就形成了作为共同体道德规范的生存之道，并把它作为重要的文化遗产传输给下一代。儿童就是在这样的“教”、“学”中懂得了氏族共同体的历史、文化、技能及禁忌。在远古教育中，教育者通常是年长者或祭司，而他们往往是讲故事的天才或舞蹈、歌唱能手，他们擅长在严肃的宗教、占卜等重大仪式中，结合神话和传说，歌唱或吟诵集体过去的故事，以这种口述传诵的方式告知儿童有关氏族共同体的英雄和祖先、胜利和失败以及本民族的文化符码。那时，教与学是统一的，是从不同的角度来描述同一种事物、同一种活动，是在真实的活动和场景中传达着必要的文化信息。

“教育”一词真正出现在中国是19世纪末20世纪初。当时，在日益严重的民族危机及强大的社会压力下，清政府不得不广开民智，兴学育人，以培养经世致用的新型人才。甲午战争后，在日本留学的部分留学生开始翻译日文教育学书籍。由于日文中含有“教育”和“教育学”一词，故翻译过来的有关“兴学”的活动及理论即称之为“教育”或“教育学”。在学术界的影响下，朝廷大臣在呈递的奏折中也渐渐地出现了将“学”与“教育”交叉使用、“兴学”与“普及教育”并提的情况。但当时人们习惯的用法还是以“学”为主，如整个教育事务通常被称为“学务”，国家教育机关则称为“学部”。“学部”下设“劝学司”、“劝学所”，学部中有“学臣”，劝学所中有“劝学员”等。1906 年，学部正式奏请朝廷颁布“教育宗旨”。民国后，国家正式改“学部”为“教育部”。此后，“教育”一词遂取代传统的“教”与“学”成为我国教育学的一个基本概念。这是我国教育现代化诞生及传统教育学范式向现代转化的一个语言学标志。

在西方，现代英语中的“education”、法语中的“éducation”以及德语中的“erziehung”，三者均起源于拉丁文“educare”。“educare”是个名词，它从动词“educĕre”转换而来。“educ-ĕre”则是由前缀“e”与词根“ducĕre”合成。词根“ducĕre”意为“引导”，前缀“e”则含有“出”的意思，二者组合在一起以示“引出”、“导出”，意思是采用一定的手段，把某种本来潜藏于人身上的东西引导出来，使人的某种潜质转变为现实。这一词汇的组合方式也清楚地表明了西方对“教育”的原初认识和判断。

（二）“教育”的定义

教育界从来就不是一个封闭的领域，而是受到哲学、政治、经济、文化、民族等因素的影响，因此，“教育”也就不是一个固定的、纯客观的存在，而是一个历史的概念。“教育”概念的界定不仅带有明显的历史限定性，而且在不同的民族和文化空间中也存有巨大的差异。

但深究人类对“教育”这一概念认识的不断进步会发现，这一进步主要是来自于人类对自身认知的不断深入。

古典时期，人类对“人”的认识相对较为简单。认为人就是自然的一部分，人与其他对象性的物质——山川河流、草木虫鱼等没有多少差别，对人性的认识也停留在单纯的“善恶”二元论上。这两种认识论反映在教育观上主要表现为两点：一是在所谓的知识的传授上，把人等同于简单的容器，教育就是把人的生存所需要的技能及知识灌输给学习者；二是在人性的培养上，认为人的品性都是单一的，非“善”即“恶”，而且人性都是先验的而非经验的，教育就是把人自身具有的“善心（不忍人之心）”发掘出来（孔孟），或者对人的“恶念（人之性恶，其善者伪也）”加以改造（荀子等），使其得以遏制而已。

后来，随着对人及人性认识的渐趋深入，与人息息相关的教育及其观念开始发生巨大的变化。首先，人不再被当作简单的“容器”，而是意识到人是活生生的有思想、有个性、有自主性的主体，人不仅有强大的能动性，而且人的创造力的产生主要不是外在的授予，而更多地来自于受教育者自身。其次，人类经历了数次文明的危机尤其是“二战”的洗礼后，对人性的复杂性有了更加深刻的认识，开始认识到人性绝非简单的善恶二元论可以概括，我们对“人”自身的认识还很肤浅，认识人类自己比认识客观世界更加困难。鉴于此，各国教育家开始呼吁重视对美好人性的培养，并把如何培养人的“人性”作为教育之大端。教育真正成为“人”成长的家园，而非简单的被管束的对象。当然，由于我们对“人”的认识尚未完善，我们对教育的认识仍然处于一个不断认知的阶段，甚至还在经历着认识上的混乱。

纵览各国对教育所下的定义，依其性质而言，大体可分为五类：

一是强调“教育”的工具性，把教育看作是人生存的工具和手段。如“教育是为人类改善其生活之一种工具也。”（《中国教育辞典》）；“教育是传递人类社会生活经验的工具。”如此定义虽然在“教育是怎样的工具”上存在分野，但它们均是从教育所起的作用以及所产生的效能这一视角来审视教育并指出其涵义的。

二是强调教育的过程性，即将教育看作是人的一种发展过程。其中，一类定义把教育看作是使儿童个体由内向外自然发展的过程。如孟子认为，教育是扩充人固有之善性、发达人固有之良知的过程。而卢梭认为，教育是遵循自然的要求、顺应儿童自然本性的过程；另一类定义则把教育看作是个体社会化的过程，即由外向内塑造个体的过程。凯洛夫认为：“教育……是一种有目的的过程，是一种有计划实现着的过程，这种过程的目的在于把学生培养成社会生活中的此种或彼种角色。”无论是把教育看作是使儿童自然发展的过程，还是使儿童社会化的过程，其审视、界定“教育”的角度都是受教育者的成长过程。

三是把教育定义为某种“活动”。由于对活动归属的认识不同，这些定义又可分为四类：①首先，教育是一种物质生产活动。教育活动与物质生产活动具有相同的内容、结构和方式以及相似的条件，只不过表现形式特殊一点罢了。特殊点就在于对象是人，而产品是人格化的智能。所以教育是属于物质生产实践活动范畴的。②其次，教育是一种精神生产活动。教育是使外化了的精神有效地内化于对象的精神世界，并使之在其中得到最大增殖的精神生产力。③再次，教育是人类自身的生产实践。教育既是改造自然，又是改造社会的活动。④最后教育应归属于社会的一种实践活动。综合以上四类观点，尽管对教育的归属认识不同，但他们都力图从社会结构理论出发，将教育纳于某一社会结构之中，以此来规定教育的特性。

四是把教育看作是一种实体，这可以概括为“机构说”。法国学者 G. 米阿拉雷认为，教育即是一种机构。美国学者科米塔斯认为，教育既不是科学，也不是艺术。事实上教育是社会的基本或核心制度。这种观点可以说是站在国家制度的角度，从教育的外在形态出发来审视教育做出判断的。

五是把教育看作是对人产生影响的一切活动，可以概括为“影响说”。“凡是增进人们的知识技能、影响人们的思想品德的活动，都是教育。”（《中国大百科全书·教育》）许多《教育学》教材也持这种观点。著名教育学者叶澜认为，失之于大泛，无法把教育活动与其他社会活动区别开来。因为人是任何社会活动中的主体，在任何活动中都可能“获得知识或见解”，得到成长，也就是说任何社会活动都可能对人产生影响。但我们却不能因此把任何活动都称为教育活动，不然“教育”与“社会活动”就成了同义语。

上述概念尽管千差万别，但均在某种程度或在某一角度上反映了教育的某些特性，指明了教育所应包含的某些必要因素以及它们之间的联系，为我们界定“教育”提供了坚实的方法和逻辑。正如列宁所肯定的：即使是最简单的概括，即使是概念的最初和最简单的形式，就已经意味着人对于世界的客观联系的认识是日益深刻的。

如若从历史的形态而论，人类对“教育”之意义的理解基本经历了五个历史阶段[①]：①教育意味着工具——旨在目的；②教育意味着工具——旨在过程；③教育意味着生活——工具意义的反题；④教育意味着事实——价值意义的反题；⑤教育是什么——意义的困惑与辩护。

在我国，对“教育”概念的认知也基本经历了三个大的阶段。20 世纪前半叶，教育虽屡经磨难，饱受战乱之苦，但依靠多位教育大家的鼎力推动，曾经呈现出良好的发展势头，如抗日战争期间由北大、清华、南开等大学临时组建于云南昆明的西南联大，虽处于战乱之中，却大师荟萃，名家辈出，短短九年时间，培养出了两位诺贝尔奖获得者及两院院士 90 人，以及多个学科、专业的大量泰斗级的专家、学者，创造了人类教育史上的奇迹。

其时，对“教育”的认识也充满着科学和人性的光辉。我国近现代教育的先驱和奠基者，原北京大学校长蔡元培曾说：“教育是帮助被教育的人给他能发展自己的能力，完成他的人格，于人类文化上能尽一分子的责任，不是把被教育的人造成一种特别器具。”他“五育并举”（军国民教育、实利主义教育、公民道德教育、世界观教育和美感教育）、崇尚“展个性，尚自然”的教育原则，希望把学生培养成“完全人格”的人。

清华大学校长梅贻琦认为教育的本质无外乎使个人与社会之间能够协调发展，而现代大学教育的本质则无非是人格品德的教育与科学技能的教育，因此，大学教育的根本目的是培养“全人格的人”。所谓“整个之人格”包括知、情、志三大方面，且三者兼重，不可偏废。

另外，晏阳初的“平民教育思想”，梁漱溟的“乡村教育理论”，黄炎培的“职业教育思想”，陈鹤琴的“活教育思想”，陶行知的“生活即教育”等等，无不蕴涵着科学的教育精神，为我国的现代教育奠定了良好的理论和实践基础。这一时期，我国的教育家在思想上主要受到美国实用主义哲学家杜威“教育即生活”观念的影响。

20 世纪 50 年代至 70 年代末，由于受到极左路线的影响，教育被政治边缘化、工具化，我国的教育事业一度走上了歧途，对“教育”的认识也发生了较大的偏差。教育界普遍受到前苏联尤其是凯洛夫教育思想的影响，以致几乎全盘照搬前苏联的教育模式，凯洛夫的《教育学》一书成为我国教育主管机构制定教育政策及教学原则的纲领性依据。而文革期间，对教育的破坏尤甚，出于

① 瞿葆奎．1999．教育学研究．杭州：浙江教育出版社，89

政治斗争的需要，全国大、中、小学校陆续开始“停课闹革命”，教育遭受到毁灭性的打击。

改革开放以来，我国的教育事业开始展现出新的历史风貌并焕发出应有的个性活力。一方面，在冲破极“左”政治思潮禁锢、追求教育解放的时代背景下，教育理论界着力突破思想禁区，在历经坎坷后开始重新探索适应新时期社会发展需要的教育价值和课程范式；另一方面，新旧世纪交替之际，西方后现代主义教育思潮以强劲的势头涌入中国，对于促进中国教育由指令型课程范式向生成型、开放型、创新型课程范式的转换发挥了巨大的作用。

尤其是20世纪90年代后期以来，以美国学者威廉·派纳、小威廉姆.E.多尔、加拿大学者大卫·杰弗里·史密斯等人为代表的教育理论，普遍被我国教育理论界所接受，该理论主张重塑课程主体、充分释放教学主体的灵性智慧和自由创新精神，使课程价值重心从学科内容本位转向个体生命本位的观念渐趋成为教育界的共识，并在教育主管部门的支持下逐步走向应用，中国的教育改革终于开始走上复兴之路。

然而，毋庸讳言的是，由于凯洛夫教育思想的影响极为深重，加之旧的教育体制仍未有根本的改动，新的教育观念对教师的影响还较为薄弱，仍有相当多的一线教师习惯于在传统的以教师为主体的教学观念和模式下从事着他们的工作，中国的教育改革仍处于极为艰难的境遇之中。综观当下的教育界，仍然普遍存在着以下几个明显的倾向：一是仍然强调学校教育的目的性、系统性和计划性，凸显学校教育为社会稳定与发展服务这一价值规定。二是在个体与社会的关系上，强调社会本位。这在很大程度上体现了一种外在的意志对教育的控制，强化了教育的统一性。三是在学生与教师的关系上，过多强调教师本位，学生仍然处于被喂养、改造、塑造的地位。四是在过程与结果的关系上，强调结果本位。教育的活动是按照结果的要求预先安排的，教育过程也是按照能导致特定结果的线路来预设的，教育变成了线性封闭的过程。

通过以上的分析不难发现，教育的内涵实际上是随着对人的认识及社会的不断发展而变化的，因此，理解教育的内涵，需要从教育与社会的关系、教育者与受教育者之间的关系等出发来认识。一定要把教育放在一个普遍联系的背景下，放在同一定对象构成的“关系域”中来认识，而且这一“关系域”是不断生成变化的，它的生成变化程度决定了教育发展的程度。我们对教育的理解也可以从对这个演变着的“关系域”的认识来推进。这里的“关系域”主要指人与社会的关系，我们可以从这一人与社会的关系出发来定义教育。人与社会的关系体现在双向文化传递创生的过程，一是个人之于社会的传成创生：个人主体根据自身发展（自我实现）的需要，把自己拥有的某些精神、行为文化创生传递给社会主体。二是社会主体根据自身发展（社会进步）的需要，有选择性地承受个人主体创生传递的精神、行为文化，并最终主体化。

因此，我们认为，教育是在个人与社会之间进行的主体间性的文化创生传递的特殊社会交往活动，是个体社会化和社会个性化的实践活动。

二、教育的历史演进

教育自产生之日起，就伴随着人类社会的进展而不断进步和演变着。在漫长的历史进程中，教育大体经历了原始文化中的教育、古代文明中的教育和现代教育。兹简述于下：

（一）原始文化中的教育

原始文化中的教育是未立文字之前的教育，那是一个没有读、写的时代，我们的祖先通过口述——口口相传的方式来保存他们的文化。原始文化中的教育具有以下特点①：

1. 尝试—错误的学习方式

文字出现以前的人们在环境中面临的首要问题是生存问题，人们和干旱、洪水、猛兽、敌人的袭击等进行着抗争。通过不断地尝试错误，他们所生成的跨越时代的生存技能逐步转化成文化的形式。为了使文化得以延续，群体中的成年人便有意识地将群体的语言、技能和价值观传授给下一代，这个过程叫做文化适应，他们的文化便以这样的方式被保存、继承、积淀下来。

2. 成人仪式：学校的起源

成人仪式是儿童时代向成人时代的转变，当某个部落认为儿童已长大成人时，便会以自己的方式为他们举行一个成人仪式，通常是用舞蹈、音乐和戏剧性的表演等一系列的活动来创造一种强大的、超自然的情景，以深切地影响即将跨入成人行列的年轻人的心理，并唤起某种道德上的反应。结果，儿童懂得了群体约定俗成的事（他们应该做的）以及本民族的禁忌（他们不该做的）。成人仪式是儿童转化为群体正式一员的教育和考验活动，也是最早的学校教育的起源。

3. 教育方法：口述传诵、讲故事

由于缺少文字来记录他们的经验，社会只能依靠口述传诵——讲故事——来使他们的文化遗产得以递嬗。年长者或祭司通常是天才的舞蹈、歌唱和讲故事能手，他们结合神话和传说，吟诵或歌唱集体过去的故事，告知儿童有关民族共同体的英雄人物、胜利和失败。歌曲和故事帮助儿童学会了群体的口头语言并形成了有关时间和空间的更加抽象的思维能力。在今天，讲故事仍然是一种重要的教学方式。

4. 学习内容的转变：符号的识记

从结绳记事到氏族的图腾、语言的使用等，上古人在不停地制造、掌握和使用着氏族群体的符号。这些符号用于记号、图表以及用字母来表示时，他们就创造了群体的书写语言符号系统。自此，人类认识世界、际遇世界的方式便发生了根本变化，学校教育开始朝向符号的识记（识字），这也是教育史上巨大

---

① 阿伦·奥恩斯坦莱文·丹尼尔．2003．教育基础．杨树兵，等译．南京：江苏教育出版社，58～59

的、质的飞跃。

（二）古代文明中的教育

古代文明中的教育如表1.1所示。

表1.1 古代文明中的教育[①]

历史群或时期	教育目标	学生	教育方法	课程	有影响的人或场所	对教育的影响
文字出现以前的社会 前7000～5000年	传授群体生存技能；培养群体凝聚力	群体中的儿童	非正式的教育方法；儿童模仿成人的技能和价值观	狩猎、捕鱼、食物采集的实际技能；故事、神话、歌曲、诗歌、舞蹈	父母、部落年长者和祭司	在传递技能和价值观上强调非正式的教育
中国前3000～1900年	根据儒家的信条为统治帝国培养精英官员	上流社会阶层的男子	记忆和背诵经典著作	儒家经典著作	政府官员	为公务和其他职业而进行笔试
印度前3000年～现在	根据《吠驼经》学习行为方式和仪式	上层等级中的男子	记忆和解释神圣的著作	《吠驼经》和宗教著作	婆罗门的祭司、学者	文化的传播和同化；精神的分离
埃及前3000～前300年	为管理帝国培养神职人员	上层等级中的男子	记忆和抄写口述的著作	宗教的或技术的著作	祭司和抄写员	对一种祭司的精英进行教育的控制和服务的限制；让教育为官僚政治服务
希腊前1600～前300年	雅典：培养市民的责任心和对城邦国家的认同，培养全面发展的人 斯巴达：训练成武士和军队的领导者	公民中的男孩，年龄7～20岁	在初级学校，训练、记忆、背诵；在高级学校，演讲、讨论和对话	雅典：读、写、算术、戏剧、音乐、体育教育、文学、诗歌 斯巴达：训练、军事歌曲和战术	雅典：私人教师和学校、智者派、哲学家 斯巴达：军官	雅典：全面发展的概念，自由的受教育者 斯巴达：为军事国家服务的概念
罗马前750～450年	培养对共和国和帝国的公民责任感；培养管理和军事技能	公民中的男孩，年龄7～20岁	在文法学校进行训练、记忆、背诵；在修辞学校作慷慨激昂的演说	读、写、算术、《十二铜表法》、法律、哲学	私人学校和教师；修辞学校	在教育上强调实际的管理技能；把教育和市民的责任联系起来
阿拉伯700～1350年	培养对伊斯兰教信仰的宗教承诺。发展数学、医学和科学上的专业知识	上层等级中的男孩，年龄7～20岁	在低级学校的训练、记忆和背诵；在高级学校的模仿和讨论	读、写、数学、宗教文学、科学研究	清真寺；宫廷学校	阿拉伯数字及计算；保存了科学和医学上的经典资料
中世纪500～1400年	培养宗教信仰、知识和仪式；为等级社会培养适宜的角色	上层等级中的男孩或那些进入宗教生活的人；进入宗教社团中的女孩或年轻的女子；年龄7～20岁	在低级学校的训练、记忆和背诵及交流；在大学和高级学校的逐字分析和争论	读、写、算术、大学文科；哲学、神学；工艺；军事战术和骑士制度	教区、小教堂和教堂学校；大学；学徒身份；骑士身份	把建立大学的结构、内容和组织作为高级教育的一个重要制度；知识的制度化和保存

① 阿伦·奥恩斯坦莱文·丹尼尔，2003．教育基础．杨树兵，等译．南京：江苏教育出版社，61～62

续表

历史群或时期	教育目标	学生	教育方法	课程	有影响的人或场所	对教育的影响
文艺复兴时期 1350～1500年	培养在经典著作（希腊文和拉丁文）方面的一种人文主义专家；培养为王朝的领导者服务的侍臣	贵族和上层等级中的男孩，年龄7～20岁	希腊及罗马的经典著作的记忆、翻译和分析	拉丁文、希腊文、经典文学、诗歌、艺术	古典人文主义教育家和诸如大学预科学校、体育馆、拉丁文学校等教育机构	强调表达在经典文学中的文学知识、优点和风格；学校的双轨制
宗教改革运动 1500～1600年	培养对特定宗教派的一种信奉；培养普遍的识字能力	在方言学校，年龄7～12岁的男孩和女孩；在人文主义者学校，有上层等级背景，年龄在7～12岁的年轻男孩	在方言学校的记忆、练习、灌输思想、使用问答方式的教学；在人文主义者学校的古典文学的翻译和分析	读、写、算术、基督教教义问答集、宗教观念和仪式；拉丁文和希腊文；神学	服务大众的方言初等学校；为上层等级服务的古典学校	一种给大众提供识字的普遍教育的承诺，确保一致性的监督学校教育制度的起源；依据社会经济等级和职业目标的双轨体制

随着古代文化、社会、生产力的发展，古代文明中的教育具有如下特点：

1. 学校教育成为主要的教育形态

（1）贵族学校

在希腊，纪元前五世纪前后，雅典、斯巴达一类的城邦国家纷纷出现。雅典采取民主政体，国家的最高决策机构是公民总会。公民要参与市政就得有必要的教养。而且，由于民主政治的盛行，参政者需要演讲、辩论，由此，职业教师应运而生。他们开设学园以训练青少年。如柏拉图的“阿卡德米”[①]、亚里士多德的“吕克昂”[②]等。而斯巴达式的教育则是由国家实施的严酷的训练主义的教育。斯巴达教育的唯一目的，就是要通过严酷的军事、体育操练把氏族贵族的子弟训练成体格强壮的武士，也就是对奴隶残酷暴虐、对氏族贵族服帖恭顺，能死心塌地为维护贵族的利益而效力的人。

（2）官僚培养的学校

古代中国很早就建立起了大规模的中央集权的国家政权，拥有自身的国家机构——严密的官僚组织，并创设学校以培养施政的官员。据《礼记》等书记载，夏朝时已有名叫“庠、序、校”的教育机构，到了殷商和西周，又有“学、瞽宗、辟雍、泮宫”等学校的设立。降至盛唐，培养官僚的学制和录用官吏的全国统考的科举制度都已经十分完备。学校教育的主要课程是六艺：礼、乐、射、御、书、数。儒家的道德规范是教育主流价值取向，强调教育应尽力发展个人的美德、道德和忠诚，这些价值观反过来将会创造一个和谐的社会。古代中国的一个重要的教育遗产就是它的全国考试制度。中国的教育家建立了广泛的笔试来评估学生的学术能力，但是考试弊端是强调背诵记忆的内容，而不是

① 阿卡德米——公元前385年，柏拉图在雅典的阿加德莫斯开办的学园

② 吕克昂——公元前335年在雅典吕克昂阿波罗神庙之旁设立的一所学园

解决实际问题。“大凡主流知识与思想已经在权力的支持下成了垄断性的政治意识形态，作为考试的内容，升迁的依据，并与个人利益直接发生关系时，这种知识与思想很快成为教条，并很快地简约化成为一种供人复述与背诵的内容。[①]”由此，导致思想僵化，考试繁荣，教育衰败。

此外，在欧洲进入中世纪以后，还形成了以僧侣、骑士、农民三大阶级组成的封建社会，教会成了民众精神的主宰。教会在各地的总寺院开设寺院学校以培养僧侣；在摆脱了封建领主的政治束缚的自由城邦里建立起了“市民学校”，在新教普及的瑞士、荷兰、普鲁士等市政府还创立了免费的“公立学校”。

2. 学校教育是典型的“精英主义”的教育

等级制度的社会构造了等级森严的教育制度。例如，古印度宗教权威至高无上，教育控制在婆罗门教和佛教手中。婆罗门教有严格的等级规定，把人分成四种等级，处于最高等级的是僧侣祭司，受到最优良的教育；其次是刹帝利，为军事贵族，这两个种族是天然的统治者；再次是吠舍，仅能从事农工商业；最低等级的是首陀罗种姓，被剥夺了受教育的权利，识字谈经被认为是违反了神的旨意，可能被处死。

（三）现代教育

现代教育从14、15世纪的欧洲开始，此时地中海沿岸的一些地区出现了资本主义的萌芽。与此相应的，在欧洲掀起了文艺复兴运动，带来了科学、文学和艺术的繁荣，出现了大批的教育思想家。他们都反对封建教育，提出了一套全新的教育主张。17、18世纪欧洲的一些国家经历了资产阶级革命，确立了资本主义制度。20世纪50年代，前苏联和东欧、东亚一些国家建立了社会主义制度。二者都以大机器生产为基础，在这种大背景下，教育表现出一些共同特点：

1. 现代学校出现和发展

在古代，无论是东方还是西方，学校都没有严格的大、中、小学之分，更没有幼儿园。就是叫做大学和小学的，如我国西周的大学和小学，欧洲中世纪的大学，和今天的大学和小学相比，也存在着极大的差别。近代以来，随着商品经济和资本主义的发展，学校在体系上更完备、类型上更多样、层次上更清晰、性质上也更世俗化，逐步形成为公共教育制度，形成大、中、小学的严格区分的现代学校教育系统。

2. 义务教育免费化和公共教育的中立性

在儿童受教育权保护方面，国家应承担三项一般性义务，即尊重受教育权、保护受教育权和实施受教育权。因此，无论出于保护儿童还是出于实现受教育权的考虑，公共教育经费由公费负担的政策得到强有力的推进。信教自由是基本人权，国家要推进义务教育，就得把公共教育摆在宗教的对立之外，不受宗教左右。

---

① 葛兆光．2004．中国思想史（卷二）．上海：复旦大学出版社，14

3. 科学技术对教育的影响日益加深

人类在科技领域取得了其他领域所无法比拟的巨大发展，科技也无微不至地影响到了我们生活的方方面面。教育作为人类生活的一个重要领域，当然也没有例外。在人类历史的发展过程中，科学技术要得以传播，尽管有许多途径，但教育是最有效的途径，这样适应科学技术发展、传播的现代学校教育也就被创造了出来。因为教育能够对科学技术加工改造，成为简约化的精华内容。科学技术的传播是通过有效组织方式来缩短再生产科学技术所必需的实践，它通过教育的传播使原来为少数人所掌握的科学技术为更多的人所掌握，扩大了传播范围，扩展了教育的内涵，培养一大批科技人才。

科学技术是教育的重要内容，不仅对自然的探索本身成为现代教育的行为的核心部分，而且科学探索的组织方式也构成了现代教育组织——学校组织的典范。科学作为一种价值观，深深影响着教育的组织和管理，甚至课程设计开发、教学过程、课程评价等等都日益科学化、体系化、目标化。

4. 从主张教育权等到学习权益的保障

现代国家由于注重国民的形成，主张对于儿童的培养问题需要有公共的考虑。这样儿童教育就从家庭的私事转变成了国家控制之下的公共事业。于是，国家主张教育权益（对国民教育有优先发言权）。在西欧近代社会中，国家从教会势力下夺得教育权，进而同源于作为自然权的父母双亲的教育权相对抗。在这里，一受双亲的委托、二负有来自国家的公共职务的学校教师，交织着双亲的意志和国家的意志，并依据自身的专业性而主张教师的教育权。双亲、国家、教师这三者的“教育权益”主张，归根结底，由于承认学习的主体——儿童的权利，因而不能不改变为保障儿童的“受教育权”和“学习权益”了。

意志自由是人的最高价值。人生而自由，自由的本质是人成为他或她自己。人的一切活动归根结底是为了人本身的完善和实现。所以保障儿童的学习权至关重要。学习权是一种要求完善和发展儿童人格的权利。联合国教科文组织的“学习权”涵义：①阅读、写作的权利；②提问、深思的权利；③想象、创造的权利；④读懂自身世界、书写历史的权利；⑤活用教育资源的权利；⑥发展个人及集体力量的权利。每一个儿童不仅是“学习的主体”，而且是“学习的主权者”，保障“学习权”即保障基本人权。由于学习权立足于儿童个人与生俱来、要求通过学习来发展和完善人格的权利，所以它能够实现如下转变：即从国家控制的被动接受教育的权利发展为儿童以自由人适用的方式使自己生长和学习的权利。相对于受教育——儿童被动从施教者那里接受教育的过程而言，学习权是从儿童个体积极主动地获取的意义上来说的，是从儿童的角度来看待教育的。

随着人权意识的昂扬，儿童权益受到社会乃至世界的公认。不仅承认儿童有生存权、生活权、发展权、学习权，而且认为成人和社会应当保障这些权益。今天，“学习权”不仅被认为是在社会上谋生的基本，而且已看作是人生不可或缺的基本人权乃至生存权的一部分了。联合国的《世界人权宣言》、《联合国教科文组织宪章》和《儿童权利公约》都确认了这一权利。人性化的教育必须尊重人的精神自由，归还人探究、创造、表达等的学习权。只有每一个人具有价值尊严和创造个性的时候，这个民族才是有尊严的，诸如“自主创新”、“以人为本”、贯彻“科学发展观”等等社会理想也才可能实现。

5. 教育的国际化与本土化

教育的国际化和本土化趋势非常明显。与农业和工业社会相比，信息社会无论是在物质、信息方面还是在资金、知识、人员等方面交流都日益频繁。事实上，从近代资本主义扩张以来，人类就已经进入到了新一轮全球化的浪潮之中。20世纪中叶以来，全球化的趋势更加明显。全球化不仅意味着不同国家、不同地区人们间有着休戚与共的关系，而且意味着民族国家的重新定位。因此，教育应该从态度、知识、情感、技能等方面培养受教育者从小就为一个国际化的时代做准备。此外，教育还应该帮助人们去认识和解决一些威胁人类生存的国际问题，如和平问题、环境问题、道德问题等。与此同时，教育本土化的浪潮将在教育的国际化的背景下出现，成为人们重建本土文化和教育传统的主要论题。因为全球化并不是西方化、划一化，而应是个性化、差异化、多样化的全球化，应该促进世界不同地区、民族国家的繁荣。因此，教育本土化对保护世界多样性具有非常重要的意义。

6. 教育的终身化与全民化

教育在个人生活中地位越来越重要，因为它在促进现代社会发展方面作用越来越大。这种现象的出现有许多原因。我们通常把一生分为几个不同时期来接受教育的做法不再符合现代生活的实际情况，更不符合未来的要求。今天，谁都不能再希望在自己的青年时代就形成足够其一生享用的原始知识宝库，因为日新月异的社会要求不断更新知识，同时，青年的启蒙教育也有延长的趋势。此外职业活动时期缩短、带薪工时总数减少和退休后的寿命延长，均增加了从事其他活动的时间。同时，教育本身也在不断变化：社会提供的校外学习机会在各个领域都在不断增加，而传统的资格概念在许多现代活动部门正在让位于不断发展的技能和适应性概念。今后，整个一生都是学习的时间，教育的终身化和全民化理念成为指导教育变革的基本理念。教育已经远不局限于学龄阶段，而是贯穿人的一生；教育也不再是青少年一代的专利，而是所有社会成员的基本需要。教育变革也应该着眼于创造一个适合于终身学习的社会，满足不同年龄段受教育者需求。从一定意义上说，受教育权成为与人的生存权和发展权紧密相关的一项公民权，全民教育理念正不断从理论走向实践。

第二节 教育学的产生与发展

一、西方教育学的产生与发展

（一）西方教育学的萌芽

1. 历史背景

古希腊和古罗马的文化遗产中，也蕴含着丰富的教育思想和教育经验，如柏拉图的《理想国》，昆体良的《雄辩术原理》，都是欧洲古代教育思想的代表作。柏拉图在《理想国》中总结了当时的雅典和斯巴达的教育经验，提出了一个比较系统的教育制度，规定了不同阶级的人不同的教育内容。亚里士多德是最早提出教育要适应儿童的年龄阶段，进行德、智、体多方面和谐发展教育的思想家。昆体良的《雄辩术原理》更是比较系统地论述了有关儿童教育的问题，被称为世界上第一本研究教学法的著作。

夸美纽斯

2. 萌芽时期

伴随学校教育的发展，16、17世纪，出现了一批研究学校教育的具体教授方法的学者。最大的研究教授方法的学者当推捷克教育家夸美纽斯，他的《大教学论》标志着雏形形态的教育学学科的诞生。他是教育史第一个为“公共教育理论”奠基的教育学家，他主张“把一切事物教给一切人”，作为制度化的公共教育尤其是义务教育，应当是教“一切人”的。为此，他借助学校的教学组织和班级教学制度来实施推行其公共教育的理论。他首创了班级授课制，提出统一学校制度，普及初等教育，扩大学科门类和内容，强调从事物本身获取知识。他从教育要“遵循自然”的前提出发，论证了教学的直观性、系统性、自觉性和巩固性等原则，并编写了各种教科书。主要著作除《大教学论》外，还有《母育学校》、《世界图解》、《语言和科学入门》、《泛智学校》等。他的教育主张、行动在今天看来仍具有“革命”性的意义。

卢　梭

18世纪，卢梭接受洛克教育论的影响，写出了对现代教育依然影响深远的教育名著——《爱弥尔》。卢梭在《爱弥尔》中表达了以下教育思想：①教育的目标在于培养真正的公民，培养自主的、忠于社会正义的、懂得为公共福利抑制自己的人；能够体察社会的自由（不是自然的自由），进而体察道德自由的人。②摒弃阶级的或囿于一职的教育，要有普遍的人的教育。一切的人首先应当作为一个公民受到教育，以便获得公民素质；提高经得住任何地位、职位变化的基本生活能力。

而裴斯泰洛齐和他的教育学说产生的巨大影响，是无论哪种教育论、哪个教育家都无法比拟的。他本人并没有总结出系统的教育学，但许多教育家和教育学者从裴斯泰洛齐的著作和实践中汲取了旨在人的形成与社会改革的教育睿智。以幼儿园的创造者闻名的福禄贝尔就是其中的一个。他在主要著作《人的教育》（1862）中发展了“自我活动原则”和裴斯泰洛齐的“直观原则”，从而对教育工作者和保育人员产生了巨大影响。

（二）教育学的创立

赫尔巴特不仅是一位哲学家，而且也是一位心理学家，尤其对教育之科学化有着莫大的贡献。赫尔巴特在大学的讲坛讲授《教育学》从而系统地在德国首创了具有理论体系的教育学。赫尔巴特是继康德开设教育学讲座之后，最早系统地讲授教育学这门学科的人物。他的代表作是《普通教育学》（1806）和《教育学讲授纲要》（1853）。赫尔巴特吸收了裴斯泰洛齐的观点，才使他的教育学得以体系化，成为独立的学科。在他的著述中，从实践哲学演绎出教育目的，从心理学演绎出教学方法，从而较全面地论述了教育中德、智、体各方面的一些根本问题，体系比较完整，而且从其理论基础来看，包括了心理学和伦理学，基础较为沉实。他创立的一系列核心概念："管理、训育、教学"、"教育性教学"、"多种兴趣"被后来的教育学继承了下来。他和他的弟子开创了赫尔巴特学派。

（三）教育学迅速发展的多元化时期

19 世纪末至 20 世纪初，欧洲出现了新的教育思潮，美国也出现了进步教育运动。这些新的教育理论和主张作为资产阶级教育革新运动的一股思潮，其共同特点是反对传统教育的教师中心、教材中心和课堂中心，主张以学生为中心，强调儿童学习的独立性和创造性，要求把教育与社会生活联系起来等等。

1. 实验教育学

由于达尔文进化论的影响和自然科学的发展，促进了实验方法在心理学和教育学中的广泛应用，于是出现了实验教育学。其代表人物是梅伊曼和拉伊。梅伊曼试图借实验教育学为教育学奠基，拉伊则主张实验教育学就是教育学。拉伊认为，"新旧教育学的主要区别，在于他们的积累经验的方式和研究的方法"。"实验教育学的主要特征，就是在教学和教育研究中所运用的新的研究方法。[①]"他提出必须借助生理学、解剖学、精神病学、实验心理学的研究成果与方法，对儿童生活及学习活动进行实验。而梅伊曼主张上述研究的目的在于改革课程、改进教师的工作以及变革教育教学方法。

杜 威

2. 实用主义教育学

实用主义教育学的代表人物是杜威。实用主义教育思想与西欧"进步教育"结合为一体，以反对传统教育为名，组成了一个新的教育流派。实用主义教育认为，"不能仅仅通过借用自然科学中的实验和测量的技术"来建立教育科学，因为"借用了先进科学的公认的技术，并能用数量的公式表达"，并不意味着其结果"具有科学价值"[②]。哲学家伽达默尔在他的《真理与方法》中也声称，沉醉于对客观方法或技巧的追求实际上是对人

① 拉伊．1996．实验教育学·序．沈剑平，瞿保奎，译．北京：人民教育出版社

② 杜威．1981．杜威教育论著选．赵详麟，王永绪，译．上海：华东师大出版社，279～280

文科学精神的背离。他们主张以儿童中心代替教师中心，以活动课程代替分科教学，他们批判传统教育脱离学生生活实际，不顾学生兴趣和需要等问题，提出“教育即生活”、“学校即社会”、“从做中学”等口号。这些主张构成了实用主义教育思想的完整体系，成为“现代教育派”的代表。杜威的《民主主义与教育》依然是指导21世纪学校教育改革的理论灯塔。

3. 文化教育学

迪尔泰①从精神科学的立场出发，提倡文化教育学。他认为，教育的目的受时间和空间的制约，并因时间、空间的变化而变化，所以，普遍、妥善地规定教育目的是不可能的，从而普遍的教育学是不成立的。教育学应该把随时空变化而具有不同形态和特点的教育现实作为研究课题。这一流派后来发展为人文科学（包括符号互动主义、解释学、现象学社会学、人种志、人种学方法论、批判理论、性别研究、符号语言学等）教育学，在德国、荷兰、加拿大等国获得了很大的进展。

4. 教育的科学

涂尔干从教育的社会性出发，论述了教育学与社会学的关系，主张建立“教育的科学”。它既不同于探究、确立教育的理念与规范的思辨的教育学，也不同于旨在指导教育实践的教育学，而是以作为“社会事实”的教育现象的客观性、实证性研究为内容的教育学。在他认为，教育作为一项重要而突出的社会事务，受社会及社会内其他子系统的制约，这就决定了教育学对社会学具有明显的依赖性，所以，他的“教育的科学”可以说是一种社会学的科学。正是因为教育在于塑造人以使其实现“社会化”，那么，只有社会学才能把教育与教育赖以存在并为其实现的社会条件联系起来，从而帮助人们更深刻地理解教育；只有社会学才能在社会共同意识受到干扰和不确定因而不知道教育目的应是什么时，帮助人们重新去认识和发现它。

此外，在这个时期中，瑞典教育家爱伦·凯的《儿童的世纪》（1909），法国E. 德莫林的《新教育》（1898），以及意大利教育家M. 蒙台梭利的《童年的秘密》（1936）等，都是这个教育思潮的代表作。

马克思主义的诞生是人类思想史上的革命性变革，特别是在社会科学方面，开创了人类思想发展史上的新纪元。对于教育科学来说，同样是一个新的开端——使教育学走向科学化发展的新阶段。这是因为马克思和恩格斯创立的辩证唯物主义和历史唯物主义，为科学教育学的建立奠定了先进的世界观和方法论基础，使教育上的一系列根本问题，诸如教育的本质、作用，教育的目的、任务，教育、环境与人的发展等得到了科学的解释和论证，使教育学建立在科学的世界观和方法论基础上。不仅如此，马克思主义创始人还亲自对教育学的基本理论，如教育和生产力的关系、教育和生产关系的关系、人的全面发展、

① 迪尔泰（Dilthey Wihelm,1833~1917），德国哲学家，主要教育著作有《关于普遍妥善的教育学的可能性》、《精神科学绪论》等

教育与生产劳动相结合、综合技术教育等问题进行了深刻的论述。

二、中国教育学的发展

教育学在我国成为一门独立的学科，是从清末“废科举，兴学校”的西方资产阶级教育学输入以后才开始的。其沿革过程，大体可概括为：先学日本，后袭美欧，新中国成立后又学前苏联，直到粉碎“四人帮”后，才逐渐走上教育学中国化的道路。

（一）19 世纪末 20 世纪初，译介日本教育学阶段和蔡元培教育学学说的产生

中国教育学的起步，首先始自对日本教育学的学习。正如著名历史学家费正清教授指出：“从 1898 年到 1914 年这段时期，人们可以看到日本在中国的历史进程中的重大影响。[①]”当时，从大量日本教育类书刊涌入中国的历史事实中可看到这种影响的清晰印痕。据实藤惠秀监修、谭汝谦主编的《中国译日本书综合目录》统计，从 1896 年到 1911 年，中国共译日本教育类书 76 种。其中流行面广、影响面大的是 1901 年刊载于《教育世界》上，由日本立花铣三郎讲述、王国维译的《教育学》。嗣后，日本其他著名的教育学著作也相继经《教育世界》、《直隶教育杂志》及译书局等介绍到中国来，如《实用新教育学》（加纳布市、上由仲之助）、《教育学教科书》（汝濑五一郎）、《新教育学》（冯世德）、《新教育学释文》（吉田熊次）、《实用教育学》（大濑甚太郎）等[②]。其时，我国的一些学者也编写了一些教育专著，如 1913 年蒋维乔著的《教授法讲义》，1914 年张子和编著的《大教育学》，同年张毓聪编著的《教育学》等，尽管这些著作不可避免地有对外国教育学内容的沿袭，但在编著自己的教育学方面，毕竟迈出了第一步，我国开始有了自己的教育科学。

蔡元培

从形式上看，此时介绍过来的教育学，基本上是赫尔巴特的教育学体系。除此之外，卢梭的《爱弥儿》、裴斯泰洛齐的教育学说、尼采的教育学说等也在我国开始流传。

在中国社会转型、文化转型的重要时期，长达百年的中西文化交流碰撞产生了中国本土的第一位现代教育家和本土的教育理论——蔡元培和他创造的教育理论。

蔡元培的教育思想是中国传统文化的精华与西方现代文明相结合的产物，对中国教育界、思想界产生了深远的影响。它蕴含了现代教育思想的精髓：教育的目的就在于造就具有“自由之意志、独

① 费正清．1983．剑桥中国晚清史（下卷）．北京：中国社会科学出版社

② 周谷平．1991．近代西方教育学在中国的传播及其影响．南京：华东师大学报（教育科学版），3：80

立之人格”的民主社会的建设者，崇尚有尊严的多样性、有理想的包容性和健康心态的批判性。

中国传统文化对于理想人格的追求和西方现代文明对于自由、民主、平等、人权的追求，在蔡元培那里得到了完美的统一。或者说，蔡元培给中国传统文化对于理想人格的追求注入了新的、富于时代特征的内涵，这对于古老的中华文明向现代形态的转化，有着积极的意义和贡献。蔡元培的教育思想可以概括为三个方面：

第一，提倡完全人格教育。蔡元培鲜明地提出了自己的主张——造就具有完全人格的个人。完全人格教育是蔡元培教育思想的重要组成部分，“完全人格”是他要培养的自由、民主、平等的社会新人的目标。蔡元培为实现对国民进行完全人格教育，提出了“五育”并重、和谐发展的教育方针，一方面是适应民主共和政体对教育目标提出的客观要求，同时也是由于他留学西欧，受到资产阶级教育思想的影响，接受现代文明的结果。

在中国近代教育思想发展史上，蔡元培是第一个提出了国民教育、公民道德教育、世界观教育和美感教育等“皆今日之教育所不可偏废”的教育思想家。五育并举是蔡元培教育思想的一个显著特点，也是他对于中国近代教育理论的重大贡献。蔡元培五育并举的思想，是以公民道德教育为中心的德智美诸育和谐发展的思想，这在中国近代教育史上是首创，它适应了辛亥革命后资产阶级改革封建教育的需要，顺应了当时中国社会的变革以及世界发展的潮流。

为了切实落实五育并举的教育方针，蔡元培提出了“以美育代宗教”，他之所以要提倡“以美育代宗教”，其理由是：美育是自由的，而宗教是强制的；美育是进步的，而宗教是保守的；美育是普及的，而宗教是有界的。毕竟，宗教是有局限的，它摆脱不了宗派的狭隘性。它与自由、民主、博爱、平等、人权等现代社会的核心价值是冲突的。

第二，力倡“尚自然、展个性”教育。“尚自然、展个性”是蔡元培针对封建教育无视学生的特点，违反自然，压抑、禁锢、束缚个性而提出的教育主张。蔡元培认为教育要顺应受教育者身心发展的实际，指出“尚自然”与“守成法”、“展个性”与“求划一”是新旧教育的分水岭。为此，提倡教育科学的实验研究要摈弃注入式教学方法，强调用启发式进行教学，特别是学生自动、自学、自己研究的方法。

第三，主张教育独立，推行“思想自由、兼容并包”的办学原则。蔡元培的一个非常重要的主张是教育独立。所谓教育独立是指教育超然于政党、超然于教会，主张教育脱离政党、脱离教会而独立，要求把教育事业完全交给教育家办理。这一思想是当时在教育界盛行的教育独立思潮中最具积极意义的主张。这一主张对于弘扬教育的内在价值无疑具有深远的历史意义。大学教育思想在蔡元培整个教育思想体系中占有非常突出的地位。其主要思想为：①大学的性质是研究高深学问的学府。②大学办学原则是思想自由、兼容并包。③大学学科的设置应沟通文理、废科设系。④实行教授治校。

（二）1920～1949 年，西方教育学说在我国广泛传播和陶行知教育学说产生

西方教育学说在中国的广泛传播是以杜威来华讲学为契机的，自此，中国把学习的对象由日本转向美国。

杜威于 1919 年经日本来华讲学，前后有两年多时间，足迹遍及沿海 11 个省市。他在演讲中，着重宣传他的实用主义哲学和教育学。由于他的教育观点与赫尔巴特有明显不同，顿时在我国教育界呈现出一种活跃的气氛。“教育即生活”，“学校即社会”成了当时教育界的口头禅。杜威离华后，介绍和传播杜威教育思想的学术机构、期刊、专著、小册子如雨后春笋。杜威的代表作《民主主义教育》，开始直接作为教育学或教育哲学教材使用。此外，与它相近的波特的《教育原理》和《现代教育学说》、克伯屈的《教育方法原理》、桑代克和盖茨的《教育基本原则》，也都成为我国大学教育系的教育学教学参考书。除了美国的译本之外，西方其他各派的教育专著也开始全书翻译过来，如夸美纽斯的《大教学论》、洛克的《教育漫话》、卢梭的《爱弥儿》、裴斯泰洛齐的《贤伉俪》、赫尔巴特的《普通教育学》等。当时我国学者自编的教育概论、教育哲学、教育原理等专著也日益增多。比较早期出版的有王炽昌的《教育学》（1922）及后来孟宪承的《教育概论》，吴俊升的《教育哲学大纲》，钱亦石的《现代教育原理》等，从体系到内容都比较完整、系统、充实，是比较好的教育专著。

这场发生在 20 世纪的中西教育的对话交流加上中国教育的实践产生了中国自己的教育家和教育理论，这就是陶行知和他创造的“生活教育”理论。

陶行知

陶行知是 20 世纪中国伟大的教育家。他曾受业于美国著名教育家杜威，但他不囿于已有经验，不拘于前人的成见，在实践与实验中总结与研究，洋为中用，古为今用，博采众长，超群脱俗，竭力探索适合中国实际的教育模式和教育理论，并科学地指导中国教育实践。他建立“生活即教育”、“社会即教育”和“教、学、做合一”的“生活教育”理论，主张以人的生活欲望、人的生活要求作为教育的根据；反对脱离社会需要、死扣书本、理论脱离实践的教育。这对于当前的教育改革仍有重要的指导作用。在受教育权方面，他提出：“教育为公，以达到天下为公；全民教育，以实现全民政治。积极方面，我们要求教育机会均等。对人说，无论男、女、老、少、贫、富、阶级、信仰，以地方说，无论远近、城乡，都应有同等机会享受教育之权利。[①]”

陶行知是我国现代职业教育事业早期主要的倡导者，也较早地创立了比较全面的中国化的幼儿教育理论，在困难丛生，阻力重重的环境中含辛茹苦，团

① 陶行知．1991．陶行知全集（卷四）．成都：四川教育出版社，590

结同志，办平民教育、乡村教育、工学团、科学教育。

陶行知的教育学说体系几乎囊括了当时中国理论与实践的各个领域，诸如教育哲学、幼儿儿童教育、成人教育、乡村教育、科学教育、师范教育、社会教育、职业教育、家庭教育、民主教育、革命教育，乃至教育制度、学校制度、教育改革、教育评估、教育管理、教育实验等等，都有精彩的论述和独特的见解。

陶行知指出“道德是做人的根本。如果根本变坏，纵使你有一些学问和本领，也无甚用处。否则，没有道德的人，学问和本领越大，就能为非作恶愈大。”一言以蔽之，“败德之人，不得志害身家，得志害天下”。1943 年，陶行知提出了“千教万教，教人求真；千学万学，学做真人”的著名主张。

（三）新中国成立到“文革”前，教育学的介绍和学习全面转向前苏联的阶段

1949 年新中国成立后，刘少奇指出，中国人民的革命，过去是“以俄为师”，今后建国同样也必须“以俄为师”，从前苏联学习经济学、财政学、商业学、教育学等等。当时的中国教育，要以马克思列宁主义为指导批判和改造旧的教育理论，建立社会主义教育学的新体系，迫切希望了解第一个社会主义国家苏联的教育经验和理论。1950 年，新华书店、人民教育出版社等部门陆续组织翻译和出版了一批前苏联的教育学教材，其中以凯洛夫的《教育学》（上、下册）影响最大，流传最广。第一个五年计划期间，一度形成了学习凯洛夫《教育学》的热潮。凯洛夫本人也曾于 1956 年亲自来华做过短期讲学。凯洛夫的《教育学》成为许多高等师范院校学习的教材和主要教学参考书，一些教育行政干部和中学教师，也以此为业务进修读物。前苏联的教育理论和实际，对于我国社会主义教育和教育科学的建立起了重要的作用，尤其是 1953 年以后，对于稳定我国学校的教学秩序，提高教育质量和教师业务水平发挥了积极的作用。而另一方面，对杜威等人的教育学则采取了全盘否定的政策。但前苏联教育学又有各自的缺点和不足，我们学习时没有进行科学的分析，采取教条主义态度，生搬硬套，从而使我国教育界长期思想僵化，凯洛夫教育学体系成为我国教育学的固定模式，不良影响很大。从 1958 年起，在党的教育方针指引下，我们开始总结自己的教育经验，进行教改实验，试图走自己的路，但在“左”的思想影响下，在教育理论和实践中出现过不少失误。

（四）从 1977 年至今，教育学中国化的探索和努力阶段

“文革”十年，教育学学科建设表现为明显的停滞甚至倒退。教育学教材建设的指导思想是批判“封、资、修”，教育学的内容组成是语录汇编。这十年，是教育学发展的灾难时期。

粉碎“四人帮”后，教育学教材建设迎来了蓬勃发展的春天。广大教育工作者迅速根据形势的发展和教学的需要，出版了各类教育学讲义和教材。从 1979 年至 1990 年，各个类别、各个层次公开出版的教育学教材可谓风起云涌，

共有 111 个版本之多。近年来，陆续出版的仅是属于教育学原理性质的专著就有：厉以贤的《现代教育原理》、孙喜亭的《教育原理》、陈桂生的《教育原理》、叶澜的《教育概论》、成有信的《现代教育引论》和东北师大的《教育学基础理论》、华中师大的《教育学原理》。这些著作，无论其体系还是内容都达到了较高的水平，较之以往同类教材有着明显的历史进步。与此同时，这一阶段也注意译介了前苏联、西方的教育学教材和属于教材性质的著作。如巴拉诺夫等编写的《教育学》，哈尔拉莫夫著的《教育学教程》，奥恩斯坦著的《美国教育学基础》，大河内一男等著的《教育学的理论问题》，日本筑波大学教育学研究会编的《现代教育学基础》，范斯科德著的《美国教育基础——社会展望》，巴班斯基主编的《教育学》，布鲁纳著的《教育过程》，赞科夫著的《教学与发展》等。

今日中国的教育学教材建设正在继承传统、改革创新的道路上不断地进行改造和完善，同时通过学科内部分化，将其研究推向更深入的程度。

思考与练习

1．研究认识以下几项现代教育的特征的产生、发展和价值，要求是首先通过资料查阅（上网或通过其他查阅资料方式），然后进行小组讨论：

1）从主张教育权到学习权益的保障。

2）教育的国际化与本土化。

3）教育的终身化与全民化。

2．试述中西教育学的产生、发展以及它们的区别和联系。

3．解释下列名词：

学习权　　教育权　　精英主义的教育

第二章 教育与文化

【内容提要】 人和其他生物的不同点主要是他的未完成性，人的发展依赖于出生后的文化与教育，文化是人赖以生成的基础。教育和文化具有同源性，文化的作用和要实现的目的与教育是同质的。文化是作为人的未完成性的补偿而出现的，而教育则是文化的生命机制，是实现这种补偿的最主要载体。学校教育体现着国家和社会的文化价值，是主体文化实现其社会目的的最重要的场所，它通过文化传递给社会成员发放文化执照，从而统领、整合社会文化的运行。

第一节 文化与人

一、人的发展特点

从生物学角度来看，人和动物的一个很重要的区别是人的未完成性。

动物在生存中直接起作用的特殊器官和能力是先天具备了的，一但发育成熟，完全可以适合特定的生活条件和需求，即使学习，亦不过是微不足道的习练而已。正如德国著名人类学家兰德曼所言："动物在天性上比人完美，它一出自然之手就达到了完成。[①]"如蝙蝠天生具备完善的声纳系统，鸽子具有良好的方向感等。而跟人类最相近的类人猿，生来就长有抵御寒冷的皮毛，长有攀爬登高、抵抗敌方攻击的锐爪和利齿。可以说动物一出生就具有了相当严密、精确的本能活动图式，形成相应的固定模式，使动物主体的内在要求与特定的外在环境之间产生完美的对应，轻而易举地实现主客体间物质、能量与信息的交换，以满足其特定需要，同时完成自我更新和复制。

与动物相比，人无毛皮可以御寒，没有尖齿利爪与天敌搏杀、获取食物，更无适应长久快速奔跑的体质以避免意外的伤害等。人在体质和本能上存在着巨大的生存缺陷和匮乏。尽管人类最终能够运用语言和技术发展起高度的文明，但从生命的起始，人却是一种比动物更为孱弱的存在。人在生理构造、反应机制及生存功能上具有明显的未完成性、未特定化的特点。人类特有的直立行走和语言活动能力，一般要在出生一年后方才具备。换言之，人在生长大约一年

① 兰德曼．1988．哲学人类学．阎嘉，译．贵阳：贵州人民出版社，195

之后，才能达到一般哺乳类动物降生时就有的发育状态。即令一岁多的儿童跟动物相比，似乎也不能说明人优于动物，最明显的就是人此时仍然不能依靠自身独立生存。人天生的本能上的缺陷和未完成性使得人在婴幼儿时期需要比其他动物更漫长的时间依赖父母和群体的照顾。

人的这种未完成性成为人成长的不利因素。比起自然界其他能很好地适应生存环境的生物，人的生存要艰难得多，也最容易受到各种伤害。以至人类学家格伦将其称为“被剥夺的存在”——人是被剥夺了生存权利的生物。那么，这样一个孱弱的不能独立营生的新生的“圣婴”，何以最终成为万物之灵的呢？

虽然人的未完成性、非特定性是一种不完善的缺陷，但正因为造物主没有对人做出最终的限定，所以人的未完成性里面，也蕴含着极大的可塑性和创造性，蕴含着人的生成、发展的多样可能性。

因为特定化是把动物限制在特定的外部生活条件中，只有在这种条件下才能较好地生存，以致每个特殊的生物物种都有一个特殊的生活空间——栖息地。有的生物只能生活在大海深处，有的生物只能栖息在丛林中。虽然在正常情况下，特定化是它们的有利条件，在自己的环境中它们的生活有完全的保障，然而一旦外界环境因素发生变化，特定化就成了一个非常不利的致命因素。如食物资源枯竭、气候发生改变、新的天敌出现等等。此时生物往往经受不起环境的改变而遭受沉重打击甚至灭顶之灾，而且，特定化程度越高，抵御变化的能力就越差。而人的器官不是为完成少数几种生命功能而被狭隘地制定(特定化)，因此，他们也具有了多种用途：本能的匮乏，使人无法依靠本能图式来实现自我的需要，所以人能够自主学习、思考和发明。人的潜能与人的需要之间有着一个完全开放的天然空间，从而构成了人向世界的开放性。舍勒曾说：“人是向世界无限开放的、大写的‘X’”。人就像一张无尽的网，随时都可同任意一点建立起联系。人如何与环境建立关系，如何实现自身的需求，都有待于后天的建立。这恰恰说明人有无限的发展潜能，所以人的本能缺陷反倒成了人富有生命力和创造力的前提，成为人无限发展的自然基础。“可以说，人永远不会变成一个‘成人’，他的生存是一个无止境的完善过程和学习过程，人和其他生物的不同点主要就是他的未完成性，事实上，他必须从他的环境中不断学习那些自然和本能所没有赋予他的生存技术。为了求生存和求发展，他不得不继续学习。①”

其实，人不仅是一个具有多种发展可能性的存在，也是一种业已从素质上获得了发展潜能的存在。如，体质生态是人类行为的基础，从脑生理上而言，人脑中的神经元多达150亿个之多，各个神经元靠它的突起组织跟别的神经元形成一万个以上的连接，所谓的学习即是凭借这种无数连接线路才成立的。人脑组织的这种复杂性远远高于一般的哺乳动物，这表明了人的学习的无限可能性，亦即人的巨大的可塑性。

新生儿外表的孱弱，既表现出其发展方向未被特定化、生理机能的未完成性，也表现出其发展潜力的丰富性和发展空间的广阔性。但这种发展可能性却

① 联合国教科文组织．1996．学会生存．北京：教育科学出版社

是无定向的，其具体的发展过程则依赖于出生后的文化与教育。文化是作为人的未完成性的补偿而出现的，而教育则是实现这种补偿的最主要载体。

二、文化与人的形成

1. 文化的概念

“文化”一直是学界难以界定的概念。近代以来有关文化的定义颇多。这些定义中影响最大者当数 1871 年英国人类学家爱德华·B.泰勒在他的《原始文化》中给出的界定。泰勒认为：“文化是一个复杂的总体，包括知识、信仰、艺术、道德、法律、风俗，以及人类在社会里所获得的一切能力与习惯。”这个定义对文化的概念作了极为宽泛的解释，把信仰、习惯等纳入文化的概念之中，强调了文化的习得性和整体性。这一定义虽产生于 19 世纪，但至今仍被较多人接受。泰勒的定义对规范文化概念具有重要意义，并为其后来的文化研究者所继承。

20 世纪 50 年代，美国人类学家克罗伯和克拉柯洪分析了 160 多种由社会学、人类学、精神学及其他学科学者对文化所下的定义后，也给文化下了一个自己的定义，他们认为，文化是一种构架，包括各种外显或内隐的行为模式，通过符号系统习得或传递，其核心信息来自传统，它具有清晰的内在结构或层面，有自身的规律。

他们的这个定义，后来也成为有关“文化”概念的一个经典性定义。

当代美国著名的文化人类学家克利福德·格尔茨（1926～）从符号学角度对文化加以探析，认为文化概念实质上是一个符号学的概念。它表示的是从历史上留下来的存在于符号中的意义模式，是以符号形式表达的前后沿袭的概念系统，人们借此交流、保存和发展对生命的知识和态度。人不但生活在物理的世界中，同时也生活在符号的世界中——文化是由人自己编织的意义之网①。

无论是泰勒、克罗伯和克拉柯洪，还是格尔茨，绝大多数文化学者在他们的文化定义里面都注意到了文化的整体性、非遗传性和习得性以及对人的生成的意义，这正是文化的重要特征。

语言符号体系、知识技术体系、行为作用体系、价值规范体系、信仰宗教体系是文化的重要内容。文化的构成领域及其内容如表 2.1 所示②。

表 2.1 文化的构成领域及其内容

	构成领域	主要内容
文化	行为·作用体系	伴随生活情境中的实际行为及社会地位所期待的作用
	价值·规范体系	牵涉集体、组织及其统合的行为容许范围与善恶判断标准

① “我所采用的文化概念……本质上是符号论的。和 M. 韦伯一样，我们相信，人类是挂在由他自己织就了的意义之网上的动物。”“我们必须把文化看作那些网，因而对文化的分析并不是一种寻求规律的实验科学，而是一种寻求意义的解释性科学。”参见：克利福德·格尔茨. 1996. 深描：迈向文化解释学理论. 国外社会学，1～2：40

② 筑波大学教育学研究会. 2003. 现代教育学基础. 钟启泉，译. 上海：上海教育出版社

续表

	构成领域	主要内容
文化	语言·符号体系	使成员间的思想沟通与状况了解得以实现的语言与符号
	信仰·观念体系	拯救现世与祈求来世的展望与世界观
	知识·技术体系	构成生活情境的诸物之认识及其应用知识

2. 人的形成的文化基础

大自然似乎仅仅完成了人的一半就让其上路了，而将人的另一半留给了人类自己。人作为未完成性的生物，却依靠自己开创的文化踏上了成为人的道路。在与自然的对应中，文化的疆界就是自然之外的关涉人的活动的一切存在，人类所建构的一切生活，包括一个人的行为方式、思考方式、情感方式等，都以文化为基础，受文化所支配，是文化的产物①。

人的行为与文化　一般动物的行为模式，在较大程度上是由它们的遗传信息和物质结构赋予的，如河狸修坝、鸟儿筑巢、蜜蜂寻找蜜源、狒狒组织社会性的团体等，这些行为模式都主要依靠被编码于它们体内的遗传基因加上适当的外部刺激所产生。人同样修建堤坝及房屋，获取食物，组织社会团体等，但人的这些行为举止却不是遗传性因素指导的，而是由他们的文化模式决定的，是在一定的文化符号意义系统——诸如流程计划、知识技术、道德或美学判断的指令下进行的。由于文化的非遗传性，使人在对某种掌握概念、理解和运用特殊的符号意义系统的学习时具有极端的依赖性，人必须学习它、掌握它并以之指导自己的行为。没有文化模式的引导，人的行为最终会变得不可驾驭，成为一个纯粹无意义或者突发性情感的举动②。

当然，人也有本能的行为方式，但这些本能或遗传的因素在形成人的过程中并不起主要的、决定性的作用。如，婴儿出生时咿咿呀呀的发音能力是天生的，而稍成长后说话的能力则是文化的；人无意识的眨眼、呼吸是自然的、本能的，但有意的挤眼或吐纳则是文化的产物。挤眼之所以是文化的，就是因为挤眼是一种社会通行的符号，里面有公众约定俗成的信息符码，是人因需要而后天习得的一种特殊的信息交流方式。

从饮食起居、行为举止等方面看，一个社会成员生活的种种行为范型都是受他的文化模式的影响而形成，并呈现出各自不同的特点。此处所指文化模式不是抽象的、普遍的，而是具体的、特殊的。比如一个东方人和一个西方人之间的行为差异是显而易见的：从早晨问安的方式，到同左邻右舍的交往礼仪；从男女白天的生活习惯，到晚餐的准备与进食安排，甚至就寝方式等都是迥然有别的。即使同为东亚民族的中国人和日本人，在生活中的区别也是显而易见

① “我们是通过文化来使自己完备或完善的那种不完备和不完善的动物。”“我们的思想、我们的价值、我们的行动，甚至我们的情感，像我们的神经系统自身一样，都是文化的产物。”参见：克利福德·格尔茨，1999. 韩莉，译. 北京：译林出版社，62～63

② “人明显的是这样一种动物，他极度依赖于超出遗传的、在其皮肤之外的控制机制和文化程序来控制自己的行为。”参见：克利福德·格尔茨. 1999. 文化的解释. 韩莉，译. 北京：译林出版社，57

的。如“爸爸下班晚回家”在中国被认为是不负责任的表现，每位家庭成员都热切盼望男主人早些回家。但在日本，晚回家被当作一件光荣的事，是“爸爸”工作能力强，被上司赏识的表现。因此，下班较早的日本男人通常会在酒吧或约朋友消磨些时间，待华灯初上时再返回家中。这种差异显然也是文化的产物，是由具体的、不同的文化模式造成的。

心智、情感与文化 受文化支配影响的不仅是外显的行为，人的心智，包括人的思维方式，也受文化的支配和影响。文化是一个社会主体的可预见的思维方式，比如美国著名文化心理学家尼斯比特认为，东西方文化的发展有着各自的轨迹：西方文明建立在古希腊的传统之上，在思维方式上以亚里士多德的逻辑和分析思维为特征；而以中国为代表的东方文化则建立在深受儒教和道教影响的东方传统之上，在思维方式上以辩证和整体思维为主要特征。

人类的心智依赖于对某种文化资源的把握，人的大脑是依靠文化资源来活动的。心智活动不是由头脑自主发生的，而是由在被称之为有意义的象征性符号中进行交流构成的，这些符号绝大多数是语言、词汇等，也包括与纯粹现实脱离的有意义的图形、姿态或机械等文化符号体系。这些文化资源，不是心智活动的辅助物和补充，而是它的有机组成成分[①]。我们的中枢神经系统，最重要的是大脑皮层的组织和功能，大部分是在与文化的交互作用中成长起来的。所有这一切对人的心智方面来说是成立的，对人的情感方面也是成立的，人们的情感方式也是文化支配下的产物。人在受到伤痛的刺激时皱眉在某种程度上是由遗传基因决定的，是先天生理的反应，但是在被人冷嘲热讽时皱起眉头却是由文化确定的。其他如人经常被英雄的义举所感动，被缠绵悱恻的爱情所感染，也是受到文化的支配和影响，是以文化为基础和背景的。对事物的好恶评价，不管你愿意与否，也总是受文化影响而形成的，它们无一不带有鲜明的文化色彩。

3. 语言与人的文化生成

语言浸透着文化的精髓，是文化的结晶，在人的形成和社会的维系方面是不可或缺的。我们每个人生来就处在一定的语言体系——文化体系——之中，正因为我们降生、养育在这样的语言体系中，才使我们有别于其他的动物而成为人。

语言基本上是一种符号体系，而且是各种符号体系中最重要的一种，人以语言符号为媒介，创造出形式各异的文化。有了文化，人赖以生存的环境才成为人的环境，人的世界才成为与动物世界完全不同的世界，人才成其为人；同时，也正是借助语言，人掌握了使个体成为社会成员的种种概念系统和范畴——生活方式、社会结构、价值观以及认识和思考的方法，乃至尊重与爱之类的种种情感，从而成为一个社会的人。

语言的边界就是文化的边界，亦即这种语言所代表的社会共同体的边界。

① 人的大脑的确是彻底地依靠文化资源来活动的，最终，这些文化资源不是心智活动的辅助物，而是它的组成部分。参见：克利福德·格尔茨．1999．文化的解释．韩莉，译．北京：译林出版社，95

一种语言的文化体系是使用该语言的人或民族的生活方式的总和，包括他们的生存状态、社会经济、风俗习惯、宗教信仰、科学技术、文学艺术、价值观念等。而这种语言体系通常是看不见、摸不着的，但又必定制约着每一个人，因此，任何人要获得一种文化认同，首先必须习得语言。学习语言、掌握语言，就是学着成人，这就是语言立人。

语言是传递文化的工具，而传递文化是教育的重要功能。以学校为主的教育机构，在其有计划的学科教育中，几乎无一例外都是以语言作为媒介进行的。借助语言工具传递的学科的内容，主要是维系和发展社会生活所必需的知识与技术体系。但是语言传递的，却不单是学科内容所承载的这些知识体系。正如前面所说，语言是文化的结晶，语言是存在之家，语言唤起的内容远远大于它所传递的内容，即使称之为客观的知识体系，实际上也只是某种文化思想的表达。因此，以语言为媒介进行的文化传递、意义阐释和价值建构的教育，也是一个人在不断学习语言和领会语言中塑造成人的过程。

4. 价值与文化

人的文化生成是和价值关联的，而不是价值中立或价值无涉的。前面讲过，人的行为方式、思考方式、情感方式，都是文化的产物，都受文化的制约。那么，怎样的行为举止、怎样的服饰发型、怎样的思考和表达才算适宜的呢？这里就有一个价值制约的问题。同一件事，不同的文化会做出截然不同的价值判断，竞争在美国主流社会是被鼓励的荣尚之举，但在一些印第安人看来却是件羞辱的事情。不同文化具有各不相同的固有的标准，从而形成受到这些标准所容许、所褒奖、所贬抑、所禁止的行为方式。文化有着一个蕴含在它背后的起制约、统合作用的体系化的价值。

在社会生活中，人们与价值息息相关，联系密切。那么，什么是价值呢？所谓价值，就是客体与主体需要之间的一种关系，是作为客体的客观事物满足主体的人的需要的关系。在这里，主体的需要和客体的属性是价值构成的两个必不可少的因素。价值作为社会成员共同具有的需要和期望性观念，是衡量、制约、影响和控制社会各成员思想行为的标准或准则，是文化的核心部分。家规古训、礼教传统、法律道德就具有这种文化价值。人们的行为方式、言谈举止、服饰装扮等无不受到这种价值的制约。在这个意义上，价值也可以说是社会或文化的无形的骨骼，是构成文化之基础的统合因素。

价值的功能大体有两种。其一，个人在日常生活中该采取什么行为时，作为行为选择的指针或标准的作用。反过来说，个人将价值内化，以作为一个名副其实的社会成员而存在。其二，人们依据这样的标准采取行动，以保障社会的统合和维持的功能[①]。人们在生活的每个角落都依据这种标准而彼此相互制约着，并按群体文化价值期望使自我个体社会化，实现个体对群体的价值认同。所以人的文化生成从某种程度上也是一种价值的建构过程。

① 筑波大学教育学研究会．2003．现代教育学基础．钟启泉，译．上海：上海教育出版社，94

第二节　文化与学校教育

一、学校与文化

从文化的角度来看，学校是一种文化传递机构，通过学科教学和各种课程将文化传递给下一代，使文化得以传承、延续和发展。学校教育体现着国家和社会的文化价值，是主体文化实现其社会目的的最重要的场所，它通过完成某种文化传递来给社会个体成员发放文化执照，从而在某种程度上统领、整合社会文化的运行。

1. 学科内容与文化

学校所有的学科内容，都是文化的结晶。学科内容是从人类文化总体中选择整理出来的需要学生掌握的文化集萃，主要包括：学科文化系统的基础知识；文化学习必需的基本技能体系，包括各种智力技能和实际操作的技能；还有大量人类情意方面（包括观念、价值和审美方面）的经验和体验。其中最基础的学科，如国语、科学、社会诸学科，以及音乐、美术等艺术学科的内容，都是作为社会成员的个人在社会生活中所必需的，应当说，这样的学科内容不是别的，正是一种文化。

在学校诸学科中，国语是最重要的一门学科，其文化性质也最明显。2003年颁布的《普通高中语文课程标准（实验）》将语文学科的本质锁定在文化本质论的视野中，强调语文不仅是最重要的交际工具，而且是文化的载体，是人类文化的重要组成部分。里面既有本民族几千年来积淀的文化传统，也有现代的人文精神和普世价值。语文教育旨在陶冶性情、唤醒心灵、自我构建，促进生命个体的总体生成。所以语文学科的教学过程，不但是文化的传递过程，还是确立人的主体地位的文化生成过程。作为学校另一门重要的基础学科——数学则是研究空间形式和数量关系的科学，它的内容、思想、方法和语言已成为文化的重要组成部分。数学里面的推理意识、划归意识、整体意识、抽象意识以及数学的审美意识等都具有精神领域的文化功效，蕴含着深厚的人文精神，具有特殊的文化内涵。因为数学精神和数学思维是重要的文化素质，以致柏拉图曾在他所建学园的门楣上写着这样的铭文："不懂几何者莫入此门。"

艺术类学科也都是些综合性强、具有丰富而独特文化内涵的学科。如美术，它是人类文化最早和最重要的符号性载体之一，记录和再现了人类文化和思想的发生、发展过程。运用美术形式传递情感和思想是人类的一种重要的文化行为，在不同的历史、不同的民族的美术作品中，生动而形象地展现了人们的生活和价值、情感和梦想、理想和信仰等方面的文化风貌。其他诸如在课堂教学中传授的伦理、道德等学科内容，无疑也是文化，而且是文化的精髓。可以说，学校中所传授的学科内容不是别的，正是社会文化本身。

社会文化本身浩繁庞杂，而学生在校学习的时间是有限的，这就要求，所有的学科内容都必须是从人类文化中提炼出来的精华，是人们在生存和生活中必须具备的最基本的文化元素。因此，它应具有较高的认识价值和应用价值，且与学校的教育目标相契合，凡与之相悖的文化因素均要加以摒弃。已入选的文化要素还须分门别类，从有利于学生形成合理的认识结构和个性结构出发，按它们之间的内在逻辑关系加以编排，以保证相关文化层次的连贯和学生的文化接受。

学科内容中文化要素的传递，还需要传授者具备良好的素养，这些素养主要表现在：对所传授的文化信息能正确的理解和把握，对学生的文化基础、智力水平和心态特征有清楚的认识，对所传授的文化信息能进行合理的编码。而作为接受者的学生对教师编码过的文化信息能否接受，则取决于这类文化信息能否与学生认知结构中原有的知识经验建立起实质性的联系。学生在接受文化信息前的心灵并非一片空白，而是具有一定的主体性和选择性，总要以他们既有的文化水平为基础，融进自己的情感和认识，并将所接受的文化信息重新加以编码，这样才算得上真正的吸收，并成为自己文化中的一个组成部分。

2. 隐性的学校文化

文化如果按它的表现形态看，可分为显性文化和隐性文化。前者系指那些呈现于外部的、可见的文化要素，后者则是指那些从外部无法把握的隐含着的文化要素。学校的教育通常是通过有计划的课程来实现的，学科的文化内容则是教师使用教科书之类在教室中展开的，这可谓是一种显性课程文化。而隐性的课程文化是指非正式的各种教育要素，如师生关系、按能力分组、课堂规划、教学风格等，这是一种隐蔽的、无意的或隐喻的文化要素。它主要包括以下几部分内容：

① 正规课程或学科教学实施中所产生的偶然的、无意识的文化影响。②学校情境中通过诸如学生之间、师生之间等人际关系对学生所产生的文化影响。③ 对学生产生潜移默化影响的学校精神文化、制度文化[①]等。

上述文化要素因为其特有的隐蔽性，缺乏系统性、统一性和规范性等，导致实施者难以把握，因而对学生的影响在直接控制程度上不如显性课程文化，但由于它的作用是建立在学生无意识心理活动的基础之上，因而同样具有强大的同化力和潜移默化的影响力，在学生个性的形成和规范行为的养成方面，往往具有显性课程文化无法比拟的优势，应当引起教育者的普遍关注。

但不能忽视的是，这种影响有积极的一面，也有消极的一面。以学科课堂

① 学校精神文化：学校精神文化是学校文化的深层表现形式，是指学校在长期的教育实践过程中，受一定的社会文化背景、意识形态影响而形成的为其全部或大部分师生员工所认同和遵循的精神理念与文化观念，表现为学校风气、学校传统以及学校教职员工的思维方式等，是学校整体精神面貌的集中体现。学校制度文化：学校组织结构，包括正式组织结构和非正式组织，是学校文化的载体。学校管理制度是在教育实践过程中所制定的、起规范保证作用的各项规章和条例。上述两者构成了学校的制度文化。参见：赵中建. 2004. 学校文化. 上海：华东师范大学出版社，299、317

教学为例，教师所传递的不仅是体系化了的清晰的知识与技术本身，教师在课堂教学过程中的提问和态度、对学生的反应所做出的表情和发言、或者教师对于学生的服饰和举止表情之类的注意等，都将作为一种隐蔽的课程文化随同学科内容的讲授而呈现于学生面前，对学生的人格形成也会产生重大影响。

我们不妨看一个简单的例证：

"包利斯不会将 12/16 约分成最简单的形式，而仅仅得出了 6/8 的答案，"教师平心静气地说，"不能再约分了吗？再想想看。"其余学生有的举手，有的挥臂，跃跃欲试，一心想纠正包利斯的错误。几分钟后，教师对其余学生说："那么，谁能帮助包利斯得出正确的答案？"许多双手举起来了。教师指名贝吉。贝吉答道："分子分母都用 2 去除。"

包利斯的失败为贝吉的成功提供了表现的机会，他的不幸成了她欢乐的原由。在包利斯看来，在黑板跟前出现的这个噩梦，大概是这么一种沉重的教训——极力地控制自己，即使遭到巨大的社会压力，也不能从教室里逃出去。由于这种经验，在我们的文化中培育起来的人，无论是睡是醒，乃至处于成功的顶峰，无一例外地想到的不是成功，而是一连串的失败。外部的噩梦，在学校里被内化了，并滞留于人的整个一生。

包利斯不只学了算术，也经历了名副其实的噩梦。我们为了在我们的文化中夺取成功，必须经历失败之梦①。

包利斯的难堪遭际其实就是一种被教师忽视了的课堂隐性文化造成的恶果，是一种崇尚竞争、漠视弱者存在的文化意识的产物。这种状况目前大量存在于中国的中小学课堂里。一种隐蔽的、无意识的课堂文化，将对学生的成长和发展产生强烈的影响。可见，为了避免"包利斯遭遇"的发生，为了消除隐性课程文化对教育带来的负面效应，学校任何课程设计都必须考虑两种课程文化的统一性。现代许多著名的教学改革，往往仅限于正规课程的改革，对潜在的隐性课程文化缺乏应有的重视，忽视了学科内容与社会生活、学生生活的联系，忽视了教师教育理念和教学观念的更新，忽视了整个校园文化的建设等，使良好的愿望昙花一现，导致声势浩大的教改往往走向夭折。

3. 学校教育与价值

现代社会中主要的教育机构——学校，是公共教育制度的核心，教育制度既然也是一种社会制度，是一种文化形态，那么学校教育也可以说是为了某种价值而被创设的一种文化形态。每一种文化形态背后都有支撑、支配和制约它的价值，学校教育和学校文化背后也有这种价值存在。从社会角度而言，这种价值是社会对学校教育抱有的"期望性观念"和需求，反映了该社会的办学理念和社会成员的共同需要和期望。学校基本上是通过学科教学和生活指导，通过显性或隐性的课程文化，来满足这种价值期望并把这种价值传授或暗示给学生。可以说，学校实施的各种教育活动都是为满足和实现这种价值而进行的。

① 筑波大学教育学研究会. 2003. 现代教育学基础. 钟启泉，译. 上海：上海教育出版社，101

价值决定着学校教育的目的、内容、形式和方法。

不同的价值观念，就有不同的教育文化和学校文化。传统型学校把教育等同于“两耳不闻窗外事，一心只读圣贤书”，重视学习书本知识，鼓励学生追求功名，执行严格的操行标准，重视考试功能，注重严格纪律等。这种学校文化易于形成学生知识空泛而功名心重的人格；开放型学校则具有较强的现代性，注重新思想、新科学、新观念的传播和吸收，倡导百家争鸣、广纳博取的学术风气，允许不同思想观点的理论交锋，鼓励学生进行广泛的知识涉猎和学术探讨；政治型学校注重政治伦理教育和统治阶级意识灌输，强调思想控制，有严厉的校纪和奖惩措施，压抑学生的个性发展，注意与官方观点一致，据此以约束学生的一切言行。实际上，学校文化的类型很多，各种形式混合其中，只有根据具体情况进行分析，才能真正把握学校如何受价值支撑和制约，并形成自身文化的，也才能给改革学校教育提供必要的理论依据。

近代以来，为了适应工业革命的需要，学校作为执行教育的机构，把培养实用人才作为自己的目标，教育呈现出实用主义和功利主义倾向。同时工业社会是一个重视科学技术的社会，学校教育亦相应地表现出唯理性的特征。唯理性教育主要是把人作为技术性的工具来培养，这与现代社会教育倡导的主体性教育格格不入，但由于我们国家当下正处于特殊的发展阶段，这种功利主义的工具论思想和观念在社会中仍占主导地位。在这种思想的指导下，教育偏离了自己固有的功能，出现了学校繁荣而教育衰败，学校游离于教育的倾向。工具性教育教学过程的特征是严格、正规、有秩序，几乎对所有的教学程序作预先的安排；在师生关系上是典型的控制与被控制的关系，守秩序、听话、服从，成为教师对学生的最高要求；在教学方法上则是强制性的灌输，追求知识的传递效率，学生被当作容纳知识的容器，教师不把学生当作能动的主体，而是作为被动的客体，以社会的需要来压制个性的发展，把具有独立性的生命个体塑造成毫无个性和自由性的模式化、标准化的产品。

受这种实用主义和工具性教育思想的影响，当代中国教育的价值取向存在着某些明显的偏差，主要表现为在政府的决策中，历来多强调教育的社会工具价值，总是要求教育发挥出即时的、显性的功效，学校难以自我确定自身的价值取向。

影响我国学校教育价值定位的因素是多方面的，除了实用主义和工具性教育思想的影响外，文化传统也是其中一个重要因素。

中国的传统教育制度把读书、应考和求仕三者绑定在一起，自古以来讲求“学而优则仕”，刻苦读书的潜在动机是做官，读书成为通向仕途的台阶和工具。因此而有“万般皆下品，唯有读书高”、“十载寒窗，一举成名”的文化风尚。这种以苦读经书、科举应试、求取功名、授受官职为内容的传统的教育价值观，深刻影响着自鸦片战争以来中国的教育现代化进程。20 世纪初，上千年历史的科举选士制度在形式上被废除以后，这一观念却并没有在人们的深层意识中消失。在由传统社会向现代社会的转型时期，“学而优则仕”的观念与现代社会“教育促进人的社会向上流动”的规律通常一并发生作用，人们仍把读书应试作为出人头地、改变社会地位的重要手段。于是背书、考试、升学，成为一股狂热的激流，冲击着学校的教育，涤荡着每一个学生的心灵。学生只寻求在尽量少的时间里记住尽可能多的那些考试的知识点，而不注重所学知识的质量和应用；整齐、标准、效率、顺从，争取高分成了学生学校生活最主要的体验。学校里实施的各种教育与指导，几乎都是被这种价值观念所制约和规定，并为实现这个价值而努力。

20世纪90年代中期以来在我国兴起的以素质教育为目标的教育改革运动，既是对现阶段应试主义教育的矫正，亦是为完成中国教育现代化在理念和观念层面的补课。到目前为止，我国的教育现代化在教育理念和教育价值观上至少应在以下方面还有很长的路要走：现代教育的平等和民主化的理念；义务教育的公平性和普遍性原则；关于保护学生权利，以学生的最高利益为出发点的教育原则；认清中国教育现代化特殊历史进程的特殊规律；尊重和遵循教育教学规律的原则[①]。素质教育不仅是教育问题，而且更重要的是全民、全社会如何看待人的发展、人的权利、教育的公益性等问题，而这些观念的普及是一个社会文明和现代化程度的标志，也是纠正学校教育价值取向偏差的关键所在。

二、教育的文化功能

1. 人、教育、文化

人的未完成性形成了人对世界的无限开放性，使人具备了独一无二的文化可塑性，同时也赋予了人巨大的需求。因此，在人的可塑性与人的需求之间就形成了某种张力，人的可教育性就此应运而生，教育成为人发展的必由之路。和动物相比，人具有不可比拟的发展潜能。动物的生存依赖于本能，而人类的发展则依赖于内在潜能的开发，实现超生物性的转变。教育是开发一个人潜能的教养过程，是使人实现超生物性转变的关键手段，因此，如果说生存是人的第一天性的话，受教育可谓是人的第二天性或第二生命[②]。

文化、教育、人具有同源性，文化、教育都是以人为要旨。从词义上看，“文化”在英文中写作culture，其本意便是培养、培育，这正是最典型的教育本义，文化实质上是教育意义的积累和延伸。只是后来二者朝着不同的方向发展，教育的内涵逐步缩小，渐趋拘囿于学校教育。而文化的内涵则无限扩大，成为最广义的一切人类成果的代称，教育也沦为文化的一部分。但二者的本质

① 郑新蓉. 现代教育教学应体现的教育价值观. 学科教育，1999，1：1～4

② 关于教育与人的关系还有诸多说法。如德国著名教育哲学家O. F. 博尔诺夫在《教育人类学》谈到：“从一开始就必须把人作为一种可以教育并需要教育的生物来理解，这种思想本身并不新鲜。在夸美纽斯的伟大而独特的教育思想体系中已把人理解为可教育的动物，实际上，人不受教育就不能成为一个人。……兰格维尔特在这期间提出了这样一个著名的说法：人是可以教育的动物，是能教育而且需要教育的生物。他以此为指导从事研究工作。他指出：人是教育的、受教育的和需要教育的生物，这一点本身就是人的形象的最基本标志之一。……但是，什么叫做可教育的动物呢？人们常常把这种说法理解为人具有一定的缺陷，这就是说，人来到世上（遗憾的）是如此无能为力，他只有通过教育才具备生活能力。但是，我们必须如同人类学考察中始终坚持的那样，把问题颠倒过来，问道：人对教育的需要性体现了人的何种特殊的优越性？”参见：O. F. 博尔诺夫. 1999. 教育人类学. 李其龙，等译. 上海：华东师范大学出版社，36

联系并没有失去，文化的作用和要实现的目的与教育在根本上是同质的[①]。

文化是某一群体共享的意义体系，只有通过教育，才能形成群体观念，获得社会共享，并得以传播、发展和创造。文化之能起作用，人之能成为人，社会之能成为社会，唯有通过教育这一机制，才能获得全部的意义，才能形成人、文化和社会的有机综合体。可以说，教育是文化的一种生命机制。

2. 教育的文化选择、整理和传递功能

社会文化的创造和积累的加速度与人类个体认识和掌握文化的有限能力之间的尖锐矛盾必然要求教育对社会文化进行精心选择和整理，以便及时掌握和传递社会文化的精华。有选择地进行文化整理正是教育的一大特点，特别是作为教育专门机构的学校来说更是如此，文化的选择、整理贯穿于教育的始终。一般来说，教育对文化的选择有两个重要尺度：一是社会需要，二是受教育者的心理发展水平和年龄特征。教育对文化的选择，包括了对文化的挑选、糅合、整理、排劣等过程。教育所选择的文化，在一定程度上体现了人类文化的精粹，是人类文化宝库中重要的乃至核心的成分，教育把这些文化内容进行精心的组织和重构，以受教育者较易接受和理解的方式进行传递，使他们在较短的时间内学得较多的文化，掌握社会文化的主体部分，从而使社会文化体系不致丧失。要使教育的文化选择功能得到充分合理的发挥，必须完善其机制，其中最重要的一点就是要建立一种开放的、民主化的教育。因为只有开放的、民主化的教育才有可能在教育领域形成一种多样化的文化格局，创设一种广泛选择的环境。"五·四"时期，我国的教育在民主与科学的旗帜下，引入了各种外来文化，极大地改变了教育领域的文化构成。外来的多种不同特质的学术思想、价值观念、科技理论可以较自由地在学校传播，为教育提供了极为宽广的选择空间。也正是在这个空间中，培养了一大批具有新思想的人才，出现了许多思想界和文化界的大师。

文化具有非遗传性，人类不能先天获得文化遗传信息，文化要延续发展，必须借助人的后天的传递，而教育恰具有文化传递得天独厚的条件。首先，传递者大多"闻道在先"，可以对递嬗内容加以选择和整理，可随时接受反馈，修正传递的内容和方式，避免所传文化失真；其次，传递者与受递者可建立起稳定、亲密的联系，易于为受递者所接受；再次，传递者既可以利用班级授课等组织形式进行传授，也可实施远距离教育在更大范围内进行文化传递。教育的过程其实就是一个文化传递的过程，教育不仅是一个将客体文化（主要指以语言文字的形式寓于物质载体的文化）转化为主体文化（以人脑细胞为载体）的过程，也是一个将主体文化不断转化为客体文化的过程，即教育者将寓于其主体的文化外化为教育的语言、文字形式的教材等，只有如此，教育过程才得以进行。可以说，教育是一种不断内化——外化的文化呼吸运动，文化把教育作

① 著名哲学人类学家兰德曼对此作了很深刻精辟的论述，认为文化与教育虽然不是一件事，但却无法分割，在人的发展上，是同义的。他把人对教育的需要和对文化的作用的研究，作为教育人类学的基础。参见：兰德曼. 1989. 哲学人类学. 彭富春，译. 北京：中国工人出版社，280

为生命的载体，在教育中获得生命的律动，吐故纳新，成长、延续和发展。没有教育的这种内化和外化过程，教育的文化传递是难以想象的。

文化传递在人类社会中无时无刻不在进行，而它们都离不开最广泛意义上的教育。尤其在文化激增的新时代，教育要发挥其传递功能，必须使整个系统向社会文化实行全面开放，让新的知识，新的科学成就，新的道德规范等源源不断地加入到教育的传递过程中去。而现代文化的可传递性、可传播性，使这种开放具有了可能。传播工具的现代化，也会使教育的文化传递效能得到极大的提高。

3. 教育的文化功能与人格培养

教育作为文化的生命机制，其文化功能决不是单纯的文化传递。以人的全面发展为目标，培养健全人格，促进个体生命的健康成长才是教育首要的文化功能。正如德国教育家斯普朗格所说："教育绝非单纯的文化传递，教育之为教育，正在于它是一个人格心灵的'唤醒'，这是教育的核心所在。"使原来处于"睡眠"状态的人格潜能在教育的催动下达到全面的复苏，让受教育者全面、合理地摄取人类文化的营养，充实其生命内容，获得人生意蕴的宝贵体验，使其人格得以升华，灵魂得以净化，个性得以发展，这正是教育的文化功能对人的价值所在。

培养健全人格的教育理想一直是各个时代人道主义思潮的一个根本主题。把一个人在体力、智力、情绪、伦理各方面的因素综合起来，使其成为一个完善的人，这是对教育基本目的的一个广义的定义。然而，我们的教育却常常把表层的文化元素当作文化本身，视作教育的全部内容，过于强调教育的实用性，夸大其知识、技术层面上的意义，无形中忽视了以人格、心灵为核心内容的深层次的文化因素，忽视了人的精神世界的拓展与健全人格的培养。联合国教科文组织在其发表的《学会生存》中也对这种背离教育根本目的的不良倾向进行了批评①。

日本教育家小原国芳曾说过：人在文化上欠缺多少，作为人就残缺了多少。健全人格的培养要通过对人类文化的精华特别是对人类经典文化的全面掌握来进行，这是通向健全人格的基本途径。人们通常说的人格是指体力、智力、品质、意志、情趣、智慧等外显和内在的个人特质。一个具有健全人格的人应是在这诸方面得到均衡、协调发展的人。人类的文化资源有哲学（或科学）、艺术、道德、情感、生活等诸多方面，而这些文化的总体价值就在于让人求真、求善、求美，使人成为真正的人，让人获得全面的发展。在传递人类文化的同时，教育也发挥了它培养健全人格的文化功能。

① "目前教育青年人的方式，对于青年人的训练，人们接收的大量信息——这一切都有助于人格的分裂。为了训练的目的，一个人的理智认识已经被分割得支离破碎，而其他的方面不是被遗忘，就是被忽视；不是被还原到一种胚胎状态，就是随它在无政府状态下发展。为了科学研究和专门化的需要，对许多青年人原来应该进行的充分而全面的培养被弄得残缺不全。为从事某种内容分得很细或某种效率不高的工作而进行的训练，过高地估计了提高技术才能的重要性而损害了其他更有人性的品质。"参见：联合国教科文组织、国际教育发展委员会．1996．学会生存——教育世界的今天和明天．北京：教育科学出版社，193～194

教育不仅使人获得某种单纯的文化知识，更重要的是它还能提供给人以认识和支配自然、超越感性的理性力量，提供真正的个性人格发展的条件。同时教育还赋予人一个开放的心态，激发人的求知欲和创造力，唤起对未来的追求，让他意识到人的不可穷尽性，从而自觉地进行人格的自我塑造和超越。现代人类生活日益广泛社会化，只有了解把握现代社会发展的规律，才能支配自己的行为，建构符合现代社会要求的人格，教育引导人通过改变自己去适应这个社会的变革，也使人从教育传递的文化模式中吸取了确立自己人格价值的依据。

与生俱来的天性决定了一个人就是一个独特的世界，如果蕴藏在这一世界中的各种天赋能得以和谐圆满的发展，那么人就会成为一个具有独特价值的个体，从而具有了屹立于世界的资本。因此，个性的和谐发展是健全人格的最主要的品质，培养健全人格必须重视人的个性的和谐发展。人格教育与个性教育并不矛盾，在教育学领域，健全人格与个性的和谐发展是相通的，二者乃一体两面，融合统一。健全的人格实质上是完美个性的基础，而完美的个性又为健全的人格提供了丰富的多样性，个性通过健全人格的培养而使其机能得到全面的开发和养成。

知识经济时代所引发的一系列教育革命，就是要把教育从注重传授知识、开发智力转换到注重人的心性完善、健全人格的培养上来，在丰富知识、提高智能的同时，开发和丰富儿童的个性，使个人的一切才能和精神得到彻底的解放和发展。当教育的这种功能得以充分发挥的时候，文化的传承和创新才会更好地实现，社会文化也会因此活跃起来。从这个角度看，只有致力于健全人格的培养才能更好地发挥出教育的文化功能。

4. 多元文化教育

文化是人在本能欠缺方面的需要性补偿，因此，人对文化的需求是一致的，不应该存在差别，所有的人都是在种族文化的培育下接受共享文化的熏陶，所以，多元文化教育是人的不可置换的自然需求。

当今社会，随着世界范围内人际交往的日益频繁，每个国家、社会和个人都越来越处于一种开放的状态之下。各种文化在不断渗透与融合的同时，差异与矛盾也凸显出来，每一个群体都在一体化进程中谋求着自身文化的保护和发展之路。为了促进现代文明的繁荣发展，人们应当树立开放的世界文化观，建立一个使多种文化间相互理解、相互合作、和平共处的多元文化新体系，在多元化中达到新的同一。世界文化的多元一体发展趋势要求学校教育必须是多元文化的教育。

然而，由于我们降生在特定的文化模式之中，从感性到理性，无一不被这种特定的文化所浸染，甚至会沉醉于自己的文化，因此，教师在向学生传递文化时，往往把自己的文化当作唯一正确和优越的东西加以灌输。这种倾向走向极端，就会演变成自我文化中心主义和极端民族主义。它排斥异民族的文化，无视他国文明，夜郎自大，唯我独尊，甚至还会发展到像纳粹那样欲灭绝犹太民族的地步。所以教育者在把自己的文化传授给后代时，必须采取文化相对主义态度，客观地对待本国文化。要正确认识和理解自身文化的最好方法就是同多元文化相互接触、多加交往，进行多元文化教育，只有这样，人才能相对地看待自身文化并从本国文化及支撑这一文化的价值中获得自由。

从学生角度看，多元文化的接触和教育的意义是：

首先，它能开阔学生的文化视野，树立开放的世界文化意识。多元文化教育通过对世界各民族文化的传播，开阔了学生的文化视野，让他们在了解本民族文化的历史渊源与文化精粹的同时，也了解和把握了世界文化的起源、发展及精神实质，逐步形成对所有文化的尊重、宽容与接纳的开放意识。

其次，能培养积极的跨文化情感。多元文化教育的过程也是一个文化情感交流的过程，通过跨文化情感的熏陶，能养成学生自尊、自爱、平等、开放、互尊的文化态度和情感，既不会沉醉于本民族文化而盲目排外，也不艳羡他民族文化而崇洋媚外。

最后，多元文化教育能够培养学生独立思考的能力和跨文化适应能力。多元文化教育能够让学生有对比，有鉴别，在多样化的途径中做出选择，在多元的观念中做出决断，避免了在文化相对论、价值相对论、道德相对论面前是非不明，真假不辨，人云亦云。多元文化教育还能提高学生多元文化间对话、交流和理解的能力，培养在多元文化碰撞与冲突的局面下把握文化动向、调整自身观念和行为的跨文化适应能力。

联合国教科文组织 21 世纪教育委员会认为，教育的使命就是教学生懂得人类的多样性，同时，还要教他们认识到地球上的所有人之间具有相似性而且相互依存。20 世纪下半叶以来，世界各国的教育改革纷纷将重点放在促进多元文化教育上[①]，响应世界教育改革大潮，我国的基础教育课程改革也应重视多元文化教育。

我国的基础教育面向全民，而我国是一个国土辽阔、民族众多的国家，社会中诸如族群、地域等各方面的文化差异和碰撞比较复杂和突出。多元化的文化教育，有利于树立人们平等的民族意识，摆脱狭隘文化观的局限，促进人们尊重差异、相互理解，从而消除引发冲突的文化因素，使各民族能够和睦相处。

多元文化教育也是实现社会主义民主政治的需要。国家、社会和团体通过理性的选择达成共识才能称其为民主社会，而理性选择的主要条件就是多元化，

① 20 世纪 80 年代，日本的临时教育审议会提出了日本面向 21 世纪的三项教育目标：1）有广阔的胸怀、强健的身体和丰富的创造力；2）自由、自律和公共的精神；3）世界中的日本人。这三项目标都包含有多元文化教育的思想。英国保守党政府在 1980 和 1981 年相继发表的《学校课程的框架》和《学校课程》两份重要文件中要求“灌输对宗教及道德价值观的尊重，对别的种族、宗教和生活方式的认可”，“帮助学生了解他们所生活的这个世界以及个人、群体和国家的相互依存性”，“帮助学生珍惜人类的成就和期望”。《美国 2000 年教育目标法》中也强调“所有学生都要了解关于本国和世界其他地区在多元文化传统方面的知识”，“大幅度提高能掌握和运用多于一种语言的学生的比例”，“所有教师要具有进行多元文化教育的能力”，“每一位成人都识字，并具有在全球经济竞争中所需要的知识和技能，都能正当行使公民权利并尽公民义务”。美国许多大学的师范学院和教育学院（系）都已经开设多元文化教育课程，许多州甚至要求师范生学习一定数量的多元文化教育课程才算达到合格标准，倡导多元化教育还被纳入到学前教育之中。参见：吴文侃，杨汉清．1999．《比较教育学》（修订本）．北京：人民教育出版社

只有在多元化的条件下，才能提供不同的选择途径。多元文化教育在倡导民主、培养独立思考能力、发展人的个性方面能发挥独特的作用。

中华文化源远流长，但民族传统文化资源的开发必须在一种开放的世界视野中进行，需要在与外部环境、外来文化的不断撞击中得到锤炼和发展。只有通过多元文化的接触和教育，才能使我国几千年的多民族融合的优秀文化不断延续，也才能在平等交流的基础上批判地吸收外来的先进文化，让中华民族的文化发扬光大。

思考与练习

1. 人的发展特点是怎样的？
2. 为何说人是文化的生成？
3. 谈谈你对学校文化的认识。
4. 试述教育的文化功能。

第三章 教育与社会

【内容提要】 社会是人的各种关系的总和，具体而言指处于特定区域和时期、享有共同的文化并以物质生产活动为基础的人类生活的共同体。社会化是人类个体的生存需要，是人之成为人的根本，学校教育是一种主要的社会化形式和机制，社会化本身也是一种基本的、非常重要的教育活动。教育活动的基本功能之一就是通过教育的体制、结构、评价以及教育过程中的分流等因素所具有的选拔作用，将各种不同类型的人才输送到社会的不同位置上去。

第一节 教育与社会化

一、社会化

（一）社会的含义

每个人都在一定形态的社会里生活，但若要给“社会”一词下个定义却极为困难。“‘社会’一词是社会学家词汇中最不明确和最普通的名词之一。它可以从表示原始的没有文字的民族到表示现代的工业民族国家，或者从最一般地泛指人类到表示较小的有组织的民族群体。[①]”

在中国传统文化中，“社会”一词最初是分开的，由“社”和“会”两个字演进而来，先有“社”，后有“会”。“社”原指用来祭神的一块地方。《说文解字》释为“社，地主也。”即土地神。“会”本义为器皿的盖子，引申为集聚之意。《说文解字》释曰：“会，合也。”《广雅·释诂三》曰：“会，聚也。”二字连用指人们为祭神而聚合在一起。具体而言，乃指春秋二季礼祭土地神的集会。春社（立春后第五个戊日）祈谷，希冀社神（即土地神）赐福、五谷丰登；秋社（立秋后第五个戊日）恰当秋收，在丰收之后向社神报告丰收喜讯，以答谢社神。唐·柳棠《答杨尚书》诗云：“未向燕台逢厚礼，幸因社会接余欢。”凌蒙初《二刻拍案惊奇》卷二：“山东兖州府钜野县有个秾芳亭，乃是地方居民秋收之时祭赛田祖先农，公举社会聚饮的去处。”也用以指称村塾逢春秋祀社之日或其他节

① 邓肯·米切尔．1987．新社会学词典．蔡振扬，译．上海：上海译文出版社，347

日举行的集会。再如宋孟元老《东京梦华录·秋社》:“八月秋社……市学先生预敛诸生钱作社会，以致僱倩祗应、白席、歌唱之人。归时各携花篮、果实、食物、社糕而散。春社、重午、重九，亦是如此。”

古时“社会”由于为祭神而集合，故引申为志趣相同者结合而成的组织或团体。如《醒世恒言·郑节使立功神臂弓》:“原来大张员外在日，起这个社会，朋友十人，近来死了一两人，不成社会。”孙中山《民权初步》第二一节:“至于寻常社会则以少为宜……若更少之会，则五人为额，若数百人以上之社会，亦不过十五人至十七人为额足矣。”

现代意义上的“社会”概念起源于西方，英语 society 一词源于拉丁语 socius，意为伙伴。日本学者在明治年间最先将英文“society”一词译为汉字“社会”，近代中国学者在翻译日本社会学著作时，袭用此词，中文“社会”一词才有现代通用的含义。

无论中国古代的因祭神、游艺而聚合的集会，还是西方的“伙伴”、“人与人结合的关系”等，都含有人与人之间相互关联、共同活动的意义。

在这里，我们可以把社会定义为：在本质上，社会是人的各种关系的总和，具体而言指处于特定区域和时期、享有共同的文化并以物质生产活动为基础的人类生活的共同体。

社会作为人类生活的共同体，它具有如下主要特征：

第一，社会是有文化、有组织的系统。社会由人群组成，但与动物结群生存不同，人类社会是依据特定的文化模式组织起来的，只有人类社会才有文化。

第二，从事生产活动是人类社会的一大特征。生产活动是一切社会活动的基础，任何社会形态都必须进行生产。

第三，在任何特定的历史时期，社会均是人类共同生活的最大群体，它独立存在，不隶属于任何其他群体。

第四，具体的社会有明确的区域界限，存在于一定的空间范围之内。

第五，连续性和非连续性是社会的另一特征。任何一个具体社会均为从前人那里继承而来的一份遗产，社会是连续的；同时，又和周围社会发生横向联系，具有自己的特点，表现出明显的非连续性。

第六，社会有一套自我调节机制，是一个具有主动性、创造性和改造能力的“活的有机体”，能够主动地调整自身与环境的关系，创造自身生存与发展的条件[①]。

因此，社会是人类满足自我需要的特定场所，没有社会的存在，没有人们之间的复杂的合作和交往需要就难以转化为现实。社会作为一个系统，其最基本的单位是人，除此而外，家庭、朋友、亲戚，市场、机关、企业，军队、国家等都是社会的组成部分。在这个系统中，存在着各种复杂的关系，也可以说社会是各种复杂关系——小到两个人之间的固定看法、家庭内部的主次关系，大到一个国家的社会制度、阶级结构和国际社会的政治、经济格局的结构整体。

① 夏里甫汗·阿布达里．2004．论社会转型与文化转型及其关系．新疆社会科学，2：88

（二）社会化

作为社会学的概念，社会化是指“自然人成为社会人的过程。从一定意义上讲，刚出生的婴儿是同其他动物无多大差别的生物人或自然人。社会通过各种教育形式，使自然人逐渐学习社会知识、技能与规范，从而形成自觉遵守与维护社会秩序的价值观念和行为方式，取得社会人的资格①。”

对社会化，我们可以从以下几方面进行认识：

1. 社会化是人类个体的生存需要

我们都是以潜在的社会人身份而进入这个世界，在本质上每一个个体都是孤立无助的，需要彼此相互依赖方能满足最基本的生物需求。人类没有狮子那样的尖牙利齿，因而只能过着群居的生活，因此，社会进步的历史实际上就是人类合作的历史，而且正是由于这种合作的社会的存在才使每个人得以生存，才使得人类繁衍至今。阿德勒认为：“较弱的动物种类总是过着群居的生活，以此集合起整体的力量来满足各个个体成员的需求。……社会生活的开始实际上根植于个人的软弱无力之中的。……一个处于孤立环境之中并且能力有缺陷的个人，当到了一个组织适当的社会之中，他的缺陷就能够得到很好的弥补。”所以，“社会进步的历史讲述着人类合作的故事，在这种合作中，人类才得以克服他们的各种缺陷与不足。每一个人都知道，语言是一种社会性的发明，但却很少人意识到，个人的欠缺曾经是促成这一发明的母亲②。”

因此，人类之所以有文字、语言以及衍生出的文化，完全是为了生存和发展而形成的社会互动与合作需要的结果。个体的社会养成是个体与社会交互作用的产物，没有个体的社会化，社会不能成为社会，个体自然也不能成其为社会成员。

2. 社会化是人之成为人的根本

人作为自然界发展水平最高的生物，其生存方式已根本区别于其他任何动物。任何一个人，仅仅依靠其机体的自然成长所获得的能力，是不能作为正常社会的普通一员而存在的。如历史上陆续发现的狼孩等在远离社会环境下长大的孩子，由于自幼脱离人类社会，缺乏起码的社会化经验，在回归人类社会时已基本成人，因而无论进行怎样的教育和培养，却始终无法在人类社会中过上正常生活。虽然他们在身体结构上属于人类，但由于缺乏社会化过程，没有获取人的意识和语言，因而也并不具备人的心智和秉性，在实质上更接近于兽类。因此，无论从个体生存与发展的意义上，还是从人类社会整体生存和发展的意义上而言，人类的社会化都是必要的。

因此，友田泰正认为，婴儿是在无力的情况下诞生的，没有他人的照料和抚养就不能生存。然而新生儿正是把这种对他人的依赖性作为媒介，在社会化

① 中国大百科全书出版社编辑部. 1991. 中国大百科全书·社会学卷. 北京：中国大百科全书出版社，303

② 阿德勒. 1987. 生活的科学. 苏克，周晓琪，译. 北京：生活·读书·新知三联书店，28～29

的成长环境中学习着人类的生存方式。这是一个长期的复杂的学习过程，这个过程就是“社会化”。因此，社会化是以新生儿的无力性与他所生存的社会生活方式之间的文化落差（高低之差）为前提，可称之为消除这种高低之差的过程。这时，人为了成为人，需要实现社会化，这是因为人的生活方式不是天生的，构成生活方式的各种要素，全部来源于出生以后的学习①。

3. 人的遗传素质决定了人具有社会化的物质基础

人之所以能够被社会化，是由人类个体自身的学习潜力和人类独有的语言决定的。科学家研究揭示，人脑共有约1000亿个神经细胞，其组成各种联系和网络的可能性几乎是无限的，是自然界发展水平最高也最为完善的信息加工系统。人脑不仅可以使人掌握语言，学习、积累知识，而且使人具有抽象思维能力，使人在既有知识和经验的基础上通过生活实践再造已经获得的知识并创造全新的知识，使人在适应周围环境的过程中成为一个具有能动性的主体。所有这些能力，是其他任何动物所不具备的，科学家曾屡屡以各种词汇和技能教授黑猩猩或狒狒等高等灵长类动物，然而最终发现，不管多么高级的动物，无论如何也不能超过人类3岁时所达到的智力水平。这就意味着，人的遗传素质客观地决定了人类独有的接受社会化的可能性，任何不具备人类素质的其他动物，即便是出生并成长在人类的社会中，也不可能成为具有人之意识的人——也就是说，动物无法被社会化。

友田泰正认为，人之所以能进行社会化的学习，正是人的新生儿具有广泛而巨大的可塑性，也具有进行这种学习的可能性。新生儿正是带着学习构成生活方式的知识、技术、价值和信仰等的巨大可能性而来到人间。社会化，是对他人的依赖性、学习的必要性、学习的可能性这样人类生存的三个基本事实结合起来的过程。从个人的侧面来看，这是个人出生以后，必须经历的赖以生存其中的社会生活方式的学习过程；从社会的侧面来看，则是通过在个人中形成社会生活的要素，谋求社会自身的再生产和延续的必备过程。以上两个过程与同他人的相互作用和学习的可塑性结合起来，构成在社会中形成人的功用和同时形成社会自身这种过程的两个侧面②。

4. 社会化是一个不断演进的过程

人在成长为一个成熟的社会人之前，要经历各种各样的集团。家庭、同伴群体、社区、学校、职业集团等等都是主要的部分。这些集团带有各自特定的文化规范，这些规范熏染着其中的每个人，最终为所有人所内化。与此同时，人的成长还具有社会化预期的倾向：即为每个人准备下即使当下不是所属、而将来会归属的集团的价值和文化的知识。在归属这些集团的过程中进行着一系列的社会化过程：从无性的个体到有性的人(男性风度、女性气质)；从非形式的行为方式到形式的行为方式；从主观的价值观念到客观的文化价值；从“个

① 友田泰正. 1989. 日本教育社会学. 北京：春秋出版社，40～41

② 友田泰正. 1989. 日本教育社会学. 北京：春秋出版社，41

别性”认知结构到“普遍性”认知结构；从天生性地位到获得性地位；从依赖他人到自我约禁（自律）；从感性的肆意表现到理智的抑制性表现；从全人格人际关系到非个人关系等等。在从一种集团过渡到另一种集团之际，往往进行某种过渡礼仪[①]，借助它，个体脱离原属集团，接受新的归属集团的定向教育。因此，个人在这种过渡中所受到的冲击和恐惧，也被控制到最小限度[②]。

二、教育与社会化

（一）影响社会化的因素

1. 家庭

每一个社会人首先是一个家庭人，他们来自特定的家庭，归属特定的家庭。人最初的社会化即是在家庭中完成的，而且这个过程将伴随终生。家庭作为个人社会化的主要载体，承载着经济、教育、安全保障等诸多功能，既是人们生老病死、安全保障的依托，也是人们各种社会活动的中心之一。

家庭社会化的主要特点有[③]：

1）家庭的社会化是个人不可选择的、首要的社会化过程。这种特点使得家庭的社会化成为每个人后期社会化的重要基础，个人后期社会化以及在发展过程中产生的各种现象，在一定程度上可以通过他的家庭背景得到说明。

2）家庭的社会化主要以情感为基础。家庭是以婚姻关系以及血缘关系为纽带而建立起来的，这也是这种社会初级群体与其他社会组织和群体的不同之处。

3）家庭的社会化具有一种连带关系。即家庭对儿童的某一方面的教育和影响常常会关联到儿童其他方面的成长和发展：一方面，儿童本身在这个发展过程中各方面的分化程度比较低，容易产生连带关系；另一方面，由于家庭作为一种社会的初级群体，其生活本身也常常是综合性的。

2. 社区

社会学研究者们认为，“社区”概念进入社会学科领域，当从 1887 年滕尼斯发表《共同体与社会》一书算起。所谓社区，是指由聚居在一个特定地域内互相联系着的具有共同成员感、归属感的人群组成的社会生活共同体。区域性、共同成员感和归属感是构成社区的两个基本特征。

---

① 过渡礼仪这一概念由阿诺德·范·根纳普（Arnold Van Gennep）在其《过渡礼仪》一书中提出的，是指那些与人生的转折点有关的仪式，即个人或社会从一种状况到另一种状况的转换过程。生命过程中的过渡礼仪是为了个人生命的危机时刻而设并与之相伴的，这些生命的重要关口就是指出生、成年、结婚、死亡几个时刻。这些关键时刻必须通过一定的仪式才能安全渡过。根纳普将“过渡礼仪”分为三个主要过程：分离仪式，即与原有社会关系脱离和隔绝的阶段；过渡仪式，即从一种状态进入另一种状态的中间阶段或曰等待阶段；整合仪式，即与新的社会关系结合为一体的阶段。“过渡礼仪”的模式也表现在社会化的过程中。任何社会中，有着特殊群体、职业集团、年龄群、等级、地域和政治集团等等的区分，对于集体与个体来说，生活本身就意味着不断地改变形式与环境、分离与重组、死亡与再生

② 筑波大学教育学研究会．2003．现代教育学基础．钟启泉，译．上海：上海教育出版社，112～113

③ 谢维和．2000．教育活动的社会学分析—一种教育社会学的研究．北京：教育科学出版社，148～149

社区在人的社会化过程中担当着重要角色。首先，在区域性交往及合作中形成的社区文化具有极强的地方特色，这种特色使人在成长和学习的过程中形成了对家园的依恋，从而产生了生存的安全感与归属感，为他们的生长和发展打下坚实的基础。其次，由于社区文化的多元化特点，不同阶层的家庭、从业者等生活在一起，也必然会产生多种多样的冲突，竞争也会自然而然地存在着。因此，社区文化中的人在社区的社会化过程中，常常面临着种种复杂的矛盾关系。

3. 同伴群体

所谓同伴群体，是指由地位、年龄、兴趣、爱好、价值观念与行为准则等大体相同或相近的人组成的关系亲密的社会群体。同伴群体也是社会化的一个重要社会环境条件。

作为社会化的社会环境条件之一，同伴群体具有如下特征：①自愿性，同伴群体关系基本上是平等、自愿的互动与合作关系；②以玩乐为主，具有吸引性；③常形成自己的亚文化。在同伴群体中，人们可以自由地选择同伴，平等地交往，可以根据自己的兴趣和爱好安排活动内容，彼此之间可以敞开胸怀、自由地探讨问题。由于同伴群体可以满足个人的诸多社会需要，如社交、安全、自学、独立等，因此，同伴群体对个体社会化的影响巨大。

4. 学校的影响

学校的功能主要是把社会规范、道德价值观以及历代所积累的知识、技能传授给下一代，因此，学校均有一定的教育方针和培养目标，有计划有步骤地对下一代施加影响，以使学生实现社会化。施加影响的手段主要是通过教材、教师人格、教育方式、考试与考核、学生的各种组织如学生会、班集体、宿舍、兴趣小组等对学生的社会化发生影响。在诸多因素中，教师的作用尤为重要，他既是知识的传授者，其人格特征又对学生产生着潜移默化的影响。

5. 大众传媒的影响

现代社会是信息社会，作为信息载体的电影、电视、报刊、杂志等对人的社会化起着非常重要的作用。传媒的社会化影响具有如下特点：影响速度快；影响面广；可以跨时空发生影响。

综上所述，影响个体社会化的因素甚多，但其中以学校的影响最大，这一优势说明学校教育是一种最理想、最有效的社会化手段，因此是个体社会化的主要途径。

（二）教育与社会化

学校教育是一种主要的社会化形式和机制，社会化本身也是一种基本的、非常重要的教育活动。其实，在人类社会的早期，教育和社会化是同一的。随着社会的发展，工作与生活不断复杂化，生活、生产和技能的专业化程度愈来愈高，影响社会化的因素与机制也越来越丰富，仅靠单一的、一般性的社会化已无法满足社会的需求，于是，专门化的教育机构便应运而生了。

教育与社会化的关系可归纳分析如下：

1）从广义的教育来理解，社会化的各种因素均包含在教育中，因此广义的教育等同于社会化。

2）从狭义的教育来说，教育可谓是社会化历程的一部分。社会化是终身的历程，社会可以运用各种手段约束其成员遵从社会规范，并使其行为适度。学校教育则是其中一种有组织、有计划的社会化，是其中最有效的方法与途径。

正如涂尔干所说，教育的目的在于“使儿童的身体、智力和道德都得到某种激励与发展，以适应整个社会在总体上对儿童的要求，并适应儿童将来所处的特定环境的要求[①]”。“教育是年长的几代人对社会生活方面尚未成熟的几代人所施加的影响。其目的在于，使儿童的身体、智力和道德状况都得到某些激励与发展，以适应整个社会在总体上对儿童的要求，并适应儿童将来所处的特定环境的要求[②]。”涂尔干关于教育的定义中包含了深刻的对教育和社会关系的理解。在这个定义中，儿童的身体、智力、道德状况的发展，是学生适应社会的手段和前提，教育的目的指向了使儿童适应未来特定环境的要求。所以，涂尔干接着指出：“教育的目的：教育在于使年轻一代系统地社会化。在我们每个人身上，可以说都存在着双重人格，这种双重人格尽管不可分离(除非抽象地加以分开)，但确有区别。一种人格仅仅由整个与我们自身、我们个人生活中的事件有关的精神状态所组成，可以把这种人格称为个体我。另一种人格是这样一种思想、情感和习惯的体系，即在我们身上表现的不是我们个人，而是我们作为其中一个组成部分的社群或不同的社群。宗教信仰、道德信仰与习俗、民族传统或职业传统以及各种集体信仰，就是这样的体系。这种体系的总和便是社会我。塑造社会我，这就是教育的目的[③]。”

总之，人是在他的集团的、社会的生活中创造、积累和发展文化的。但是，人不能从遗传上把文化传给下一代，新的一代要通过学习才能获得，这就需要教育。不借助教育来传递文化，要维系和发展一定水准的社会生活是不可能的。就个人来说，要想在一定的社会中生活，如果不掌握那个社会的文化，想同他人进行交际是不可能的[④]。教育在社会化过程中，起着让受教育者接受社会文化的作用，或者说教育以社会文化为媒介，进行着自我的社会实践进程，受教育的人以社会文化的建构为起点进行同他人交往的能力的养成。这样，作为传递文化和掌握文化的教育，不仅是社会所不可或缺的主要职能，也是个人的必需的活动。从这一点上来说，教育同社会与个人的关系，是一种和谐的关系。教育、社会与个人之间便形成了一种整体联动的关系。个人通过教育成为社会化的人，从而得到生存和进步；社会通过教育则获得了新的社会成员，也使自身

① 张人杰．1989．国外教育社会学基本文选．上海：华东师范大学出版社，5

② 张人杰．1989．国外教育社会学基本文选．上海：华东师范大学出版社，8～9

③ 张人杰．1989．国外教育社会学基本文选．上海：华东师范大学出版社，9

④ 筑波大学教育学研究会．2003．现代教育学基础．钟启泉，译．上海：上海教育出版社，110

得到发展。

（三）学校的社会化职能①

家庭是以血缘为纽带的社群，强调情感是其明显的特征之一，因此，在家庭中学到的价值规范较为适合传统的熟人社会。而现代社会是陌生人社会，较为强调事实，因此在家庭中得到的行为模式并不完全适用于现代社会。学校作为一个有组织的群体，它的社会化机制强调遵守非个人的规范和权威，要求学生学会遵守群体规则，因此它更接近于现代社会的要求。

1. 学校使人从家庭中解放出来

学校教育首先使儿童走出家庭，摆脱对家庭的依恋，从家庭团体走向伙伴共同体，并形成初步的自律行为，因此，学校教育是儿童在家庭中获得的社会化的基础上实施的。儿童在家庭里记忆词语、认识权威、发展亲情等，达到某种程度的自律后才能够上学。而归属于学校这一集团以后，学校又促使儿童从家庭的骨肉之亲的眷恋中逐步摆脱出来。在替代双亲的教师的指导下，通过与同龄伙伴一起的集体生活，儿童将掌握到更高度的自律性行为。

2. 学校使人获得普遍性成就

（1）儿童依据学校接受以追求成就为中心的社会化

进入学校教育的领域，意味着儿童依靠自身力量体验成就的开始。由来自外在的成就感向来自自身内部的成就感的过渡，由纯粹接受帮助与呵护的世界向着依靠自身力量的实力世界的过渡，是学校教育所能给予学生的一大转变。在家庭中，儿童同他的成就没有关系，只是受到遵从的呵护。上学以后，教师分阶段地对他们提出要求，并依其成就而给予不同的待遇，这就从某种意义上进入了实力世界。儿童在以游戏为中心的同伴群体的关系中虽然也经验过这种成就，但不同的是，学校中的成就是受到成人社会承认、并且必须在成人社会中起作用的。

（2）学校的社会化带有普遍性

学校教育还是儿童从个体走向普遍性的捷径。儿童通过学习普遍性的科学与学问而不断取得成就，而取得成就的高低直接决定了他所处的阶层与地位。正如各门学科的学习所典型地表明的那样，它的成就具有打下科学和学问基础的普遍性意义，儿童的阶层化和所处地位，是由其取得的成就而决定的。

3. 走向职业集团的社会化

学校的社会化担负着向职业集团过渡的职能。学校有课表和校规等诸多规则，这些规则均针对学业这一限定了的目标展开活动。从这一意义上说，学校确实是与职业集团一样的组织，而儿童上学以后才经验这样的生活。因此，可以说学校是职业组织的“原型”。

---

① 筑波大学教育学研究会编．2003．现代教育学基础．钟启泉，译．上海：上海教育出版社，113～114

第二节 教育与社会分层、社会流动

教育除了在社会化过程中担当了重要角色外，还具有选择、分配等功能。学校教育的选拔和分配职能归根结底牵涉到教育和社会流动的问题，社会流动的概念通常以社会分层的概念为前提。“教育活动的基本功能之一就是通过教育的体制、结构、评价以及教育过程中的分流等因素所具有的选拔作用，将各种不同类型的人才输送到社会的不同位置上去。因此，教育活动本身必然是有差异的，并由此在客观上形成一种影响社会分层的作用[①]。”作为社会组织及教育基本单位的学校有其独特的社会目的和功能，学校的教学内容和教学方法都直接受到社会需求的制约，学校作为特殊的社会组织有为社会提供后备力量的职责。“尽管由于所属社会不同而有程度之别，但学校作为一种社会制度，总是发挥着甄别个人、向劳动市场分配的职能的[②]。”社会的分层导致了现代社会有成千上万高度专业化的职位角色，因此，学校在传授给学习者以知识的同时也使学习者们逐渐分化，成为不同社会职位的承担者。

一、教育与社会分层

（一）什么是社会分层

社会分层既是一种社会现象，也是一种分析和研究社会现象与结构的方法。就像我们研究生物界要进行动物和植物的分类一样，社会分层是我们认识复杂的人类社会结构的一种简便的方法。

社会分层有两种界定方式：第一，客观过程的界定。即认为社会分层是指社会成员在社会生活中由于获取社会资源的能力和机会不同而呈现出高低有序的等级或层次的现象和过程；第二，主观方法的界定。即认为社会分层是根据一定的标准将其社会成员划分为高低有序的等级或层次的方法[③]。社会分层是社会结构的重要组成部分，其实质是社会资源的不均等分配，社会资源包括财产、权力、收入、教育、声望等，也可理解为经济、文化（人力）和社会资本[④]等。

① 谢维和．2000．教育活动的社会学分析——一种教育社会学的研究．北京：教育科学出版社，308

② 筑波大学教育学研究会．2003．现代教育学基础．钟启泉，译．上海：上海教育出版社，115～116

③ 刘祖云．社会转型与社会分层.华中师范大学学报．1994，(4)

④ 文化资本指一种被视为正统的文化趣味、消费方式、文化能力和教育资历等标志行动者的社会身份的价值形式。是指世代相传的一般文化背景、知识、性情及技能。文化资产除了可以内化于意志与性情内，例如个体的语言能力、行为习惯及对书籍、音乐和美术作品的品味等；更可以见诸制度化形式，如学历。以语言能力为例，出身于不同阶层及生活于不同社交圈子，会培养出不同的语言模式，低下阶层子女学到局限性语言法则，而中产阶级子女用精致的语言法则；换言之，低下阶层与中上阶层子女选词、用字及句法等各方面均有显著不同。语言与学习关系十分密切，局限性的语言，限制了低下阶层子女的思考及学能发展，于是进一步强化阶层差异中等阶层子女的语言能力，可以视作一种得到学校认同的文化资本。社会资本是指拥有持久社会网络或属于某一特定团体而得到的集体支持力。一个人拥有社会资本的多寡视乎两个因素：① 社会网络的大小名;② 相关成员所拥有资本的总数量

可以说，社会分层就是人们在社会分工的基础上，依据社会关系在不同层面上的同一性而形成的社会结构层次。“如果我们将一定的社会地位与对社会资源的占有联系起来，那么，我们可以看到，社会的层次结构与社会的类别结构各自所反映的对于社会资源的占有是不同的。后者所反映的是对于社会资源的不同种类的占有情况，而前者所反映的是对于社会资源占有数量上的差异。换句话说，对不同的种类资源的占有形成了社会地位中横向方面的差异，如不同的职业、不同的级别以及不同的部门等等。而对于社会资源占有数量上的差异则导致了社会地位中纵向方面的差异。①”

社会分层的根本目的，就是为了使社会能够和谐地发展。一个社会要想能够持续、稳定、协调地发展，就要建立阶级阶层得益的整合机制、矛盾和冲突的化解机制以及社会分层秩序的稳定机制。此外，社会职业阶层结构越来越成为发展程度的重要标志。

（二）社会分层与教育

社会分层与教育的关系包括两个方面，即社会分层对教育的作用与影响以及教育对社会分层的作用与影响。

1. 社会分层对教育的影响

厄尔·霍珀（Earl Hopper）认为：“社会分层的基本单位是核心家庭。核心家庭通常是由一对夫妻及其子女所组成。一般在子女就业、上大学、参军等等之前核心家庭成员总是在一起生活。有时，别的直系亲属，如年老的祖父母可能会和他们生活在一道。核心家庭的模式在发达的工业社会内部及发达的工业社会之间存在着很大差别，但大多数人都一致认为，核心家庭乃是工业社会中主要的家庭模式。②”在教育社会学的研究中，分析社会分层对教育的影响往往是以受教育者家庭的社会经济地位和文化水平作为依据，以受教育者在教育制度中的机会、待遇和学业成就作为尺度，来考察社会教育资源的使用、利益的分配和个体的教育公平问题。

依据社会分层化影响教育成就的理论模式如图 3.1 所示，社会分层透过家庭的社会经济地位，影响着家长的教育态度、教养方式、价值观念、智力因素、成就动机及学习环境等，对教育成就产生影响。

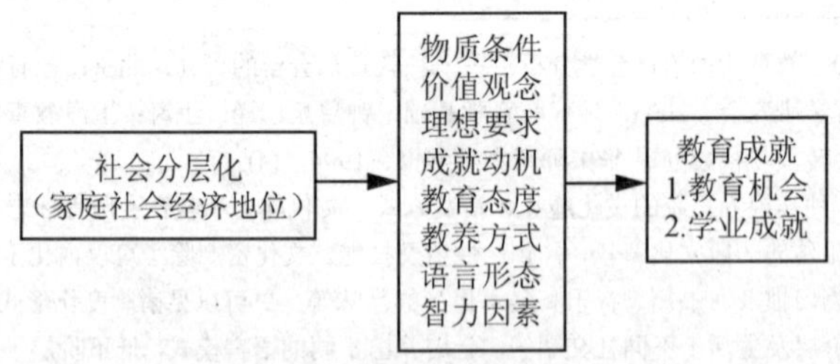

图 3.1 社会分层化影响教育成就的理论模式

① 谢维和．2000．教育活动的社会学分析——一种教育社会学的研究．北京：教育科学出版社，309

② 张人杰．1989．国外教育社会学基本文选．上海：华东师范大学出版社，66

关于社会分层对教育的影响，一般研究认为应包括以下几个方面：

（1）影响受教育的机会

在教育机会方面，通常社会地位较好的家庭子女，有更多的接受教育的机会。

根据英国的研究，1958～1959 学年度，大学生来自各阶级的情况如表 3.1 所示。

表 3.1　来自各阶级的大学生情况

阶　　层	来自各阶级的大学生所占的比率	人口占总人口的比率
第一、二阶层	62%	22%
第三阶层	12%	12%
第四、五阶层	26%	66%

美国人均收入在 3000 美元的家庭中未上大学者的人数是人均收入 1.5 万美元以上家庭中未上大学者人数的 6 倍多。在英国和美国，学历水平明显存在着阶层的差别。

日本 1975 年 SSB 调查资料也显示了这一趋势（20～29 岁）。

李春玲对我国不同年代父亲职业(社会资本)对个人教育获得的影响的研究表明：过去的 60 年里，父亲的职业地位对子女的教育获得一直产生着影响，但在不同时期其影响力有升降变化，而其升降变化的趋势与家庭背景总体影响的变化趋势基本一致。1940～1950 年代期间其影响力较大，随后开始下降，至 1970 年代降至最低点，然后，在 1980 年代和 1990 年代上升至最高点。在 1940 年代(1931～1940 年出生)，工人家庭子女平均受教育年限比农民家庭子女多 2.1 年，办事人员家庭子女比农民家庭子女多 3.3 年，管理人员及专业人员家庭子女比农民家庭子女多 5.2 年。在随后的几十年中，父亲职业不同的人受教育年限之间的差距逐渐缩小。至 1970 年代，出身于不同职业、地位家庭的子女平均受教育年限的差距降到最低点，工人家庭、办事人员家庭、管理人员和专业人员家庭子女的受教育年限并无显著差异，他们与农民家庭子女受教育年限的差距在 2.0～2.6 年之间。也就是说，1970 年代这一时期，不同职业地位家庭的子女受教育年限并无太大差异，真正的差异存在于城乡之间，亦即农民和非农家庭子女之间。而 1980 年代和 1990 年代这种差距又有所增大，管理人员及专业人员家庭子女的平均受教育年限比农民家庭子女高 3.6 年，办事人员家庭子女比农民家庭子女高 2.9 年，不过，工人家庭子女与农民家庭子女平均受教育年限的差距反倒有所减少，仅相差 1.3 年。这表明，20 世纪 80、90 年代，出生于职业地位较高家庭的子女在受教育机会方面享有明显优势①。

（2）影响教育的成就

在学业成就方面，影响儿童学业成就的诸因素中，社会阶层是非常重要的

① 李春玲．2003．社会政治变迁与教育机会不平等——家庭背景及制度因素对教育获得的影响．中国社会科学，3：93

一个方面。一般认为，有四种家庭资源影响到人们的教育获得：经济资本、人力资本[①]、社会资本与文化资本。国内外众多研究已证明，社会阶层和教育成就之间存在着密切的关系。在绝大多数国家，教育机会的分配仍然是不公平的，并且教育机会的分配明显地向家庭出身背景较优越的人倾斜。“家庭出身不仅通过单纯的经济收入来影响求学的孩子，文化资本的传承也是不同社会出身的学生在学业成就方面差异的重要原因[②]。”布尔迪厄认为：“在剔除了经济位置和社会出身的因素影响后，那些来自更有文化修养的家庭的学生，不仅有更高的学术成功率，而且在几乎所有领域中，都表现出了与其他家庭出身的学生不同的文化消费和文化表现类型。”[③]威斯曼在英国曼彻斯特地区研究所作出的《卜劳顿报告》也认为：影响儿童学业成就的最主要因素在于父母亲的态度，而不是学校资源的投入。

20 世纪 80 年代以来，我国个人家庭资源中的社会资本与文化资本对个人的教育成就影响力明显上升。在当代，随着社会转型以及家庭结构的变迁，个体的社会资本与文化资本的差异不断扩大。在不同社会阶层背景的家庭中，可以用来帮助子女获得教育机会或较好的学业成就的经济资本、文化资本和社会资本的差异是比较明显的。处于较低阶层的家庭所拥有的社会资本与文化资本偏低，而处于较高阶层的家庭社会资本和文化资本存量则较高，对有着不同社会阶层背景的受教育者的成就产生了不同的影响。

具体来说，不同阶层的子女在家庭教育中所传承和习得的价值观念、生活态度和生活习惯等各不相同，有的可能会与主流社会不一致，甚至相冲突，而学校是代表主流社会对学生进行符合社会要求的规训和教化的场所。社会阶层较高的学生在家庭中所接受的教育与主流社会相一致，他们更符合学校教育的要求，而低阶层家庭的孩子在学校教育中则表现出文化上的弱势。家庭资本的差异造成了学生学业成就的差异。在中国，弱势群体的子女，尤其是农村学生，他们在学校教育中就存在着明显的文化上的弱势。这主要是由于农村学生的家庭背景及其早期的文化习得与学校文化存在异质性。这种异质性容易造成农村学生学校生活的适应困难和学业上的失败。在文明与落后、现代与传统二元对立的预设下，学校教育强调同质性和普遍性，而乡土文化的多样性、异质性消失在学校教育设置的视野之外，其结果就是来自农村的学生成了学校教育的“不适应者”和“学业失败者[④]”。

从实质上说，社会阶层对儿童学业成就的影响机制表现为各阶层通过自身不同的资本优势来获得子代接受教育的优势。正是基于此，当今的学校制度改

① 人力资本是相对于物质资本而言的，指凝结在人体内的能够使价值迅速增值的知识、技能及其表现出来的能力

② 余秀兰．2005．中小学教学内容的城市偏向分析．南京师范大学学报，9

③ 布尔迪厄．1997．文化资本与社会炼金术．上海：上海人民出版社，192

④ 王艳霞．2007．家庭文化资本对子女学业成就的影响．当代教育论坛，8

革要考虑到如何弥补社会各阶层儿童的社会资本与文化资本差异，尽量减小社会分层对教育成就的影响。

（3）影响受教育的取向

在受教育的取向上，通过家庭的社会化过程，由父母传递特殊的价值观念，使其子女形成不同的教育态度，因而影响受教育的取向。中上阶层家庭的教养方式能使子女较为容易地由家庭过渡到学校，并有效地适应学校的环境来接受教育。而下层家庭的子女则由于社会分层的原因导致他们在适应学校生活上较为困难。同时，中上社会阶层家庭重视子女语言的表达及抽象观念的认识，他们的语言类型属于精密型，这种比较正式的语言需用较丰富的词汇（如形容词、副词）及附属句、抽象句，从而有利于从事逻辑思考及人际交往。相对而言，低阶层家庭，因不重视子女的语言表达，他们的语言类型属于闭塞型，句子短，词汇少，词不达意的情形也比较多。因此，社会阶层不同，使用的语言类型也不同，思考方式与认知结构亦不同，转而影响受教育的取向。

吴德刚20世纪90年代初对西安地区11所高校1989级的1977名大学生的家庭背景进行了调查。研究表明：父亲的受教育程度对子女就读的大学类型也有一定影响，工科、医科、外语、财经等就业前景较好的大学，其学生家长多集中在较高文化阶层上，而农业、师范、矿业、石油等较冷门的大学，学生家长则多为较低文化阶层的人士（如表3.2所示）[①]。

表3.2　西安部分大学生父亲受教育程度

受教育程度 / 学生数 / 高校	文盲、半文盲		小学		初中		高中或中专		大专及大学毕业		本科以上		合计/个
	人数/个	百分比/%	人数/个	百分比/%	人数/个	百分比/%	人数/个	百分比/%	人数/个	百分比/%	人数/个	百分比/%	
西北大学	3	1.5	24	11.9	39	19.5	64	31.8	62	30.9	9	4.4	201
西北工业大学	2	1.6	6	4.8	19	15.2	29	23.2	47	37.6	22	17.6	125
西安电子科大	15	5	30	10	65	21.7	78	26	97	32.3	15	5	300
西北农业大学	8	7.5	20	18.7	24	22.4	31	29.0	17	15.9	7	6.5	107
西安医科大学	9	4.5	7	3.5	25	12.5	60	30	85	42.5	14	7	200
西北政法学院	9	5.9	32	20.9	38	24.8	43	28.1	25	16.4	6	3.9	153
陕西财经学院	3	3.7	7	8.8	16	20	22	27.5	30	37.5	2	2.5	80
西安外语学院	1	0.7	8	5.3	13	8.6	46	30.4	72	47.7	11	7.3	151
陕西师范大学	7	2.55	40	14.5	60	21.8	88	32	66	24	14	5.1	275
西安矿业学院	27	10.2	50	18.9	60	22.6	73	27.5	49	18.5	6	2	265
西安石油学院	8	6.7	38	31.7	30	25	24	20	9	7.5	11	9.1	120
总　计	92	262		389		558		559		117		1977	
占总数百分比	4.65		13.25		19.68		28.22		28.27		5.93		100

① 郑若玲．2003．高等教育与社会的关系—侧重分析高等教育与社会分层之互动．现代大学教育，2

总之，社会分层化是透过其家庭背景中的各项中介因素影响着教育成就。但无论属于何种社会阶层，只要父母关心子女教育，采用合理的教养方式，建立积极的价值观念，仍能为子女创造有利的学习环境，进而提高其教育成就。

2. 教育对社会分层的影响

决定社会分层结构或促成社会流动的原因有多种。除了暴力、政治斗争等因素外，教育是最重要的原因之一。柯林斯在《教育成层的功能理论和冲突理论》中指出："在现代美国，教育在取得职业成就的过程中已变得极为重要。因此，在分析产生社会分层和社会流动的原因时，教育占据了中心地位[①]。"

1）在传统社会中，教育对于社会分层的影响主要是通过对入学资格与条件的规定和控制，以及对教育结构和系统的建构来实现的。

首先，从入学的资格和条件来看，通过规定一定的学费和入学身份，如一定的社会等级因素，从而使在经济和政治上占统治地位的阶级和阶层能够维护他们的地位，保证他们的子女及后代能够继续获得更好的社会地位与政治、经济特权。由于原先处于社会下层的阶层在经济上较为拮据，使得他们一方面无法交纳昂贵的学费，另一方面，他们也需要其子女参加家庭的各种劳动，以维持家庭生活。而且由于社会中不平等的身份差异与等级，很多劳动人民的子女常常被排斥在正规学校教育的门外。这样，由于他们得不到优质的教育，也就难以获得强势的社会地位。

如从我国高等教育入学条件来看，从高等教育诞生之日起，入学条件的大权就一直为统治阶级所把持。无论哪个时期，贵族或统治阶级的子弟都无可争议地成为高等学府的第一人选。即便是缘于贤明君主的恩赐、民众的斗争等其他原因而下放一部分受教育权，让民众享有部分入学权利，也都是以不侵犯统治阶级在入学条件上的优先权为前提的。这种情况即使在标榜民主与法治的民国时期同样存在，只是当时精明的统治者将这种特权隐形为学费、入学前教育的高起点等，使一般人不易觉察而已。1931 年，中华民国政府曾统计过专科以上学生的家庭职业，其中除军、法、政、商、医外，家庭务农的约占 25.9%，做工的约占 2.5%，且这里所说的农、工绝非一般的农民和工人，而是指务农的地主、富农以及个别富裕的中农和工程技术人员等，普通贫下中农是没有能力也没有资格进入高等教育机构的[②]。

其次，随着社会的改革与发展，特别是封建社会的瓦解和资产阶级革命等原因，平等、正义等观念和意识已经逐步成为社会普遍的价值观和基本人权，教育，特别是接受教育的权利也逐步成为基本人权。在这种情况下，与过去的学费、入学资格、入学条件等方面的因素相比较，教育结构和学校系统本身的建构，以及由此产生的结构差异逐渐成为教育影响社会分层的主要因素。

如封建社会与民国时期我国的高等教育具有了明显的双轨制特征，整个封

---

① 张人杰．1989．国外教育社会学基本文选．上海：华东师范大学出版社，42

② 成黎明，姚利民．2005．我国高等教育入学条件的变化与发展探析．扬州大学学报（高教研究版），3：10～12

建社会都存在一般高等教育与贵族高等教育两个系统。在各个时期除了设有一般的官办高等教育机构和私学外，还存在着诸如宗学、崇文馆、弘文馆及贵胄学校等形式的贵族高等教育机构。在民国时期，明显的等级身份限制被取消了，但是通过各种隐性的入学条件（比如学费、户籍等）的限制使得入学者仍然层次分明。产生双轨制的原因在于：一方面，统治阶级要维护自己的统治地位，使自身的统治地位和尊贵身份得以延续；另一方面，也要培养一定数量的具有真才实学的人才及适量地增加入学名额以调节下层庶民与统治阶级的矛盾。

2）在现代社会中，正规学校教育程度成为重要的社会地位象征，教育对社会分层的影响更加明显与突出。

“无论怎样贫困的儿童，倘能成功地通过取决于智力和努力的学校教育的选拔与分配的过程，就能受到社会的好评而就业，就能得到相对优越的经济报酬。——这一看法，是在某种程度上反映了事实的。”①

造成这种现象的原因，首先是由于现代社会中技术和知识的作用越来越重要，社会分工也越来越复杂，因此，社会对其成员提出了必须具备更高的教育水平的要求。其次，现代社会中人事制度的科层制②的特点，要求必须建立一种既能适应社会发展，又能提供均等机会的客观的人才选拔标准。现代学校教育正具备了这种功能。“今天的学校教育所具有的甄别、分配个人的机构的职能，越来越强化，造成了学历的身份化③。” “在现代社会中，我们常常可以看到，在各种人才选拔的活动和过程中，包括在录用政府工作人员和提拔干部时，教育，特别是正规教育的程度，常常是一个比较能用并具有一定的合理性的客观标准④。”学校是社会评价个人的直接途径，社会在更多的情况下把选拔与分配人的社会过程的权力过渡给了学校，所以，被一所学校所接纳并接受相应的教育，就意味着一个社会流动过程的进行并完成，也就意味着得到比原来优越得多的经济报酬从而进入上一个社会阶层。

二、教育与社会流动

（一）什么是社会流动

在开放式的社会阶层制度中，各阶层之间的社会成员有相互流动的机会。所谓社会流动是指“属于社会分层上的一个阶层的社会成员，或个人或集团，或世代内或世代际产生的垂直或水平地移动其社会地位的现象⑤”。

① 筑波大学教育学研究会．2003．现代教育学基础．钟启泉，译．上海：上海教育出版社，117～118

② 所谓科层制是一种以正式规则为主体的管理方式，这种组织具有大量的分工和复杂的规章制度体系。科层制也被称为官僚制，是英文“bureaucracy”即“官僚制”的意译。组织理论认为，科层制是区别于家族制组织结构的一种正式组织的理想组织结构。使社会学界关注科层制组织的是德国社会学家韦伯。他用科层制一词来指代现代政府机构、大型工业组织等等。韦伯出于理论分析的需要，确定了一个理想组织形式的特性，作为一个标准模式。从这个意义上讲，现代社会的组织形式都是科层制的

③ 筑波大学教育学研究会．2003．现代教育学基础．钟启泉，译．上海：上海教育出版社，116

④ 谢维和．2000．教育活动的社会学分析—一种教育社会学的研究．北京：教育科学出版社，315

⑤ 筑波大学教育学研究会．2003．现代教育学基础．钟启泉，译．上海：上海教育出版社，118～119

1. 社会流动类型

（1）垂直流动、水平流动

垂直流动，指个人或团体在社会阶层间的移动，分上向及下向流动。上向流动指由低层向高层社会地位的转变，反之，则被称为下向流动。水平流动则指同一阶层内的职业转变，个人从某一社会地位被转移到同样高低的另一个社会地位的流动，但不涉及阶级层次的改变。

（2）代内流动、代际流动

代内流动指个人在其工作生涯中职业位置的改变，即初职和现职的差异。代际流动指父亲和子女间职业的改变，主要指父子两代在社会地位上的差异，即亲职和子职的差异。

2. 影响社会流动的因素和途径

（1）职业的改变

上升流动的最普遍方式，可能是获得一项声望较高的职业。各种工作间的差异很大，个人可通过职业阶梯而改变其社会地位。

（2）经济成就

个人若能成功地获得较多的财富，将会增加他上升流动的几率。

（3）教育成就

教育逐渐成为社会流动的重要因素。在许多情况下，不仅受教育的程度很重要，所受教育的品质也相当重要，从声望较高的学校毕业，个人将会有更多的机会获得较好的职业及较高的社会地位。

（4）权力的控制

社会权力的来源有多种方式，如职业、财富、教育等，而参与政治也是权力取得的方式之一，权力的取得和增加会扩大个人操纵其环境的能力，因而提高其社会地位。

（5）家庭的结构

家庭子女数越多，个体成功的机会就越少，反之，子女愈少，个体成功的几率就越高，因为父母会给予个体更多的注意和教导，因此，控制家庭子女数量也可使子女有更好的社会流动机会。

（6）营养

营养不足常使贫穷家庭的儿童难以获得较好的发展健全身心的机会，以至于不能和营养良好的儿童在平等的立足点上竞争。所以，充分的营养可以使其有能力在社会阶层上作上升的努力。

当然，在开放的社会中，还存在着许多可以促进社会流动的途径，如特殊的才能、才艺及运动技能等。

在社会流动的过程中，下降流动往往会造成个人的心理压力和心理崩溃，从而导致较高的自杀率。在流动率较高的社会里，许多人因流动过快，导致不适应新的阶层而造成诸多社会问题。在高度流动的社会里，许多人追求上升流动，而向上的期望一旦无法实现则可能给许多人带来失败感和挫折感，这经常成为社会问题的来源之一。

（二）教育对社会流动的影响

1. 教育促进合理的社会流动

虽然个人在社会中的成就受到社会分层化的影响，但教育仍是弱势群体最佳的社会流动途径，是决定成就地位最重要的中介因素，也是社会阶层重新分配的最大公平化力量。合理的社会流动是充分而适当的人员流动，亦即一个有活力的社会应该具有大量而适当的流动机会，这样才能使社会位置不断出现空缺，使处于不同社会位置的人有机会改变自己的社会处境，让社会成员普遍感到有希望，从而使社会充满活力。

在教育活动中，个人通过努力学习获得教育地位，在机会平等的情况下达到合理流动、改善个人社会地位为目的。在这样的教育活动中，有利于人们形成一种自强不息、积极向上的社会风气。这种以教育为途径形成的社会流动是一种含目的性的有助于社会运行的良性发展的合理流动。

同时，学校教育引发的社会流动力量足以强大到摆脱家庭父母地位的影响。据瑞典、丹麦、英国、美国、日本五国的资料，验证了父亲的地位、学历和本人地位三个变量的相互关系。结论如下：①学历地位的制约力，在每个国家都相当强。②父亲地位的影响在欧洲各国比较大，在美国则较小。③比较学历地位的制约力与父亲地位的制约力，无论哪个国家都是学历的制约力更占优势。④在日本和美国，学历的制约力强度非常显著。就东京而言，这种倾向最为明显。也就是说，在这些社会里，学历的制约力超过了父亲地位的制约力；从国际范围看，日本和美国也是学历制约力最强的社会[①]。

从中国古代的科举制度来看，它在促进合理的社会流动方面的贡献成效显著。根据克拉克对宋朝1148年和1256年中国家庭背景和科举考试成功者的关系研究，1148年无背景的人数比例占56.3%，1256年占57.9%。这就说明，科举制度对打破旧的社会分层，促进社会流动方面有积极的意义。后来，英美相继吸收科举考试制度背后的能力本位理念，推行文官考试制度，也正是基于这一点[②]。考试能促进合理的社会流动，而教育又有助于考试的成功，因此，教育本身成为合理的社会流动的必要条件。

2. 教育越来越成为最重要的社会流动机制

所谓社会流动机制，是指决定人们在其社会中获得一定地位和实现社会流动的主要背景、条件、动力和路径的某种组合作用[③]。教育作为社会流动的动力机制，是指人们通过获得教育地位而达到获得社会流动及社会地位的目的。分析建国以来社会流动的机制，在改革之前，影响人们社会流动的后赋因素[④]包括

① 筑波大学教育学研究会． 2003．现代教育学基础．钟启泉，译．上海：上海教育出版社，118

② 李俊奎．2004．论教育对社会分层的影响．太原理工大学学报（社会科学版），1

③ 张宛丽．2004．当代中国社会流动机制探讨．中国党政干部论坛，8

④ 先赋因素一般包括户籍、出身、文凭、地域等，它表征的是“身份分层”的地位。后赋因素包括财富、技术、知识等，它表征的是“经济分层”的地位。

教育资本和政治资本。但具体分析其作用的大小和历史性的变化，我们还可以得出这样的结论：即在“文化大革命”前及“文化大革命”期间，政治资本的作用大于教育资本；而改革开放之后，教育资本对社会地位获得的影响作用则日益提升①。

社会学家孙立平认为，在改革前期，社会流动都是结构性社会流动，由经济体制改革所引发。然而，在最近的几年中，由此引发的社会结构变动和社会流动却在明显减少，社会流动越来越变得常规化。而在常规化的社会流动中，最重要的流动机制已经与教育联系在一起。因此，从某种意义上说，在未来的社会中，教育将会越来越多地取代体制改革成为我国社会流动的主要机制。

3. 教育将直接影响受教育者的社会流动方向和社会地位

玛丽·杜里-柏拉在其《学校社会学》中说：“在个体水平上，文凭是一张有效的‘优待券’，而受教育水平对职业身份的影响比其他特征的影响更为显著。因而，教育和就业之间的关系相当紧密，使个体有理由提出接受教育的要求：虽然文凭是必不可少的，但是并不能因此认为为了获得某一社会职位有文凭就足够了，而没有文凭却越来越不利于职业嵌入。……在民主社会中，获得社会职位被认为建立在择优录用的标准之上，个体根据自己的能力接受既定水平的教育，然后通过社会对这些能力的认可获得与这一教育水平相应的职位②。”

美国社会学家杰克思在《谁将出人头地：在美国取得经济成功的决定因素》一书中，对美国高等教育与社会分层之间的关系进行了较为详细的分析。他指出，在上大学费用急剧膨胀的今天，人们之所以上大学，最重要的原因之一就是希望把学位作为一张获取高地位、高收入工作的门票。即使那些家境一样，考试成绩相同，开始做同样工作的人，到头来大学毕业生也比高中毕业生所达到的工作地位要高得多。而且事实证明，读完中学的人比具有同样学历而没有读完中学的人的收入高 15%～25%。相比之下，读完大学的人的收入比那些具有同样经历而没有毕业的人要多出 40%。而重点大学毕业生的收入要比非重点大学毕业生的收入高 28%③。

是否接受高等教育直接影响人们向社会上层流动及社会地位的提高与否。在我国，职业地位的获得与学历特别是高等教育学历有着密切的关系。以管理干部的学历结构为例，据 1982 年人口普查关于干部文化程度的详细分类，我国干部总体学历不高，1982 年时大学毕业者仅占 5.8%，其中国家机关负责人的大学文凭比例最高，但也仅为 8.5%。绝大多数干部为初中或小学文凭，占 69.8%。此外，尚有 2%的文盲和半文盲。至 1987 年，干部中大学文凭的比例已提高到 13.5%，初中和小学毕业者所占比例下降到 54.7%，高中毕业者所占比例也提高

① 陆学艺. 2004. 当代中国社会流动. 北京：中国社会科学文献出版社，209

② 玛丽·杜里-柏拉、阿涅斯·冯·让丹. 2001. 学校社会学. 上海：华东师范大学出版社，59～60

③ 戴卫·波普诺. 1987. 社会学（下）. 沈阳：辽宁人民出版社

到 30%，仅有 1%的文盲和半文盲[①]。职业地位在一定程度上代表社会地位，从数据中可以看出，有 7.7%的受过高等教育的人跻身到管理干部行列，有 16.1%的未受过高等教育和高中教育的人被淘汰出管理干部的职业。

阿龙.M.派拉斯在《学校教育对个人生活的影响》中指出：一个人获得多少学校教育广泛影响到个人的经济利益。大量证据表明，通过学校获得进一步发展的个人比获得较少学校教育的人收入更高。大学毕业生和中学毕业生之间的净工资差距从 20 世纪 70 年代末逐渐拉大。离校时间越长，这种差距越大。个人所获得的学校教育影响一个人承担的工作任务，同时它也影响一个人对自己的工作和他人的控制。工作条件也反映着学校教育对其他成果的影响。20 世纪晚期工作的基本特征在于它是体力劳动还是脑力劳动，受过高等教育的人更多地从事脑力劳动，而受教育较少的人则更多地从事体力劳动。来自健康和退休调查的最近证据显示，没有完成中学学业的中年人中，80%的人工作属体力劳动，而完成大学学业的中年人中只有 36%的人工作属体力劳动。对从事沉重的抬或举工作的考察也反映了类似的情况，包含这两种动作的工作可能会影响工作者的身体健康，而受过较多学校教育的人更有可能从事监督别人的工作。健康和退休调查数据显示，43%的大学毕业的中年人监督别人的工作，而只有 19%的中学毕业生是监督员。总之，学校教育和工作条件之间存在着一致性的联系。受过较多学校教育的个人与社会有更强劲且更有权力的社会联系。受过较多学校教育的人要比那些受过较少学校教育的人更多地参与政治活动[②]。

2001 年 6～7 月间，中国社会科学院社会学研究所“中国社会结构变迁研究”课题组在深圳实施了抽样调查，这次调查结果显示，大专以上学历在各阶层所占比例依次为：专业技术人员为 76.7%，国家及社会管理工作者为 69.18%，私营业主为 56.8%，经理为 56.7%；中等学校学历所占比例依次为：办事人员 78.1%，产业工人 62.5%，商业服务业人员 52.2%，私营业主 33.8%，比例最低的是个体户 21.6%。与此同时，初中以下学历比例分别为：个体户 58.9%，产业工人 29.8%，商业服务人员 27.3%[③]。

刘慧珍通过对 20 世纪 60 年代的美国、70 年代的前苏联和 80 年代以来中国的统计分析，“无论资本主义国家还是社会主义国家，也不论是发达国家还是发展中国家，在教育与职业关系方面，都遵循了正相关的规律[④]。”

4. 教育对社会代际流动起着重要作用

关于代际流动比较的标准一般是选择某一确定的时刻，比如把儿子在某年龄点的工作与父亲在该年龄点的工作比较。如果比较的结果表明儿子的地位是高于父亲的，则表明儿子相对父亲而言产生了上向社会流动。研究表明，在影

① 李强．1993．当代中国社会分层与流动．北京：中国经济出版社，287～288

② 莫琳·T. 哈里楠．2004．教育社会学手册．上海：华东师范大学出版社，665～679

③ 陆学艺．2004．当代中国社会流动．北京：中国社会科学文献出版社，277、281、283

④ 刘慧珍．1988．教育社会学．沈阳：辽宁人民出版社，119～120

响代际上向社会流动的后赋因素中，教育是最重要的因素。

美国社会学家布劳和邓肯曾对美国社会分层进行实证研究，他们向35 000名20～60岁的男性发出调查表，问“是什么决定着一个儿子能否取得比他父亲更高的社会地位?”，从27 000份回答中，他们得出的结论是：最重要的是儿子接受教育的程度。克里斯托弗·詹克斯等人在《谁将领先》一书中通过对美国社会分层的研究得出结论：“一个青年人的最终地位和工资收益的最明显可见的预兆就是他的受教育年限[①]。”

根据北京大学《2004 年中国城镇居民教育与就业情况调查报告》，子女受教育年限的增加对其进入主要劳动力市场的影响，90年代后比90年代前更强。与20世纪90年代前相比，90年代以后中国职业的代际流动性有所提高，教育促进代际流动的功能也有所加强[②]。

正因为教育对于上向社会流动的重要作用，社会地位较低的人通常不惜代价对自己的子女进行高额的教育投资，以期能够获得较高的社会地位。

第三节　教育机会均等与社会平等

一、教育机会均等的含义

平等思想是西方工业社会革命的理论基石，教育机会均等是平等思想在教育中的集中体现。最先提出教育平等的是德国人马丁·路德（1483～1546）。18世纪以后，凡是具有民主思想的政治家、思想家无不以极大热情倡导教育平等思想。而在过去的几十年里，社会学家们支配了对教育机会均等的辩论，根据社会学的思路，教育机会均等的问题决不单是一个教育问题，同时也是一个社会问题。瑞典托尔斯顿·胡森在权威性的调查报告《平等——学校和社会政策的目标》中指出：“若干年以来，无论在国内还是在国际上，就教育问题进行的政策讨论中，‘平等’已变成一个关键词。可是，教育面前机会均等始终没有被视为自身的目的，而被看成是走向社会平等的漫长道路上的一个阶段[③]。”

（一）教育机会均等的含义

较为集中说明教育机会均等概念含义的是瑞典教育学家托尔斯顿·胡森。根据他的观点，在教育与社会发展过程中，教育均等实践依次在起点均等论、过程均等论和结果均等论三种平等观指导下演进，而三种平等观分别代表三种价值取向[④]：

---

① 戴卫·波普诺．1987．社会学（下）．沈阳：辽宁人民出版社，38

② 北京大学课题组．2005．北京大学教育经济研究所简报，23

③ 张人杰．1989．国外教育社会学基本文选．上海：华东师范大学出版社，193

④ 金一鸣．2000．教育社会学．南京：江苏教育出版社，264～267

1. 效率[1]优先的起点均等论

这种均等论首先考虑的是经济的合理性，是保证经济发展的均等论。当一个社会向其成员提供的教育机会极其有限时，其教育制度必须具有很强的筛选性。教育的社会职能就在于根据成就标准（往往以考试成绩为标志）层层筛选，分别授予能力不同的个体以不同的教育，进而使他们进入不同的角色地位，以保证社会运行的高效合理。教育的平等只能是受教育权利、入学机会的平等和选拔方法的公平公正，亦即教育起点的平等。在资本主义发展前期，西方各国奉行的英才治国论或能力主义论体现的就是这种平等观。用效率取代等级化教育确实是历史的进步，但这种进步只不过停留在让人接受不平等教育的阶段而已。

2. 公平优先的形式平等论

效率均等论其实只是用经济的不平等取代了身份地位的不平等。随着社会发展水平的提高和社会公正思想的渗透，在教育领域取而代之的是强调社会稳定性的政治平等观。这种平等观要求让人们平等地接受同样的教育，要求的是教育资源配置和教育过程中的平等。这种观念批判了不平等的教育及具有淘汰性、筛选性的教育制度。从第二次世界大战结束到20世纪70年代，西方发达国家所采取的一系列改革措施体现了这种均等观。这种以社会公平为价值尺度的均等观，为所有儿童接受共同的基础教育提供了保证。但这一理论也忽视了现实社会中的巨大差异，对所有儿童的同样教育可能反而剥夺了不同背景、不同家庭的选择机会，形成了事实上的不平等。

3. 突出社会个性发展的实质均等观

前两种观念可称为社会本位论，而实质均等观则是以人为本位，它以承认个体差异为前提，强调教育的平等应体现在向每个儿童提供使其天赋得以充分发展的机会，因而给每个儿童提供的是有差别的教育或不平等的教育。它要求结果的相同，取得学业成功的机会相同，这就意味着它是以每个学生的潜能是否得到充分开发为评价标准。

作为一个含义不断发展与变化的观念，教育机会均等实质上包含着教育机会、教育过程与教育结果的均等三个因素，教育机会均等作为一种社会性平等，与一个人受教育的利益、受教育的权利相关，不仅涉及到教育机会问题，而且涉及到教育过程和教育结果。但教育机会均等是相对的，并不是平均分配教育资源。教育机会均等从属性上看属于社会平等而非自然平等，即平等与否并非起因于自然而源于人的自觉活动，它可以选择，也可以进行道德评价。

① 丹尼尔·贝尔在《资本主义文化矛盾》的初版序言中指出："经济、政治和文化三个领域各自拥有相互矛盾的轴心原则：掌管经济的是效率原则，决定政治运转的是平等原则，而引导文化的是自我实现（或自我满足）原则。由此产生的机制断裂就形成了一百五十年来西方社会的紧张冲突。"这样，支持现代社会运作的价值观是效率、公平和自我实现。效率是推动现代社会经济发展的核心观念；公平是支撑近代以来市民革命的基本政治信念；而自我实现则集中体现出现代社会人们追求的文化价值观

（二）教育机会均等的原则

教育机会均等应包含以下四个原则：

1. 人即目的的原则

联合国教科文组织在1972发布的报告《学会生存》中指出："教育上的平等，要求一种个人化的教育学，要求对个人的潜在才能进行详细的调查研究。……给每一个人平等的机会，并不是指名义上的平等，即对每一个人一视同仁。机会平等是要肯定每一个人都能得到适当的教育，而且这种教育的进度和方法是适合每个人的特点的。""教材内容必须个人化；小学生和大中学生必须意识到他们的地位、权利和愿望；权威式的教学形式必须让位于以独立性、互相负责和交换意见为标志的师生关系；教师的训练必须使人了解和尊重个性的各个方面[①]。"所以教育的最终目标是使个体得到自由和谐的发展，每个人的天赋得以实现，只有尊重每一个体的基本人权与自由的发展，才符合教育平等的原则。

2. 教育权利平等原则

《宪法》第四十六条明确规定"中华人民共和国公民有受教育的权利和义务"。所谓的教育权利，指的是"受教育"权利，是相对于政治上、经济上的平等权利而讲的"教育上"的平等权利。"教育机会均等的实质应该是一种人的基本权利的均等。……社会中的基本人权的享受和行使不仅需要国家提供一定的帮助和创造必要的政策环境来保证，它同样还需要个人不受自身的特殊条件和因素的影响与制约享受和行使这些基本权利。换句话说，社会中的基本人权必须从社会和个人两个角度进行保证[②]。"

3. 机会均等原则

教育机会均等应该使每个人有均等的入学机会、在教育过程中受到均等的对待及有均等的学业成功机会，亦即实现起点均等、过程均等和结果均等。

4. 差别性对待原则

"机会平等并不等于把大家拉平。机会平等不是不惜任何代价否认个人的基本自由，攻击一个人的完整性或者滥用专家统治的、官僚主义的权力[③]。"由于教育的效果会因受教育者个人的天赋、机会与际遇而不同，机会均等不可能机械式地实现，故要实现教育平等必然须对每一个体提供不同的教育待遇。需要注意的是差别性原则的基本前提必须是使全社会中处于最不利地位的人获得最大的利益。

---

① 联合国教科文组织国际教育发展委员会．1996．学会生存——教育世界的今天和明天．华东师范大学比较教育研究所，译．北京：教育科学出版社，105、110

② 谢维和．2000．教育活动的社会学分析—一种教育社会学的研究．北京：教育科学出版社，325

③ 联合国教科文组织国际教育发展委员会．1996．学会生存——教育世界的今天和明天．华东师范大学比较教育研究所，译．北京：教育科学出版社，105

二、影响教育机会均等的社会因素

影响教育机会均等因素很多，有先天的因素，也有后天的因素。先天的因素如智力潜能、身心特质，每个人与生俱来即有的个别差异等等。后天的因素一般认为可归纳为家庭背景、教育过程、经济条件、地域发展与社会因素等五项。

（一）家庭背景的影响

家庭的社会阶层、父母亲的教育程度、职业水准、所得差异与家庭文化等，都影响子女的教育机会与学习成就。

如从1940以来我国父亲学历(文化资本)对个人教育获得的影响来看，家庭文化资本对个人教育获得的影响在80年代以前变化趋势并不明显，但在80、90年代则明显上升。需要注意的是，1930年代至1950年代出生者的父亲大多是文盲，有学历者极少，因此，家庭文化资本的影响力在统计上难以显出。到了1970年代，父亲学历的影响力才开始变得显著。而1980年代和1990年代，父亲学历的影响达到最高点，父亲文化水平在高中或高中以上的人平均受教育年限比父亲无学历的人多2.3年，父亲初中文化水平的人比父亲无学历的人多1.0年，父亲文化水平为初小和小学的人比父亲无学历的人多0.8年[①]。

（二）教育过程的影响

在教育过程中，各级各类学校的入学制度、教师的期望与态度、教育资源的分配与学费政策也都影响教育机会的均等。

如以应试和筛选为主要目的的教育模式以严格的考试制度剥夺了大量学生继续受教育的机会。据调查，辍学生中有30.3%的小学生、40.8%的初中生是因为学习成绩不佳导致的。浙江省温岭1888名流失生中，由于缺乏学习兴趣、学习成绩差而丧失自信心、上进心、厌学而辍学者占52.7%[②]。教育过程的问题是造成教育机会尤其是学业成功机会不相等的重要原因之一。

（三）经济因素的影响

在经济的因素方面，国家经济发展的程度、教育经费的分配办法、政府的补助政策等，都直接影响教育的发展与教育机会的公平。

例如20世纪后期，台湾每位大学生所分配到的教育资源，1982学年度经费为新台币20500元，到1991学年度却只剩下1.5万元，减少了26%。这显示出大专院校的学费在不停调涨，但大学生分配的教育资源却不断减少。根据台湾行政院主计处统计，1992学年度台湾各大专院校学生中，因为经济因素而选择休学的人数高达7129人，相较五年前的2664人，增加近4500人，呈现大幅

① 李春玲．2003．社会政治变迁与教育机会不平等——家庭背景及制度因素对教育获得的影响．中国社会科学，3：93

② 金一鸣．2000．教育社会学．南京：江苏教育出版社，285

度的增长趋势。助学贷款的大专生比例逐年上升，也有些家庭干脆无法在这个高学费的体制下生存。经济的因素使大量学生失去了继续接受高等教育的机会[①]。

（四）地域因素的影响

地域的因素则以城乡发展失衡所形成的城乡教育水准差异与教育机会不均等最为显著。

在教育机会方面，城乡差距主要表现在：①入学率、辍学率方面。据调查资料：1993 年 7～14 岁儿童的入学率城市、城镇、农村呈明显的递减趋势，城市为 99.57%，城镇为 99.07%，农村为 97.94%；而辍学率却相反，城市为 0.37%（小学）和 2.5%（中学），农村则为 1.65%和 7.2%；②教育条件和师资力量方面。与城市相比，农村中小学的师生比明显低于城市。在教育设施方面城乡学校的差异如表 3.3 所示[②]。

表 3.3　城乡学校在教育设施方面的差异

	教学仪器配齐学校比例/%		学生均拥有图书量/册	
	中学	小学	中学	小学
城市	42.40	24.50	20.9	7.6
农村	17.62	8.46	3.6	1.9

（五）社会因素的影响

在社会因素方面，种族的偏见、性别的歧视、社会阶级制度的存在，都阻碍教育机会的均等发展。

如在性别歧视方面，据孟宪范的调查研究，1993 年的统计资料显示：女童入学率比男童低 1.8%，在贫困地区更为严重。如四川省阿坝、凉山、甘孜三自治州的五个贫困县，女童入学率仅为 26.3%，甘肃省六个贫困县的女童入学率也只有 50%[③]。女童受教育机会不均等的现象在流失的学生中表现尤为突出。1950～1988 年，全国中小学辍学学生总计 3.8 亿，其中女童为 2.66 亿，占总数的 70%。

以上因素的影响，并非单独存在，而是交错纠结，相互关联，一起影响着教育机会的均等。

三、教育机会均等与社会平等

关于教育机会均等与社会平等的关系，西方有两种观点：一种观点认为教育平等有助于缩小社会的不平等，这实际上是西方民主主义者所坚信的，在 20 世纪 60 年代以社会学中的功能论学派为代表，其代表人物是杜威、帕森斯等；另一种观点认为，即使存在教育平等，也无助于缩小社会不平等，这种观点尤以社会学中的冲突论学派为代表，他们强调，资本主义的教育系统，无论对于

① http://www.coolloud.org.tw/news/database/Interface

② 金一鸣．2000．教育社会学．南京：江苏教育出版社，272～273

③ 孟宪范．1995．农村女童受教育权的保护．中国社会科学，5

人的发展，还是对于经济报酬，从来不曾提供平等机会，而现实确实也没有提供平等机会，因为这个教育系统反映着资本主义制度固有的不平等结构。教育只是起社会分层和合理选拔代理人的作用。其代表如美国的鲍尔斯、吉登斯的“社会再生产论”，美国柯林斯的“文化市场论”，法国布迪厄(P.Bourdieu)和英国伯恩斯坦的“文化再生产论”等。在这方面，伯恩斯坦把他最有影响的一篇论文题名为“教育不能补偿社会”。这可以说是后一种观点的重要说明[①]。

虽然教育机会均等与社会平等的关系尚未形成定论，但综合诸家之言，我们认为，二者至少存在以下联系：

（一）教育机会均等是人类追求社会公平与正义的主要手段之一

教育是社会的一部分，教育具有政治、经济、社会、文化的功能，同时也随着它们的变动而变化。教育可能是社会变动的原因或条件，也可能是社会变迁的结果或反应。即教育一方面配合社会变迁而调整本身的结构与功能，另一方面也改变人们的思想与观念，以促成理想的教育改革。而教育机会均等理念的发展，也同时反映着当代的若干因素与社会变迁。

自第二次世界大战以来，民主思潮激荡，追求人人平等成为现代民主国家的立国精神和努力目标。各国除着重于追求政治、经济的独立自主外，教育问题同样受到重视。教育普及被先进国家视为消除社会不平等现象的主要方法之一，教育机会的均等被认为是一种基本人权，除人人具有受教育之权利外，更追求实质性的教育机会的均等。这种理念普遍受到各国的重视，被看作是实现社会公平与经济财富平均的途径。科尔曼指出，如果人类社会是完全静止的职业分配结构，而不具有社会流动的现象，则儿童在接受教育之后，无论选择就业或升学，都将不存在机会不均等的问题。然而，在一个民主开放的社会中，社会流动可说是一种必然的现象，因为不论是教育结果的符号价值如学历、文凭等，或实用价值，如专长、技能等，往往都是人们上向社会流动的主要途径之一，因此，教育机会均等的问题往往是政府与社会大众关注的焦点。

正如前面所说，教育机会均等包含着起点、过程与结果的均等，是一个抽象、复杂、涵盖面十分广泛的概念，所以有人认为教育机会均等仅仅是一种理想而已。现实上，教育活动由于受到各种主客观因素的影响，确实很难实现教育机会均等的理想。但这也在一定程度上表明，教育机会均等作为一种理念，目的在于鼓励人类实现社会正义，在教育机会均等的实践追求的过程中，力图通过教育的人为力量来减少不平等的社会事实。

国内外许多的研究，特别是地位获得的研究均指出：职业是代表个人社会地位的最佳指标，而教育是影响职业获得的最重要变项。教育不仅是作为提高职业、收入的工具，其本身也代表一种社会地位。而教育机会均等的理想，不仅希望借助教育的力量来促进社会的公平，同时教育机会均等本身也代表一种社会正义。联合国教科文组织主席狄洛（J.Delors）指出，当人类面临未来种种

① 綦育，崔文杰．2004．政府对高等教育宏观调控的理论与实践研究．辽宁教育研究，12：15

的挑战与冲击时，教育将成为人类追求自由和平、维持社会正义的最珍贵的工具。同时，教育也将协助每个人天赋、才能与潜力的充分发挥，以实现人生的目标和生命的意义。而教育机会均等的理念，即源于社会公平、正义的原则。

（二）社会公平是教育机会公平的基础

教育机会均等作为社会公平的一个十分重要的组成部分，与整个社会的公平是联系在一起的。如果我们把整个社会的公平作为一个结构形态看待，那么，教育机会均等是这个公平结构中的一个部分。谢维和认为，第一，我们不能简单地希望通过教育机会均等的实现而解决整个社会的不平等，这样，我们也就可以很好地解释教育机会均等程度的提高在一定程度上并未有效地减少整个社会的不平等这一现象。第二，由于教育机会均等是一种人的派生性的基本权利，而不是人的一种最基本的本原性权利，因此，它应该属于某种比较特殊的平等和权利[①]。

（三）教育机会均等与社会平等是实现教育理想的基本条件

教育理想作为一种指向未来的观念，是指人们对未来教育状态的完美设想，表现为教育目的和教育行为的应然状态。

1. 教育平等是实现教育理想的内在条件

教育的内部关系、规律揭示的是教育的本质属性，是以受教育者为主体来表征教育功能、教育过程、教育管理的相互关系。根据托尔斯顿·胡森对教育机会均等的分析，教育起点的平等是受教育者的基本权利，教育过程的平等是受教育者与教育者以及其他教育影响因素（教材、教法等）活动中所享受的平等，而教育结果的平等则是受教育者作为教育中的主体的最终体现。综合三方面的含义，教育的要素全都包括在内，是受教育者作为主体在教育内部关系规律中的平等权利的实现。教育理想的实现必然以教育机会均等这一内在条件作为先提条件。

2. 社会平等是实现教育理想的外在条件

教育作为一种社会性的活动，必须与政治、经济、文化等社会子系统产生多方面的关联并对这些方面起到促进作用。社会平等是指在同一社会中任何人都具有平等的权利和义务，但由于社会阶层和经济能力不平衡的存在，人要享受平等的社会权利只是理想的追求。当教育理想适应社会关系发展规律时，它就会相应得到实现；可一旦教育理想与社会关系发展规律不相适应时，不平等的社会关系就会成为教育理想实现的障碍。可以说，教育理想的方向性和可行性掌握在占社会统治地位的阶级所能实现的社会平等程度上[②]。

教育作为人的活动，其理想性自然源自于人本身。但无论人对教育理想的主观期望发生怎样的变化，教育理想的实现却是不能超出其自身内部关系规律

① 谢维和．2000．教育活动的社会学分析—一种教育社会学的研究．北京：教育科学出版社，331

② 邓艳，朱方长．2004．教育理想与人的全面发展．教育导刊，11：13

和外部关系规律的。

思考与练习

1. 解释下列术语。

社会分层　社会流动　垂直流动　水平流动　代际流动　教育机会均等

2. 哪些因素影响社会化？

3. 试述教育与社会化的关系。

4. 学校的社会化职能是什么？

5. 试述教育与社会化的关系。

教育目的

【内容提要】 教育目的是教育工作的出发点和归宿，是制定各级各类学校的教育目标，确立教育内容，选择教育方法、评价教育效果等的重要依据，教育目的贯穿于教育活动的终始。坚持社会主义性质，是我国教育目的的根本特点。我国社会主义教育目的是建立在马克思主义关于人的全面发展学说的理论基础之上的。人的全面发展理论对人的全面发展的历史必然性、实现条件等进行了系统分析，它是科学的人才观和教育观，为我们制定教育目的提供了坚实的理论基础。

第一节 教育目的概述

一、教育目的的概念、意义和性质

任何一位教育活动的参与者，都对教育有着自己的期望，为了保证教育活动的一致性和连贯性，确保完成教育任务，教育活动必须具有明确的目的性。那么，什么是教育目的？教育目的的性质是什么？在教育中又具有怎样的意义？这是我们必须首先理清的问题。

（一）教育目的的概念

人的活动多具有目的性，这也正是人类的活动被称作“实践”的重要原因。有无明确、自觉的目的是人与动物活动的重要区别之一。在缤纷多彩的自然界中，只有人的活动才是真正自觉的、有目的的行为。因为人在活动开始之前就能够自觉地预设活动的目的，使其以后的活动受到该目的的指导，并在活动结束时实现预定的目的。马克思的一段名言对此问题进行了精彩的剖析，他说：“蜘蛛的活动与织工的活动相似，蜜蜂建筑蜂房的本领使人间的许多建筑师感到羞愧，但是，最蹩脚的建筑师从一开始就比最灵巧的蜜蜂高明的地方，是他在用蜂蜡建筑蜂房以前，已经在自己的头脑中把它建成了。劳动过程结束时得到的结果，在这个过程开始时就已经在劳动者的表象中存在着，即已经观念地存在着。他不仅使自然物发生形式变化，同时他还在自然物中实现自己的目的，这个目的是他所知道的，是作为规律决定着他的活动的方式和方法的，他必须使他的意志服从于这个目的。”[①]这段名言清楚地表明了人所特有的能动性。

作为人类实践的重要组成部分，教育活动的目的性也是异常明确的。教育是人类自觉进行的一种有意识、有目的、有计划的文化传递创生的社会交往活动。人们在进行教育活动之前，也首先要在观念中设定明确的行动目的。

学界当下比较认可的教育目的的概念可分为广义与狭义两种：

广义的教育目的是指所有参与教育活动的主体对教育结果的冀望，即希望受教育者通过教育在身心诸方面发生一定的变化，或产生预期的结果；狭义的教育目的则是指国家对教育所要造就的社会个体的质量、规格等总的设想或规定。下面我们着重诠解和阐述的是狭义的教育目的。

为了更清楚地理解教育目的的概念，使我们站在同一角度去分析和思考问题，以免发生理论上的紊乱，首先需对以下几组概念加以澄清：

1. “教育目的”与“教育方针”

在过往的教育论著中，时常出现将教育目的、教育方针混为一谈的情况。这不仅在理论上造成混乱，也给教育实践带来麻烦。

如某些学者认为，“教育目的”和“教育方针”并无实质性差别，“目的即方针”，“方针即目的”，两者属完全对等的概念。其实，早在1958年，中共中央、国务院在《关于教育工作的指示》中即已明确指出：“党的教育工作方针，是教育为无产阶级的政治服务，教育与生产劳动结合”；而“教育目的，是培养有社会主义觉悟的有文化的劳动者”。这里，已经对教育方针和教育目的做了清晰的界定，“教育目的”与“教育方针”的区别已是判然分明：教育是培养人的社会活动，教育的目的自然是指把受教育者培养成怎样的人。另外，《中国大百科全书·教育卷》对“教育方针”概念的解释是：“教育方针是国家或政党在一定历史阶段提出的教育工作发展的总方向，是教育基本政策的总概括。”也就是说，教育方针是国家或政党为了实现一定的教育目的而特意制定的行动指南，是实现教育目的的途径及方法。概而言之，教育目的的根本属性是教育究竟培养什么人的问题，而教育方针则是实现这一目的的指导思想。以教育之作用而言，教育目的支配着教育手段；就教育之过程而言，教育目的又是教育手段的必然结果，二者均决定于一个社会的教育制度，是教育客观规律的自觉表现。教育方针与教育目的的关系，应是手段和目的的关系。

近年来，学界为求在理论表述上更为严密和规范，以不同的视角对二者进行了区分：首先，两概念的出发点不同。教育目的是从个体自身发展需要与社会发展水平之间做出的价值选择；而教育方针是从政党或阶级对教育作用总的评价出发，确定在一定时期内教育发展的总方向。其次，两个概念的作用对象不同。教育目的总是针对个体、受教育者而言；教育方针不直接作用于个体或受教育者，而是针对社会结构中的教育事业整体而言，旨在引导人们对教育事

① 马克思，恩格斯．1979．马克思恩格斯全集（第23卷）．北京：人民出版社，202

业的地位和作用有一个正确的估价，从而有助于教育事业的发展。再次，两个概念的实际功用不同。教育目的主要是控制教育的微观领域，如课程的设置、教材的编写、教法的选定、教育活动的安排等，使这些措施有利于实现人的发展，实现教育的目的。教育方针主要控制教育的宏观领域，如引导人们对教育进行正确评价、确定教育投资比例、改革教育体制、制定宏观教育决策、评估教育行政效率等，以保证教育事业的健康发展，使教育的社会功能得以实现。总之，教育理论界越来越多的教育工作者们倾向于把两个概念区分开来，尽管区分的角度迥然有别，但倾向却是一致的。

2. “教育目的”与“培养目标”

较为普遍的看法是，“教育目的”和“培养目标”单独使用时往往可以通用，同时出现时则应有区别。前者指国家和社会对教育所要造就的人的质量、规格的总体设想或总规定，后者则是对各级各类被培养者提出的具体标准和要求。教育目的和培养目标表现为一般和个别的关系。没有具体的培养目标，教育目的难以在各级各类学校中得到落实，但制定具体的培养目标必须依据总的教育目的，否则会导致办学方向的偏离。

也有学者以为，就国家而言，“教育目的”、“培养目标”处于不同的层次上：“教育目的”是国家规定的教育总目的，亦称教育的普遍目的，它客观地反映了社会对教育的总需求，对各级各类教育起着宏观调控作用；“培养目标”则是各级各类教育部门具体规定、控制某一类或某一层次学校的人才培养规格。就“教育目的”与“培养目标”之关系而论，前者是概括的，后者则是具体的。另有一种观点认为，教育目的是教育理论家研究的对象，它具有“理念性”，但不具有“操作性”；教育目标则与教育方针一样由国家和政党来规定，但比教育方针具有更强的“操作性”，它有直接的衡量指标，如人才培养的质量目标、数量目标、结构目标等。教育目的是教育目标的“理论表述”，是确定教育目标的“理论前提”；培养目标则属于教育目的的“操作层面”，它是衡量教育目的的尺度和标准，旨在对不同类型的学校进行调节和控制。

总之，教育目的与教育方针、培养目标、教育目标等是几个既有联系又有区别的概念。目前，关于教育目的与相关概念的异同仍在争议中，概念区分仍在继续，但这一争鸣和研究现象本身便标志着我国教育目的的理论探讨有了较大进展，标志着我国教育目的理论研究的蓬勃发展。

（二）教育目的的意义

教育目的是由人制定的，但这决不意味着它是自由意志的产物。影响教育目的确立的因素很多，但主要是依据社会发展的需要和受教育者身心发展的规律而拟定。同时，教育目的一经确定，对社会发展和人的身心发展也有着重大意义。

首先，教育目的是教育工作的出发点和归宿，指导和支配着整个教育活动过程。教育活动的开展过程中，人们总是按照一定的教育目的去确立教育内容、选择教育方法和手段，由此开展各种教育活动，并在这一过程中，逐步达成教育目的的实现。可以说，一切教育活动都是围绕一定教育目的展开的。而教育的最终结果如何，培养人才的质量怎样，教育目的是最终的、统一的检验和评价标准。

其次，教育目的规定着受教育者的发展方向，引导和控制着教育对象的发展。教育目的要求受教育者按照社会所预期的结果成长和发展，从而有效地防止了发展的盲目性，限制了不符合教育目的的活动对受教育者的负面影响。教育目的的这种规定性使受教育者的发展服从于一定的社会要求，并根据一定的社会期望而发生变化，在个体社会化过程中，形成一定社会所需求的品质素养，最终成为合格的社会成员。

最后，教育目的体现了社会对教育的制约作用。教育目的是统一教育思想、控制学校和社会教育的重要手段。以社会整体而言，教育是社会的一个子系统，它需要通过教育目的的规定方能纳入到社会总系统之中，成为社会的组成部分。一定时期一个国家制定的教育目的，对于培养怎样的人所做出的明确规定，对于防止和排除非法教育思想的干扰，统一人们对教育的认识具有重要的意义。同时，国家通过教育目的的制定和实施，对教育的内容、教育的方法和手段以及教育制度和结构都将产生直接或间接的影响，从而有效的控制教育的领导权和发展方向，达到教育为巩固和发展一定社会政治经济制度服务的目的。

总之，教育是一种培养人的复杂的社会实践活动，对一个人乃至一个社会的发展、一个国家、政权的存在等具有重要作用和意义，因此，一个正确、明晰的教育目的将不仅是教育实践的指南，也是社会得以进步的根本。

（三）教育目的的性质

1. 教育目的具有历史性

直至19世纪，相当多的教育家们还在试图建立超越时空的放之四海而皆准的教育目的，然而，普遍适用的教育目的是不存在的，这已经被大量的教育事实所证实。所有的尝试几乎无一例外地是从特定的伦理学体系（哲学或神学为基础）推导出教育目的来。譬如，赫尔巴特在提出教育目的时坚持认为，探讨普遍适用的道德理念的哲学伦理学必须决定教育目的的立场。狄尔泰也主张可以从人生的目的引导出教育目的。但是伦理学不能普遍适用于规定人生的这个目的。这就从根本上否定了教育目的的普遍适用性，证明了教育的理论和目的是受时间和地点制约的具有历史性的现象。

2. 教育目的既是主观的，也是客观的

列宁在论述人类活动目的的主观性与客观性时明确指出：“事实上，人的目的是客观世界所产生的，是以它为前提的——认定它是现存的、实有的。”主观存在的愿望或理想，必须向客观现实转化，体现为物化的或实在的结果。也就是说，观念中的目的、结果先于实践中的结果，这看似是一个单纯的从主观到

客观的发展过程。其实，人们主观提出的目的，必须以客观存在的现实世界为前提和依据。从教育发展的历史来看，不同社会、不同国家的教育目的是各不相同的，甚至有着本质性的差异。这些不同的教育目的，必然体现着某个人或某个集团的主观意志，具有一定的主观性。但是，教育目的绝对不是纯粹意志的产物，它必须以客观的社会、经济、文化等为前提和依据，必须以社会对人的发展和对教育的要求来规定教育目的，是社会的客观需要在人观念中的反映。所以说，教育目的既是主观的，也是客观的，是主观与客观的统一。

3. 教育目的是理想与现实的结合

教育目的是社会对个体成员质量规格的理性规定，即我们的社会需要什么样的人，怎样的人才能适应我们的社会生产、生活等的需要。一个国家的教育发展需要付出大量的人力、物力、财力，高额的投入理应生产出满意的“产品”，教育目的即是为教育的“产品”制定的生产要求和检验标准，因此，在教育目的中融会了社会对人才规格的理想化的规定。然而，教育目的又必须是现实的，即通过现实的教育和努力是可以达到的。如果一个目的过于理想化，超出了社会所能达到的程度，那么，这个目的和理想就变成了毫无意义的空中楼阁。

4. 教育目的具有理论上的规定性和实践上的操作性

教育目的作为国家对人才标准的总体设想，它是集多方需求之大成的一种理论规定，这种规定应全面体现出社会发展的现实境况以及未来社会的需求，使其既具有深厚的现实基础，也具有发展的预见性。与此同时，这种理论规定还应具有实践的可操作性，以便使教育工作者能够付诸实践，落实这一规定。如果理论规定过于抽象化、理想化，那么实践中就很难将其推向具体的实施和运用。

二、教育目的的类型及选择

（一）教育目的的类型

尽管赫尔巴特提出必须用“唯一整体的教育目的”贯穿教育的多样的实践和研究的观点，并认为这样才能统一、集中、彻底地从事教育的实践和研究，但事实上教育界曾经提出的教育目的却是多样化的。柏拉图把着眼点放在社会学上提出教育目的，从理想社会的构想出发，认为教育是实现理想社会的手段；裴斯泰洛齐把着眼点放在受教育者的个人身上以规定教育的目的，强调个人内部能力的和谐发展才是教育的终极目的；康德从主知主义的立场出发，提出教育的目的是把受教育者培养成真正的人；斯宾塞则认为，教育目的应当规定为使人掌握社会生活所必需的各种能力；而马克思认为，教育的目的是缔造社会，它是通过克服现实中的矛盾而产生的。显然，标准不同，教育目的的分类也会不同。

一般最常见的教育目的的分类，是以价值取向为标准，可将其概括为两大类别：个人本位的教育目的和社会本位的教育目的。

个人本位论者主张，教育目的应根据个体的自然发展需要来确定。这种观点从人的本性、本能之需要出发，认为教育目的是把受教育者培养成“人”，使其人性得以发展，臻于完美，增强受教育者的个人价值。在他们看来，个人的价值高于社会的价值。这种观点在 18 世纪和 19 世纪上半叶在西方资本主义世界得到推广，法国哲学家卢梭，瑞士教育家裴斯泰洛齐，德国教育家福禄贝尔等人是其中主要的代表人物。

卢梭反对把培养公民作为教育的目标，主张不施加任何影响的“自然教育”，以顺应人的天性的发展；裴斯泰洛齐教育理论的核心是他的和谐发展的教育目的论。他认为，教育目的是促进人的一切天赋能力或力量的和谐发展，亦即培养“和谐发展的人”。他说：“为人在世，可贵者在于发展，在于发展个人天赋的内在力量，使其经过锻炼，使人能尽其才，能在社会上达到他应有的地位。这就是教育的最终目的。”他在《天鹅之歌》一书中还说：“我的初等教育思想，在于依照自然法则，发展儿童道德、智慧和身体各个方面的能力，而这些能力的发展，又必须照顾到它们的完全平衡。”他所说的“尽其才”和“平衡”等，就是一种和谐发展的教育目的论；福禄贝尔在《人的教育》一书中则指出“教育就是引导人增长自觉，达到无限纯洁，能有意识地和自由地表现神的统一的内在法则，并采用适当的教育方法和工具，使其成为一个有理想、有智慧的人。”“教育的目的就是实现忠诚的、纯洁的、宁静的也便是神圣的人生。”

关于个人本位的教育目的学说，在不同的历史时期尽管说法不尽相同，但它对个性解放的倡导，对尊重人的要求和人的价值的提出，反对社会对人的摧残，反对教育上宗教神学对人的思想禁锢，反对封建蒙昧主义，反对封建主义强加于人的一切教育要求等的确发挥了巨大作用，有着巨大的历史进步意义。然而，这种认为人生来即拥有健全的本领，教育可以完全不受社会制约的主张是不现实的，也是不科学的。其所谓发展“个人本性”，实质上是发展人的自然天性，把人当作纯生物看待，这显然是错误的，也违背了“人的本质是一切社会关系的总和”这一基本原理。

社会本位论者恰好相反，他们认为教育目的应根据社会要求来确立，他们把个体作为教育加工的材料，主张个体发展必须符合社会需要，教育的目的在于把个体培养成为符合社会需要的合格公民，以维系社会的稳定和发展。其主要代表人物有法国的孔德、德国的那托尔普、法国的涂尔干等。

19 世纪下半叶开始，在西方出现了 “社会学派”，他们认为教育的一切活动都应服从和服务于社会需要，教育除了社会的目的以外并无其他目的。个人的一切发展都有赖于社会，教育的结果也只能以其社会的功能来加以衡量，因此，教育目的应当根据社会的要求来确定。实证主义哲学家孔德认为：“真正的个人是不存在的，只有人类才存在，因为不管从哪方面看，我们个人的一切发展，都有赖于社会。”社会学家那托尔普也认为：“在教育目的决定方面，个人不具有任何价值，个人不是教育的原料，个人不可能成为教育的目的。”同时期的涂尔干也说："教育在于使青年社会——在我们每个人之中，造成一个社会的我，便是教育的目的。"

关于教育目的的主张，无论是个人本位论认为的教育目的应根据个体的自然发展需要来确定，还是社会本位论坚持的教育目的应根据社会要求来确立都是片面的，都有其偏颇之处。只有将社会发展需要与个人发展需要正确地结合起来，才是较为科学的观点。

美国著名的实用主义哲学家、教育家杜威试图调和两派之争。他主张"使个人特性与社会目的和价值协调起来"。一方面，他强调教育应以儿童为中心，"教育即生长"。"唯一的教育是通过对儿童能力的刺激而来的，这种刺激是儿童自己感觉到所在的社会情景及各种要求所引起的"。"如果家长或教师提出他们'自己的'目的以作为儿童生长的正式目标，这和农民不顾环境情况提出一个农事理想，同样是荒谬可笑的。"另一方面，他又强调把"教育的社会方面放在第一位"。他的目的是把人们培养"成为民主观念的仆人"，为资产阶级国家培养管理人才，培养商人、资本家以及各种技术人才。个人本位论和社会本位论在他这里得到了较好的妥协。

中国的教育历史一直富有社会本位的传统。在先秦诸子中，墨家表现为极端的集体主义者，道家表现为极端的自然主义者，法家则是极端的国家主义者，只有儒家调和两极，成为中国的传统教育理念。在其后的历史演进中，经汉儒董仲舒和宋儒朱熹等人的重大改造，以儒学为背景的教育目的始终发挥的是其社会本位的作用。降至近代中国，虽然时时有民主启蒙思想及个性解放思潮贯穿其中，但由于激烈的民族矛盾和阶级斗争，个体本位的教育目的始终未能得到充分发育。

（二）教育目的的选择

教育目的代表着一定的社会要求，并随着社会的发展而发生着变化。在中国，古代夏、商、周三代的学校教育，皆以"名人伦"为其目的。秦汉以来，儒家思想"定于一尊"，教育的目的也随之成为培养"建国君民"的统治人才，"在明明德，在亲民，在止于至善"，在于"格物、致知、诚意、正心、修身、齐家、治国、平天下"。中国近代实行新学制之后，清政府学部于 1906 年正式规定教育宗旨为：忠君、尊孔、尚公、尚武、尚实。这一宗旨反映了"中学为体、西学为用"的半封建半殖民地的教育现实和目的。1912 年南京临时政府教育部公布了"注重道德教育，以实利教育、军国民教育辅之，更以美感完成其道德"的教育宗旨，体现了资产阶级民主主义的教育目的。

在国外，古希腊哲学家柏拉图认为，教育的目的和作用就在于使人接近善的观念，以实现他的"理想国"。亚里士多德认为人的发展最高层次的东西就是理性，教育目的就在于发展灵魂的高级部分——即理性和意志部分。西欧中世纪，宗教神学作为精神支柱，统治着整个社会，同时也统治着学校。教会学校的教育目的在于培养僧侣，世俗封建主的教育目的在于培养骑士。这无疑培养的都是为统治者服务的人才。文艺复兴时期，人文主义者提出了培养完善全面的人的思想。18 世纪，德国教育家赫尔巴特主张教育的目的是让儿童在与环境的接触中，通过多方面的兴趣，把道德的目的提高到支配地位上来，造就理想的人。

从教育目的在不同历史时期的不断演变可以清楚地看到：任何一个国家，一个民族，在进行教育活动之前都首先把确定教育目的放在第一位，这些教育目的无论是由国家政权颁布，还是由某些教育家提出，它们所反映的最终是社会当下的要求。

不同的教育哲学流派对教育的许多问题也有着各自不同的理解，对于教育目的问题，他们也有着各自不同的主张与选择。

进步主义是影响美国 20 世纪教育最重要的教育哲学流派之一。进步主义教育赖以生长、发展的理论基础，无论是达尔文的进化论还是实验主义哲学，都突出了一个“变化”的思想，世界上的一切都处于变化的历程之中。与此相对应，在教育目的观上，进步主义也反对任何普遍的、绝对的、永恒不变的教育目的。

要素主义认为教育目的有两个方面。第一，从宏观方面而言，教育就是传递人类文化遗产的要素或核心，认为只有掌握了文化，人才能准确预见各种行为方式的后果，从而达到他们期望达到的目的。第二，从微观方面而言，教育就是帮助个人实现理智和道德的训练，因为这对于个人理智和人格的和谐发展是必不可少的。

以恢复西方历史悠久的人文主义传统为宗旨的永恒主义认为，教育的根本目的就是发展那些使人同动物区别开来的根本特征、即人之所以为人的特征，把人塑造成为真正的人。

改造主义是从进步主义中逐渐分化出来的当代西方的一个教育哲学流派。他们认为，教育的主要目的是推动社会的进步和变化，设计并实现理想的社会。

以斯金纳的新行为主义心理学为基础的新行为主义认为，教育目的就是改变和控制学生的行为，实现行为目标，使他们为承担个人和社会生活的责任做好准备，成为有益于社会的人。

注重人的存在、注重现实人生，并以此为出发点的存在主义认为，人是被抛到这个世界上来的，所有的存在都是偶然的，因此，教育纯粹是个人的事。教育无论对公众、集体还是社会，都不承担任何责任。教育的目的就是使每一个人都认识到自己的存在，并形成一套不同于他人的独特的生活方式。因此，教育要维护个人的自由，帮助个人进行自我选择，并对自己的选择负责。

马克思主义关于人的全面发展的教育学说，是制定社会主义教育目的的指导思想，社会主义教育用辩证唯物主义和历史唯物主义来分析和制定教育目的，给教育目的问题以科学的理论基础。

教育目的之所以众说纷纭，纷繁复杂，从根本上说是由于世界观、教育观的差异所致。不同的世界观、教育观分别提出与之相应的教育目的。

三、教育目的的功能

教育是一种培养人的社会实践活动。根据对未来社会的展望，教育要想培养出符合未来社会发展要求的合格人才，就首先必须制定出符合未来社会发展需求的教育目的。因为教育目的有着规范、制约教育过程和教育效果的功能，由雅克·德洛尔任主席的国际 21 世纪教育委员会向联合国教科文组织提交的名为《教育——财富蕴藏其中》的报告中明确地指出教育的四个支柱：学会认知，学会做事，学会共同生活，学会生存。我们必须把教育作为一个整体来加以设计，我们所制定的教育目的必须保证以上教育任务的完成。为此，教育目的必须具备以下功能：

（一）定向与选择功能

教育目的对教育活动具有明显的定向功能。如果教育目的发生偏差，或虽有正确的教育目的而不能以此指导教育实践，教育活动就会偏离应有的方向，达不到应当追求的目标，我们自然也就很难培养出社会需要的合格人才。比如，“片面追求升学率”这种办学思想的根本错误不在于“升学”，而正在于它偏离了教育必须为社会主义建设培养全面发展的合格人才的教育目的所指定的正确方向和基础教育的培养目标。教育目的是一切教育活动的出发点，它规定了教育的社会性质、人才培养的方向，对课程选择与建设、教师的教学方向等也有定向作用。它是保证教育沿着正确方向发展的根本依据。人类社会发展至今，可供学生学习的知识经验浩如烟海，需要培养的技能技巧不计其数，需要发展的各种能力数不胜数。教育目的的制定，就为我们选择教学内容、培养技能技巧、发展学生能力等规定了明确的范围，使教育能够科学地对人类繁杂的文化做出有价值的取舍，保证学生的身心获得良好的发展。总之，在整个教育过程中教育工作者总是紧紧围绕着教育目的不断调控教育内容和活动，并以教育目的为依据对教育活动进行不断的评价，以分析教育效果和质量。

（二）激励与评价功能

教育目的一经确立，所有教育活动的参与者就有了明确一致的努力方向，共同的目标得到人们的认识和接受后不仅能指导整个实践活动过程，而且可以激励人们为实现共同的目标而不断奋进。也就是说，它对教育行为当事人起着积极的激励作用，使其愿意克服一切困难与障碍，保证教育目的的最终实现。教育目的是一切教育活动的出发点，也是一切教育活动的最终归宿。教育活动开展的怎样，教育成果是否达到要求，教育目的都是最终的评价标准。无论阶段性教育评价还是终极性教育评价，其终极依据都必须是教育目的和培养目标。因此，教育目的只有具体体现在学校教育的各个评价指标体系之中，才能切实发挥其功效。

（三）调节与控制功能

教育目的不仅从整体上指引着教育活动的方向，而且在实际教育过程中起着支配、控制和调节的作用。首先，教育计划的制订与实施，教育内容的选择，教育方法和教育技术的运用等都直接受制于教育目的；其次，教育目的对教育改革、教育规划、教育结构的制定，具有支配、控制和调节的作用；此外，教育工作者所具有的教育观念，采取的教育行动，受教育者的成长与发展等无不受教育目的的指导与控制。总之，整个教育活动均在教育目的的支配下进行，教育目的在教育过程的和谐运转中方得以实现。

教育目的的各功能之间不是彼此孤立的，而是相互联系、综合体现的。在教育实践中，我们要注意发挥其整体功能，以确保教育活动的顺利开展和教育质量的不断提高。

第二节　我国的教育目的

一、我国的教育目的及其精神实质

（一）新中国成立以来我国教育目的概述

新中国成立以来，随着社会的巨大变革和教育的不断变化，我国的教育目的也处于不断的修正之中，在不同的阶段有着不同的表述。

1949 年 12 月，新中国诞生不久，教育部在北京召开第一次全国教育工作会议，首次确定了全国教育工作的总方针：“中华人民共和国的教育是新民主主义的教育，它的主要任务是提高人民文化水平，培养国家建设人才，肃清封建的、买办的、法西斯的思想，发展为人民服务的思想。这种新教育是民族的、科学的、大众的教育，其方法是理论与实际一致，其目的是为人民服务，首先为工农兵服务，为当前的革命斗争与建设服务。”这个方针后来被称为新民主主义文化教育方针。

1957 年 2 月，毛泽东根据社会主义政治经济和生产建设对人才的需要在最高国务会议上做了题为《关于正确处理人民内部矛盾的问题》的报告，报告中指出：“我们的教育方针，应该使受教育者在德育、智育、体育几方面都得到发展，成为有社会主义觉悟的有文化的劳动者。”

1958 年 9 月，中共中央、国务院发布《关于教育工作的指示》，其中第三条指出：“党的教育工作方针，是教育为无产阶级的政治服务，教育与生产劳动相结合；为了实现这个方针，教育工作必须由党来领导。”这个方针与 1957 年、1958 年关于教育方针的提法构成了 50 年代后期党的教育方针的基本结构和内容，此后虽然关于教育目的的提法在不同时期有所不同，但基本精神始终一致，没有根本改动。

“文化大革命”期间，由于“四人帮”肆意歪曲党的教育方针，我国的教育事业偏离了应有的教育目的和规律，遭到了严重的破坏。

1982 年，《中华人民共和国宪法》第四十六条中对我国现阶段的教育目的作了这样的规定：“国家培养青年、少年、儿童在品德、智力、体质等方面全面发展。”这是中国当代历史上第一个以法律形式出现的教育目的。

1985 年，《中共中央关于教育体制改革的决定》中，根据新的历史条件下教育的任务，对我国的教育目的做出了如下概括和规定：教育要“面向现代化、面向世界、面向未来，为 90 年代至下世纪初叶我国经济和社会的发展，大规模地准备新的能够坚持社会主义方向的各级各类合格人才。要造就数以亿计的工业、农业、商业等各行各业有文化、懂技术、业务熟练的劳动者。要造就数以千万计的具有现代科学技术和经营管理知识，具有开拓能力的厂长、经理、工程师、农艺师、经济师、会计师、统计师和其他经济、技术工作人员。还要造就数以千万计的能够适应现代科学文化发展和新技术革命要求的教育工作者、科学工作者、医务工作者、理论工作者、文化工作者、新闻和编辑出版工作者。所有这些人才，都应该有理想、有道德、有文化、有纪律、热爱社会主义祖国和社会主义事业，具有为国家富强和人民富裕而艰苦奋斗的献身精神，都应该不断追求新知，具有实事求是、独立思考、勇于创造的科学精神。”

1993 年中共中央和国务院印发的《中国教育改革和发展纲要》总结了新中国成立 40 多年来教育改革和发展的经验，提出了 90 年代我国教育改革和发展的目标、方针、政策和措施。“纲要”提出：“教育改革和发展的根本目的是提高民族素质，多出人才，出好人才。各级各类学校要认真贯彻‘教育必须为社会主义现代化建设服务，必须与生产劳动相结合，培养德、智、体等方面全面发展的建设者和接班人’的方针，努力使教育质量在 90 年代上一个台阶。”

1995 年 3 月，《中华人民共和国教育法》进一步确认了“纲要”中提出的教育方针，重新表述为：“教育必须为社会主义现代化建设服务，必须与生产劳动相结合，培养德、智、体等方面全面发展的社会主义事业的建设者与接班人。”

1999 年 6 月 3 日，在第三次全国教育工作会议上通过的《中共中央、国务院关于深化教育改革全面推进素质教育的决定》中，对于面向 21 世纪的我国社会主义教育目的表述为：“全面贯彻党的教育方针，以提高国民素质为根本宗旨，以培养学生的创新精神和实践能力为重点，造就‘有理想、有道德、有文化、有纪律’的德智体美等全面发展的社会主义事业建设者和接班人。”

上述关于我国教育目的的不同表述，一方面反映了不同时期我国社会主义建设事业对教育的不同要求，另一方面也更加坚定了我国教育的社会主义性质和方向。

（二）我国教育目的的精神实质

尽管我国的社会主义教育目的在不同的历史时期其具体内容不尽相同，但是，贯穿其中的精神实质却是一致的，主要表现在以下几个方面：

1. 坚持社会主义性质，是我国教育目的的根本特点

按什么方向培养人，这是教育目的的一个核心要点。教育目的的方向性是教育性质的根本体现。在阶级社会中，教育从来都具有阶级性，教育的阶级性首先反映在教育目的上。尽管在此前的各种社会形态中，统治阶级制定的教育目的一直在掩饰其阶级的实质和特性，一贯运用笼统、抽象的表述方式，把他

们的教育目的说成是为整体社会利益服务，但是，其教育目的体现统治阶层利益的性质是毋庸置疑的。

我国社会主义的教育目的是在总结我国教育正反两方面的经验教训和借鉴各国历史经验的基础上提出的，它毫不掩饰自己的真实意图，明确宣布我们是为社会主义事业培养建设者和接班人。当然，我们培养的社会主义事业的建设者和接班人不同于一般的旧式劳动者，而是一种全新型的劳动者。他们既能从事必要的体力劳动又能从事一定的脑力劳动，他们是符合社会主义标准、具有社会主义建设所要求的素质的人。他们既懂政治、又懂业务，德才兼备、又红又专，既有坚定的无产阶级立场，又有伟大的共产主义理想，既有科学世界观基础，又有高尚的共产主义道德品质。教育目的规定的社会主义方向性，反映了我国教育的社会主义性质和特点。

2. 要求“有理想、有道德、有文化、有纪律”的德智体美等全面发展是我国社会主义教育的质量标准

培养什么样的人是教育目的的另一构成部分，即人才的素质结构和质量标准。社会主义的教育目的明确规定培养全面发展的新人。全面发展首先是智力和体力的广泛、充分、自由的发展。因此，社会主义的教育也必须使受教育者的智力和体力得到广泛、充分的发展，使他们不仅具有现代文化科学知识和从事社会主义现代化建设的必要能力，同时还要具有健康的体魄和良好的身心素质。马克思要求“培养社会的人的一切属性，并且把他作为具有尽可能丰富的属性和联系的人，因而具有尽可能广泛需要的人生产出来”①。人们生存和发展不只是要同自然界交往，还要进行人与人之间的社会交往，这就要求我们所培养的劳动者既要具有劳动技能，也要发展交往能力。“生产力和社会关系——这二者是社会的个人发展的不同方面”，②一个人只有具有正确的政治立场、科学的世界观、基本的道德素养才能拥有良好的社会关系，因此，德育始终是我国政府高度重视的首要问题。马克思主义指出：社会主义的劳动者不只是生产者，而且是享受者。“因为要多方面享受，他就必须有享受的能力。③”享受美的能力也是现代人需要培养和发展的能力之一。社会主义劳动者是一个完整的社会人，具有丰富的属性，必须使其成为“有理想、有道德、有文化、有纪律”的德智体美等全面发展的社会主义的新型劳动者。

3. 培养“劳动者”是社会主义教育目的的总要求

奴隶社会和封建社会的教育目的在于培养统治者和为统治者服务的人才；资本主义的教育目的是不仅培养资产阶级的接班人，并且还要“为资本家培养恭顺的奴才和能干的工人”。④社会主义社会是一个要消灭阶级的社会，在社会主义国家中，人人都应成为劳动者，人人都是国家的主人。因此，把每个人都

① 马克思，恩格斯．1979．马克思恩格斯全集（第46卷上）．北京：人民出版社，392
② 马克思，恩格斯．1979．马克思恩格斯全集（第46卷下）．北京：人民出版社，219
③ 马克思，恩格斯．1979．马克思恩格斯全集（第46卷上）．北京：人民出版社，392
④ 列宁．1956．列宁全集（第28卷）．北京：人民出版社，69

培养成为劳动者，是社会主义教育目的的根本标志和总要求。列宁明确告诉我们：“无产阶级的目的是建成社会主义，消灭社会的阶级划分，使社会全体成员成为劳动者。”[①]毛泽东在提出社会主义教育目的的同时也指出：“社会主义制度的建立给我们开辟了一条到达理想境界的道路，而理想境界的实现还要靠我们的辛勤劳动。”[②]这一切都指明，社会主义社会只存在分工的不同，但人人都应该是劳动者，社会主义的教育是要把每一个社会成员都培养成为劳动者，这是社会主义教育同一切剥削阶级教育的本质区别。社会主义的教育所要培养的劳动者既包括以体力劳动为主的劳动者，也包括以脑力劳动为主的劳动者。在社会主义条件下，体力劳动者和脑力劳动者都是劳动者。我们应该改变把劳动者仅仅理解为体力劳动者的片面理解。“劳动人民要知识化，知识分子要劳动化”[③]，社会主义理想的劳动者是脑力劳动与体力劳动相结合的劳动者，是全面发展的一代新型劳动者。

我国现行教育方针提出的培养“建设者”和“接班人”是对“劳动者”的具体提法。社会主义事业的建设者和接班人都是劳动者。不应把“建设者”和“接班人”理解为培养两种人，而是对社会主义劳动者两种职能的统一要求。也就是说，社会主义劳动者，在社会主义物质文明和精神文明建设上，是合格的“建设者”，在社会主义革命事业上又应当是革命接班人，这是对社会主义新人的统一要求，而不应把二者割裂开来，对立起来。把培养“建设者”和“接班人”的要求分解为两类人，就从根本上违背了社会主义教育目的的基本精神。

4. 培养“创新精神和实践能力”为我国教育指明了工作重点

面对知识经济的严峻挑战和日益激烈的国际竞争环境，我们党和国家敏锐地意识到培养具有创新精神和实践能力的高素质人才的迫切性和重要性。1998年4月，江泽民到北京大学考察工作时，强调指出：“科技的进步，知识的创新，越来越决定着一个国家、一个民族的发展进程……如果不能创新，不去创新，一个民族就难以发展起来，难以屹立于世界民族之林。创新，根本的一条就是要靠教育，靠人才。培养与时代潮流和现代化要求相适应的大批人才，不断开拓新的科学研究领域，是关系我们的发展前景和国际地位的百年大计”。[④]“教育在培育民族创新精神和培养创造性人才方面肩负着特殊的使命。”[⑤]我国当前的教育目的明确提出培养学生的创新精神和实践能力，这就要求我们的教育必须重视学生创新精神和实践能力的培养，为各行各业培养更多的创业者，以繁荣我国的社会主义现代化建设事业。

创新精神是一个内涵丰富的概念，实际上，它是指学生的整个创新素质。创新精神作为学生的创新素质包括学生的觉醒、创新情感和意志的培养、创新

---

① 列宁．1956．列宁全集（第36卷）．北京：人民出版社，375
② 毛泽东．1958．毛泽东同志论教育工作．北京：人民教育出版社，44
③ 毛泽东，等．1994．毛泽东周恩来刘少奇邓小平论教育．北京：人民教育出版社，37
④ 岳庆平．1998．中南海三代领导集体与共和国科教实录（下卷）．北京：中国经济出版社，395
⑤ 中华人民共和国教育部．1999．深化教育改革全面推进素质教育．北京：高等教育出版社，16

思维的开发，创新个性与品质的形成、创新美感的诱发和创新技法的学习。实践能力，一般说来，是学生通过实践来获取知识和将知识运用于实践之中的能力。这里的“实践”既指广义的社会实践劳动，又指狭义的教育实验、试验、练习、作业等活动。从结构上看，实践能力包括学生的动手操作能力、交往能力、设计能力、分析问题和解决问题的能力。21 世纪，我国社会主义市场经济建设和社会发展需要大量的创新型、实践型人才，教育要想培养出符合时代发展和社会要求的合格劳动者，必须以培养“创新精神和实践能力”作为自己的工作重心。

二、我国教育目的的理论基础

我国社会主义教育目的是建立在马克思主义关于人的全面发展学说的理论基础之上的。马克思关于人的全面发展学说，既是一种科学的人才观，也是一种科学的教育目的观，它对人的全面发展的内涵，实现条件和过程等作了科学深刻的论述。

（一）历史上关于人的全面发展思想的概述

关于人的全面发展的思想，从教育史上看，早在二千多年前的古希腊时期就曾有人提出过。哲学家亚里士多德就提出了身体、德行、智慧和谐发展的思想。14 世纪下半叶～16 世纪末的文艺复兴时期，西欧社会正进入由封建主义向资本主义过渡时期，许多启蒙思想家又在不同程度上对这一问题进行了阐述。伊拉斯谟主张教育应考虑儿童身心的均衡发展，还要考虑儿童的个性差异。早期空想社会主义者莫尔、康帕内拉也为人的全面发展思想做出了很大贡献。莫尔、康帕内拉设想，在新乌托邦岛和“太阳城”中，实行公共教育制度，所有儿童入校接受智育、体育、德育和劳动教育，实行教育与生产劳动相结合，借以消灭体力和智力上的差别。17 世纪意大利人文主义教育家维多利诺主张通过智、德、体、美诸育的普遍实施使儿童的身心得到和谐的发展。18 世纪法国启蒙思想家卢梭、狄德罗和爱尔维修都主张要注重儿童的智力和道德的发展，以期通过“健全的教育”培养其“健全的人格”。德国著名的唯心主义哲学家康德曾说：“在种种冲突、牺牲、辛勤斗争和曲折复杂的漫长路程之后，历史将指向一个充分发挥人的全部才智的美好社会。”[①]瑞士著名教育家裴斯泰洛齐，基于他适应自然的原则，主张教育的目的在于发展人的天性和形成完善的人，在于使人的天赋才能得到充分、和谐的发展，使之成为有智慧、有德行、身体强健、能劳动的人。在《天鹅之歌》中他这样写道：“依照自然法则，发展儿童道德、智慧、身体各方面的能力，而这些能力的发展又必须照顾到他们的完全平衡。”[②]到 19 世纪，英国著名的空想社会主义者欧文和法国空想社会主义者傅里叶更明确提出了人的全面协调发展的思想。傅里叶把人的智力和体力的全面发展作为他理想社会中协作教育的主要目的。欧文在设想未来理想社会的儿童教育时，

① 黄济，王策三．1996．现代教育论．北京：人民教育出版社，228
② 张焕庭．1979．西方资产阶级教育论著选．北京：人民教育出版社，206

则明确要求："培养他们的智德体行方面的品质，把他们教育成全面发展的人。"马克思对欧文的教育实验及其思想见解给予了高度的评价："正如我们在罗伯特·欧文那里可以详细看到的那样，从工厂制度中萌发出了未来教育的幼芽，未来教育对所有已满一定年龄的儿童来说，就是生产劳动同智育和体育相结合，它不仅是提高社会生产的一种方法，而且是造就全面发展人的唯一方法。"①

马克思是在批判地吸取了历史先哲们关于人的和谐发展的思想的基础上创建了人的全面发展的学说。马克思从哲学、经济学以及科学社会主义的不同领域对人的发展问题作了系统而深刻的阐述。马克思关于人的全面发展学说同之前的种种关于人的全面发展思想存在本质的区别：以往的学说由于缺乏科学的理论基础，它们的局限性是不言而喻的，而马克思关于人的全面发展学说是建立在马克思主义人学关于人的本质论和人的发展论的基础之上的。"人的本质并不是单个人所固有的抽象物，在其现实性上，它是一切社会关系的总和"②，这是马克思关于人的本质的精辟概述。人是自然属性和社会属性的统一体。人的发展归根结底是由社会物质生活条件所决定。马克思从分析现实的人和现实的生产关系入手，指出了造成人片面发展的社会根源，分析了人的全面发展的客观依据和历史必然，明确了人的全面发展的条件、手段和途径。因此，马克思关于人的全面发展的学说，不仅是制订社会主义教育目的必须遵循的科学理论依据，而且也是对现代人的发展的经典诠释。

（二）马克思主义关于人的全面发展的涵义

1. 马克思主义关于人的片面发展的涵义

马克思主义关于人的全面发展理论，是建立在对人的片面发展的认识和批判基础之上的。人的片面发展的涵义，马克思认为具有两层涵义：

第一层涵义是指具体的、人的局部能力的片面畸形发展。人成为机构或机器的肢体、附属物。这种人的片面发展是由于社会分工造成的。

社会分工是社会生产发展到一定历史时期的产物。人类社会进入奴隶制社会以后，由于生产力的发展以及私有制的出现，体力劳动和脑力劳动开始出现分化。从社会历史进程来看，这种分化无疑是社会的巨大进步。但是，这一发展变化也带来了阶级的对立，而统治阶级对文化教育的垄断，又导致了个人身心发展的片面化、畸形化。正如马克思所说："第一次大分工，即城市和乡村的分离，立即使农村人口陷于数千年的愚昧状况，使城市居民受到各自的专门手艺的奴役。它破坏了农村居民的精神发展的基础和城市居民体力发展的基础……由于劳动被分成几部分，人自己也随着被分成几部分。为了训练某种单一的活动，其他一切肉体的和精神的能力都成了牺牲品。人的这种畸形发展和分工齐头并进，分工在工场手工业中达到了最高的发展。工场手工业把一种手艺分成各种精细的工序，把每种工序分给个别工人，作为终生的职业，从而使

① 马克思，恩格斯．1972．马克思恩格斯全集（第23卷）．北京：人民出版社，530
② 马克思，恩格斯．1972．马克思恩格斯全集（第1卷）．北京：人民出版社，18

他一生束缚于一定的操作和一定的工具之上。”[①]“不仅是工人，而且直接或间接剥削工人的阶级，也都因分工而被自己活动的工具所奴役；精神空虚的资产者为他们自己的资产和利润欲所奴役；律师为他的僵化的法律观念所奴役，这种观念作为独立的力量支配着他；一切‘有教养的等级’都为各式各样的地方局限性和片面性所奴役，为他们自己的肉体上和精神上的近视所奴役，为他们的由于受专门教育和终身束缚于这一专门技能本身而造成的畸形发展所奴役，——甚至当这种专门技能纯粹是无所事事的时候，情况也是这样。”[②]马克思的论述说明在私有制形势下的旧式分工，不仅使劳动人民深受其害，造成身心的片面发展，就连剥削阶级本身也为他们的剥削意识、自私心理和各种活动的局限性和片面性所奴役。

人的片面发展的第二层涵义是指在私有制社会的分工条件下，人类创造的整个社会的人的全面发展的可能条件与人的现实状况相脱节、相矛盾，表现为人与物的对立。也就是马克思所指出的：“在现代，物的关系对个人的统治、偶然性对个性的压抑，已具有最尖锐最普遍的形式。”[③]总之，在生产的社会性和私人占有制的矛盾尚未克服之前，劳动不可能转化为自主活动。也就是说，人们为了满足物质生活和精神生活的需要而从事劳动及各种活动，其结果是这种劳动和活动又限制了人的发展。从这一观点出发，人类必须使劳动转化为自主活动，才有可能使个体的身心发展克服片面性和畸形化。正如马克思所说：“只有在这个阶段上，自主活动才同物质生活一致起来，而这点又是同个人向完整的个人的发展以及一切自发性的消除相适应的。”[④]

2. 马克思主义关于人的全面发展的涵义和实质

关于全面发展的涵义，马克思并没有给出一个经典的定义。马克思在其浩瀚的著作中从不同的角度对人的全面发展进行了科学的表述。为避免定义上的片面性，需要对马克思在不同场合对全面发展的不同侧重的论述作必要的了解。

1844年，马克思在《经济学——哲学手稿》中，从作为生产力要素的人的角度论述了人的全面发展，认为人的全面发展是人的劳动能力的发展。什么是人的劳动能力呢？马克思指出：“我们把劳动力或劳动能力，理解为人的身体即活的人体中存在的、每当人生产某种使用价值时就运用的体力和智力的总和。”[⑤]

1845年恩格斯《在爱北斐特的演说》中提出“每一个人都无可争辩地有权全面发展自己的才能”的主张。

1845年至1846年马克思、恩格斯在《德意志意识形态》中第一次创用“个人全面发展”这一概念时指出：个人全面发展实际上就是“全面发展其才能”，“就是全面地发展自己的一切能力”。

1847年恩格斯在《共产主义原理》中把全面发展的个人叫做“一种全新的

① 马克思，恩格斯．1972．马克思恩格斯全集（第3卷）．北京：人民出版社，330～331
② 马克思，恩格斯．1972．马克思恩格斯全集（第3卷）．北京：人民出版社，330
③ 马克思，恩格斯．1972．马克思恩格斯全集（第3卷）．北京：人民出版社，515
④ 马克思，恩格斯．1972．马克思恩格斯全集（第3卷）．北京：人民出版社，77
⑤ 马克思，恩格斯．1972．马克思恩格斯全集（第23卷）．北京：人民出版社，190

人”。这种全新的人是能够“根据社会的需要或他们自己的爱好，轮流从一个生产部门转到另一个生产部门”，是“各方面都有能力的人，即通晓整个生产系统的人”。

1867 年马克思在《资本论》中指出：“大工业又通过它的灾难本身使下面这一点成为生死攸关的问题：承认劳动的变换，从而承认工人尽可能多方面的发展是社会生产的普遍规律。”

1878 年恩格斯在《反杜林论》中进一步具体指出：“通过社会生产，不仅可能保证一切社会成员的富足的和一天比一天充裕的物质生活，而且还可能保证他们的体力和智力获得充分的自由的发展和运用。”

综合分析上述马克思、恩格斯在众多篇章里阐述的关于个人全面发展的思想，可以将其基本内容概括为以下三个方面：

首先，人的全面发展是指人的体力和智力尽可能多方面的发展。一个具有多方面能力的全面发展的人，必须是体力和智力得到充分的多方面发展的人。“多方面”就是要求广泛和全面，“尽可能”则是要在社会条件、自身情况允许的范围内去努力达到多方面的要求。

其次，人的全面发展也指个体充分的、自由的发展。这种个体充分的、自由的发展意味着每个人的发展不屈从于外界强加给他的限制他的发展的任何条件，能随个人的需要和意愿在其选择的领域内得到最大限度的发展。恩格斯曾要求未来的社会应“为所有的人创造生活条件，以便每个人都能自由地发展他的人的本性。”

最后，人的全面发展还指个人对生产力总和的全面占有。马克思指出：“个人必须占有现有的生产力总合”，“占有就必须带有适应生产力和交往的普遍性质。对这些力量的占有本身不外是同物质生产工具相适应的个人才能的发挥。”在这种社会里，人既具有充分自由地运用社会生产力以帮助个体发展的条件，同时也具备运用这些条件的能力。

总之，所谓个人的全面发展，就是每个社会成员的智力和体力都获得尽可能多的、充分的、自由的和统一的发展。

（三）实现人的全面发展的社会条件

1. 对实现人的全面发展可能性的总看法

国外有一种观点认为，马克思关于社会分工、劳动分工危害人的全面发展的理论，带有明显的反技术色彩，与现代社会之价值观是背道而驰的。认为所谓的人的全面发展是不可能实现的。我国学者则认为：劳动分工在人身上的凝固化形式最终会被消灭，近代分工不仅带来了人类科学和物质生产力的巨大发展，而且也为消灭旧的分工形式并最终实现人的全面发展创造了物质条件，马克思主义关于人的全面发展学说并非建立在反技术基础之上。相反，马克思主义经典作家正是在科学变成巨大的物质力量的时候，从机器大工业的基础中看到了未来社会的人的全面发展的必然性和可能性。现代工业技术基础的革命性，恰恰是马克思主义人的全面发展的重要基础。

人的全面发展是一个从初级水平到高级水平的渐趋实现过程。人的初级层次的全面发展，是马克思根据大工业生产普遍规律提出的尽可能发展工人的才能。高级层次的人的全面发展，是马克思和恩格斯描述的在未来共产主义社会中，生产力高度发展，人的才能、智慧、个性等可以得到充分的发展（但并不是万能的人）。这种要求是高标准的，是未来共产主义社会才能实现的最高纲领。

2. 人的全面发展理论在现代资本主义社会的现实性问题

现代发达资本主义社会人的片面发展依然存在，马克思主义人的全面发展理论仍有强大的生命力。从现代机器体系、现代分工的变化和特点来看，现代机器劳动的紧张性和单调性比传统机器劳动变本加厉了，工人成了自动化装置的附属品；在现代资本主义国家，尽管存有职能变动、劳动变换和工人流动等现象，导致事实上也在不断地打破使人终生束缚于某种局部职能的旧式分工，尽管现代生产创造出比历史上任何时代都要多的物质财富和精神财富，可以作为逐步消灭旧的分工的客观前提，但是旧的分工依然存在，大多数人仍然长期甚至终生从事一种职业，终生从事一种局部劳动或发挥一种职能。这是因为可以用来消灭旧的分工的财富为少数剥削者所占有。虽然在一定范围内有交换工种之类的改革，但实施范围十分有限。所以马克思主义关于资本再生产旧的分工的结论没有过时。只有到了共产主义社会，生产力高度发达，社会财富极大丰富，消灭了阶级和旧式分工，文化教育高度发达，社会成员的全面发展才能真正实现。

3. 人的全面发展理论在社会主义社会的现实性问题

社会主义社会并不具备彻底实现人的全面发展的条件，把人的全面发展当作现阶段社会主义的行动纲领尚属空想。因为，社会主义事业是在生产力比较落后的国家发展起来的，难免保留较多旧体制下的社会痕迹。这些社会痕迹所导致的人的各种异化，不是短期内能消除殆尽的。人的全面发展虽然是废除私有制的最主要的结果之一，但它的最终实现，不但需要生产资料公有制，还需要在生产资料公有制的条件下，使机器大生产普遍发展，使社会产品极大丰富，因此，实现人的全面发展只能是共产主义高级阶段的目标。但是，我们知道任何事物的发展都是一个自然的历史过程，因而不能把人的全面发展看成是虚无缥缈的事，而应从现有的条件出发向着这个目标迈进。我们只有通过不断的改革才能逐步接近人的全面发展的美好愿望。这是因为，首先，改革可以加速社会主义生产力的发展，从而为人的自由全面发展奠定重要的物质基础；其次，改革能够为我们开辟建设社会主义的新的路径，这是走向消灭固定分工、促进人的全面发展的必经之路；再次，改革的重要目标之一是发展劳动的自主性和社会主义新民主，建立和发展新型的社会关系，这是促进人走向自由全面发展的必要社会前提；第四，改革推动了社会主义精神文明建设和一代新人的成长，从而为造就自由全面发展的新人提供重要的历史前提。

三、我国教育目的的构成

教育目的的构成，按其内容结构，一般由两部分组成：一是教育要为社会培养怎样的人；二是教育所培养的人应具备怎样的规格和质量。培养怎样的人就是说教育目的应对培养何种社会价值的社会成员有明确的规定；应具备怎样的质量规格也就是针对受教育者所具备的德、智、体、美、劳等身心素质及其相互关系所做的规定。通常情况下，教育目的的两个组成部分是随社会的政治经济制度和生产力发展水平的不同而变化的。我国奴隶社会和封建社会的教育目的是培养“修身、齐家、治国、平天下”的统治阶级接班人；古代的斯巴达人以把贵族子弟训练成武士为己任；古罗马则是以培养演说家作为自身的教育目的；中世纪神学的教育目的主要是培养僧侣；世俗封建主的教育则主要是培养骑士。进入资本主义社会以后，由于生产力和科学技术的迅猛发展，机器大工业生产不仅需要管理人才，而且也需要大量掌握一定技术的熟练工人。因此，资本主义社会的教育目的一方面是培养管理人才，另一方面是培养熟练工人。而在社会主义社会里，政治经济制度得到了深刻的变革，每个社会成员都是社会主义的建设者。因此，社会主义的教育目的就是培养全面发展的新型劳动者。正如列宁所说：“无产阶级的目的是建成社会主义，消灭社会的阶级划分，使社会全体成员成为劳动者。”

组成教育目的的这两个组成部分，在不同的条件下它们之间的关系也是有区别的。任何社会的教育都是有一定的目的性的，教育目的引导、制约、限制教育活动的发展，以保证取得理想的教育效果。一般来说，社会在满足个人发展需要的同时，也对个人的发展提出要求，做出规定。这种要求主要通过教育活动来具体体现。但是，在社会交替的变革时期，落后的生产关系不仅阻碍生产力的发展，而且也限制了个人的发展。这个时期，原有制度的既得利益者为了维护其自身利益而对旧的社会制度极力维护，教育自然也成为其手中握有的根本利器，他们一般会通过教育使人们放弃对自身发展和社会变革的要求。这种教育不仅不能为个人发展提供必要的条件，反而成为抑制、扭曲人性的工具，致使个人发展、个人需要与社会发展、社会需要之间产生强烈的矛盾，这时的教育目的就不可能使它的两个组成部分统一起来。只有建立了社会主义制度，实现了个人与社会的基本统一，才能真正将教育目的的两个组成部分统一起来。我国的教育目的就做到了这一点。在我国，满足人们的生存、享受和发展的需要已经成为我国经济社会发展的主要目的。因此，我国教育目的的两个组成部分统一地表达了对教育工作的基本要求，其中，教育要为社会培养怎样的人对受教育者的发展起着定向的作用；教育所培养的人应具备怎样的规格和质量则反映了受教育者身心发展的内容和水平。二者互为条件、互为因果，统一地规定着我国当前历史条件下个体发展的方向和水平，因此缺一不可。教育是培养人的活动，教育目的的制定必须从社会发展的客观需要出发，必须符合受教育者身心发展的规律，才能有效地指导、评价教育活动，保证培养出社会需要的合格人才。

四、我国教育目的实现的策略

近年来，教育界学人已逐渐意识到，教育目的的规定其实并没有多少实质性的突破，主要是着眼于人的发展和社会的发展两个方面，只是在表述上越来越全面、越来越科学。就目前的实际情况而言，如何实现教育目的是教育实践和教育理论的一个亟须解决的重要课题。

（一）制约教育目的实现的因素

影响教育目的实现的因素极为复杂，既有教育自身的原因，也有教育之外的社会原因。主要概括为以下几点：

第一，教育目的能否得以实现，取决于教育目的本身的性质。人们提出的许多预设的目的常常不能实现，甚至一开始就成为不能实现的空想和幻想，原因就在于这种目的缺乏客观的现实基础。教育目的本身制定得是否科学、是否具有操作性是影响教育目的实现的重要因素。

第二，教育目的的实现，还受到政治过程的影响。教育目的决策的过程实际上就是各利益集团的协商过程。教育实体往往受制于行政机构，国家机构通过对教育资源的分配与控制、教育行政人员的任免、课程的设置、教育制度的调整等来制约教育目的的实现。

第三，非政治过程对教育目的的实现也有重要的影响。非政治过程对学校实际教育目的实施的影响，来自于社会上各种流行的价值观，来自于文化变迁以及文化变迁所带来的心理变化，来自于家长、邻居、教师等的行为、态度。

特别是在劳动力自由市场的体制下，学校、家长难免受到劳动力市场无形之手的操纵与支配，致使教育行为偏离教育目的，而且由于各层次各环节的教育当事人理解、选择和变通的差异，不可避免地会导致教育目的的理想与实践的“背离”，从而影响教育目的的实现。总而言之，教育目的的实现，是各种因素合力作用的结果。

（二）我国教育目的实现的策略

1. 全面贯彻我国的教育目的必须处理好教育与经济基础、上层建筑之间的关系

在以往的教育中，我们片面强调教育为政治服务，把教育作为一种纯粹消费性的事业，忽视了教育为经济建设的服务功能，没有看到教育对生产力发展的巨大作用，这对社会主义建设造成极为不利的影响。当然，只讲教育为经济服务，不讲教育为政治、文化等服务也是片面的。这种观点也不利于社会主义教育的健康发展。

2. 教育与生产劳动相结合是实现教育目的的根本途径

马克思曾明确指出：教育与生产劳动相结合，“不仅是提高社会生产的一种方法，而且是造就全面发展的人的唯一方法。”生产劳动不仅是创造物质财富的活动，也是人类自身发展的根本途径。教育与生产劳动相结合是现代教育发展

的必然，是得到国际社会认可的普遍规律，也是贯彻我国教育目的的根本途径。

如何从我国的实际情况出发来组织学生参加生产劳动，确实是一个难题，邓小平提出，“教育事业必须同国民经济发展的要求相适应”，“现代经济和技术的迅速发展，要求教育质量和教育效率的迅速提高，要求我们在教育与生产劳动结合的内容上、方法上不断有新的发展。”这实际上是为教育与生产劳动相结合方针的实施提出了明确的指导思想。

3. 国家政权机关要加强对教育目的实施的有效控制

我们认为，一方面，国家机构应该利用自己的职权加强对教育目的制定的领导工作，广泛吸取教育理论工作者和教育实践工作者参与讨论，争取国家所制定的教育目的本身具有最大的预见性和可行性，教育目的要辅之以具体的目标，使其更具操作性，便于教育目的的实践主体正确地理解、执行；另一方面，国家要合理控制教育目的实施过程中的各种变因的不利影响（通过教育资源的分配与控制、行政人员的任免、课程设置、教育制度的调整等加强对教育活动的控制），加强对教育目的的贯彻执行情况的检查与评价，及时纠正有违于教育目的的做法。注重从实践中搜集信息，作为教育目的的修正素材，寻求各种符合教育目的的教育手段。

总之，对影响教育目的实现的归因不同，对教育目的实现的机制的解释也就不同。我们应该寻求各种符合教育目的的教育手段，注重从实践中搜集信息，作为教育目的的修正素材，以保证教育目的科学性和有效性。

思考与练习

1. 如何理解马克思主义关于人的全面发展学说的基本内涵？
2. “教育目的”、“教育方针”“培养目标”这三个概念有何联系与区别？
3. 如何理解我国新时期社会主义教育目的？

第五章 教育制度

【内容提要】 教育制度是各种教育机构系统的总称，是一个国家或地区实施教育和人才培养的重要机制，学校教育制度是一个国家教育制度的核心。我国的学校教育制度历史悠久，我们应从我国学校教育制度的发展演变中，总结经验与教训，根据国情，逐步完善各种教育制度。学制的产生、发展与变化正是教育系统产生、发展和变化过程的表现。为了保证教育方针、教育目的和各项教育政策的贯彻执行，提高人才培养的效率和质量，需要从组织系统上建立起一套完整的教育制度。

第一节 教育制度概述

（一）教育制度的含义

《中国大百科全书》（教育卷）和《辞海》给出的教育制度的定义为：教育制度是一个国家各种教育机构的体系，也就是说教育制度是各种教育机构系统的总称。其中，学校教育是一个国家各种教育的主体，学校教育制度是教育制度的核心。

学校教育制度简称学制，又称学校系统，是指一个国家各级各类学校的系统，具体规定着学校的性质、任务、入学条件、修业年限以及彼此之间的协调关系。各级学校是指学前教育机构、初等学校、中等学校、高等学校。各类学校，按任务分，有普通学校，专业学校等；按对象特点分，有为正常儿童开设的学校和为特殊儿童开设的学校；按组织形式分，有全日制、半工半读、函授和业余学校等。每一类学校都处在一定的级制上。各级各类学校之间的关系是指这些学校在学校系统中的地位和比重，它受到社会的政治、经济、文化传统以及教育发展水平的制约。

国家一般通过立法确定本国学制，对各级各类学校做出统一规定。一个国家的教育制度、学校教育制度是否符合本国国情，是否科学和完善，关系着整个教育系统的效率问题，是实现教育目的、保证教育质量的前提条件。

为了准确理解教育制度的含义，有两个与教育制度相关的概念需要了解：教育结构、教育体制。教育结构是指教育总体的各个部分的比例关系及组合方式，主要包括教育类别结构、层次结构、专业结构、学校类型结构、分布结构等等。教育体制是指教育事业的机构设置和管理权限划分的制度，主要是教育内部的领导制度、组织机构、职责范围及其相互关系，涉及教育事业管理权限的划分、人员的任用和对教育事业发展的规划与实施，也涉及教育结构各个部分的比例关系和组合方式。

教育制度、教育结构、教育体制三个概念既密切相联，又有所区别。它们在内涵上有相通之处，都是以教育的整体为研究对象，重视教育系统的总体发展。但它们毕竟是三个不同的概念，教育制度着重于国家教育机构的体系规定；教育结构则是从教育的整体出发，研究其要素之间的组织模式；教育体制的概念对于教育制度和教育结构的内容都有所包容，侧重于领导、组织、规划方面的问题。因此，在研究教育制度之前，应注意厘清这三个概念的关系。

（二）教育制度的特点

教育制度与其他类型的社会制度相比，有其自身的特点：

1. 客观性

虽然教育制度的制定在一定程度上是人们的主观意识和价值需求的反映，但是，毫无疑问，人们绝不可能随心所欲地制定或废止教育制度。每一种教育制度的制定或废止都有它的客观社会基础，有一定的规律可循。这个客观基础和规律性主要由社会生产力水平决定。譬如，近代以来普及义务教育观点和政策的出台，虽然与个别机构或个别人的倡议有关，不同国家提出的时间和普及的年代也有所不同，但归根结底是由于现代大机器生产对劳动者文化素质的要求所决定，是社会生产力水平提高的结果，是不以个人意志为转移的大势所趋。

2. 取向性

任何教育制度都是制定者依据其需要制定的，有明显的取向性。否认教育制度的取向性，把一种教育制度宣传为公平、无私地为所有人提供服务的做法有掩耳盗铃之嫌。任何教育制度的制定和变革都可以说是对教育取向的一种选择。在阶级社会中，教育制度的取向性主要表现为阶级性，即教育制度总是体现出某一阶级的价值取向，总是为某一阶级的利益服务。比如，奴隶社会、封建社会、资本主义社会的教育制度均体现了奴隶主阶级、地主阶级以及资产阶级的利益，只有社会主义教育制度代表的是广大人民的利益。由于社会主义制度的进步性，决定了社会主义教育制度势必日益走向完善并趋于成熟。

3. 历史性

教育制度是人类社会发展到一定历史阶段的产物。它既然具有深厚的现实性，那么，也必然随着社会的发展而不断演变。因此，在不同的历史时期和不同的文化背景下，教育制度明显有着不同的特点。奴隶社会、封建社会的生产力水平较为低下，其教育制度亦较为单一，主要为培养政治人才而服务，尚难称完善。而时至今日，生产力的飞速发展必然要求各级各类学校培养出多样化的人才。教育制度随之日益复杂化，并逐步形成了较为完备的现代教育制度。

4. 强制性

教育制度作为教育系统活动的规范是面向整个教育领域的。从某种意义上而言，它独立于任何个体以外，且对个体的行为具有一定的强制作用。因为制度的特性决定了在没有被废除之前，个体都必须无条件地遵守，违反制度必然受到不同形式的惩罚。譬如，学校考试制度规定，任何学生和教师在考试过程中不得有舞弊行为，否则，一经查实，将给予适当的处分。

5. 民族性

任何一个国家的教育制度都是历史发展的结果，都深受本民族政治、经济、文化的影响，因此教育制度难免带有本民族特征的烙印。比较各国家及各民族之间教育和学校的发展历史和现状不难发现，两个国家之间完全相同的教育制度是不存在的，每个国家的教育制度均或多或少地体现出本民族自身的文化特质，带有本民族习惯性的生活标志。

第二节 现代学校制度

一、现代学校制度的形成

在古代，无论是中国还是西方，学校都没有严格的大、中、小之分，更无幼儿园之说。即便有“大学”之名（比如我国西周之大学），也无今日大学之实，和我们所谓的现代大学完全是两个概念。后来，随着社会的进步，教育渐趋发达，才产生了现代意义上的大学和中学，才逐步形成了现代公共教育制度，有了大、中、小学的严格区分，形成了现代的学校教育系统，即现代学制。也就是说，现代教育制度或曰现代学制，是人类进入现代社会的近几百年才逐步形成的。

研究现代学制，必须从研究现代学校在欧洲的产生和发展开始。一般认为，现代学校发源于欧洲中世纪末期的文艺复兴前后。现代学校的产生与发展起初按照两条路线进行：一条是自上而下的发展，也就是以大学为端起，向下延伸，遂产生了大学预科性质的中学。后经长期演变，逐步形成了现代教育的大学和中学系统；另一条是自下而上的发展，是由小学而中学，直至发展到今天的短期大学。自上而下的发展形成了学术性的现代教育系统，而自下而上的拓展则形成了群众性的现代教育系统。这就是在 19 世纪末及 20 世纪初在欧洲形成的所谓的双轨制。

（一）幼儿教育机构的形成

真正意义上的现代幼儿教育机构，最早出现于 18 世纪下半叶的欧洲，当时正值第一次工业技术革命时期。至 19 世纪，幼儿教育机构已在先进的资本主义国家普遍出现。20 世纪前半叶，随着第二次工业革命的兴起，各发达国家的幼儿教育机构得到了较快的发展并逐步走向普及。1980 年法国的儿童入园率已达 90%（3 岁以上）以上，其中 4～5 岁儿童的入园率已近 100%。幼儿教育的性质也在发展变化，由早期较为简单的保育、智力启蒙教育转向促进幼儿富有个性的全面发展，特别是幼儿社会性和情感的发展。在不少国家，幼儿教育机构甚至已被纳入国民教育体系，成为基础教育学制系统的一个组成部分。

（二）小学教育机构的形成

早在文艺复兴以前，欧洲的许多国家就存在着行会学校（由手工业者行会设立的学校，主要进行艺徒训练，传授读、写、算知识，同时进行宗教教育，用国语教学）和基尔特学校（由商人们组成的行业组织——基尔特设立，与行会学校类似），以学习本族的语言及基本的计算能力和宗教知识，这些学校就是欧洲城市最早的初等学校。文艺复兴时期，当时的教会又办起了许多类似的学校，这些教育机构可视为现代小学的前身。在 18 世纪末及 19 世纪的一百多年里，欧洲发生了第一次工业技术革命，蒸汽机的发明和广泛使用要求劳动者必须具备初步的读、写、算能力及一定的自然、社会常识，这就推动了以普通民众子女为教育对象的小学教育的广泛发展。到 19 世纪后半叶，英、德、法、美、日都先后颁布了普及初等教育的义务教育法，小学教育由此得到广泛发展。

（三）初级中学的形成

在欧洲文艺复兴前后，曾出现了以学习七艺（文法、修辞学、哲学、算术、几何、天文、音乐）和拉丁文为主要内容的学校，在英国叫文法学校或公学，在德国和法国叫文科中学。这批学校修业年限长短不等，有六年制，也有八到十年制，但他们的教学内容、修业年限、毕业生的权利和中世纪大学的文科基本相同，都是为大学培养预备生和为教会、国家培养僧侣、官吏，因此我们把它们统称为古典文科中学。古典文科中学和中世纪大学的文科有着十分明显的联系，有的甚至就是由中世纪大学的文科演变而来。譬如，在 18 世纪的德国就把大学文科的第一阶段并入了文科中学。过去的古典文科中学是大学的附庸。

随着资本主义生产和科学技术的发展，日渐发达的商业和手工业也表现出对管理人才和技术人才的需求，文科中学的古典主义办学方向受到批评。于是，在 18 世纪初的欧洲出现了以学习自然科学和现代外语为主要课程的实科中学。有代表性的如 1707 年席姆勒在哈勒创办的数学力学经济学实科学校，1701 年在莫斯科创办的数学航海学校等。至 19 世纪末 20 世纪初，实施实科教学的教育机构在各国相继取得与文科中学平等的地位，文科中学也逐渐加强了实科教学并减少了拉丁文教学的时数。历经二百年的发展以后，两者都得到了改进，都逐步变成了愈益完善的现代中等学校。现代普通中学是随着市场经济和资本主义的产生、发展而成长起来的。

随后在 19 世纪末到 20 世纪中叶的近一百年的时间里，又发生了以电气化在工业上广泛应用为标志的第二次工业技术革命。这一革命要求参加生产的劳动者必须具有更高的文化科学知识，也就是说，普通的劳动者只有小学文化程度已经不能胜任社会生产任务，必须具有中等的文化程度方可。于是发达的资本主义国家先后把义务教育时间延长到八至九年。所延长的这部分义务教育，尽管名称不同，事实上都属于初中教育。这些中学的主要目的是把普通劳动者的后代培养成有一定文化基础的体力劳动者。

（四）职业学校的形成

电气时代的到来，使从事生产的劳动者不仅应具有初中的文化水平，还应有一定的职业技术技能。传统的学徒制已经无法满足这一要求。于是许多发达国家先后通过了各种职业教育法令，在发展初中水平教育的同时，大力发展这一阶段的职业教育。第一次世界大战对职业教育的发展起到很大的推动作用。1919 年，德国决定对 14～18 岁的青少年继续实施义务的职业教育。同年，法国通过《阿斯蒂埃法》，规定每个市镇设立一所职业学校，对 18 岁以下的青少年实施免费的和义务的职业教育。1924 年，英国也采取了类似措施。美国于 1917 年通过了《史密斯-休士》法案，在全国范围内建立中等职业学校。影响更为深远的是把普通中学办成综合中学，设立职业科，开设各种职业选修课程。“十月革命”后，前苏联也建立起了完善的初中程度和高中程度的职业学校，形成了初等教育或初中教育后的职业教育体系。

（五）高级中学的形成

从 20 世纪中叶起揭开了以电子计算机为标志的第三次工业技术革命的历史篇章。这一时代各种新技术在生产上的广泛应用引起了生产方式乃至整个社会生活的革命性变革，这也决定了劳动者必须掌握更高层次的科学文化知识。每个生产者必须具备高中或高中以上文化程度，方能满足当前和今后日益发展的社会生产和生活的需求。因此，自 20 世纪中叶起，发达国家的教育均先后延长了义务教育的年限，以提高教育的质量。普及教育的年限也进一步延长至高中，甚至大学。现在，美、日、俄等国已普及了高中教育，其他发达国家也正在逐步普及高中教育。

（六）大学和高等学校的形成

在欧洲，随着商业、手工业和城市的不断发展，早在 12 世纪时就产生了中世纪大学。中世纪大学最早产生于意大利、法国和英国。到 14 世纪时，欧洲已经有几十所大学。这些大学一般设文科、神学科、医学科和法学科。

中世纪大学的四科，入学年龄和修业年限都没有严格的规定。文科一般为 6～7 年，其他三科为 5～6 年。在文科学习三四年，学完文法、修辞学和辩证法三艺以后，就可以当助教，也就是学士。学完文科七艺以后，获得在义科任教许可证的，就是硕士。文科修业期满，就有权进入大学的其他三科中的某一科学习，毕业合格，并获得任教许可证的，就是博士。

现代大学和现代高等学校是经过两条途径发展起来的：一条是通过增强人文学科和自然学科把中世纪大学逐步改造成现代大学的，如牛津大学、剑桥大学和巴黎大学等；一条是创办新的大学和新的高等学校，如伦敦大学、洪堡大学、巴黎高等师范学校等。现代大学和现代高等学校是在18～20世纪随着市场经济、现代产业和现代科技的发展而渐趋完善起来的。

20世纪中期以来，随着现代生产、现代科技的飞速发展，随着高中教育走向普及，高等教育也正走向大众化。美、日、德、法、俄、英等国适龄青年升入高校的已达同龄人的1/5甚或2/3。

（七）研究生教育机构的形成

现代生产和尖端科技的发展导致对高级技术人才和管理人才的大量需求，这就要求部分大学本科毕业生毕业以后需继续深造。于是在19世纪初的德国产生了现代学位（哲学博士），之后又产生了现代研究生教育机构。以后的一百多年里，研究生教育在各发达国家得到了广泛的发展。到20世纪，研究生教育机构就成了不少发达国家学制的组成部分。20世纪中期以来，研究生教育在世界范围内得到了长足的发展，尤其近年，增长速度已高于本科生。

（八）成人教育机构的形成

古代的成人教育主要是指人们的自学，不断地向生活和生产实践学习、不断提高自我修养以及技能上的精益求精等。现代成人教育已远不止上述含义。它是现代社会的产物，是科学技术在生产中运用的必然结果。

研究表明，在农业知识经济时代，人们只要在7～14岁时接受教育，就足以应付以后40年工作生涯之所需；在工业经济时代，人们求学的时间延长为5～22岁，而在知识经济时代，学习将成为人们的终身需要。随着知识经济时代的到来，一次性学校中“充电”，一辈子工作中“放电”的历史已告结束。由于知识创造周期和知识陈旧周期以惊人的速度在缩短，由于科技和社会的进步，人们的闲暇时间日益增多，因此，人们从学校毕业后，在生产和生活中有需要也有条件继续更新知识，这是社会生产的要求，也是人们追求自身发展的必需。成人教育就是在这样的境况下蓬勃发展起来，并成为现代教育制度的一个重要构成部分。现代教育制度（或现代学制）正在向终身教育制度发展，并将成为完善的终身教育制度。

二、现代学校制度的内容

学校是整个教育事业的基本单位。只有健全现代学校制度，才能保证充满活力与竞争力的、高效优质的教育活动的顺利开展。概括而言，现代学校制度的内容主要有以下五点①：

① 王鸿江．2001．现代教育学．上海：上海教育出版社，153～154

1. 教育所有权与经办权相分离

国家拥有对学校的所有权，但须把经办权从国家手中转移出来，交给具有独立法人资格和办学权威的社会个人和团体。国家只是教育的投资者，可以使用竞争机制，通过把资金投向办得好的学校，以达到提高学校竞争力和办学活力的目的。

2. 政校分开

必须改变把学校看作是政府行政部门的附属机构或派出机构的观点，使学校与政府行政部门在法理基础上建立契约关系。由学校依法独立、自主办学，政府行政部门依法进行管理。

3. 权责明确

学校应成为办学的终极负责者，对学校的生存与发展享有充分的自主权，当然也相应地负有决定性的责任。

4. 科学管理

学校须按照科学的教育原理和方法经营，其决策和行为必须建立在逻辑程序上，而不是建立在个人的意志取向上。

5. 市场调节

学校进入教育市场，按照适者生存、劣者淘汰的法则，在竞争中求得生存、求得发展。

三、现代学校制度的类型

（一）从系统结构来分析

现代学制随着现代学校的不断发展而完善。根据不同的分类标准，我们可以把现代学制分成不同的类别。从教育的施教机构的系统结构来分析，可以概括为双轨制、单轨制和中间型学制三种类型。

1. 双轨学制

双轨制早在18世纪的西欧开始形成，至19世纪已基本定型。随着当时生产和经济的不断发展，学校逐渐分为两轨：一轨是负担培养学术人才和管理人才的学术教育，另一轨是培养熟练劳动人员的职业技术教育。欧洲的许多国家都曾使用这种双轨制，尤以德国、法国、英国最为明显。双轨学制是两个平行的系列，两轨之间互不贯通。双轨制之最大优势是不同轨制下的学校系统之间分工明确，这样可以大大提高办学效益。当然，这种学制剥夺了普通劳动者子女升入中学和大学的权利，延缓了教育普及化、公平化的进程。

2. 单轨学制

以美国为代表的单轨制大约从19世纪后半期逐渐形成。由于产业革命和电气化的推动，美国的经济迅速腾飞起来，加之美国没有特权传统的文化历史背景，致使美国的学制在形式上可以保证任何学生都可以由小学而中学直至升入大学。美国的单轨制具有一个系列、多种分段的结构特点，即六三三、八四、六六、四四四等多种分段。单轨制最早产生于美国，后被许多国家所借鉴。单轨制有利于教育的逐级普及。

3. 中间型学制

中间型学制也叫做“Y”型学制或分支型学制，出现相对最晚，二战前的前苏联就属于这一学制。前苏联的学制在开始并不分轨，职业学校的毕业生也有权进入对口的高等学校继续学习。进入中学后才开始分枝发展。也就是说在义务教育阶段为单轨，再往上则实行学术教育与职业教育的分轨，并且保留适当的贯通性，允许职业学校毕业生在一定条件下报考对口高校。中间型学制试图融会单、双轨学制之长，公平与效益兼顾。

（二）从制度体系来分析

现代学校制度不是仅指几种规章制度，而是一个制度体系。从外延的角度来分割现代学校制度体系，可以把该体系分割为不同的类别。我们这里不能一一列举，简单介绍以下几种：

按照“现代学校制度所规范的关系”作为标准来划分现代学校制度，可划分为：①用来规范学校与政府关系的制度，这部分制度主要包括关于举办学校的相关制度和关于政府对于已经举办、已经建立了的学校进行管理的相关制度；②用来规范学校与社区中的组织、与学生家长关系的学校制度；③用来规范学校与学校内的教职工、学生之间关系的各种制度。

按照“具体的规章制度在现代学校制度大体系中的重要程度”作为标准，来划分现代学校制度，可大体分为两类。一类是重点制度，又称为核心制度。国内有学者认为：现代学校制度大体系中的核心制度是教学环节的制度，是如何促进教师更好地教和学生如何更好地学的各种制度。如：对日常教育教学有重大影响的教学管理制度、学校评价制度、校长评价制度、教师评价制度、学生评价制度、校本管理方面的制度（包括校本培训、校本教研、校本课程等具体管理制度）等。一类是非重点制度，又称为非核心制度、外围制度。国内有学者认为：现代学校制度大体系中的非核心制度、外围制度，包括了教学环节以外的其他环节的各种制度，如学校的后勤管理制度、安全管理制度、社区和家长参与制度、经费筹集制度、学校的社团组织管理制度、党务管理制度等。这些制度的作用都是为核心制度提供保障和服务。

按照“公共教育政策取向的不同”来划分现代学校制度的基本类型，可分为：公平优先、效率第二的现代学校制度基本类型；效率优先、公平第二的现代学校制度基本类型；同等对待公平与效率的现代学校制度基本类型。

按照“建设过程中主导者身份的不同”来划分现代学校制度的基本类型，可分为：政府主导的现代学校制度基本类型；市场主导的现代学校制度基本类型；专家和学术力量主导的现代学校制度基本类型。

按照“学校内部治理结构的不同”来划分现代学校制度的基本类型，可分为：以“学校民主管理委员会（学校管理委员会、校务委员会、校务会议）领导下的校长主持制”为主轴的现代学校制度的基本类型；以“校长负责制”为主轴的现代学校制度基本类型；以“董事会（理事会）领导下的校长主持制”为主轴的现代学校制度基本类型；以“教育集团、企业集团领导下的校长主持制”为主轴的现代学校制度基本类型；以“党组织领导下的校长负责制”为主轴的现代学校制度基本类型。

四、现代学校制度的变革

由于现代科技的迅猛发展和社会生产力的不断提高，对人才的培养提出许多新的要求，从而引发了全球性的教育改革，学制改革也是其中一个重要内容。现代学制在形成的近百年来，在许多方面都发生了重大的变化。

（一）纵向分析

从纵向学校系统分析，双轨学制在向分支型学制和单轨学制方向发展。西欧各国曾经实行严格的双轨学制，但随着义务教育的上延、教育机会均等原则的实施，双轨学制从小学开始向上逐步并轨，义务教育已经延长到了十年左右，已到了中学的第一阶段。这就使原先并不分段的中学分成了两段，新发展起来的初级中学与传统的完全中学在学术水平上有很大差距，导致了机会的不均等。于是许多国家采用了各具特色的做法，克服原有双轨制的不公平问题。在许多国家，初中的两轨已经合并，传统的双轨学制事实上已经变成分支型学制了。目前，这种并轨还在上移，如英国的高中正在通过综合中学实行并轨。这说明，随着普及教育的发展，双轨学制必然要逐步过渡，最终走向机会均等的单轨学制。

（二）横向分析

从横向学校阶段来看，各级各类学校都发生了重大变化，具体表现如下：

1. 幼儿教育阶段

儿童是世界的未来，儿童早期智力的开发一直是中外教育家、心理学家致力研究的热点问题。许多研究表明：3～6 岁是一个人一生中智力发展的关键时期。因此幼儿教育尤为重要。在当代，许多国家越来越重视早期教育，不少国家已把幼儿教育列入学制系统。近年来，发达国家的幼儿教育发展非常迅速，有的国家（譬如法国），4～5 岁儿童的入园率已近 100%，已达到普及的水平。与此相关，幼儿教育机构也发生了一系列重要变化：一是幼儿教育的结束已有提前的趋势，提前到了 6 岁或 5 岁；二是加强小学和幼儿教育的联系，有的把幼儿园的大班作为小学预备班（20 世纪 70～80 年代的前苏联），有的从 5 岁起把幼儿学校和之后的小学结合起来编班（法国），有的把 5～7 岁的幼儿学校当作义务教育的最初阶段（英国）。

2. 小学教育阶段

近数十年来，发达国家的普及教育已达到初中或高中，小学早已不是结业

教育，小学已成为普通文化科学基础教育的初级阶段。少年青春发育期的提前，对少年儿童智力潜力的新认识，教学水平的提高和小学师资水平的提升等，这一切促使发达国家小学教育的机构有了一系列变化：第一，小学已无初、高级之分；第二，小学入学年龄提前到 6 岁甚至 5 岁；第三，小学年限缩短到 5 年（法国）、4 年（德国）、甚至 3 年（20 世纪 70～80 年代的前苏联）；第四，小学和初中直接衔接，取消了升入初中的入学考试，连英国的“十一岁考试”和法国的“六年级入学考试”也于 20 世纪 60～70 年代取消，等等。

3. 初中教育阶段

由于义务教育早已延长到了初中阶段，而且很多国家义务教育的年限也在逐年增加，再加上当代初中阶段已成了科学基础教育的重要阶段，初中的科学基础教育对今后的职业教育和进一步的科学教育都有重要作用，因而导致了初中阶段教育结构的下列变化：一是初中学制延长；二是把初中阶段看作普通教育的中间阶段，中间学校即由此而来；三是把初中教育和小学连接起来，统一视为文化科学基础知识教育，取消小学和初中之间的考试，加强初中结束时的结业考试，把这整个阶段看作基础教育阶段，而后再进行分流，或实行进一步的文化科学知识教育，或进行职业教育。

4. 高中教育阶段

高中本身是现代学制发展到一定阶段的产物。西欧双轨学制的中学过去没有严格的初、高中之分，美国的单轨学制中最先有了高中，随后,前苏联学制中也有了高中，最后是欧洲双轨学制的中学在变革中也不得不分为两段，因而也才有了高中。高中阶段教育结构的多样化，是现代学制在当代发展中的一个重要特点。高中阶段教育因其所承担的任务不同主要分三种类型：仅仅肩负升入大学预备教育的单项任务——西欧高中；同时肩负大学预备教育和普及高中文化科学知识教育等两项任务——前苏联高中；肩负大学预备教育、普及高中教育和进行职业教育等多项任务——美国综合高中。从目前的发展趋势可以预料，随着普及教育达到高中阶段，综合高中将成为发展的主流。

5. 职业教育

职业教育既是古代教育学徒制教育向现代职业教育的发展，也是现代生产要求下职业教育从普通教育中的分化。在现代社会里，由于进行职业训练的基础——科学技术的水平越来越高，因而对职业教育的科学文化基础的要求也越来越高。现代职业教育最初是在小学阶段进行，后来依次发展到初中、高中和初级学院阶段进行。在当代，发达国家的职业教育已有移向高中后的明显趋势：美国高中职业科缩小而社区学院职业教育的比重却在增大；日本相当于短期大学的“专门学校”远远超过相当于高中程度的“专修学校”；前苏联以相当于跨越高中及高中后的中等职业技术学校完全代替了相当于高中的普通职业技术学校。这是因为在当代职业教育日益建立在更高的科学技术基础之上，只有在高中文化科学基础知识之上培养出来的人才更有适应性。总而言之，职业教育在当代有两个特征：一是文化科学技术基础越来越高；一是职业教育的层次、类型的多样化。

6. 高等教育阶段

19 世纪和 20 世纪初的高等学校是文化和科学的金字塔。那时的大学和生产技术的联系并不是十分密切，主要进行 3～4 年的本科教育。其他层次或者没有，或者比例甚小。其后，特别是第二次世界大战以后，高等教育有了重大发展，与生产及技术的联系日益密切。现代社会、现代生产和现代科学技术向高等学校要求各级各类高级人才，于是推动了高等教育结构的变化：一是多层次，过去只有本科一个层次，而现在则有多个层次：大专、本科、硕士、博士；二是多类型，不仅限于高科学、高文化的科系，现代高等学校的院校、科系、专业类型十分繁多。高等学校和社会、生产、科学技术以及社会生活等各个方面的联系越来越密切。

由于世界文化发展的多元化以及世界联系的紧密化，学校不得不接纳来自各方面文化的冲击，致使现代学校制度具有多样化的表现形式。譬如：在美国开设了“选择学校”——为具有特殊发展需求的学生提供的学校。即学习超常发展的学生、学业陷入困境的学生、违反学校制度而处境尴尬的学生。根据其不同需要提供相应的课程内容，有针对性地教学，寻求促进学生发展的不同方式。中间学校——为青春期发展滞后的学生提供更多信息帮助，给儿童与成人及社会提供交流学习机会，通过团队教学、弹性课程、独立学习等措施促进学业困难的学生获得成功。校中校——为发展一些师生群体的独立性而进行的渗透项目之一。它组织群体上课，又允许个性选择课程模块进行特色教学。如：语言艺术科目、数学基础课程、合作技术学习科目及运用于批判性思维的技能等。全服务学校——是为学生及其家庭成员提供最方便服务的学校类型。这种学校与社会服务机构合作为学生提供护士、心理学者、牙科诊疗、身体检查及营养和健康建议。学校和家长良好的交互合作使学生、家长和学校三方获益。在俄罗斯开设了记名账户学校，（开设记名账户学校既可以从政府预算中得到教育经费又可以创办产业，对超标准学时收费等，但每一笔资金来源必须记入账户，接受有关部门的监督，年终提交财务报告汇报收支情况）等。总之，不同类型学校制度变革各有千秋，各国根据本国的具体情况，借鉴他国的成功经验，以现代教育观为指导，逐步建立、健全科学、合理的现代学校教育制度，是促进学生充分、全面、多元、终身发展的当务之急。

第三节　我国现行学校教育制度

一、我国现行教育制度的演变

我国是一个文明古国，也是一个有着悠久教育传统的国家，早在奴隶社会就有了学校。汉、唐时期已经建立了较为完备的学校教育制度。但现代学制的建立则是始于清朝末年。整个 20 世纪正是中国现代学制确立与发展的时期。

1840年鸦片战争后，中国沦为半殖民地半封建社会，在帝国主义列强的侵略和民族资本主义发展的冲击下，清政府为了维护其封建统治，不得不对延续了几千年的封建教育制度进行改良，采取了“废科举、兴学堂”的措施。1902年（旧历壬寅年），由清政府管学大臣张百熙主持首次制定了现代学制《钦定学堂章程》，史称“壬寅学制”，但是因为种种原因该学制未能实行。

1904年（光绪二十九年，旧历癸卯年），清政府又颁布了由张之洞、张百熙、荣禄拟订的《奏定学堂章程》，史称“癸卯学制”。内容涉及普通教育、师范教育、实业教育及学务管理等，这是我国第一个正式实施的现代学制。“癸卯学制”体现了“中学为体，西学为用”的指导思想，既吸收了日本明治维新时期的学制形式，也保留了一定的封建科举制度的余味。该学制的最大特点是修业年限长，实行“九、五、三、三”制。从小学堂读到大学堂要延蔓21年，至通儒院则要26年。若6岁入学，读完通儒院后已过“而立”之年。

辛亥革命之后，蔡元培任教育总长，1912年（旧历壬子年）南京临时政府对学制进行了修订，次年（旧历癸丑年）又陆续颁布了一些学校令，综合起来就构成了壬子癸丑学制。该学制仍取日本学制形式，实行“七、四、三、三”制。新学制取消了贵胄学堂，初小实行男女同校，并允许私人兴办除高师之外的各级各类学校，体现了资产阶级民主化要求。

1922年（旧历壬戌年），由当时留美派主持的教育联合会与北洋政府教育部联合，进行了一次旧中国学制的重大改革，所颁布的学制称作“壬戌学制”。这一学制以美国的“六、三、三”制为蓝本，实行“六、三、三、四”制。该学制高中增加职业科，大中学校课程采用学分制、选科制，考虑到了青少年的不同需要和个性发展，体现了“五四”以来教育改革的基本方向。这个学制从小学到大学比癸卯学制缩短了5年，为16年，并在小学实行四二分段，这一改革对当时的社会发展十分有利，后虽经几次修动，但均无重大变化，一直沿用至建国初期。

20世纪30～40年代，中国共产党为适应革命战争的需要，在革命根据地和解放区建立了各种类型的学校及文化教育机关，创立了适合自身特殊情况的新型学制。其具体特点是：

1）干部教育与群众教育并举。

革命根据地的教育，其主要任务是提高工农群众的文化水平和政治觉悟，并为艰苦的革命斗争培养干部。与此相适应，根据地的教育就分为群众教育和干部教育，而尤以干部教育为重。在干部教育中，在职干部的提高重于未来干部的培养。在群众教育中，成人教育重于儿童教育。教育内容主要是传授战争和生产所需要的知识与技能。

2）学校教育组织形式多样，富于灵活性。为了适应战时和生产的需要，革命根据地在学校类型、入学条件、学习期限以及各级学校的衔接等方面都采取了灵活的政策而没有统一的要求。如群众教育的形式有冬学、夜学、半日学校、识字班等，干部教育的形式有日校、夜校、半日学校、轮训制、实习制等。

3）依靠群众办学。在革命根据地，中国共产党注意充分发挥人民群众办学的积极性。学制除公办外，还提倡民办或民办公助。正是由于得到了人民群众的大力支持，革命根据地和解放区的教育才能在极其艰苦的条件下，获得了较快的发展。

1951 年 10 月，中央人民政府政务院颁布了《关于改革学制的决定》，提出了中华人民共和国的新学制。新学制包括幼儿教育、各类型的初等、中等、高等教育。此外，还设有各级政府学校、政治训练班和各类补习学校、函授学校及聋哑、盲人等特种学校。这个学制是我国建国以来正式颁布施行的学制。其具体规定如下：

1）幼儿教育：实施幼儿教育的组织为幼儿园，招收 3～7 周岁的儿童。

2）初等教育：对儿童实施初等教育的学校为小学，修业年限为 5 年，入学年龄以 7 岁为标准。对失学青年和成年人实施初等教育的学校为工农速成初等学校、业余初等学校和识字学校。

3）中等教育：中学的修业年限为 6 年，工农速成中学修业年限为 3～4 年。业余中学分初、高两级，修业年限为 3～4 年。中等专业学校修业年限为 2～4 年。

4）高等教育：大学、专门学院修业年限为 3～5 年。专科学校修业年限为 2～3 年。大学和专门学院附设的研究部，修业年限为 2 年以上。

5）各级政治学校和训练班：这个学制继承了老解放区的办学经验，吸收了解放区旧学制的合理因素，同时借鉴了前苏联学制的经验。它体现了教育为工农服务、为经济建设服务的方针。它的颁布实施，标志着我国普通教育、职业教育和业余教育相结合的社会主义教育体系的形成，促进了我国教育事业的发展。

中华人民共和国新学制的主要特点是：第一，保证了广大劳动人民和工农干部受教育的机会；第二，各级技术学校、专科学校和专门学院得到重视，适应了国民经济恢复和发展的需要；第三，体现了方针、任务的统一性和办学方式、步骤的灵活性；第四，规定各民族可以使用本民族的语言文字进行教学，实行男女同校，反映了民族平等、男女平等的原则。根据这一学制，从小学到大学毕业，修业年限为 15～16 年。

相对旧学制而言，新学制明显具有较大的优越性和新的特点。1958 年 9 月，随着我国社会主义经济建设的发展和教育面临的一些新任务与新情况，中共中央、国务院又公布了《关于教育工作的指示》（以下简称《指示》），提出了“两条腿走路”的方针和“三结合六并举”的具体原则。三结合是：统一性与多样性相结合，普及与提高相结合，全面规划与地方分权相结合。六并举是：国家办学与厂矿、企业、农业合作办学并举，普通教育与职业教育并举，成人教育与儿童教育并举，全日制学校与半工半读、业余学校并举，学校教育与自学并举，免费教育与不免费教育并举。《指示》明确规定全国将有三类学校：全日制学校、半工半读学校和业余学校。根据《指示》精神，全国展开了中小学学生学制改革实验。遗憾的是，由于左倾思想的影响，人的主观能动性被极度扩大化，未能按客观规律办事。这一学制改革未能取得预期的效果。

1964 年，在刘少奇同志倡导下，我国试行“两种劳动制度和两种教育制度”，即八小时劳动工作制和半工半读劳动制，全日制学校和半工半读学校并举。这有利于我国教育的普及与发展，也有利于劳动生产率的提高。同时，也使半工半读学校在我国学制中占有了明确的重要地位。

文革期间，我国的学校教育制度遭到严重破坏，普通教育的年限被任意缩短，许多中等专业学校和半工半读学校停办，取消了高等学校的统一招生和入学考试，学校教育陷入一片混乱。解放后逐步改革、完善的新学制被破坏得面目全非，教育质量严重下降，给我国的社会主义建设事业造成了不可弥补的损失。

1978 年党的十一届三中全会以后，我国的教育事业逐步得到恢复和发展。学校教育制度进行了有步骤的改革和完善，中等专业学校、职业技术学校和成人教育发展迅猛，恢复了大学统一招生，调整了教育结构，从而使我国的学校教育制度逐步趋于合理和完善，整个教育事业也同国家经济建设紧密结合了起来。

二、我国现行学校制度的形态

我国现行学校教育制度系统如下：

幼儿教育（幼儿园）：招收 3～6 岁幼儿，贯彻“保教结合”原则，进行启蒙教育，使幼儿身心得到全面发展，为接受小学教育打下良好基础。

初等教育：主要是全日制小学教育，儿童 7 岁入学，有条件的地区可逐步实行 6 岁半或 6 岁儿童入学。学制为 5～6 年。小学不分段，实行五年或六年一贯制。对儿童实施全面发展的基础教育，为接受中等教育打下了基础。

中等教育：包括全日制普通中学、各类中等职业技术学校（中等专业学校和技工学校）及业余中学。全日制中学修业期限为 6 年，初中 3 年，高中 3 年。职业高中 2～3 年，中等专业学校 3～4 年，技工学校 2～3 年。属成人教育的各类业余中学，修业年限可适当延长。中等教育对学生实施全面发展教育。一方面为国家培养劳动后备力量，另一方面为高一级学校输送合格新生。

高等教育：处于学制体系的最高阶段，涵括全日制大学、专门学院、专科学校、研究生院和各种形式的业余大学等，分为专科教育、本科教育和研究生教育三个层次，招收高中毕业生入学。专科学校修业期限一般为 2～3 年，大学及学院的本科教育为 4 年，少数特殊学科 5 年或 6 年。考试合格者准予毕业，授予学士学位。业余大学修业年限可适当延长，修完规定学业并经考核达到全日制高等学校同类专业水平者，承认学历，享受同等待遇。此外，我国还实行高等教育自学考试制度，自学者通过国家举行的统一考试，可获得专科和本科毕业证书，国家承认其学历。研究生教育分硕士和博士两个阶段，修业期限硕士一般为 2～3 年，也有两年制无学位研究生班。博士研究生修业期限为 3 年，招收硕士研究生及同等学历者。在职研究生修业年限可适当延长，完成学业也可获得相应学位。

我国现行学制具有四个特点[①]：

第一，实施九年制义务教育，体现了宪法第十九条所规定的“国家发展社

① 吴文侃，杨汉清. 1989. 比较教育学. 北京：人民教育出版社，350

会主义的教育事业，提高全国人民的科学文化水平”的精神和《中华人民共和国义务教育法》的要求。

第二，基础教育、职业教育、高等教育、成人教育四大组成部分互相联系、互相补充，培养各级各类人才，贯彻了教育为社会主义现代化建设服务的方针。

第三，统一性与灵活性相结合。各级各类学校的教学目标和教育水平有基本的要求，但在入学年龄、修业年限等方面允许因地制宜，适当伸缩。

第四，实行多种渠道、多种规格、多种形式办学，并且体现终身教育思想。

三、我国现行学校制度的变革

自 20 世纪 80 年代起，几乎在全球范围内掀起了促进教育民主化、制度化的改革浪潮，各国纷纷开展现代学校教育制度的研究和实验。在这一大环境的推动下，我国制定了到 2020 年前后，要把我国基本上建成学习之邦，2050 年前后，要瞄准发达国家水平，在更高的水平上全面建成知识社会、信息社会的现代化建设的宏伟计划。这就要求我们必须进行现代学校制度建设，用可行的、合理的方式完成对我国现行学制的改造，形成与知识时代、信息时代、全球一体化时代相适应的现代学校制度体系。

（一）我国现行学校制度存在的主要问题

我国的学校制度，经过二十余年的不断改革，取得了世人瞩目的成就。但是，由于政治文明建设的复杂性和我国地域、学校的巨大差异性等原因，使得我国现代学校制度建设仍相对滞后，在学校制度建设方面出现了一些前进中的问题。这些问题主要集中在以下几点：

第一，学校主体地位不明确，教育产权、责任分配不合理，政府对学校管得过死，校本管理远未形成，难以实现依法自主管理。

第二，现行学校制度特别是现行学校评价制度有一些负面引导作用，导致现代教育观难以贯穿、指导教育教学全过程，素质教育难以真正实现。

第三，制度本身不健全，导致学校有限的资源未能充分、有效地发挥作用，致使学校不能与社区、家庭进行良性沟通。

第四，学校管理机制存在问题，学校领导的选任制度比较落后，致使教职工难以有效地介入学校管理工作。

第五，学校自身缺乏改革创新的意识，教学改革力度不强，导致“新课改”难以快速、高效地推进。

第六，社会缺乏参与办学和监督办学的制度，政府在某种程度上包揽了本该社会发挥的作用。

在这种情况下，只有加快我国现行学校制度的创新，尽快建立起与知识社会相协调的，体现现代教育理念与方式的学校教育制度，才能全面激活学校的各种活动，发挥学校潜力、提高学校效能、为学校的科学发展和可持续发展提供系统的制度保障，从而推动学校尽快从传统走向现代、从人治走向法治、从封闭走向开放、从立足当前走向可持续发展，以实现现代化建设的宏伟计划。

江泽民同志在担任总书记期间曾明确指出：“进行教育创新，关键是通过深化改革不断健全和完善与社会主义现代化建设要求相适应的教育体制。要扫除制约教育发展的体制性障碍，努力提高教育资源的利用效益，优化教育结构，扩大教育资源。进一步转变政府管理教育的职能和模式，增强学校依法自主办学的能力。”要“推动学校教育、社会教育和家庭教育的紧密结合、相互促进”。

教育部有关领导同志自2002年夏季以来也多次指示：要加强基础教育阶段现代学校制度的研究，在理论研究的基础上，突出实践研究和政策研究，通过实验，探索基础教育阶段现代学校制度建设的思路和途径，逐步建立社区、家庭参与中小学管理的新机制，推进学校管理制度创新。因此，在我国进行现行学校制度的改革势在必行。

当下学校制度改革的涉及面极广，现代学校教育制度的整个运作体系，政府的管理职能都需要改革，尤其关键的是，应从制度上保证政府职能与学校职能、国家权力与法人权利、资产所有权与学校经营权的相对分离，逐步建立起行政性公共服务体系；学校的办学机制也需要改善，应尽快建立起依法办学、自主发展的机制。健全学校的法人治理结构、学校的领导管理体制、目标计划体系、人力资源体系和质量管理体系；同时，应把基础学校“回归社区”，成为社区的重要公益事业，在学校与社区关系上，逐步建立起社区的参与体制与机制；在教育服务市场机制上，要适时培育社会化、中介性服务机制，通过经费资助、政策引导、税收减让、公退民进等措施，鼓励和扶植专业化、中介性法人机构和组织的发展，把政府和学校的一部分职能“回归社会”。

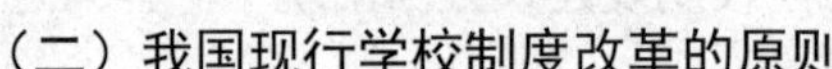

（二）我国现行学校制度改革的原则

根据建国以来我国在学制改革中所取得的经验以及我国政府在学制改革方面的指示精神，我国的学制改革必须遵循以下原则：

1. 学制改革必须促进经济发展与社会建设的原则

制定学校制度必须使各级各类学校有一个合理的比例关系，在结构与层次上体现多样化，使幼儿教育、小学教育、中等教育、职业教育、高等教育、成人教育等各级各类教育与知识社会、信息社会、全面建设的小康社会相适应，以培养各级各类适应社会发展的优秀人才。

2. 继承与创新相结合的原则

无论在指导思想上，还是在具体内容上我们都要敢于创新，勇于探索建立符合时代需要的新型学校制度。社会的转型带来了教育的转型，教育的转型带来了学校和学校制度的转型。在转型期间，必定会出现我们非常陌生的或从未遇到过的问题。我们需要在继承的基础上的有所创新。

3. 统一性和多样性相结合的原则

我国国土面积大，人口数量多，民族差异明显，地区经济、文化发展极不平衡。因此，学制改革，要从我国的实际情况出发，因地制宜，灵活多样。既要有统一的要求，又要允许特殊情况的存在，在招生办法、修业年限、培养途径等方面要有弹性空间。避免统得过死，影响学制改革应有的效果。

4. 超前性与实用性相结合的原则

学制反映了一定历史阶段一个国家的政治经济状况和生产力发展水平的要求，因此学制的制定必须符合当前的实际情况。然而，由于学制关系面甚广，影响深刻而巨大，经常变动容易造成教育工作的混乱，所以学制的确定必须有一定的超前性，以确保整个教育事业的相对稳定性，学制改革时必须把握适度的超前性。

5. 普及与提高相结合的原则

教育的普及和社会化，是现代社会发展的总趋势。学制的改革要为社会大众提供尽可能充分、平等、优质、成本较低的教育服务，要为社会大众获得这种优质的教育服务创造平等的制度条件。与此同时，还要考虑提高教育的水平和程度，重视高层次教育的办学质量，以便为国家建设培养高级专门人才。

（三）我国现行学校制度的变革

学校制度是与学校教育相伴而生的，因此，伴随着学校教育的变化和发展，学校制度也经历着历史性的变革。当前，世界教育面临着一个共同的问题：即从工业社会制度化的学校教育向知识社会的终身学习环境下的学校教育转变，这种转变自然会带来学校制度的重大变革。此外，在我国，教育还面临着另一个特殊的问题：即从计划经济体制下的行政指令主导型的学校教育，向市场经济体制下的学校教育转变。由于当下的政府、学校、社会、市场等关系发生了根本的变化，这一转变对我国学校制度的变革提出了新的要求。总之，随着教育体制改革的逐步深化，随着工业社会向信息社会的不断转变，随着从工业社会标准化的人才培养向知识社会个性化的人才培养的转变，随着信息和网络技术在教育领域的不断应用，必然引起学校制度的深刻变革与创新。在我国，到目前为止，在学校教育制度变革方面已经取得了众所周知的进展，具体概括为以下几方面：

1. 逐步重视幼儿教育和早期智力的开发

近年来，我国的幼儿教育发展迅速，不少幼儿园和小学都开设了“学前班”，幼儿教师的素质逐年提高，许多中等职业教育学校乃至高校均开办了“学前教育”专业。同发达国家一样，我国也出现了幼儿教育期提前，由高班到低班逐步普及和幼儿教育与小学低年级结合起来的趋势。但是，由于我国经济、教育等发展的严重不平衡性，决定了我国的幼儿教育学制不宜急于改动，幼儿教育发展也应量力而行。因为在世界范围内，都是在普及小学、初中，甚至普及高中后，幼儿教育才逐步由高班向低班分段普及。

2. 逐渐普及义务教育

依照法律规定，义务教育是适龄儿童必须接受，国家、学校、家庭必须予以保证的国民教育。普及义务教育，逐渐延长义务教育年限，这是当今世界教育制度现代化发展的共同方向。在我国，义务教育年限规定为9年，普及九年义务教育的任务在我国不可能同步实现。1986年4月《中华人民共和国义务教育法》和1992年3月《中华人民共和国义务教育实施细则》的颁布，使我国普及义务教育的工作得到了法律的保障。根据我国的具体国情，在我国实现九年义务教育必须因地制宜、有计划、分阶段进行。《中共中央关于教育体制的决定》将全国划分为三类地区：第一类是约占全国人口1/4的城市、沿海经济发达地区及内地少数发达地区；第二类是约占全国人口一半的经济、文化中等发展程度的镇和农村；第三类是约占全国人口1/4的经济、文化落后地区。三类地区依据自身的情况逐步完成九年义务教育的普及任务。这就意味着义务教育具体实施中存有差异性。譬如，有的地区实行九年一贯制，有的地区实行四、五分段，有的地区实行五、四分段，还有的地区则进行六、三分段等，这几种类型可以在我国的不同地域同时存在。在义务教育阶段实行教学内容基本统一条件下的多样分段学制，符合我国的基本国情，有利于义务教育在我国的普及。

3. 中等教育结构的多样化

中等教育是在初等教育的基础上实施的中等普通教育和职业教育。它肩负着双重任务，一是为高校输送高质量的新生，二是为社会生产部门培养劳动后备力量。在我国，目前的中等教育结构发生了很大的变化，普通高中、职业高中、中等专业学校、技工学校等不同类型的中等教育学校都得到了不同程度的发展。需要指出的是，普通高中在这个阶段仍然应该保持相当的比例，以确保高校有充足的优秀生源，以便为国家培养更多的高科技人才。职业技术教育是现代教育制度的重要组成部分，其实质是传授生产技能和技术，培养各级技术管理人员。目前我国职业技术教育发展迅速，但是仍不能适应我国经济建设的需要。为此，我国政府明确提出了发展职业技术教育的任务，并具体指出了发展职业技术教育的有效措施：发展职业技术学院与发展各种形式的短期培训并举；职前与职后培训并举；基础教育与职业技术教育相互渗透等。

4. 高等教育正逐步走向开放

在我国，目前高等教育的开放性主要体现在四个方面：一是高等教育的多层次性，目前我国高校有大专、本科、硕士研究生、博士研究生等多个层次；二是高等教育的多类型，过去我国高等教育只有为数不多的系科组成，而现在则有理、工、农、医、师、文法、财经、军事、管理等多种院校、系科和专业；三是高等教育向在职人员开放，通过函授大学、广播电视大学、开放大学等，为有需要的在职人员提供了进入高校学习、修业并获得相应学位的机会；四是高等教育走出国门，走向世界，通过互派留学生、互派访问学者、互派学术团体、参加国际学术交流会议等校际、国际之间的交流与合作，为我国高等教育的发展注入了新的源泉。

5. 成人教育得到发展

成人教育在我国是最具发展潜力和发展前景的一项事业。我国人口众多，扫除文盲、提高国民素质等重要任务只有靠成人教育的大力支持才能顺利完成。

特别是在终身教育思潮的影响下，我国形成了包括学校教育机构系统、幼儿教育机构系统、儿童校外教育机构系统、成人教育机构系统在内的现代教育制度的新格局，这将为我国终身教育制度体系的建立奠定坚实的基础。

目前，我国学制仍在不断改革变化之中，今后我们应该从以下几个方面继续努力：

在校长负责制、党组织监督保证制、教代会（教职工代表大会，简称教代会）民主参与制的基础上，通过制度改革与创新，推进学校的法人化进程。其核心内容应该是分权、制衡和民主的公共治理机构的形成，推进学校内部管理的民主化、科学化和法制化进程。

通过制度创新，建立家庭、社区、社会参与学校管理的新机制，推进学校全方位融入社会的进程，推进社会的精神文明建设。其核心内容是重视家庭、社区、社会在学校的分权、制衡和民主机制中的地位，发挥它们应有的作用。

使政府所行使的职能逐步公开化、服务化。通过精简机构和人员、转变政府职能，优化管理方法等途径，把政府业务部门的管理重心转移到现状调查研究、政策法规制定、发展规划编制、提供公共服务等宏观职能上来，真正实现校本管理。

通过政策引导和制度创新，推进学校自身机构改革，健全、完善政府的教育督导评价体系，导入市场竞争机制，逐步培育中介性、专业化教育评价机制，形成公办、民办中介性服务机构共同发展的格局，并为这种竞争、合作和发展提供公平的政策和制度环境。

四、终身教育与学校制度

随着科学技术的迅猛发展，人类即将进入一个崭新的知识经济时代。联合国教科文组织在《学会生存》一书中曾明确指出："我们再也不能刻苦地一劳永逸地获取知识了，而需要终身学习如何去建立一个不断演进的知识体系——'学会生存'。"终身教育，终身学习的思想在古希腊、罗马、伊斯兰思想中以及在中国、印度的古老哲学中就已经出现了。柏拉图认为，那些极有天赋的人，应受教育到 35 岁，然后再进行 15 年的锻炼，才能成为最好的人才。亚里士多德主张应使全城邦的公民都"受到同一的教育"。古代波斯的教育包括一个人的终身受训，也就是从生到死的一切活动。我国古代的思想家们也注意到了这个问题。孔子曾讲，"吾十有五而志于学，三十而立，四十而不惑，五十而知天命，六十而耳顺，七十而从心所欲，不愈矩。"庄子所述的"吾生有涯，学也无涯"，都深刻地指出了终身教育、终身学习的必要性。但是，终身教育成为一种世界性的教育思潮和实践，还应该说是在 20 世纪中叶。

自 20 世纪 50 年代中期开始，出现了世界性教育改革的浪潮，各种教育改革的思想、观念、政策、理论、实验层出不穷。1965 年 12 月，联合国教科文组织在巴黎召开了"第三届促进成人教育国际委员会"会议，国际著名教育家、终身教育理论的创立者保罗·朗格朗以《论终身教育》为题作了学术报告，报告引起了与会专家和有关组织的极大轰动。从这次会议开始，在世界范围内掀起了终身教育的高潮。

终身教育思想提倡将教育和学习活动贯穿于人的一生，要求在人们需要的时候，以最恰当的方式提供最必要的学习和进修机会。终身教育思想的产生不仅顺应社会的发展，同时也满足了个人全面发展的要求。终身教育的产生与发展，对全球教育产生了深远的影响，成为指导各国教育改革的一项基本原则以及各国政府的行动方案和教育实践中不可缺少的重要内容。

终身教育之所以被誉为教育史上的“哥白尼革命”，与它自身所具有的特征是分不开的。概括地说，终身教育具有以下几个特征[①]：

1. 终身教育是连续性的教育

终身教育强调教育是贯穿人一生的连续的过程，而不是在正规学校教育结束时便戛然而止，教育要为人的一生负责。终身教育冲破制度化教育将人的一生分割为学习期、工作期和退休期的传统观念，把人的学习看作是伴随一生的行为。一生中最长的学习时期恰是始于正规学校教育结束之时。学习是一个动态持续的过程，“一学永逸”的时代已经过去，瞬息万变的社会要求人们终其一生必须持续地学习和接受教育。

2. 终身教育是个性化的教育

现代社会要求其个体成员必须具备可持续发展的能力和素质。终身教育尊重每个人的个性，注重个性发展的全面性、统一性、连续性，终身教育强调将“自己决定学习”作为终身教育的主要方式，并且在教育的全过程中的不同层面采取不同的评价标准，实现评价标准多元化，使人们各展所长，各得其所。

3. 终身教育是民主化的教育

终身教育被认为是教育民主的制度基础，终身教育没有严格的入学制度，对于每个人来说，教育始终是开放的。人们可以在有需求的任何时候进入教育系统，不会因为年龄或背景等原因而被教育拒之门外，受教育权得到最大保障。而且，在终身教育体系中，个体根据自己的需求自由地选择学习内容、时间与地点，自己控制学习过程，真正成为学习的主人。可见，终身教育以强调学习者的主体性而保障了学习者个体发展的最基本的民主。

4. 终身教育是开放性的教育

终身教育面向所有有教育需求的人开放，在教育对象上具有最大的开放性。终身教育打通了教育的各个阶段之间严格的衔接制度，加强了不同教育形式之间的沟通和交流，受教育者可以自由地在各教育阶段和各种教育之间流动，实现了教育系统内的开放性。终身教育强调教育的社会开放性，主张学校教育要充分发挥自己的资源优势，倾向于把自己当作社会的文化中心，以向社会开放图书馆、试验室以及体育场所等发挥教育辐射作用，并且提倡和鼓励社会各种力量共同参与和管理教育事业。

① 张红艳. 2003. 制度化教育的终结——终身教育. 终身教育，3

5. 终身教育是全面性的教育

终身教育认为学校教育只是教育活动的一个组成部分，真正的教育应当是与人的工作、生活同生共伴的，是人一生中不可缺少的一部分，任何时候都不能从人们的完整生活中分离出去。它强调任何个体在生命的不同阶段应当获取各式各样的教育活动和经验，主张家庭教育、社会教育以及学校教育的一体化。教师和教育工作者不只是知识的传授者，还必须对学生的个性培养和全面发展负起应有的责任。

知识增长速度的加快及知识陈旧周期的大幅缩短，需要人们不断的学习以应对变动不居的工作和社会，于是"回归教育" "成人教育""继续教育"等被提上日程。人们越来越重视终身教育对社会和人的发展的重要作用。由此人们逐渐意识到，现行的学校教育制度已很难适应当下社会飞速发展的特征，无力满足人们不断提出的新的教育需求，因此，突破原有的固定化的学校教育模式，建立一种新的全面组织的教育体系已是必然，函授教育、业余教育、广播电视教育、岗位培训、夜大学、老年人大学、开放大学等教育机构的发展也已渐成风尚。这些教育机构是对以往从小学到大学、从普通教育到职业教育的传统学制的补充。这些教育机构具有传统学制难以具备的开放性、不脱产性及与生产生活密切联系性等特点。也就是说，现代学制在时间上应该涵括从婴幼儿、青少年直至中老年的正规以及非正规教育和训练的全部过程，在空间上则应涵括家庭、学校、社会等一切施教机构系统和方式。我们相信，一种一体化的、开放性的、多样性的、与学校教育相互协调的终身教育体系必将形成。

从人类社会发展的历程来看，教育活动最初是和社会生产、生活融合在一起的，教育从社会生产和生活中分离出来成为一个相对独立的领域是历史发展到一定阶段的产物。学制的产生、发展与变化正是教育这一独立的结构系统产生、发展和变化过程的表现。现代教育的发展，已经从与生产、生活相对立、相脱离的轨道回到和社会生产、生活密切联系的正确方向上来，这种结合是一种全新的、更高层次的条件下的融合。学制从简单的古代学制到比较完善的现代学制，再到以现代学校教育机构系统为主体、涵盖多个教育机构系统在内的现代教育制度，并最终到达未来的终身教育制度，是科学的教育制度发展的必然。

思考与练习

1. 结合实际谈一谈研究学校教育制度有何重要意义？

2. 现代学校制度改革的趋势如何？对我国教育改革有什么借鉴意义？

3. 1999年1月，国务院批转教育部《面向21世纪教育振兴行动计划》，其中称今后我国教育发展的主要目标是："积极稳步发展高等教育，高等教育入学率达到11%左右"，而高等教育"招生计划的增量将主要用于地方发展高等职业教育"。根据本章所学学制的有关知识，分析我国为什么要大力发展高等职业技术教育？

第六章 教师与学生

【内容提要】 教师和学生是学校教育活动中两个最基本也是最活跃的要素。师生关系是教育实践中最主要的矛盾关系，也是学校中最主要的人际关系。他们分别占据着教育活动中的“教”与“学”两极，是教育领域里人与人的关系中最基本和最重要的方面。教育的过程是知识交流的过程，是心灵沟通的过程，更是生命对话的过程。搞好教育教学工作，我们必须全面了解教育的主体（教师与学生）在教育活动中的地位和作用。

第一节 教 师

一、教师职业角色与形象

教师的概念与教育的发展和教师职业的发展均密切相关。从广义上说，教师与教育者是完全对等的同义词；从狭义上说，教师特指学校的专职教学人员，是一种专门的职业。

（一）教师职业的产生与发展

教师作为一种社会职业，有其悠久的历史，其产生和发展与社会的嬗变一脉相承。从教育活动的历史演进过程来看，教师职业的产生与发展，大致可分为四个阶段：

1. 非职业化阶段

在人类社会的初期，教育活动与其他活动混融在一起，教师并非独立的职业。据古籍记载，原始社会有燧人氏“教民熟食”、伏羲氏“教民畋猎”、神农氏“教民农作”等传说，这说明当时的氏族首领承担了教育的职责，可视为初期的“教师”。较为明确的教师职业是在学校出现之后诞生的。传说中虞舜时代的学校——“庠”，则是长者为师、能者为师。奴隶制社会时期，教育的一个重要特点是“学在官府”、“以吏为师”，所以夏商时期的庠、序、校、瞽宗都是官办的“国学”，教师均由官吏兼就，官师一体。西方社会的教师也大多由僧侣兼任。可见，在人类社会的早期，“教师”尚未从社会的大系统中分离出来，还不是一种独立的职业。

2. 职业化阶段

随着社会的发展和社会阶层的分化，私学开始出现，相应地，独立的教师行业也逐渐形成。如我国春秋、战国时期的诸子百家，不仅竞相提出自己的政治理想和主张，而且广为设学授徒，宣扬、鼓吹自己的学说和思想。其中招揽弟子规模较大且影响较深的是儒、墨两家，学生均成百逾千，孔子史称“弟子三千”。他还把古籍加以整理，编写成诗、书、礼、乐、易、春秋等教材。古希腊的智者也以专门教授人们知识为生。此时，私学教师已逐渐成为一种行业。但当时的私学教师尚未形成从教的专业技能，更无专门训练教师的教育机构。因此，在漫长的历史阶段内，教师行业的专业化程度很低，从业人数也十分有限。

3. 专门化阶段

教师职业的专门化以专门培养教师的教育机构的出现为标志。1681 年，法国“基督教兄弟会”神甫拉萨儿在兰斯创立了第一所师资训练学校，这是世界上独立师范教育的滥觞。我国最早的师范教育诞生于清末。1897 年，上海开办“南洋公学”，分设上院、中院、师范院和外院。其中师范院即中国最早的师范教育，比西方晚了二百多年。师范教育的产生，使教师的培养走向专门化的道路。

4. 专业化阶段

随着世界主要发达国家基础教育普及工作的基本完成，社会对教师专业素养的要求越来越高，学校对教师的需求，开始从“量”的满足向“质”的提高方面转化。于是，独立设置的师范院校逐渐并入文理学院，教师的培养改由综合大学的教育学院或师范学院承担。如此，教师职业开始走上专业化的发展道路。

1966 年联合国教科文组织在《关于教师地位的建议》中提出，教师工作应被视为一种专门的职业，是一种需要经过严格训练而且尚需持续不断地研究才能获得专业知识和专门技能的职业，教师的从业者必须具备以上素质。1966 年国际劳工组织制订的《国际标准职业分类》中，教师被列入了“专家、技术人员和有关工作者”这一大类。我国于 1993 年 10 月颁布的《中华人民共和国教师法》，把教师界定为“履行教育教学职责的专业人员”，后来相继颁布了《教师资格条例》(1995 年 12 月)和《〈教师资格条例〉实施办法》(2000 年 9 月)，通过资格认定来体现教师专门职业的要求。自 2006 年 9 月 1 日起施行的新的《中华人民共和国义务教育法》第四章规定，“国家建立统一的义务教育教师职务制度。教师职务分为初级职务、中级职务和高级职务。”

由此，教师职业与一般职业有了明显区别并具有了明确的不可替代性，它与传统的职业——律师、医生和工程师等的不同之处在于：教师职业面临着更加复杂的、不可预测的教育情境性、模糊性和不确定性。这是因为，从职业对象而言，教师所教授的是活生生的、变动不居的人，是正在成长中的儿童和青少年，而不是无生命的物质或既成事实的事件；从职业的内容和任务而言，教师的工作不仅是教书，更要培养人；教师的工作方式也与其他社会职业不同。他并不使用什么工具，而是要用自己的知识、智慧、精神、人格魅力等在和学生的共同活动中去影响、教育学生。这些事实决定了教师这一职业具有如下独特的专业特点：

（1）创造性

教师不但要向学生统一传授既定的书本知识，还要依据学生千姿百态的个性创造性地培养他们的人格和才能，使学生的个体能力得以发展并成为具有健康人格的社会一员。

（2）示范性

“教书育人，为人师表”是对教师社会角色的概括和要求。教师的品性和言行直接影响着学生人格特征的发展及行为模式的养成。

（3）复杂性

学生的智力水平、兴趣爱好、性格气质等尚未成熟，变化较快且个体差异性大，这就决定了教师的工作必须具体把握学生的个性特征，并采取不同的教育方法，因势利导，其复杂性可想而知。

（4）长期性

“十年树木，百年树人”，一方面说明人才培养的周期性，另一方面也反映了人才培养的长期性。教师的劳动不仅需要较长时间的消耗，而且其教育成果往往需要较长的时间才能间接地体现出来，长期的坚持不懈是教师职业的基本特征。

（二）教师角色

角色原属戏剧用语，20 世纪 20 年代，美国心理学家米德首先将这一术语引入社会心理学，称为社会角色。社会角色是由人们的社会地位所决定的行为模式，包括三种含义：①特定的社会行为模式；②在群体生活和社会关系体系中所特有的位置和身份；③个体实现社会规定的权利和义务的行为规范。教师职业也是一种社会角色。

教师的地位和价值是通过教师在教育教学中充当的角色行为来实现的。社会对教师规定了行为规范并提出了一定的要求，教师只有按照角色期待去扮演教师角色，才会获得社会的认可和称赞。教师社会角色的定位，是与社会历史现状、社会文化特征以及对教学活动的认识密切相关的。

国学大师郑玄云：“师者，教人以道者之称也”；韩愈云：“师者，所以传道、授业、解惑也”；《韩诗外传》亦云：“智如泉源，行可以为仪表者，人之师也”。

美国学者雷道和华顿保研究认为，一个教师兼有以下十种不同的角色：

①社会的代表；②知识的源泉；③裁判员或法官；④辅导者；⑤学生行为

优劣的观察者；⑥认同的对象；⑦父母的替身；⑧团体的领导者；⑨朋友；⑩情感发泄的对象。

有的学者认为教师的角色为①：

①人类文化的传递者；②新生一代灵魂的塑造者；③学生心理的保健医生；④学习者和学者；⑤人际关系的艺术家；⑥教学的领导和管理者。

当教师的过程就是扮演角色的过程。现代社会认为，教师角色除了传道、授业、解惑外，还是示范者、管理者、父母与朋友、研究者等角色。在我国，随着基础教育新课程改革的不断深入，教师的角色内涵又发生了变化：

1. 由知识的传授者转向学生学习的促进者

在新课程中，传统意义上被认为是知识传授与接受关系的教师与学生，将会让位于师生的互教互学，师生彼此将形成一个真正的"学习共同体"。教师成为学生学习的促进者，这是教师角色中的核心特征。在新课程实施中，学生的学习方式正由传统的被动式接受向主动的探究式学习转变，这反过来也迫使教师从知识传授的角色向学生发展的促进者转变，教师须有更大的适应性和灵活性来面对他们的工作。

教师作为学习的促进者必须注重学生自主能力的培养。现代科学知识呈几何式增长且更新速率极快，教师欲在学校教育期间把知识的传授作为主要目的不仅是徒劳的，而且是不科学的。人获取知识的方式主要是自我的猎取，因此，如何培养学生的自主学习能力及创新能力才是教师的当务之急。况且，眼下学生获取知识、信息的渠道极为多样化，即使在单纯的知识传授方面教师的职能也变得复杂化了，不再是只传授教科书上的现成知识，而是要引导学生如何获取自己所需要的知识。

作为促进者，教师还要帮助学生确立适当的学习目标，并协助学生寻求达到目标的最佳途径；指导学生形成良好的学习习惯、掌握学习的策略和发展能力；创设一个接纳的支持性的宽松的课堂气氛和教学情境，激发学生的学习动力和学习兴趣，充分调动学生的学习积极性，并与学生一起分享他们的情感体验和成功喜悦。

2. 由学生的管理者转化为学生发展的引导者

新课程要求教师将自己的角色定位在引导者上，因为学生素质的形成，是一个充满差异的主体的建构过程，不是在整齐划一的批量加工中能完成的。工业化时代教师作为学生整齐划一的管理者的角色已经落伍于新的教育理念。教师必须学会尊重差异性、尊重个性、尊重多样性，针对学生的个性因势利导。教师必须从过去的"道德说教者"的传统角色中挣脱出来，成为学生展现个性、完善人格、锻炼意志、全面发展的引导者，指导学生在纷纭复杂的现代社会里学会自我调适、自我选择、自我发展。

教师要具有如下的一些角色行为：要记住自己的职责是教育所有的学生，

① 田慧生，李如密. 1996. 教学论. 石家庄：河北教育出版社，97

因而要坚信每位学生都享有发展的权利和学习的权利，都有成功的欲望和成功的潜力。不能以个人的好恶对学生形成先入为主的成见，不能歧视任何学生。要给每位学生同等的参与学习、参与活动的机会。必须公正、科学地评价学生的学习过程和结果。

因此，教师应自觉地转换“角色观”，变“以教师为中心”为“以学生为中心”，变“传授”为“引导”，让学生在自我探究、主动发展中，拥有并享受学习的乐趣。

3. 由居高临下的权威型转向共同成长的伙伴型

确立先进的民主化教育观念是教师人格特征的重要内容。在中国的课堂上，一般是教师提出问题由学生回答，而在美国，却是学生提出问题由教师回答。师生角色上的截然不同反映了两国在教育观念上的歧异。R.克利弗顿与L.罗伯特把教师权威分成制度性权威和个人权威两种，而制度性权威又分为“传统权威”和“法定权威”，个人权威又分为“知识权威”和“感召权威”。在传统的中国式教育中，教师的权威更多地体现在前者，师道俨然，师生界线泾渭分明。但在新理念下，教师成为与学生共同生活共同学习的亦师亦友的长者形象，师生关系更趋平等，教师的权威由外在的制度性权威逐渐转变为内生的个人权威，教师对学生的刚性约束力远弱于教师的知识权威及感召权威。

教学过程是师生交往、共同发展的互动过程。交往意味着对等参与，意味着平等的对话，教师将由居高临下的权威型转向共同发展的伙伴型。在信息化社会里，创新能力成为学习的主要目的，而创新性的养成是以学生的主动性、参与性为前提和基础的。因此，对教师而言，建立一种民主化的教育观念是非常重要的。改变传统意义上的管理与被管理的师生关系，让教师从权威的祭坛上走下来，建立民主、平等的新型师生关系是21世纪教育的重要标志。

4. 由“教书匠”转向教育教学的“研究者”

在传统的教学过程中，教师是严格执行课程计划、忠实地向学生传授课本知识的“教书匠”，教学研究被认为是专家们的事。教师在教研主动性上的丧失使其教学的能动性大为降低，这不仅对教师的成长极为不利，而且使教师无法对学生的能动性实施催化，难以适应新课程的要求。新课程实行国家、地方和学校的三级课程管理制，这就意味着原来属于国家的课程开发的权利部分地下放给了学校和教师，从而使课程开发不再仅是学科专家和课程专家的专利，教师亦成为课程开发的主体之一。教师既是课程的实施者，也是课程的研究者。教师即研究者意味着，教师在教学过程中要以研究者的心态置身于教学情境之中，以研究者的眼光审视和分析教学理论和教学实践中的各种问题，对自己的行为进行反思，对出现的问题加以主动的探究，对积累的经验实施总结，使其形成规律性的认识。

因此，新课程意味着教师必须从“教书匠”的角色中蜕化出来，成为“研究型”的教师，不断地发现问题、解决问题，对新事物有更多的敏感和创见。

5. 由教育者变为学习者

教和学既是一对相互制约的矛盾，也是一对相互促进的矛盾。从时序上来说，教师所受教育均是发生在昨天，而在今天实施教育的对象却要成为明天社会的建设者。观念的相对滞后是一种必然，这就要求教师必须在培养学生的同时自己首先学会学习。未来社会是学习型社会，单纯的教育者已不能适应教师的岗位，只有不断地学习，才能实现从“工匠型”教师向“探索型”、“创新型”教师的根本转变。

新课改在培养目标、课程要求、课程结构、学生评价方面都制定了新的标准。学生的学习更趋主动，教学的随机性大为增加，教师无法预知的知识点及无法掌控的课堂事件越来越多，对教师而言无疑大大增加了教学的难度，这就迫使新课改下的教师必须从传统的因循教参的备课方式中挣脱出来，广泛涉猎，勇于探索，不断更新自身的知识结构和学习机制，做一个先于学生且高于学生的学习者，使自己率先成为终身学习的表率。

当然，教学活动本身也是学习的过程，教师的发展就蕴含在教和学之中，教师之所以比学生成长得更快，很大程度上即在于教师的学习——包括备课、研究等是在主动的猎取中获得的。从这一角度而言，在备课及教学过程中，教师的受益更在学生之上，是学生促进了教师的学习和成长。我们的祖训“教学相长”用在今天以至未来的教育上仍不失为经典。

（三）教师的职业形象

教师的职业形象是其精神风貌、生存状态及行为方式的整体反映。它是通过其内在精神和外在表象展现出来的。其内在精神包括教师的教育思想、工作态度、敬业精神、创新意识、学术造诣等；外在表象则包括教师的言行、教师的组织、教师的仪态等。

此前，人们多以文化隐喻的方式来表达他们对教师无私奉献的崇敬之意，譬如“春蚕”、“蜡炬”、“油灯”、“铺路石”、“孺子牛”、“园丁”、“路标”、“摆渡人”、“导演”、“人类灵魂的工程师”乃至“太阳下最光辉的职业”等。这些比喻都从一个侧面形象地勾画出了教师作为一个“奉献者”的道德形象，对教师的职业形象无疑是很高的评价。然而，随着学界对教师这一职业的深入研究以及教育观念的进步，人们也发现，在上述隐喻中也不可避免地隐含着社会对教师职业形象认识的某些偏差。如“春蚕”、“蜡炬”、“油灯”、“铺路石”等比喻隐含着把教师作为牺牲者的潜意识，而“园丁”、“导演”等比喻则暗蕴着教师可以控制学生按自我标准加以修剪的企图，缺乏全面、科学、准确地揭示教师的职业内在特质和从业标准的认知。其实，教师的形象未必一定要以形象的隐喻来完成，教师对自我形象的建构与认同可以从多个方面加以解析。

教师的职业形象至少包括以下几个方面：

1. 教师的道德形象——最基本的形象

作为一个特殊的行业，教师的道德规范首先是一种高尚的人的品行，其次才是作为一个职业的规范。从人的角度而言，教师首当其冲的是必须具有超出常人的“爱心”，具体说是对学生无微不至的关爱。很难想象，一个对学生缺乏爱心的人可以成为好的教师。因此，在一定程度上，热爱学生就是热爱教育事业。教师对学生的爱是一种无私的、广泛的且没有血缘关系的爱，一种严慈相济的爱，这种爱是神圣的。爱学生是教师教育学生的感情基础，学生一旦体会到这种感情，就会“亲其师”，从而“信其道”，也正是在这个过程中，教育才能真正实现其根本的功能。“热爱学生”是一个人民教师最起码的道德修养。

而教师的职业道德是教师在从事教育活动中必须遵守的道德规范和行为准则，以及与之相适应的道德观念、情操和品质等。如“爱岗敬业”、“乐于奉献”、“严谨治学”、“诲人不倦”、“为人师表”、“以身作则”、“公平公正”等。

“为人师表”、“以身作则”、“学高为师，身正为范”等熟语强调的正是教师的榜样和示范作用。“乐于奉献”、“公平公正”则是时代对教师职业的基本伦理道德要求。奉献是教师职业责任感和使命感的具体体现，没有奉献精神就会失去教师职业的高尚性和纯洁性。公正就是“公平”“正义”“合理”。没有公正的教育将使学生的心灵失去平衡，教育过程则失去“善”的价值。上海师范大学曾对4500名学生进行调查，结果表明，有84%的学生把“公正”看成是“教师最重要的职业品质”，92%的学生把“偏私、不公正”看作是“最不能原谅的教师品质”。可见，只有公正，才能赢取学生的尊重和信赖，否则，很难有令学生心服口服的教育威信。

可以说，崇高的道德感是维护教师形象的内在根基，良好的道德表现则是维系教师形象的最大保障。

2. 教师的文化形象——教师形象的核心

教师的工作性质决定了它的文化性内涵。虽然当下的教师不再以单纯的知识传授者的形象示人，但毫无疑问的是，在任何情况下，教师都必须具备相应的文化素养和深厚的知识储备，教师永远是知识密集型的群体，教师的文化涵养在社会各群体中仍是最醒目的标志之一，人类文化的薪火相传仍是教育义不容辞的主要责任。而且，良好的知识和文化素养也是做好教育工作的基本保障。知识的获得不能完全依靠传授，但学生获取知识的能力和心智的成长却是在文化传授中逐渐形成的。没有文化、缺乏知识的教师就像丢掉了武器的士兵和没有工具的劳动者。另外，教师还必须对教育活动本身进行研究和反思，高校教师更是承担着文化研究者和知识创造者的角色，这均表明了教师职业无可置疑的文化特性。

当然，随着信息时代的来临，知识更迭日益加速，信息传媒日渐发达，教师的文化形象也在发生着潜移默化的改变，仅靠皓首穷经式的苦读及苦口婆心式的讲授已无法满足学生的需要。教师要主动改变刻板的教书匠形象，不仅要具备足够的本学科知识，而且要具备良好的教育学、心理学素养以及突出的施教艺术，善于更新自己的知识结构，始终使自己的知识和观念紧跟时代的进步，科学地诱导学生的创造能力和实践能力，积极地培养学生的独立意识和合作意识。可以说，真正的高品位的教师，其实就是大大小小的教育家，而在教育家的主观素质中，文化素养已成为教师形象的核心元素。

3．教师的人格形象——教师形象的整体体现

教师的职业劳动其实就是一种以人格来培育人格，以灵魂来塑造灵魂的劳动。前苏联教育家乌申斯基说："如果我们把健康托付给医学家，那么我们就要把子女的道德和心智托付给教育家，同时也把祖国的未来托付给他们。"这句话足以让我们从心底掂量出教师这份职业的崇高性和特殊性。教师这份崇高而特殊的职业决定了教师在工作中的第一要务不是如何教育学生而是致力于自身人格的塑造。

所谓人格是指一个人多方面心理和精神特质的总和，既包括一个人的性格、秉性、气质，也包括一个人的道德、修养、意志力乃至情绪类型和处世原则。教师若要培养学生健康的人格，首先自己得从以上方面主动修造自己。正如法国启蒙思想家卢梭所说："在敢于担当培养一个人的任务之前，自己就必须造就成一个人，自己就必须是一个值得推崇的模范。"很难想象一个自身人格不健全的教师会培养出人格健全、灵魂高尚的学生。

理想的教师人格应该是和蔼可亲、宽容大度、性格开朗、善于沟通、理解学生、富有耐心、意志力强、有幽默感等。富有人格魅力的教师富有亲和力，往往使学生乐于亲近，而且乐于接受教师的教诲，甚至模仿教师的言行，对学生人格的养成具有极大的影响力。教育家乌申斯基特别强调：在教学工作中，一切应以教师的人格为根据，因为，教育力量只能从人格的活的源泉中产生出来，任何规章制度、任何人为的机关，无论设想得如何巧妙，都不能代替教育事业中教师人格的形象。

威悌对 47 000 名学生进行调查分析，归纳出有效能和无效能两类教师的性格特征，如表 6.1 所示。

表 6.1 两类教师的性格特征的比较表

有效能教师	无效能教师
1．合作民主	1．坏脾气、无耐心
2．仁慈、体谅	2．不公平、偏爱
3．能忍耐	3．不愿意帮助学生
4．兴趣广泛	4．狭隘、对学生要求不合理
5．和蔼可亲	5．忧郁、不和善
6．公正	6．讽刺、挖苦学生
7．有幽默感	7．外表讨厌
8．言行稳定一致	8．顽固
9．有兴趣研究学生	9．啰嗦不停
10．处世有伸缩性	10．言行霸道
11．了解学生，给予鼓励	11．骄傲自负
12．精通教学技能	12．无幽默感

总之，教师的职业形象应是道德形象、文化形象、人格形象三者统一的整体，教师的形象建设是一个不断设计与改造的过程，需要全社会对教师职业的

地位、功能、条件进行科学认识，需要教师职业内部不断建立起自己的规范，需要教师个体自觉地建构。

二、教师专业发展

早在1963年，世界教育年鉴的主题就是“教师与教师培养”；1966年，联合国教科文组织与国际劳工组织在《关于教师地位的建议》中提出：应把教师职业作为专门职业来看待。人们也日益认识到，教学也是一门专业化的工作。对教师资格的要求有了进一步的提高，教师专业化拉开了序幕。1980年世界教育年鉴更是明确把“教师的专业发展”列为年度主题。此后，教师的专业发展日趋成为人们关注的焦点和当代教育改革的中心问题之一，要求以教师的专业化来实现教学的专业化。

教师从一个普通行业发展成为一个有较强专业要求的职业是教师发展史上的重要一步，体现出社会对教师职业的性质及作用已有了质的提高和根本性的重视，这对教育质量的提高及教育事业的发展均有重要意义。

（一）教师专业发展的内涵

关于“教师专业发展”，可作两种理解，即“教师专业”的发展与教师的“专业发展”。前者意指教师职业与教师教育（尤其是师范教育）形态的历史演变，后者则强调教师由非专业人员成为专业人员的过程。从目前国内外对“教师专业发展”的定义来看，正体现这样两种思路和视角：一是侧重外在的、关涉制度和体系的、旨在推进教师成长与职业成熟的教育与培训发展研究；二是侧重理论的，立足教师内在专业素质结构及职业专门化规范和意识的养成与完善的研究。在这里我们重点分析的是第二种含义，即教师个体的专业发展——从专业理想到专业知识、专业能力、专业心理品质等方面由不成熟到比较成熟的发展过程，即由一个新手发展成为专家型教师或教育家型教师的过程。

1. 专业理想的建立

专业理想是教师专业素质的核心和灵魂，它是教师对所从事专业的一种理想化的追求，是一种职业信念、职业情怀的具体显现，是指导人们行动的精神动力，是教师在教育教学工作中的世界观和方法论。教师的专业理想一般是建立在其对教育本质的理解之上的，有无真正的专业理想是判定专业人员与非专业人员的重要差别。

从宏观上而言，教师的专业理想包括教育观、学生观、教育活动观等；从微观上而言则包括教育的信念、教学的信念、学习的信念、自我发展的信念等。

教师的专业理想并非一成不变，而是随着其对工作性质认识的提高而不断走向合理并日益坚定。在教师个体的专业发展过程中，会面临不同的发展问题，这些问题的不断解决推动着教师不断走向成熟，其对教育的本质、目的、价值和意义的认知也会发生一定的变化。

2. 专业知识的拓展

教师的专业知识是教师立足职业的根本。专业性教师追求的目标应以广泛的文化基础知识为背景，以精深的学科知识为主干，以丰富的教育科学知识和心理科学知识为知识边界的复合性的知识结构。

教师的专业知识不同于一般学者的专业知识，必须适合其职业特点，即以培养学生为目的。无论教师的个人研究领域如何，其主要的知识范畴必然是其教学之所用，其次才是个人的研究喜好。从这一角度来看，教师的专业知识拓展有以下明显特征：一是趋新性。教育的发展与社会的进步、知识的更新往往是同步的，因此，教师也必须紧跟知识更新的步伐，获取最新的知识发展信息，这不仅可以使学生在一定程度上获得社会最前沿的知识，而且可以指导、协助学生了解知识的发展路径及趋向，对培养学生的自主学习能力，尽快适应社会的发展具有极大的帮助和作用；二是广泛性。知识面的宽窄对拓展学生的思维空间作用巨大。一个在课堂上纵横捭阖、舒卷风云的教师往往可以极大地拓展学生的学习视野并诱发学生的学习兴趣。相反，如果教师知识面狭窄，就会严重束缚、阻碍学生的求知欲的发展。因此，教师必须具备足够广阔的知识面。三是自主性。教师的知识未必是自己的研究所得，但广泛的涉猎后必须将其真正地消化为自身的认识，对所学知识有深刻的理解甚至批判，如此方可有选择地、科学地传授给学生，而不能未加判断、未加处理地灌输给学生。尤其是中小学生，其思维尚不成熟，判断力较弱，极易受到错误知识的影响。

3. 专业能力的发展

在教师的各项能力中，专业能力与专业知识的重要性难分伯仲。作为一个教师，仅有丰富的专业知识还不足，还必须具有较强的专业能力——教育和教学能力，即培养学生的能力，这是体现教师专业素质的核心要素之一，也是全面衡量教师整体素质的主要方面。教师的专业能力至少应包括以下八个方面：①教学设计能力。是指教师在课前根据学生及所授内容的特点，制定合理的教学目标，对教学内容进行有意识的优化、加工，选择恰当的教学模式和方法等以取得最佳教学效果的能力。②表达能力。主要指教师课堂语言的运用能力，也包括课堂节奏的把握，板书的设计及多媒体技术的应用等。③教学组织与管理能力。包括课堂协调能力，班级管理能力，课外活动的组织能力等。④教育教学交往能力。包括与学生的沟通、对话能力，合作意识，人际关系的协调能力等。⑤教育教学机智。指教师运用教育理论和教育经验，对学生中的突发事件和意外情况快速作出反应，并及时进行恰当的处理，以取得良好教育效果的能力。⑥正确评价学生能力。是指教师在对学生德智体能诸方面进行全面了解的基础上，按照一定标准，对学生的长短优劣作出客观评判的能力。对学生准确客观的评价，是采取正确教育措施的基础和前提。⑦教育教学研究能力。即教师对教育教学实践中出现的问题及社会上发生的与教育有关的事情保持职业的敏感性，并实施自主研究的能力。⑧创新能力。即教师对教育观念、教学内容、教育方法、知识结构等加以批评、改进、创造的能力和过程。

4. 专业自我的形成

专业自我是教师在教育实践中体现出的独特的教育思想、教学个性、综合能力、知识体系及工作方式的总称。一个有明确专业自我确认的教师是其走向成熟的重要标志，也是一个教师在专业素养上有别于其他个体的鲜明特征。专业自我的形成须满足以下条件：①自我形象的正确认知；②积极的自我体验；③正确的职业动机；④对职业状况的满意；⑤对理想的职业生涯的清晰认识；⑥对未来工作情境有较高的期望；⑦具有个体的教育哲学与教学模式。

教师专业自我的形成往往意味着教师职业素养已达较高程度，对所从事的工作及专业有了极大的认同，而且专业意识已非常强烈，这对其水平的提高及行为的自觉均有良好的影响。

教师专业成长的 18 个指标具体有：①能建构自己的教育理念；②能了解教育改革的趋势；③能了解学生的发展和学习心理；④能了解课程设计原理与发展趋势；⑤能正确掌握教学目标；⑥能精通所教学科的教材；⑦能有效进行教学活动；⑧能活用适当的教学方法；⑨能善用进步的教学媒体以辅助教学；⑩能充分利用教学资源；⑪能有效进行教学评量；⑫能做好学生辅导工作；⑬能有效经营班级；⑭具有良好的表达与沟通能力；⑮能熟悉并参与学校经营；⑯能从事行动研究；⑰具有良好的教育专业态度；⑱能做好生涯规划。

（二）教师专业发展的过程

由于教师个性、禀赋、成长环境的差异及个人努力程度的不同，教师的专业发展过程是一个无法准确界定的过程。

一般而言，教师的专业成长大致要经过预备期、适应期、成熟期、创造期四个阶段，而每个阶段结束时的教师可以分别称之为新任教师、合格教师、骨干教师和专家教师。①预备期。从事教育工作以前的阶段，主要是接受教育和学习。②适应期。教师初上岗位，由没有实践体验到基本适应工作，具备了基本的教育教学能力及其他素质。③成熟期。继续在实践中锻炼自己的能力和素质，教育教学已达熟练程度，已能完好地胜任工作。在这一时期，教师的教学经验日趋丰富，工作日趋娴熟，素质日趋全面，工作重心由“做好自己”转向关心学生。④创造期。教师已不满足常规的教育工作，进入到独立探索和创新时期，形成自己的独到见解和教学风格，对教育教学工作具有了明确的自我认知能力。

美国学者费朗斯·富勒在研制职前师资课程时，通过访谈、文献研究，编制了著名的“教师关注问卷”，并与得克萨斯大学的同事对教师关注的问题进行了探讨。富勒认为，在成为专业教师的过程中教师一般经历 4 个阶段，如表 6.2 所示。

表 6.2 富勒“教师发展阶段”

阶段名称	主要特征
1. 从教前关注阶段	职前阶段的学生只是想象中的教师，仅关注自己
2. 早期求生阶段	学习教师主要关注的是自我胜任能力以及作为一个教师如何“幸存”下来，关注对课堂控制、是否被学生喜欢和他人对自己教学的评价
3. 关注教学情境阶段	教师主要关心在目前教学情境对教学方法和材料等限制下，如何正常地完成教学任务，以及如何掌握相应的教学技能
4. 关注学生阶段	教师开始把学生作为关注核心，关注他们的学习、社会和情感需要，以及如何通过教学更好地影响他们的成绩和表现

国内学者叶澜等从“自我更新”取向角度也对教师的专业发展阶段进行了深入研究，把它分为5个阶段，如表6.3所示。

表 6.3 “自我更新”取向教师专业发展阶段及其特征

阶段名称	时限	主要特征
1. “非关注”阶段	正式教师教育之前	无意识中以非教师职业定向的形式形成了较稳固的教育信念，具备了一些“直觉式”的“前科学”知识和与教师专业能力密切相关的一般能力
2. “虚拟关注”阶段	师范学习阶段（包括实习期）	对合格教师的要求开始思考，在虚拟的教学环境中获得某些经验，对教育理论及教师技能进行学习和训练，有了对自我专业发展反思的萌芽
3. “生存关注”阶段	新任教师阶段	在“现实的冲击”下，产生了强烈的自我专业发展的忧患意识，特别关注专业活动中“生存”技能，专业发展集中在专业态度和动机方面
4. “任务关注”阶段		随着教学基本“生存”知识、技能的掌握，自信心日益增强，由关注自我的生存转到更多地关注教学，由关注“我能行吗”转到关注“我怎样才能行”
5. “自我更新关注”阶段		不再受外部评价或职业升迁的牵制，自觉依照教师发展的一般路线和自己目前的发展条件，有意识地自我规划，以谋求最大程度的自我发展，关注学生的整体发展，积累了比较科学的个人实践知识

教师的专业发展是一个持续社会化和个性化的过程，既取决于教师的成长环境，更取决于教师个人的主观努力。因此，每一阶段所用时间虽大体有一时限,如少则3年、5年，多则10年、20年，但归根结底还是依靠教师的主观努力。取得教师资格证书并不意味着就是一个成熟的专业人员，当一辈子教师也并不意味着专业性都得到了发展。教师专业化过程虽然与时间有关，但不仅仅是时间的延续，更是教师自身素质的提高和专业自我的形成，只有自身的勤奋努力才能成就教育世界的创造者。

（三）教师专业发展的途径与策略

教师专业发展的最终目标是达到专业成熟，即成为一个成熟、优秀的专业教育人员。从教师专业发展途径来看，主要包括师范教育、新教师的入职辅导、教师的在职培训和教师的自我教育。我国2001年开始实施的基础教育新课程改革中，“教师的自我反思、教师集体的同伴互助、专业人员的引领”成为促进教师专业化成长的重要手段。

1. 自我反思

自我反思被认为是“教师专业发展和自我成长的核心因素”。教师的自我反思不是一般意义上的“回顾”，而是反省、思考、探索和解决教育教学过程中诸方面存在的问题。通过反思，教师可以不断更新教育观念，改善教学行为，提升教学水平，同时形成自己对教学现象、教学问题的独立思考和创造性见解。美国学者波斯纳认为：教师的成长=经验+反思。反思自己的教学作为教师学习成长的一种方式，是教育界近几年极力提倡的做法。教师的反思不是一般性地对个人经验进行有意识的积累，而是要求教师更自觉地运用理论，指导性地去研究自己的实践，将理论与实践统一起来，对自己的教育实践和教育经验有一个新的认识，从而提高教学质量。反思教学可以帮助教师从日常纷纭复杂的教学现象中，从学生们的喧闹声中暂时超脱出来，提升自己的想法与思维。从这一意义上说，反思教学不仅只是改进教育实践，还可以改变自己的生活方式。在这种生活方式中，教师能够体会自己所存在的价值和意义，从而逐步实现自我发展。

2. 集体互助

教师的集体互助指的是教师在自我反思的同时，开放自己，加强教师之间在课程实施过程中的专业切磋、协调和合作，形成“研究共同体”，共同分享经验，互相学习，彼此支持，共同成长。集体互助的实质是教师之间的交往、互动和合作。

在过去的教学中，教师基本是独立地承担着本学科的教学。虽有某些教师因相互间承担着共同的教学内容而有共同学习、共同商讨的机会，但实际上却并未形成真正的合作关系，教师之间相互封闭多于合作。而在新课程标准中，教师将由传统知识的传授者转变为课堂教学的组织者、引导者和合作者，教师必须在教学工作中随时进行反思和研究，在实践中学习和创造。另外，教学过程不再是机械地执行教材的过程，而是师生从实际出发，利用更广泛的课程资源，共同开发课程和丰富课程的过程，教学真正成为师生富有个性化的创造过程。因此，一个教师已难以承担本科目所有的教学任务，必须由多个相关人员相互协作，分工配合才能取得良好的教学效果。而且，参与互助的成员越多，集体研讨的人员越多，完成教学任务的效果也越好。

3. 专业引领

教师的专业成长，需要专业人员和理论的共同引领。国外有研究者认为，教育理论的首要功能可能不在于直接给教师提供技术、增加教育知识，而是在于促进教师的教育思考和专业自觉，获得一种工作的方向感。新课程带来的巨大的教育教学理念的变化，新课程中渗透的先进学习理论、对学科发展最新领域的介绍等，都需要教师在理论的引领下，不断丰富、完善，不断建构专业智能，更深刻地认识教学活动的价值和意义。

对教师的专业引领人员主要来自三方面：各层次的专业教研人员；大学教育研究机构的教师、科研人员和专家；来自一线的专业水平较高的骨干教师。

专业引领的形式主要有辅导讲座、专题式的谈话、观看教学录像、听示范课（见习）、指导备课、说课、角色扮演、微格教学、随堂听课、临床指导（现场指导）等。每一种形式都有其特定的功用，有助于达到某种目的，但就其促进教师专业化成长而言，教学现场指导是最有效的形式，也是最受教师欢迎的方法。

自我反思、集体互助、专业引领三者具有相对的独立性，同时又是相互补充、相互渗透、相互促进、相辅相成的关系。只有充分地发挥自我反思、集体互助、专业引领各自的作用并注重相互间的整合，才能有效地形成以校为本的教学研究活动氛围。

第二节　学　　生

从根本上说，教育的最终目的就是为了学生的发展，学生既是教育的对象又是教育的主体，因此，作为研究教育问题的教育学必须对学生的本质和成长有充分的认识和清晰的界定。

一、学生及其地位和权利

首先，学生也是人，是生活在一定社会关系中的人，具有人的本质属性，是具有特定社会属性的人。

（一）学生的本质属性

1. 学生的独特性

个性在很大程度上是天生的，孩子的个性有时比成年人有过之而无不及。苏霍姆林斯基说：每个孩子都是一个世界……完全特殊的独一无二的世界。每个人的生命都有自己不同的“样子”，每个儿童的生命都与成人不同，他们不是父辈的复制与延伸，他们有自己独立的人格和精神世界；他们的生活阶段并非仅仅是成人期的一种预备，他们有着与成人相异的价值观念和行为方式。美国哈佛大学教授、发展心理学家加德纳于 1983 年提出的“多元智能理论”也认为，每个儿童所具有的独特能力存在着质的不同，很难从量上加以排序、分类。每个儿童都拥有相对于他人或是相对于自己的智能强项，教育旨在帮助儿童发现、培育自己的优势智能，并以优势智能带动弱势智能的发展，从而建构起自己的优势智能组合，实现自身全面、和谐的发展。

因此，学生的智能类型本身并无好坏、优劣之分，学生只有特点的不同，而无高下之别。很难说一个善于考试的学生将来的发展就一定比擅长演讲或擅长游戏的学生更好。因而教育设计的理念应力主个性化，要做到“为多元智能而教”，并且“通过多元智能来教”。要关注学生的独特性，需要教师根据学生个体的不同特点，“以人为本，因材行教”，尤其关注学生的优势智能，然后采取多种措施去激发它、发挥它、强化它。优秀的教师，应该从学生个体的兴趣、爱好、言行，甚至是从那些被认为是顽皮、越轨的事件中去发现、剖析和挖掘学生表现出的潜在优势。只要教育方法得当，每个学生的身心发展水平都能得到较大幅度的提高。

对学生的个体而言还存在着多种智能因素之间的协调发展问题。教师应该调动学生不同智能元素在学习中的不同作用，使用多样化的教育手段，提高教育教学的有效性。

尊重生命独特性的教学可以避免做“最愚蠢的事情”。尊重生命独特性的教师也应该尊重每一个学生的独特性，让每一个学生都能在教学中获得成功的机会，体验到生命成长的快乐。教师应该对教育好每一个学生充满信心，坚信每个学生都可以用自己的方式成才。认识到这一点，对学生的发展来说至关重要。

2. 学生的生成性

人是未完成的存在，也是非特定化的存在，人与动物在生命意义上的本质不同首先是人的未完成性和非特定化。严格地说，人的一生始终处于未完成之中，总是不停息地变化着，只不过各时期的成长幅度有所差异而已，学习期间的学生恰处于人生最为关键的“未完成期”。

根据多元智能理论，学生没有完全相同的智能类型，相对于他人而言，每个学生都有相对的智能组合优势，而且，他的智能优势对自身的发展可能起主导作用。但学生的智能与成人有较大的不同，学生的智能多为发展中的潜能，许多时候仅仅是在某些方面表现出一种能力的萌芽或趋向而已，并非一种成熟、稳定的能力。因此，学生的可塑性极大。这说明，学生正是处于发展中的人，都具有某方面的潜在特长或能力，都有独到的培养前途，都可以在属于自己的人生道路上获得成功。他们迫切需要接受人类社会的熏陶和教育，使其在未来的发展中能跟上社会的进步。

当然，学生的“未完成性”也意味着学生具有巨大的可生成性，因此，教师所要做的就是为学生创设一个有助于其生命充分成长的情境，把学生蕴含的生命潜能激发出来，使学习过程成为学生生命成长的历程。

教育的目的不只是知识的传授，而是依据每个孩子的特点和潜能使其发展起来。

3. 学生的自主性

生命的成长离不开外界环境与条件，然而生命本身具有自主性，外界因素可以影响它，但无法取代它，生命的意义就在于其自主性。人天生具有认识外部世界、求知于外部世界的本性，乐于自己去追问、去探寻、去创造，并在追问、探寻、创造的过程中展现自己生命的力量。学习的主体是学生，教育的终极目的也在于学生，因此，学生在学习中的自主性是显而易见的，无论学生年龄大小、能力强弱，都具有强烈的学习自主欲望，教师应积极地引导、开发学生学习的自主意识，促进学生的自主成长。

况且，每一个学生都是独立于教师头脑之外，不依教师的意志为转移的客观存在，如果教师将自己的意志强加于学生，就会在无形中挫伤学生的主动性、积极性，扼杀学生的学习兴趣，窒息学生的思想。

多元智能理论强调在评价中应充分尊重不同文化中智能表现的多样性，充分尊重不同社会环境中儿童个体经验的差异性，在一个宽松、公平、多元文化的环境中，让所有的儿童都能表现和发展其自身文化认同的智能。

4. 学生的整体性

人的生命具有丰富的内涵，人的发展也具有整体性的需要。学生生来就是一个完整的人，不仅有学习知识、发展能力（认知系统）的需要，也具有强烈的认知的欲望和要求，而且有情感、有信念、有意志（动力系统），人的任何活动都是这两个系统协调运动、相互作用的过程。如果仅把学生看作是一个单纯的认识体，那就简化了对人的认识。学生虽然较为年轻，但他们也有丰富的理、知、情、意，只是尚未发展成熟而已。如果教学只注重培养学生的认知能力，那就弱化了教学的根本意义。注重人的全面发展的教学不仅是让学生对知识进行一般性的认知、积累和加工，而是通过体验与反省使知识进入个人的内心世界，与学生的生活境遇和人生经验融化在一起，塑造学生健康的人格。单纯地认知知识并不能理解知识的内在意蕴。

因此，素质教育的内容就是体现人的全面发展的要求。杜威说过："我们所需要的是儿童以整个的身体和整个的心灵来到学校，并以更圆满发展的心灵和甚至更健全的身体离开学校。"[①]赞科夫的"一般发展"也是着眼于学生的整体性特点提出来的。他反复强调，一般发展绝不仅仅限于学生能力的发展，而且还应该包括发展情感、意志品质、性格、集体主义思想和体力。根据这一思想，教师在对待课堂教学目标上应该建立两个平衡（知识平衡和情感平衡）的观念。

（二）学生的权利与地位

1. 青少年儿童是权利的主体

相对于具有社会正式地位的成年人来说，学生是不成熟的青少年儿童，是未正式进入成人社会的"边缘人"。因此，学生常被看作是尚未独立的人，他们依附于成年人，在社会上处于从属地位。要改变这种状况，关键是承认和确立儿童在社会中的主体地位并切实保障儿童的合法权益。青少年儿童是人类的希望，社会的未来，他们有着独立的社会地位，是行使权利的主体，这正是1989年联合国大会通过的《儿童权利公约》的核心精神。体现这一精神的基本原则是：儿童利益最佳原则；尊重儿童尊严原则；尊重儿童观点与意见原则；无歧视原则。

2. 青少年儿童的合法权利

国际社会及许多国家对青少年所享有的权利都作了具体的规定。我国作为

---

① 赵祥麟，王承绪．1981．杜威教育论著选．上海：华东师大出版社，56～57

《儿童权利公约》的缔约国之一，在履行《公约》的同时，在《宪法》、《婚姻法》、《教育法》、《义务教育法》、《未成年人保护法》等一系列相关的法律、法规和政策中也对青少年儿童享有的权利作出了规定。我国对青少年儿童权利的规定概括起来主要有以下方面：

（1）生存的权利

我国《宪法》第 49 条规定："父母有抚养未成年子女的义务"。《婚姻法》除规定了同样的内容外，还针对许多具体情况作出了规定。《未成年人保护法》第 8 条也规定："父母或者其他监护人应当依法履行对未成年人的监护职责和抚养义务，不得虐待、遗弃未成年人，不得歧视女性未成年人或者有残疾的未成年人；禁止溺婴、弃婴。"

（2）受教育的权利

《宪法》第 46 条规定："国家培养青年、少年、儿童在品德、智力、体质等方面全面发展。"新《义务教育法》第 4 条和第 5 条规定："凡具有中华人民共和国国籍的适龄儿童、少年，不分性别、民族、种族、家庭财产状况、宗教信仰等，依法享有平等接受义务教育的权利，并履行接受义务教育的义务。""各级人民政府及其有关部门应当履行本法规定的各项职责，保障适龄儿童、少年接受义务教育的权利。"《未成年人保护法》第 9 条和第 14 条规定："父母或者其他监护人应当尊重未成年人接受教育的权利，必须使适龄未成年人按照规定接受义务教育，不得使在校接受义务教育的未成年人辍学。""学校应当尊重未成年学生的受教育权，不得随意开除未成年学生。"

（3）受尊重的权利

《未成年人保护法》第 15 条规定："学校、幼儿园的教职员应当尊重未成年人的人格尊严，不得对未成年学生和儿童实施体罚、变相体罚或者其他侮辱人格尊严的行为。"第 30 条、31 条和 36 条规定："任何组织和个人不得披露未成年人的个人隐私。""对未成年人的信件，任何组织和个人不得隐匿、毁弃；除对无行为能力的未成年人的信件由父母或者其他监护人代为开拆外，任何组织或者个人不得开拆。""国家依法保护未成年人的智力成果和荣誉权不受侵犯。"

（4）安全的权利

《未成年人保护法》第 16 条、第 25 条、第 27 条规定："学校不得使未成年学生在危及人身安全、健康的校舍和其他教育教学设施中活动。""严禁任何组织和个人向未成年人出售、出租或者以其他方式传播淫秽、暴力、凶杀、恐怖等毒害未成年人的图书、报刊、音像制品。""任何人不得在中小学、幼儿园、托儿所的教室、寝室、活动室和其他未成年人集中活动的室内吸烟。"

3. 学生在教育过程中的地位

学生在教育过程中的地位主要有两种对立的观点。一种是"教师中心论"，把学生看作是可以随意涂抹的一张白纸，一个可以任意填充的装载知识的容器。学生对教师来说，处于一种从属地位。另一种是"学生中心论"，把学生视为教育过程的中心。“儿童变成了太阳，而教育的一切措施则是围绕他们转动，儿童是中心，教育的措施便围绕着他们而组织起来。”这两种观念对学生地位的认识都有所扭曲，是不科学的。现代教育理论认为，在教育过程中，学生既是认识的客体，又是认识的主体。学生作为认识的客体是指学生相对于社会的要求、新的教学内容和教师的认识来说处于一种被动的状态，需要教师有目的、有计划、有组织地引导，将一定的社会要求转化为学生的内部需要，将新的教学内容转化为学生素质。学生作为认识的主体是指教师应是学生学习的促进者、引导者和组织者，把钥匙交给学生，引导学生依据自己的兴趣、爱好去主动发现、主动探索。新课程强调“一切为了学生的发展”，就是要求教学向儿童的生活世界回归，把学习的主动权交给学生，让学生们自己去开启未来的大门。教师切忌代替学生读书、代替学生感知、代替学生观察和思考。教学过程中教师不能越俎代庖，剥夺学生主动学习的权利，要使学生成为学习的主人，成为主动探究的人。

二、学生的发展

（一）学生发展的含义

一般来说，学生的发展是指学生在遗传、环境和学校教育以及自我内部矛盾运动的相互作用下身体和心理两个方面所发生的量、质、结构方面变化的过程与结果。

所谓身体的发展，包括了学生机体的正常发育和体质增强；心理的发展指学生在认知、情感、态度、行为等方面的发展。

（二）学生发展的一般规律

学生的身心发展遵循着某些共同的规律，这些规律制约着我们的教育工作。遵循和利用这些规律，可以使教育工作取得好的效果。反之，则可能事倍功半，甚至挫伤学生的学习热情，降低教育的效能。

1. 发展的不平衡性

学生发展的不平衡性主要指生理成熟与心理成熟的不平衡和发展速度的不平衡。学生的生理成熟以性机能的成熟为标志，心理的成熟则以独立思考的能力、较稳定的自我意识与个性的形成为标志，这两方面的成熟是不同步的，生理的成熟要早于心理的成熟。学生的成长速度在整个发展进程中也不是匀速前进的，而是呈现出加速与平缓交替发展的状态，体现出发展过程中量变与质变的辩证统一。如个体的身高、体重有两个发展的高峰，第一个高峰出现在出生后的第一年，第二个高峰则是在青春发育期。这两个高峰期，个体的身高体重的发展较之其他年龄阶段更为迅速。有人对人的智力发展进行研究，发现人的感知、思维、记忆、想象等都存在不同的关键期，感知成熟在先，思维成熟在后，情感成熟最晚。人的身心的不同方面有不同的发展期的现象，越来越引起心理学家的重视，心理学家提出了发展关键期或最佳期的概念。作为发展的关键期是指身体和心理的某一方面技能和能力最适宜于形成的时期。在这一时期中，对个体某一方面的训练可以获得最佳成效，并能充分发挥个体在这一方面的潜力。错过了关键期，训练的效果就会降低，甚至永远无法补偿。个体身心发展的不均衡性要求教师要把握其发展的关键期，不失时机地采取教育措施，使其获得最佳发展。

2. 顺序性和阶段性

学生的身心发展具有一定的顺序，这一发展的个别过程和特点的出现也具有一定的顺序。比如身体的发展遵循的从上到下、从中间到四肢、从骨骼到肌肉的顺序发展，心理的发展总是由机械识记到意义识记，由具体思维到抽象思维，由喜怒哀乐等一般感情到理智感、道德感、美感等。心理学家皮亚杰关于发生认识论的研究，揭示了个体的认知发展的一般规律和身心发展顺序性的特点。美国心理学家柯尔伯格的研究证明，皮亚杰的发生认识论在个体的道德认知过程中，道德准则遵循前习俗水平到习俗水平再到后习俗水平的发展过程。这一研究结论对于教育工作意义非凡。

人在不同的年龄阶段表现出身心发展不同的总体特征及主要矛盾，面临着不同的发展任务。前后相邻的阶段是有规律地更替的，在一个阶段时期内，发展主要表现为数量的变化，经过一段时间的积累，发展则由量变转变为质变，从而达到一个新的发展水平阶段。如童年期思维特征是以形象思维为主，情感特征不稳定且形于外表；少年时期，其抽象思维已有较大发展，对情感的体验开始向深和细的方向发展，但很脆弱；青年时期，已是以抽象思维为主，情感丰富且细腻、深刻稳定，同时道德情感、理智情感等在生活中占主要地位。

青少年身心发展的年龄特点是在不断发展的不同阶段中形成的一般的、典型的、本质的特征。当然，不同发展阶段之间是相互关联的，上一阶段影响着下一阶段的发展方向的选择，所以，人生的每一阶段对于人的发展来说，不仅具有本阶段的意义，而且具有人生的全过程的意义。

3. 个别差异性

个别差异性在不同层次和程度上存在。这种差异是由不同的性别、遗传、环境和教育等因素造成的。一般学生的发展需经历共同的发展阶段，但每个学生发展的速度、水平及发展的优势领域则千差万别。从身体的角度看，首先表现为男女性别的差异，它不仅是自然性上的差异，还包括由性别带来的生理机能和社会地位、角色以及交往群体的差别。其次，个别差异性表现在身心的所有构成方面。其中，有些是发展水平的差异，有些是心理特征表现方式上的差异。如同龄学生有不同的兴趣、爱好和性格；有的学生语言能力较强，有的学生数学能力突出；有的学生才华早露，有的学生大器晚成。

需要说明的是，个体发展水平的差异除上述因素外，还受到发展主体的努力程度和自我意识水平、自主选择的方向的影响。这就要求我们深入了解每个个体的身心发展状况和水平，有的放矢，因材施教。

4. 互补性

互补性反映的是个体身心发展各组成部分的相互关系。研究表明，人的机体在某一方面的技能受损甚至缺失后，身体的其他方面会获得超常发展以形成对缺失方面的功能补偿。如失明者的听觉、触觉、嗅觉等方面往往比之常人更为出色，其视觉的缺失在其他功能上得到部分补偿。机体各部分的互补性，为人在自身某方面缺失的情况下依然能与环境协调，从而为人的继续生存和发展提供了条件。更重要的是，互补性也存在于心理机能与生理机能之间。人的精神力量、意志品质、情绪状态等对整个肌体能起到明显的调节作用，帮助人战胜疾病和残缺，使其身心依然得到发展。如一个智力水平一般的学生如果有顽强的意志品质及执著的学习信念，经艰苦努力后其智能的发展往往可以超越多数智力程度较高的学生。而如果一个学生的心理承受能力太差，缺乏自我调节能力和坚强的意志，那么，就算一般性的挫折和磨难也会把他击倒，从而失去发展的大好机缘。互补性告诉我们，发展的可能性有些是直接可见的，有些却是隐性的，培养自信和努力的品质是教育工作的重要内容。

三、中小学生发展的时代特点

中小学生是祖国的未来，是社会主义现代化建设的后备军，特别是当代的中小学生，他们正处于社会转型的关键时期，学校、家长、社会对他们寄予了厚望并向他们提出了很高的要求。但他们的身心特点和过去时代学生的特点相比，又有明显的不同，如果我们不了解和研究他们现在的特点，就很难有效地开展教育工作，更不要说实现教育目的了。

1. 生理成熟期提前

我国小学生的年龄一般为六七岁至十一二岁，初中生的年龄为十二三岁至十五六岁，高中生年龄为十五六岁至十七八岁，其生理特征如身体形态、体内机能、神经系统特点和性发育成熟都较过去有很大变化。首先是身高和体重明显增加，其次是性发育成熟以及由此引起的第二性征的出现有明显提前。据我国学者抽样调查，20 世纪 80 年代，女生初潮平均年龄 13.38 岁，比六七十年代女生初潮时间提前了 1 年多；男生首次遗精平均年龄为 14.43 岁，比过去提前了 2 年多。而高中生的身高、体重都已接近成人的标准，脑机能也和成人相当，性机能基本发育成熟，性意识也越来越强。中学生早恋现象越来越严重，《人生十六七》月刊编辑部采用多段随机抽样方式，对全国 8 大城市的 8000 名中学生进行了一次问卷调查，并访问了其中 300 多名中学生。结果显示，有 55.5%的中学生承认自己心中有特别喜欢的异性同学，但不承认这是早恋；25.5%的中学生承认自己确实是早恋或正在早恋。就年龄阶段而言，16～17 岁的中学生早恋者最多，占 47.5%；其次是 18～19 岁的中学生，占 33.2%；比例最小的是 13～15 岁的中学生，占 19%。也就是说，在早恋的队伍里，高中生是主力，初中生次之。青少年儿童的这些生理变化需要教育工作者敏于观察，及时地、有针对性地开展青春期教育。

2. 思维活跃，但学习兴趣不高

目前的中小学生与 20 世纪的学生在生活环境及接触社会的方式上已有了根本的不同。随着互联网的发达以及电视的普及，传统的纸质媒体已退居二线，方便迅捷、丰富多彩的电子信息成为中学生乃至小学生获取信息和知识的主要渠道。他们与社会信息的接触面比之过去有了质的变化，学生有了和老师同步、平等获取信息的机会和条件，他们可以轻易地在第一时间内获取国内外的各种信息及文化资源，而不再需要他人的转述或传达。大量新鲜有趣的信息和知识使学生的视野得到极大的拓展，思维也因受到多重多样的刺激而愈趋活跃，对问题的思考也带有明显的复杂化色彩。在学生面前，传统的教师往往会感到思想的滞后和保守。

相对于网络和电视的丰富多彩，教材的信息和知识容量显然已是沧海一粟，加之教材或多或少存在的内容过时、观念陈旧、思想保守等因素，学生对教材缺乏应有的兴趣也是顺理成章的事。但是，目前仍有相当多的中小学教师违背教育规律，机械地强迫学生死记硬背，也在很大程度上摧毁了学生的求知欲望，使学生失去了应有的学习兴趣。从高校的教学中可以明显感到升入大学的学生普遍存在着厌学的情绪，这不能不说与上述因素有直接的关系。

3. 价值观念的多元化、功利化倾向

当前中小学生的价值观念呈现出明显的多元化倾向，现在的学校里再也见不到过去稍显幼稚的中小学生众口一词地高喊长大后要当解放军保卫祖国的理想化情景。导致这一变化的因素一是政治环境、社会环境较为开明，中小学生可以在较为宽松的成长环境里自由地选择自己的价值观念；二是中小学生广为接触的信息来源——互联网、电视等带有明显的多元化特征，对他们形成一定的影响；三是对个性的倡导和张扬也促成了中小学生价值观念的变化。

据中共中央宣传部教育局课题组调查表明：中小学生政治价值观呈稳定上升趋势；人生价值取向逐步形成了以物质利益为导向，注重实际，强调自我与社会融合，利己与利他兼顾，个人需要与社会需要结合而又比较重视自我的发展趋势；部分中学生还存在一些模糊认识和错误认识，道德观念和道德行为有所下降。

一项调查显示，中学生选择的主要职业依次为医生、教师、公务员、解放军等。其中志向为医生者占总人数的 19.77%，教师占 14.12%，公务员和解放军各占 11.86%[①]。

从上述调查来看，许多中学生的价值取向带有明显的讲求“实用”、讲求回报的功利化倾向。另有调查表明，在“你未来最大的愿望是什么”中，有 45.7%的被调查者认同“选择一个理想的职业”，还有 19.4%的人认同的是“建立一个和睦美满的家庭”，这也体现了他们的人生价值的功利化倾向。

中小学生的价值观念总体上是积极向上的，人生观是务实的。但也反映出

---

① 姚本先，王道阳．2006-11-23．中学生志向的调查研究．中国青少年研究网

其复杂性、多样性，这就要求学校、家庭、社会高度重视加强青少年科学的人生观、价值观、义利观的教育，努力营造有利于青少年健康成长的环境，切实加强学校德育的针对性和实效。

4. 自我意识增强，具有一定的社会交往能力

自我意识即人对自己各方面的情况及其与周围环境的关系的认识、感受、评价和调节。人的各方面的发展、态度的变化、尤其是个性的形成，都是在自我意识的制约下进行的。自我意识是个性的核心。小学生的自我意识尚不明显，但随着身心的发育成长及社会责任感的增强，当代中学生已具有鲜明的自我意识，同时表现出积极主动的参与意识、强烈的个性表现欲望和有主见等。

研究表明，自我意识的功能主要有以下几个方面：一是影响学生对活动的选择和行为的坚持性；二是影响学生在困难面前的态度；三是影响学生在活动时的情绪；四是影响学生新行为的形成和习得行为的表现。因此，提高学生的自我意识水平能使学生善于调节和培养自己的非智力因素，主体能动性增强，主动性、自觉性、自主性提高，更富有创造性，调节得好可以促进学生全面成才。自我意识导致的不足之处是容易产生自我中心意识，自私自利、心胸狭窄。

由于自我意识的增强及见多识广，中学生对成年人的依赖感降低，主动交际欲望有较大提高，相应地也使其社会交往能力得以提升，已具备了一定的社会交往能力。

正确地保护学生的自我意识，并将自我意识与他人意识结合起来，充分发挥自我意识在学习自觉性、主动性、创造性以及生活的反思性、建构性中的作用，是当前教育中值得关注的问题。

5. 心理问题增多

由于社会变化的剧烈及所接触信息、事物的纷繁复杂，学生身心发展的不平衡性以及片面追求升学率忽视心理教育等原因，当下学生的心理困惑、心理压力、心理冲突不断增加。调查表明，小学生、初中生、高中生有心理和行为问题的分别约占 10%、15%、19%。特别是高中生的心理健康状况不容乐观。目前常见的心理问题有：

1）学习方面困扰。包括学习压力大、方法不得当、考试焦虑、学习挫折、记忆力衰退、神经衰弱等；

2）人际关系方面的困扰。包括同学关系烦恼、师生关系烦恼、交友烦恼、与家庭的间离感等；

3）青春期生理、心理困扰。如性心理苦闷、早恋困惑、体相烦恼、孤独感等；

4）人生发展中的烦恼。理想与现实冲突、新生综合症、人生困惑感、自卑感、自杀倾向等；

5）精神空虚。没有很好的精神食粮，没有精神寄托。表现为上网热、追星热、爱看暴力电影和恐怖图书、讲究吃喝、拉帮结伙等。

怎样消除学生的心理问题，提高学生的身心健康水平，已成为新时期教育

工作者必须面对而又必须解决的问题。

第三节 师 生 关 系

师生关系是教育实践中最主要的矛盾关系，也是学校中最主要的人际关系。他们分别占据着教育活动中的“教”与“学”两极，是教育领域里人与人的关系中最基本和最重要的方面。怎样看待、处理教师与学生的关系，反映着教育活动的内在本质，决定着教育实践的成败。

一、师生关系的作用

（一）良好的师生关系是教育活动顺利进行的重要条件

教育活动是师生之间的一种双向交流过程，而且，在教学活动中教师往往居于强势地位，教师对学生的态度、在教学中表现出的情绪对学生的学习有明显影响。因此，教师要顺利达到教育、培养学生的目的，应尽可能地处理好师生关系。一是对学生表现出足够的亲和力，使学生在轻松愉悦的人际环境里自由地学习、成长；二是必须充分调动学生的主观能动性，使其积极主动地参与到学习的过程中来。

良好的师生关系能使师生亲密合作，不仅是调动教与学双方积极性的一种内驱力，而且对培养学生的健康人格和精神世界具有重要影响，尤其是对学生良好合作能力的养成意义重大。如果师生关系紧张，互不关心甚至相互对立，双边教学活动就难以进行，会严重影响教育活动的顺利展开，使教育质量大打折扣。研究表明，教师行为倾向于命令、威胁、提醒与惩罚的“控制型”时，学生对于学校的作业往往显出较多的困扰，而对教师、领导等较为顺从，但有时亦反抗激烈；但当教师行为倾向于“统合型”即同意、赞赏、接受与有效协助时，学生自主性解决问题的能力大为增强，而且乐于为集体贡献力量。因此，良好的师生关系是沟通师生感情的桥梁，也是保证教育活动顺利进行的重要条件。

（二）师生关系是衡量教师和学生学校生活质量的重要指标

学生的学校生活质量在很大程度上就是受教育的质量，而教师的学校生活的质量则取决于其教育教学质量。从这一角度而言，师生关系其实是教师与学生之生存状态的直接体现。因此，师生关系如何，是影响教师和学生学校生活质量的重要指标。实践也证明，不同的师生关系会体现出不同的学校生活质量。20 世纪 70 年代末至 80 年代的高校，百废待兴，学校的硬件建设尚有较大缺陷，但依靠着良好的师生关系，高校教师研学之风甚炽，大学生也大多具有美好的人生追求和积极的生活态度，精神风貌令人振奋；而在物质生活较为丰富、教育设施大为完善的今天，由于高校的师生关系渐行渐远，甚至被某些学生称之为“师生关系根本就不存在”，导致许多大学生甚至研究生对人生表现出明显的功利意识和玩世不恭倾向，人际关系趋冷，自私，缺乏人生追求，感情漠然等，教师的浮躁、追名逐利亦成普遍现象。学校生活质量并未随着教学硬件的改善而有质的提升，师生的精神境界不进反降。《学习的革命》中有这样一段话：如果一个孩子生活在批评之中，他就学会了谴责；如果一个孩子生活在敌意之中，他就学会了争斗；如果一个孩子生活在鼓励之中，他就学会了自信；如果一个孩子生活在分享之中，他就学会了慷慨……

因此，师生关系除了对教育教学目标的实现具有手段价值以外，还对教师和学生的发展具有本体价值、目的价值。理想的师生关系是教师和学生既作为独立的完整的人，又作为合作者、共享共创者所形成的相互理解、相互尊重、相互信任、相互合作的和谐亲密关系。学生在教育交往中感受到人格的尊严，体现出自主，张扬着个性，体验到人生的价值和最初的人生幸福，进而发展自由的个性，形成健康的人格。教师在与丰富多彩的年轻生命的交往中，感受到生命的神奇与可敬，体验到自己工作的价值。

（三）师生关系是校园文化的重要内容

师生关系是校园文化的核心，因为它是一所学校的精神风貌、校风、教风、学风的整体表现和最直观的反映，对师生双方均影响巨大。

和谐的师生关系能给学生带来安定、轻松的环境，有利于他们个性的和谐养成，能使学生心情舒畅，精神愉快，从而激发他们的学习动力，促进学生的健康发展。对教师而言，能不断接受到来自学生的肯定和尊敬，会使他们的教学活动充满愉悦的情绪体验，也会激发他们的事业心和对学生的关爱之情。这些美好的情绪必然会在师生的日常生活中表现出来，形成和谐、向上、健康的校园风尚。

二、师生关系的类型

（一）几种典型的师生关系模式

1. 放任型

这一类型的师生关系模式是以无序、随意、放纵为其心态和行为特征的。在教学中，以这种师生关系模式为主的教师采取放任的作风，却不负任何实际责任，给予学生充分的自由，要他们学习自己所高兴的东西。教师不控制学生的行为，也不指示学习的方法，一切活动由学生自己进行。

2. 专制型

这一类型的师生关系模式是以命令、权威、疏远为其心态和行为特征的。教师在教室内采取专制的作风，并担负全部的责任，计划班级的学习活动，安排学习的情境，指导学习的方法，控制学生的行为；学生没有自由，只是听从教师的命令，对教师往往是敬而远之。

3. 民主型

这一类型的师生关系模式是以开放、平等、互助为其主要心态和行为特征的。教师在教室内，以民主的方式教学，重视集体的作用，与学生共同计划，共同讨论，帮助学生设立目标，指引学生向着目标进行学习。

（二）三种师生关系模式对学生的影响

上述三种师生关系模式，对于学生的影响，有的是积极的，有的是消极的。我们可以从教学的计划、学习的效率、努力的程度等方面来进行比较，如表 6.4 所示。

表 6.4　三种师生关系模式的比较

教学各方面	放任型模式	专制型模式	民主型模式
教学计划	无指导，完全自由活动，常有干扰	教师决定一切学习计划，并控制学生行为	师生共同设立学习目标，拟定学习计划
学习方式	教师不指导学生，学生遇到困难即行停顿	在教师的控制下，学生表面上学习实际上不一定生效	学生教师一起讨论，提出评判，求得结果，成效卓著
努力情况	学生任意学习，不知努力的方向，效率很低	教师督促学生努力，当面有效，离开就不行了	努力求达目标，自己负责学习，不论教师是否出席
教室秩序	有时生动活泼，有时吵闹混乱，缺乏纪律	形式主义的学习，表面似守秩序，实际因循苟且	学生按计划行动，互助合作，秩序良好
社会气氛	大家喜怒无常，时而兴高采烈，时而忧郁丧气	着重个人学习，无社会化的行为，气氛严肃	师生友好，大家愉快，学习有兴趣，成功有信心

学校的教育教学活动，起于教师与学生的交互作用。有效的教学是根据学生的特质而进行的因材施教；学生学习的进度，则受教师教学的影响，如情境的安排，引导的方式等；对学生的态度则与教师自身的特点，如教师的能力、教学的热忱、学术修养，以及对学生是否关怀有关。师生之间如能民主平等地进行交往，则对于学生的学习及个性品质的形成大有助益。

三、师生关系的建立

新型师生关系的建立关键取决于两点：一是须具备现代教育观念，教师和学生彼此作为平等的主体来看待；二是教师须对学生体现出更多的主动性和应有的关爱。尤其《基础教育课程改革纲要》强调要“倡导学生主动参与、乐于探究、勤于动手，培养学生搜集和处理信息的能力、获取新知识的能力、分析和解决问题的能力及交流与合作的能力。”这就要求教师必须改变过去教师独大的积习，主动地教导、引领乃至协助学生完成学习的诸多环节，把课堂变成师生的学习共同体，在现代师生关系的建设中充当主动者的角色。

（一）民主平等——新型师生关系的核心

师生关系民主平等的要旨是把教师和学生看作平等意义上的“人”，是价值平等的主体。尤其是教师，要目中有“人”，真正地把学生当作平等的对象。传统教育将“师道”视为治学之纲、立教之本，这种从“教”的角度来归述知识的传承过程，忽视了学生主体的定位，客观上使学生被界定为消极接受知识的无自主性的容器，很难成为生动活泼的自主学习和主动发展的主人、主角和主体。新课程渗透着这样的理念：人在发展水平和个性特征上存有差异，但在人格上没有高低贵贱之分。这一新型师生关系要求教师应以人与人之间的平等为逻辑起点，在教育教学过程中体现民主精神，创造民主平等的条件和气氛，改单向的传授知识为双向的平等交流。具体表现在：教师要创设宽松的课堂环境，使学生有话敢说；教师要淡化权威意识，允许学生怀疑教材，反驳师说；教师要谅解学生失误过错，赞赏勇敢精神，宽容顽皮淘气；教师要保护学生的创造性想象，对学生的奇思异想，不要冷嘲热讽。总之，教师对学生的仁爱之心的底线就是“己所不欲，勿施于人”，经常换位思考，从学生的角度体察学生的需求、情感，并且从学生的反应来反思自己的言行，采用民主的教育方法，从而调动师生双方的积极性，促进学生全面和谐的发展。

在学生心目中，亦师亦友、民主平等是“好教师”的重要特征。民主平等的教育允许说服，但不允许强制，“蹲下身子和学生说话”与“谈话先请学生坐下”就是该教育观念的具体体现。因此，教师在班级管理以及实施教学等各个教育环节上，都要充分调动学生参与的积极性、主动性，并根据学生反馈的信息不断调整、充实、完善。如有的教师要求学生与自己辩论，对学生提出的不同观点、不同见解给予肯定，对建设性意见予以采纳等。通过这种自我管理、自我教育的方式，可以使学生从小养成民主习惯，主动、积极地对待生活和学习，树立主人翁意识和强烈的责任感。

（二）理解宽容——新型师生关系的关键

理解和宽容是双向的，但主要是教师对学生的理解和宽容。对教师而言，理解的实质就是体谅学生、尊重学生、欣赏学生。新课程下需要教师学会“换位思考”，经常用学生的视角看待学生。宽容就是宽恕包容，即不责学生之过，不念学生之错，喜欢学生，欣赏学生。新课程要求教师以宽容的心态悦纳学生的错误，认识到学生的错误是成长发展过程中的正常现象。当然，对学生而言，也应理解教师、宽容教师。理解教师对学生的期望、要求以及种种有关的行为，对教师出现某种过错或师生之间发生某种不愉快时，学生也应理解宽容，不可对教师求全责备，因为教师是人而不是神。

中小学生正处于发育成长阶段。由于生活阅历、文化知识的局限，很多成年人可以想到、做到的事情，他们往往想不到也做不到。很多事情成年人不去想、不去做，他们却非常好奇地想到了、去做了。这就是师生关系为什么需要理解宽容的原因。学生是具有发展潜能的人，每一个学生都是具有发展可能性的，作为教师要努力使每一个学生都能在原有的水平上得到发展。当然，理解宽容决不是包庇纵容、放任自流，而是一种教育手段。对于关系到学生现在与未来人格的，比如意识、品行、情感、理想、毅力等要严格，要一丝不苟，要常抓不懈。对于反映学生天真烂漫之童心、童举的，比如追逐打闹、偶犯错误，要宽容或点到为止，不要揪住不放。教师只有保持这种心态，教育教学中才会出现来自师生双方的理解宽容，课堂才会奏出和谐美妙的音符。

（三）互尊互信——新型师生关系的基石

苏霍姆林斯基说：“教育的核心，就其本质来说，就在于让儿童始终体验到自己的尊严感”。师生之间首先是朋友关系，是一个大朋友有责任帮助小朋友，小朋友有义务接受大朋友帮助的关系。既然是朋友，就要相互尊重。“相互尊重”主要在于教师摒弃“师道尊严”的旧观念，尊重学生的差异、个性、情感、人格。学生具有发展的需要、交往的需要、成材的需要，教师要从尊重的前提出发，帮助学生满足这些需要。此外，对学生的不尊重往往会衍生出一系列体罚行为。教师尊重学生，不仅仅是为了满足学生的自尊心的需要，更重要的是教育的需要，是为了唤起学生对教师的尊重，换来学生一颗平静的心。

如果教师不敢放手，总是担心离开教师，学生就无法学习和生活了，这不仅使学生对学习丧失兴趣，还将导致人才培养的畸形发展。师生之间相互信任的关键点是教师要相信学生，相信每一位学生都有自主学习的发展潜能，相信每一位学生都有美好的情感。使学生知道，在教师眼里，他们是最优秀的。教师的信任，有利于激发学生的潜能，有利于培养学生的创造力，也有利于增进师生情感，提高教学效率。教育过程中，教师要鼓励学生独抒已见，允许有不同意见存在，以呵护学生学习的积极性和主动性。特别是对于自信心较差的学生，要善于发现他们学习中的积极因素，及时加以表扬鼓励，激发他们在各方面奋力争先。

（四）和谐合作——新型师生关系的表征

新课程强调，教师是学生学习的合作者、引导者、参与者，教学过程是师生交往、共同发展的互动过程。和谐合作的师生关系是实现教学目标的润滑剂、催化剂；对学生是知识与智力、智慧与心灵的成长；对教师是经验与能力、理论与艺术的提高。明白这一点，教师就可以在互惠互利的心态指导下，在“授之以渔”的同时“获人之渔”；学生也才能够在自由、民主、平等的气氛中，充分发挥个人的主观能动性，勇于和善于创新。

师生关系既不是“师徒如父子”式的所谓“父子之情”，也不是“培养接班人”型的“阶级之爱”，而是生命亲近生命，人性提升人性的本体之爱。同样，如果教师能对每一个学生，即使是学习成绩不好、品行有过失的学生都充满关爱之情，也能与其建立起亲近和谐的关系。

立足新课程，在教育者、教育对象、教育目标三者之间构建新的平衡，教师要切实转变思想观念，敢于放下架子，丢掉面子，善于寻找路子，重新塑造自己并界定角色职能，建立起一种适应新课程的新型师生关系。

思考与练习

1. 下文是《神奇的教育世界》一书中转载的一篇文章“崔永元的两扇窗”。你读后想到了些什么？运用所学的教育学知识进行分析说明。

崔永元是中央电视台的节目主持人，但数学成绩很差。崔永元在他的《不过如此》中道出原委。事情是这样的，小学时，数学老师发现崔永元上课走神，就把粉笔头准确无误地砸过去，还批评说“你把全班同学的脸都丢尽了”。从此，崔永元患上了“数学恐惧症”，数学成绩一落千丈。从此，在崔永元的人生走廊里关闭了数学这扇窗。教语文的王老师对崔永元的第一篇作文大加赞赏，从此，在崔永元的人生走廊里语文这扇窗分外透亮……

2．下面的案例体现了教师的哪些专业行为？请根据教师职业道德素养理论，结合案例谈谈教师如何才能把对学生的热爱落到实处。

骆佳老师上一年级体育课时，发现一个小女孩违反规定戴了手套，骆老师什么也没说，临时决定加一个小游戏：手指做加法（师生出手指的和为 10）。骆老师伸出 5 个手指头，所有学生都快速伸出一只手，和她凑 10，只有那个小女孩朝骆老师一笑，一耸肩，手背在身后一动一动的，骆老师也满含爱意地冲她一笑。当骆老师再一次伸出手指时，得到的是全班的呼应：那个小女孩的手套已经摘掉了。（《大教育时代》2000 年 12 月 28 日）

3. 阅读下列材料，你认为建立教师集体的同伴互助和合作文化重要吗？如果是，如何去建立？

休息室变成“教研室”了

一位实验区中学校长感慨地说，随着校本教研制度的建立，我校的教师休息室也逐渐变样了。随时都可见许多教师聚在休息室谈课改、谈学生、谈教师、谈反思；刚开始时主要是课改实验年段教师，慢慢地学校领导、非实验年段教师也参与了；有时也有学生参与，不过不再是教师对他们的批评、惩罚，而是谈心、交流，再也没有教师把休息室当成聊天室，难怪有许多教师说休息室怎么变成“教研室”了！

4. 有人说：“没有教不好的学生，只有不会教的教师。”试谈一谈你的看法。

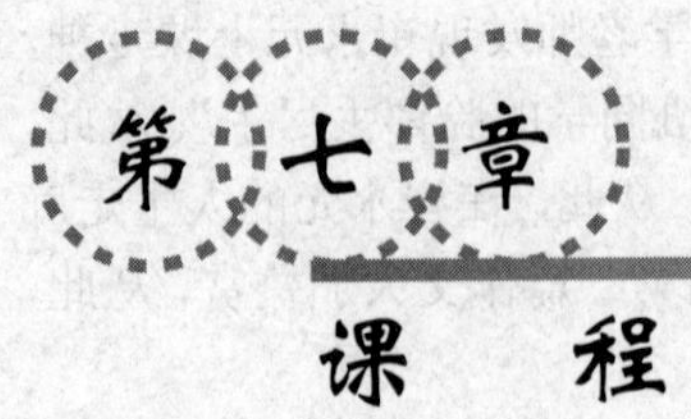

第七章 课程

【内容提要】 课程是学校教育的核心，是教师所组织、学生所体验的学习经验，是一个非线性的、变化的、开放的过程，是师生共同的创生过程。在创生取向中，教师和学生不再是课程专家的接受者，而是自己课程的创造者和建构者。课程的价值主要表现为课程之于学生发展的功用。学校课程体系中的各种课程类型、具体科目和课程内容应该保持一种恰当、合理的比重。课程开发是适应社会变化，不断地评价和改革学校课程的动态的、持续性的实践活动的总体

第一节 课程概念

在我国，由于应试教育长期大行其道，我们的中小学教育基本处于整齐划一的应试技能训练中。灌输式教学和死记硬背的学习方式带来的一个明显缺陷是，学生的个性被泯灭，创造性亦随之大为降低。而且，长期在这一环境下工作的教师也成为应试教育的牺牲品，作为教师基本职能的以学校和课堂为本位去创造、评价、实践课程的经验显得极为贫乏。“课程被理解为教育行政规定的教育内容的‘公共框架’，或者被理解为教师在学年之初制定的‘教学计划’，缺乏把课程作为师生在学校与课堂里创造‘学习经验’加以理解的传统。”[①]显然，无论是“公共框架”或是“教学计划”，都是对这一概念的片面表达，并没有表现出课程概念的本质涵义。为了超越这一现实，拓展我们对课程的认识和理解，让我们先来考察课程概念。

一、课程的词源学分析

“课程”一词在我国出现甚早。唐孔颖达为《诗·小雅·巧言》“奕奕寝庙，君子作之”句作疏云：“维护课程，必君子监之，乃依法制。”这是迄今见到的较早的关于“课程”一词的使用，然其含义与今天所谓“课程”之意相去甚远，是指用一定的程式来授事之意。宋朱熹在《朱子全书·论学》中已是多次提及“课程”，如“宽着期限，紧着课程”，“小立课程，大作工夫”等。虽然朱熹对“课程”未作明确界定，但含义是很清楚的，即学生的课业及其进程。这里的“课程”仅指学习内容的安排次序及规定，未涉及教学方面的要求，因此称为“学

---

① 佐藤学. 2003. 课程与教师. 钟启泉，译. 北京：教育科学出版社，5

程”更为准确。至近代，由于班级授课制的施行以及赫尔巴特学派“五段教学法”的引入，人们开始关注教学的程序及设计，于是课程的含义从“学程”变成了“教程”。在现代汉语中，课指课业，即教学内容；程有程度、进程之意。课业是范围问题，进程是计划问题。课程就是课业及其进程，也就是学校的教学内容和计划。

在英语里，课程（curriculum）一词最早出现于1859年英国教育家斯宾塞（H.Spencer）《什么知识最有价值》一文中。Curriculum源自拉丁语“currere”，意为“跑道”(race-course)。因此，从语源上说，课程这一语词，在起初就和跑道、奔跑有着密切的联系。正是依据这一词源，最常见的课程定义是“学习的进程”(course of study)，简称学程。这一解释充斥于各种权威的英文词典中。但这种解释在当今的课程文献中受到越来越多的质疑，甚至有的学者在“课程”的拉丁文词源中有了新的理解。当我们把“currere”视为其名词形式——“跑道”时，课程即被当作为学生设计的轨道，从而引出了传统的课程体系；但当有的学者将着眼点放在“currere”的动词形式——“奔跑”上时，就得出了一种完全不同的课程理论和实践，即把理解课程的着眼点放在了个体认识的独特性和经验的自我建构上。这说明，学习者和教育者动态的经验和体验日益受到重视。由于对课程含义的重新认识必然得出一种完全不同的课程理论和实践。因此，课程从其词源上就预示着它的歧义和矛盾，选择哪一个词根也反映出两种不同的课程观念，从而导致不同的课程实践。

通过以上对课程词源的分析考察表明：在西方，课程用来表明学科、教材、教学大纲和教学计划，但随着历史的发展其核心越来越指向“学习经验”。据此，可以把“课程”定义为“教师所组织、学生所体验的学习经验（个人履历）”[①]。

二、课程的含义

目前已有的课程定义林林总总，将其进行归纳，大致可分为以下几种类型：

（一）课程即教学科目

这是使用最普遍的、由来已久的课程定义。拉莫斯、斯宾塞就是从指导人类活动的各门学科的角度来使用“课程”这一词汇的。我国一些有影响的工具书及教育学教科书也大多持这种观点。如《中国大百科全书·教育》是这样定义的：“课程有广义、狭义两种。广义指所有学科（教学科目）的总和。或指学生在教师指导下各种活动的总和。狭义指一门学科[②]。”该种定义强调的是学校向学生传授学科的知识体系，把课程内容仅限于源自文化遗产的学科知识，这样做的结果是往往容易忽视学生的个体经验、个性发展，把课程视为外在于学习者的静态的“公共框架”，或者是“教学计划”，而非个人的、动态的过程，这是这种课程定义最大的缺陷。

① 佐藤学．2003．课程与教师．钟启泉，译．北京．教育科学出版社，4

② 中国大白科全书出版社编辑部．1985．中国大百科全书·教育．北京：中国大晨科全书出版社，207

（二）课程即预期的学习结果

这种定义把课程视为教学过程要达到的目标，是预期的学习结果。这就要求教学者事先制订一套有结构、有序列的教学目标，所有教学活动都是为达到这些目标服务的。这种课程观要求“课程目标是预设的、线性组织的，要很清楚地从经理（教师）传递到工人（学生）头上，并且要有一种评价方法指出整个过程的每个环节的量化效果。在这一过程中暗含了这样的课程幽灵：即教育的基本目标是‘改变人们的行为方式，使他们接受规范’的理念。[①]”这样的课程观不管它曾带来了多大的好处，但对21世纪而言不再适用了。我们需要更多地发展学生的想象力，这意味着一种开放的课程观。

（三）课程即学习者在校所获得的经验

这种课程定义在北美一些国家较为常见。它把课程视为学生在学校情境下获得的全部经验，试图把握学生在学校实际学到了什么，尤其是学生在学习中体验到的意义。这种观点的早期主张者比较强调教师的指导作用，杜威就是一位典型的代表。而且，受杜威的影响，许多人亦持同样的观点。如美国著名课程论专家卡斯威尔和坎贝尔就认为，“课程是儿童在教师指导下所获得的一切经验”。另一位课程论专家福谢依也认为“课程是学习者在学校指导下的一切经验”。到了后期，这种课程观则变得非常强调学习者个体在学校和社会情境中自发获得的经验或体验的重要性，如“存在现象学”课程理论的代表人物派纳的“存在经验课程”与格鲁梅特的“自我只是探求”课程均持这一观点。

这一课程理论把课程视为学习者个人的经验，认为学习取决于学习者个人做了什么，而非教师做了什么，把课程的重点从教材转向了学生个人。它改变了以往儿童单纯地被动地接收学科知识，把课程“物化”了的观念，特别强调儿童积极参与活动的过程，消解了内容与过程、目标与手段的二元对立，比之前两种定义所包含的意义要宽泛得多。然而，因为如此，也使得对课程的研究难以入手，且容易忽略系统知识在儿童发展中的意义。

（四）课程作为人类的“符号”与“文本[②]”

进入20世纪80年代以后，课程概念的内涵发生了更深层的变化，它既超越了学科或教学计划的含义，也不再仅指学习的经验，它越来越成为一种“符号表征”，课程定义“从仅仅是学校材料转向符号表征。把课程理解为一种符号表征是指那些制度性和推论性实践、结构、形象和经验能够以不同的方式被确认和分析，这些方式包括：政治的、种族的、自传的、现象学的、神学的、国际的、性别的和解构的。[③]”同时课程也越来越成为一种“文本”，文本这一概念，既指称写作的特定条目，更宽泛地，也指社会现实自身。“现在，对‘文本’这一概念……的理解是非常宽泛的：社会实践和制度，文化产品，甚至是人类

① 多尔．2004．张华，等译．课程愿景．北京：教育科学出版社，40
② 派纳，等．2003．张华，等译．理解课程．北京：教育科学出版社，3～65
③ 派纳，等．2003．张华，等译．理解课程．北京：教育科学出版社，15～16

行为和反应所创造的任何结果。[①]”也就是说，文本是指所有的实在都是人类的实在，并且作为人类的实在，基本的推论是它是语言的一种素材。由于课程领域是文本性的，所以意义存在于文本之中……它是人类共同体之创造的一个特征，通过这种“文本”可以解读或建构出多元意义：政治意义、种族意义、性别意义、审美意义、神学意义、个性意义等。课程理论由此进入通过理解与解释寻找意义的境界，开始呈现出全新的面貌。

课程内涵的上述变化反映了时代、社会发展的需要，同时也是哲学思潮流变的重大影响作用的结果。它意味着课程意识的深层变革和课程实践的发展方向。

三、扩充我国的课程观

在我国，直至现在，课程多被理解为“公共框架”与“教学计划”。

公共框架的课程是指从制度上规定的课程，是脱离了每一个儿童的经验和求知兴趣以及教师的意图，在进行教育活动之前就预设了的课程；教学计划的课程是指学年或学期之初为了有效地处置、传递现成的课程而编制的课程计划。而欧美某些国家则不仅仅把课程看作是计划和程序，而是当作教师的意图和儿童经验的结合，亦即师生可以从课程中创造出学习的经验和手段，师生在进行创造性活动的同时使课程得以生成和发展。

为了实现对我国现行课程观的扩充，有必要从以下几方面重新认识、理解课程。

（一）儿童经验的课程

“公共框架”式的课程理论排斥儿童的经验，强调制度化的学科知识的传授和学习，课程的设计、实施和评价完全按照学科的需要和知识的逻辑顺序展开，课程越来越成为社会对儿童进行影响和控制的工具，儿童的需要和发展受到漠视。儿童被当作一个理性的、工具的人，而非自主的人来塑造，儿童被置于课程的边缘。这必然导致课程对人的忽视，见物不见人。许多课程学者不断对课程的这一倾向提出质疑。“把课程视为学科内容之组织的传统课程观和以学习成果表现达成目标、决定并评价大纲的行为主义课程观，两者的共同问题之一就是仅仅从教的侧面去思考课程，混淆了教的行为和学的行为。不消说，儿童的学习经验不仅取决于给出的学科内容与教育目标，而且包含了具有个性的多元的价值与内容的经验。儿童在课堂里不管意识到与否，总是经验、学习种种知识，在这个过程中实现着超越了教师的意图与构想的种种的价值。[②]”

儿童已有经验对于课程的价值在于：它本身具有生长的动力。经验之所以成为经验，在于它将需要、情感一并包含在内，融合在活动里面。儿童的经验还为课程的生长提供了一个原生态的空间。这里的原生态指的是儿童经验进入课程时的原初状态，我们不能将经验仅仅理解为活动的结果，事实上它与儿童

① 派纳，等. 理解课程. 张华，等译. 北京：教育科学出版社，48

② 佐藤，学. 2003. 课程与教师. 钟启泉，译. 北京：教育科学出版社，20

的生活、活动过程密不可分。儿童已有经验对于课程的价值还在于：它能提升儿童在课程中的生存质量。将儿童经验引入课程使儿童生活成为一个整体，而不再出现学校生活与家庭生活、社会生活隔离的状况，从而使学校教育成为一个生活的过程，一个在生活的原有逻辑和内容上展开和生发的过程。

（二）教师即课程

传统的“公共框架”与“教学计划”式的课程表现出明显的对教师主动性的排斥，它要求教师必须忠实地执行教材、大纲和计划。在这里，教师仅仅是一个管道——将校外专家开发的课程忠实地输入到学生头脑里的管道。课程界定了要传授的知识，也控制了教学过程。把课程视作计划、目标，必然导致把教材等同于课程、教材控制课程的现象。教材成为“圣经”，规范和控制着整个教学的运行，既控制着教师的教，也控制着学生的学，既是师生交往的媒介，又是教学的标准和评价尺度。教材被视为唯一的教学资源，不主张也不允许教师和学生对教材之外资源的开发和利用，更否认师生的个人经验作为课程本身的组成部分而具有的重要意义和价值。课程被看成是一个稳定的、静态的、可控的系统，应尽量减少偶然性、随意性的发生。

而事实上，教师在教育实践情境中发挥着重要的作用，换句话说就是——教师即课程。这是因为无论“公共框架”的课程还是学校“教学计划”的课程，在课堂情境中只能依靠教师的解释、设计、演绎才能获得实现，课程的创生——进入课堂，就必被烙上教师的意图和构想。即使是教材，也须靠教师的阐释和儿童赋予其意义的活动来实现其价值。可以说，教师是实现教材的功能性价值的决定性因素。教师在课堂实践情境中，不断地展开着修正甚至重新制定计划的活动，在这个过程中改进并发展教材、大纲和设想。“一言以蔽之：鼓励教师认识到自己在参与课程开发中的主要角色，作为见多识广和创造性的解释者，他们已做出准备反思其课程并重建之。[①]”因此，摆脱了“公共框架”的束缚，教师就可以根据自身的教育想象力与设计力，以课堂为基础，创造性地在实践中形成新的课程见解，并使自身的专业水准得以发展，形成自身的专业见识。

（三）师生共同创生的课程

把课程与教学按“公共框架”与“教育计划”的要求设定为目标、计划或预期结果，必然会导致非预期性因素被限制甚至排斥于课程之外，课程成为一种静态的、机械的、封闭的、确定的系统。由于课程目标外在于并先于教学过程而设定，因此，目标一经确立，便必然要求得到“坚定不移”的贯彻，课程的实施即是预设目标、计划的执行过程，课程的评价也以是否实现预期的结果为标准。

然而，课程的实施是一个动态的过程，与预设的计划、目标未必完全吻合，预期的结果也未必达成。“在课堂中，课程变成了一项社会实践。[②]”在实践的

① 派纳，等．2003．理解课程．张华，等译．北京：教育科学出版社，769~770

② 派纳，等．2003．理解课程．张华，等译．北京：教育科学出版社，768

过程中，各种影响因素——如教师、学生、环境等纷繁复杂，课程的执行者——教师和学生的主体性的发挥也赋予了课程以创造性。“如果教学是一个文本，那么它将是一种快速的、转瞬即逝的文本，它被一分钟又一分钟地连续创作着。[①]”因此，人们开始走出“公共框架”与“教学计划”的预期计划、目标的限制，把课程看成是一个非线性的、变化的、开放的过程，强调过程本身的教育价值，把课程看作是师生共同创生的过程。

创生取向表明，课程实施过程本质上是教师和学生在具体教育情境中共同合作联合创造新的教育资源的过程，包括教材在内的教学计划只是师生进行经验创造的可供选择的媒介和可利用的资源，它仅为师生创造新的教育经验提供了一种参考框架。只有当作为一种资源、媒介、参考框架的课程计划通过师生的共同解释和自主建构，并真正转化成师生体验到的教育经验时，它才是有意义和价值的。在创生取向中，“课程实施的技术化、程序化被彻底消除了，课程实施不再是原初的课程计划按图索骥的过程或稍事修改的过程，而是一个真正的创造过程”[②]。

在创生取向中，教师和学生都不再是课程专家的接受者，而是自己课程的创造者和建构者。他们在具体的课程情境中，通过合作探究、自由对话和批判反思等创造和建构课程。创生取向的课程实施不仅使师生在课程实施中的主体性和创造性得以凸显和发挥，也使人们的课程观发生了变革。在这里，课程是情境性的、经验性的和个性化的，是师生在过程中实实在在体验、亲历和创造的教育经验。

（四）隐性课程

隐性课程是相对于显性课程而言的。显性课程是指学校情境中以直接的、明显的方式呈现的课程，隐性课程则是指学校情境中以间接的、内隐的方式呈现的课程。如校园环境、课程学习气氛、教师人格、师生关系、同学关系、教师组织、学生组织、法令规章、评鉴制度、教科书、参考书等，都可构成隐性课程。隐性课程所负载的教育环境的信息渗透，使学生的“文化心理层”在无意识的心理状态下发生潜移默化的改变，从而使学生的心理结构、知识结构和思维结构出现改变。

张华在《课程与教学论》中指出：“如果说显性课程是学校教育中有计划、有组织地实施的‘正式课程’或‘官方课程’的话，那么隐性课程则是学生在学习环境（包括物质环境、社会环境和文化体系）中所学习到的非预期或非计划性的知识、价值观念、规范和态度。这当然是非正式的、非官方的课程，具有‘潜在性’[③]。”

早在20世纪初，一些教育家和课程学者就已经看到隐性课程对人的发展的重要影响作用。杜威的“附带学习”、克伯屈的“附学习”和“副学习”中都带有隐性课程研究的萌芽。后来的课程理论又从社会、个体等多角度对隐性课程

① 派纳，等. 2003. 理解课程. 张华，等译. 北京：教育科学出版社，768
② 张华. 2003. 课程与教学论. 上海：上海教育出版社，342
③ 张华. 2003. 课程与教学论. 上海：上海教育出版社，310

进行了深入研究，大大扩展了课程的内涵。课程已由原来仅仅强调显性课程到越来越重视隐性课程的重要作用。许多学者主张，为了谋求隐性课程与显性课程的和谐统一，需要创设宽松、自由、真实、富有创造性的教育环境和教学情境，以尽可能减少隐性课程的负面影响，发挥隐性课程的积极作用。

第二节　课程结构与类型

课程的价值主要表现为课程之于学生发展的功用。就学生的发展来说，不同类型的课程具有各不相同的价值。学校课程体系中的各种课程类型、具体科目和课程内容应该保持一种恰当、合理的比重，课程设置必须体现课程结构的均衡性、综合性和选择性。

一、课程的结构和类型

"课程结构"是指把学生在校的学习时间分成若干部分，在不同的学习时间安排不同的课程类型，由此形成一个课程类型的组织体系。包括学科在内的学校教育内容的组织形态，自然是随教育目的或教育哲学观的不同而有所区别的。"从历史上看，可以从教育观或学习观的本质差异，即人的形成过程中，是把教育的重点放在主体上还是客体上来加以判断。注重客体方面的，即把着重点放在文化遗产和系统的客观知识的传授上的，谓之'传统教育'或'注入式学科主义'；注重主体方面的，即注重儿童的经验和自发需要、兴趣，把儿童的主体活动的组织与创造视为教育活动的本质的，谓之'新教育'或'儿童中心主义'"[①]。历史上出现的课程形态和构成方式无非就是以这些课程编制原理为基础的。也就是说，课程编制的理论及实践的基本课题之一，就是探索作为教育过程中"主体"（儿童心理、认识发展的程序）和"客体"（文化遗产、知识体系的逻辑）相统一的教育内容的本质与结构（序列与范畴）。

对于课程，从不同角度可以对其作不同分类。譬如，注重人的培养过程中的客体元素——文化遗产和系统知识，并强调系统知识的授受而构成的课程，谓之"教材中心型课程"；旨在组织儿童主体的经验和活动而构成的课程形态，谓之"经验、活动中心型课程"；而追求主体的人格与认知的统一发展，则谓之"统合课程"。在课程理论与实践中，典型的课程类型包括：学科课程与经验课程；学问中心课程与人本主义课程；显性课程与隐性课程；传递中心课程与对话中心课程等。

二、学科课程与经验课程

（一）学科课程

学科课程是以文化遗产和科学知识为基础组织起来的传统的课程形态的总

---

① 钟启泉．2003．现代课程论．上海：上海教育出版社，236

称，由一定数量的不同学科组成。各门学科具有各自的逻辑和系统，是独立、并列地编制而成的。我国春秋时期，至圣先师孔子“删诗书，定礼乐”，确立了“礼、乐、射、御、书、数”六门课程，即中国古代的“六艺”。在古希腊、古罗马的学校中，主要的教学科目则是“七艺”，即“文法、修辞、逻辑”（称为三艺）和“算术、几何、天文、音乐”（称为四艺）。近代夸美纽斯倡导“泛智主义”实学学科（本国语、近代外国语、经验科学）等，这些都是学科课程的例证。近代学校的学科课程是文艺复兴后逐步形成的百科全书式的课程。

学科课程是具有悠久传统的科学主义课程的一种，它的特点是依据儿童发展阶段的特征和科学体系——如赫尔巴特所指出的那样——“从易到难”地排列教材，从低级到高级，逐渐展开“系统学习”。由于它符合儿童发展、学习的阶段性特征，而且注重科学的体系性，故受到广大教师的支持。学科课程具有如下的长处：

1）按照学科来组织教材，可以系统地传承人类文化遗产。

2）通过学习逻辑组织起来的教材，可以最大限度地发展智力。

3）以传统知识为基础，容易组织教学，也容易进行评价。

然而，由于学科课程是以知识的逻辑体系为核心组织起来的，它在教学方面的弊端也甚为明显，主要表现在教学时偏重知识的授受，重记忆而轻理解，常常无视学生的需要、经验和感受，忽视儿童的社会化发展和身心健康，因此，课程的社会生活含量不足。而且，容易导致单调的教学组织和划一的讲解式教学方法，因此遭到经验课程的非议。

因此，20 世纪 80 年代以来，各国的课程改革开始注重改进学科课程的设计。第一，保持学科课程的特点，但在内容选择上增加社会生产、生活需要的学科知识。内容的展开适合学生身心发展的水平。第二，在以科学文化知识为主体的同时，也重视吸取促进人的能力发展的材料。第三，加强各学科教学内容之间的联系。

（二）经验课程

经验课程也叫做生活课程、活动课程或儿童中心课程。与以传统学科为中心，依据科学和学问的逻辑性编订的学科课程不同，经验课程是以学生的主体性活动的经验为中心组织的课程。奠定经验课程理论基础的是美国实用主义教育家杜威。他认为，学校科目相互关系的真正中心不是科学、文学、历史、地理等科目，而是儿童本身的社会活动。因此，主张课程的编制应与学生的生活经验发展顺序相一致，使学生掌握解决实际问题的知识，提倡学生“在做中学”，通过活动获得经验，培养兴趣，解决问题，培养科学的思想、态度和思维方法。

经验课程论继承、发展了近代教育思想，属于“新教育论”的范畴。它使得形形色色的课程形态得到了发展。在这一过程中，以开发与培育主体内在的、内发的价值为目标，突出地将生活现实和社会课题等作为内容编程，旨在培养丰富的具有个性的儿童主体。

经验课程的基本着眼点是儿童的兴趣和动机，以动机为教学组织的中心。

一般认为，学习者的动机可分四类：一是社会动机，即同其他儿童一起活动的欲望；二是建设动机，即加工原材料和构建各种事物的欲望；三是探索动机，即好奇的倾向和实验的愿望；四是表演动机，即爱好创作和欣赏各种艺术的倾向。经验课程的范围和教材的选排，就是围绕着儿童的上述动机进行的。这种课程的特点可以归纳为以下四点：

第一，乡土性。它是以儿童所在社区的课题为题材的。

第二，综合性。它打破传统的学科框架，以生活题材为学习单元。

第三，主体性。尊重学生的主动精神，以自律性学习的指导为重点。

第四，经验性。学习者通过面临的各种问题的解决，重建经验。

基于“实质训练说”的经验课程，把生活、经验、社会课题及其他丰富的内容吸收到学校教育中，为丰富、创造学校的教学内容作出了贡献。然而，这一课程观离开了人的发展所必需的文化遗产、知识体系、科学等所具有的逻辑，而片面强调了主体的自发性。在貌似发挥了主体性的表象下，实质上却是限制了主体的发展。

可以说，学科课程与经验课程显示了两种迥然不同的课程范型。它们的差异，归根结底在于要素主义与进步主义教育观的不同。

三、学问中心课程与人本主义课程

（一）学问中心课程

在 20 世纪 60～70 年代的世界性课程改革运动中，现代课程产生了两种不同指向的课程类型，这就是学问中心课程与人本主义课程。

学问中心课程是以科学人文主义思潮为其背景的。文化教育学的代表人物利特认为，洪堡的古典人文主义与科学万能的科学主义都是片面的教育主张。而科学人文主义的主张是旨在使人类教育同科学技术教育获得和谐的、改造性的发展。因此，可以称之为“新改造主义”。

在科学人文主义思潮的背景下产生的学问中心课程，“是把儿童的学习同科学家的研究视为同型结构来把握的。[①]”认为人的认知发展与知识、学问的发生之间存在共同性，因此，要求统一地结构化地抓住认知能力与认识对象——知识、学问的质。这从某种意义上说，是统一了“形式训练”与“实质训练”的主张。从这种现代化论出发的内容改革，强调一般的基础的知识，重视科学、学问、知识对于人的形成具有的普遍价值。因此，根据这种现代化论来组织与编订学科内容，需要探明应当授予学生哪些基本的内容及其达到的水准，以及如何同教学方法相结合才能同探究—发现的认识过程合拍。

哥伦比亚大学的福谢伊教授认为，学问中心课程旨在消除经验课程论与学科课程论的对立。其理由是，学科是以问题为中心构成的。在学校教学中，应当使学生在理解科学的基本概念的同时，使之掌握科学的方法。在注重科学的

① 佐藤学．2003．课程与教师．钟启泉，译．北京：教育科学出版社，46

基本内容这一点上，它继承了要素主义的思想；在注重科学的研究方法这一点上，它又继承了经验主义的传统。

艾伯蒂则持相反的观点，认为学问中心课程归根结底是复活学科中心课程，成为新的“科学主义”课程。它忽视了儿童的“人性”。

（二）人本主义课程

人本主义课程论产生于20世纪70年代的美国，目前已发展成为一种更加完善的新的课程观。现代人本主义课程论，是在抨击“学问中心”课程论的“非人性化”浪潮中应运而生的，其内涵也从“知识论”向“人性论”不断发展。人本主义课程论的主要代表人物罗杰斯认为，课程的目的就在于培养“完整的人”。这种“完整的人”是动态的、过程中的、有创造性的人，是躯体、心智、情感、精神和心理力量的融贯统一。具体而言，就是情意与认知、感情与知性、情绪与行为的统一，即知情意行统一的人。同时，这一目标又有较强的开放性，并不刻意追求学生学习的结果，也不要求学生有整齐划一的表现，而是让学生自由充分地发展。而人本主义课程论的另一代表人物马斯洛则把满足学生个人自由发展和自我实现的需要作为课程的目标，认为“自我实现”是课程的根本目的和核心。人本主义课程就是要鼓励学生的自我实现，允许学生自由表达、做实验、犯错误、获得反馈、发现自我，最终实现自我。

因此，人本主义课程一方面要求保持学科内容的学术性，另一方面也要求顾及到所有学生的情感感受和成长。因此，如何将学科的认知层面与情感层面统一起来，即抓住学科的学术体系对于人类的价值和对于个人的价值这两个基轴来设计课程，是人本主义课程改革的一个课题。

人本主义课程论的特点是：第一，从教育目标而言，指向个体的全面发展和自我实现。它不仅强调智力发展，而且强调伦理、审美、道德的人格的发展；第二，从教学方法而言，强调师生之间的人际和谐和相互信赖，主张摒弃教师的强制性教学，把学习者的意志、兴趣、经验摆在重要地位，同时在教学内容中纳入社会话题和个人话题；第三，从教材的组织结构而言，强调学科的综合性，即十分强调课程的整体结构，注重学习者的情意性、活动性经验。

对于学问中心课程与人本主义课程这两种不同指向的现代课程，可以更大胆地说，前者选择的是广义的学科课程范型，后者选择的则是经验课程的范型。按照巴格利和霍普金斯的分类，前者采取了学科中心的立场，强调训练、努力、逻辑组织，而后者则是将重点置于学生的人性及其全面发展上，因而强调学生的自由、兴趣和心理组织。

四、显性课程与隐性课程

（一）显性课程与隐性课程的涵义

显性课程和隐性课程是一对相互对应的概念和范畴，它们是以课程表现形式或者说影响学生的方式为依据划分的。

隐性课程论者认为学生在校习得的不只是可以测量的读、写、算等方面的认知和技能，他们还从学校的制度、组织、社会过程和师生交互作用等多个方面接受没有呈现出来的价值上、规范上的陶冶。这种给学生潜移默化的教育虽然是内隐的，但对学生的影响却是巨大的，有时甚至比有计划、有组织地实施的课堂教育效果更为显著。

（二）隐性课程的产生与发展

关于隐性课程的研究，早在20世纪初就已经开始了。美国哲学家、教育家杜威曾提出“附带学习”的概念，克伯屈也提出“副学习”和“附学习”的概念，均已涉及隐性课程问题。隐性课程的概念正式产生于20世纪60年代末。美国著名教育学家、课程论专家杰克逊于1968年出版了《班级生活》一书，他在书中首次提出“隐性课程”的概念。他分析了教室中的团体生活、报偿体系和权威结构等特征，认为这些不明显的学校特征形成了独特的学校气氛，从而构成了隐性课程。隐性课程由规则、法规和常规构成，对学生的社会化发生着不可避免的影响，并揭示学校是如何潜在地传递和强化各种态度和行为的。随后，布卢姆在1972年出版的《教育学的无知》中也使用了“显露课程”与“潜在课程”这一对概念。他认为，历来的课程研究专注于显露课程，而忽略了潜在课程。学校的组织方式、人际关系等社会学和文化人类学、社会心理学的因素对于学生的态度与价值观的形成具有强大的持续的影响。总之，隐性课程“这一概念指的是学校教育过程所具有的那些非预期的、但却相当真实的结果和特征。[①]”

瓦兰斯将以往隐性课程的研究归纳为三个层次：①师生互动、教室结构、教育制度等构成的学校组织模式；②价值的学习、社会化、阶级结构的维持等作用于学校的进程；③从课程实施的偶然的、无意识的产物到包含在教育里的历史的、社会的功能中的各种结果的种种“意图性”或“隐蔽性”。

杰克逊和非学校论者的“隐性课程”概念相当于上述的①和②。两者均强调潜在课程的不知不觉的、无意图的影响。但瓦兰斯的隐性课程论，则注重意图性和隐蔽性，相当于上述分类的③，与前者截然不同。这意味着，隐性课程的研究已由注重不知不觉的潜移默化变为强调有意图的安排。这种概念的扩大在潜在课程的研究上具有重大意义。

从上述瓦兰斯归纳的潜在课程的三个层次可知，隐性课程贯穿在学校教育的整个过程中。学生从学校的组织制度等的特质中习得了价值、规范和态度，学校在无形中亦完成了社会化、服从的训练、阶级结构的维持等功能。而且学校有代表各种观念的课程，有固定的社会结构和错综复杂的人际关系，有其他社会化机构所没有的典礼、仪式、校规等，因此，学校便像沃勒所说产生了“校园文化”。校园文化由三部分构成：①狭义的课程所代表的文化；②教师集团所代表的文化；③学生集团所代表的文化。这三个构成因素相互支持或相互对立，

---

① 威廉F.派纳，等．2003．理解课程．张华，等译．北京：教育科学出版社，243

只有当它们互相补充统合时，学校才能发挥最大的功能。

结构功能主义教育社会学者把隐性课程视为蕴含在学校、班级生活中的促进学生社会化的非学术性经验。其主要代表人物杰克逊认为，隐性课程是每一位教师和学生在学校内取得成功的关键，它根源于班级生活的结构特性。构成班级生活的稳定要素：群体、表扬和权力形成了学校隐性课程的基本结构。班级中的隐性课程有助于学生适应现代社会的要求与秩序，使学生养成社会所要求的态度、倾向、忍耐和纪律，从而胜任未来的成人角色。

但产生于20世纪70年代后期的批判课程理论则与结构功能主义教育社会学持对立的观点。他们认为，班级和学校中的隐性课程作为意识形态，是以“霸权”的形式发挥着控制功能。通过“破译”隐性课程，可以使课程产生“激进的变革”，从而指向社会公正和人的解放。批判课程论的隐性课程观包括两大派别：一为“再生产性的隐性课程观”，二为“抵制性的隐性课程观”。前者的主要代表人物为鲍尔斯和金蒂斯，后者的主要代表人物为阿普尔、吉鲁和威利斯等人。

从“结构功能主义的隐性课程”到“再生产性的隐性课程”再到“抵制性的隐性课程”，基本上反映了20世纪60年代以来西方隐性课程研究的发展线索。

五、传递中心课程与对话中心课程

（一）传递中心课程

从课程实施的角度看，目前主宰着我国学校教育主流的课程，可以称之为“传递中心课程”。所谓“传递中心课程”是指教师单向地向学生传递“制度化知识”的课程。所谓“制度化知识”拥有如下四种性质：第一，这种知识是在现代被视为真理与真实的学术（科学、技术与艺术）中，被政府、教育部的审定这一“滤纸”通过的知识；第二，这种知识是可以给儿童“明白地传递”的，亦即变换、简要成可供传递的语言（文字、活字）这样一种制度（约束的事件）；第三，这种知识在许多场合是现代学术中已经明确的结论（正解）。亦即，儿童无需经过学术的论争、辩论来学习，而是通过审定教科书使之学习被视为正解的结论；第四，这种知识由于是上述所限定的框架内的知识，不能超越这种框架[①]。

传递中心课程秉持的教育价值有三项：第一，借助教育实现人人平等，所有儿童平等地分享知识。第二，教育不是强调儿童、成人先天的差异，而是注重人们后天周围环境的影响。教师要平等地传递“制度化知识”。第三，教育紧紧依靠人类文化的现代学术（科学、技术、艺术），提高每一个儿童的认知能力。这三项价值对社会来说是极其重要的，也是必须坚持的。

然而，这一课程形态强迫每一个儿童学习同样的学术课程，对儿童人格的发展也造成了伤害，它忽略了人类兴趣和能力的多样性，学生似乎是被几种单

① 佐藤学．2003．课程与教师．钟启泉，译．北京：教育科学出版社，22

调乏味的食物喂养着，学术目的主导着一切，教师在灌输，学生成为填鸭。内尔·诺丁斯曾说："首先，我反对一种控制的思想，这种思想强迫所有的学生学习一种特殊的狭隘的课程。这个课程缺乏学生可能真正关心的东西。其次，我倡导对人类全面素质和能力的尊重，这在当今的学校里是被严重忽视的。[①]"

我国教育的许多问题都源于这种"传递中心课程"。传递中心课程是以记忆知识的多寡来决定胜败的，教师无疑是学习的主宰者，他们拥有凭借"正解"评价、评定学生的王牌。教师可以滥用"正解"的王牌，时刻"作弄"儿童。儿童也仿效教师，"作弄"比自己记忆得更少的同学。竞争社会中的"作弄"使得许多儿童逼近弱者。大量所谓"差生"的出现，实际上正源于这一机制。所谓"差生"，恐怕大部分是自己过早地行使了学习什么的"选择权"而已。他们在学校里试图学习自己想学的东西，当然也包括了拒绝"教师的枯燥乏味的教学"。于是，在传递中心课程强制要求学生机械地记忆基础知识的背景下，他们被视为学校教育的不适应者——"差生"。

其实，所谓的"优等生"也是大有问题的。所谓的"优等生"亦即竞争的"胜利者"，是能够记忆（掌握）所传授的"一切"知识的儿童。他们记住了大量的支离破碎的知识，但这些知识的量与质都是极其有限的，他们依靠直接经验得来的知识依然十分匮乏。

总之，"传递中心课程"表现出以下几个明显的问题：

第一，传递中心课程是生产"差生"与"优等生"根源之一，造成了国民的两极分化。

第二，造成师生关系的控制与被控制以及学生关系的排斥性竞争。

第三，无论是"差生"或"优等生"，对于自然、社会和人类的经验与知识的学习往往是狭窄的、肤浅的。

第四，无论是"差生"或"优等生"，都感到远离了学习。双方都没有意识到，学校所赋予的知识是通过自己的发现与发明来创造的。他们往往以为，所谓的"学习"就是由他人授予、并且评定所记忆的知识内容。他们体验不到参与学习本身的喜悦，而且持续学习的意识与喜悦也被剥夺了，学习成了与同学竞争的手段。

（二）对话中心课程

对话中心课程还没有明确的课程形态，仅是一种课程愿景。联合国教科文组织在《教育——财富蕴藏其中》一书中指出："通过对话和各自阐述自己的理由进行论争，这是21世纪教育需要的一种手段。[②]"弗莱雷认为："没有了对话，就没有交流；没有交流，也就没有真正的教育。[③]"对话中心课程具有以下愿景：

1. 共同体式的直面现实生活的学习

对话中心课程认为，学习不仅仅是为学生的将来作准备，而是要直面现实

① 内尔·诺丁斯．2003．学会关心——教育的另一种模式．于天龙，译．北京：教育科学出版社，3

② 联合国教科文组织．1996．教育——财富蕴藏其中．北京：教育科学出版社，84

③ 保罗·弗莱雷．2001．被压迫者教育学．顾建新，等译．上海：华东师范大学出版社，41

的生活，能动地学习当下之课题。而且，应改变学生孤独的学习习惯以及与同学之间竞争性的学习心态，同学之间以及师生之间应成为进行社会性学习的共同体成员，把孤独的个人化的学习转化为合作的、参与的、对话的学习共同体。引导学生主动参与到学习中去，开发终身学习的热情与意志。

对话中心课程对教师素质提出了更高要求，教师既要平等地接受、理解学生的见解，又要高屋建瓴地指导学生推进学习进程。而学生在对话中则可以更充分、更自由地发表个人见解，发挥自我的能动性；在批判、借鉴、吸收教师及同学的见解中形成或重建、推翻或强化、整合或充实自我的见解。这种情况同样适用于教师。对话过程是一种新的民主的、关爱的、合作的共同体。

2. 对话中心课程具有开放性和启发性

通常意义上的对话往往是探索一定真理、知识的手段。在现代范式中，一般认为在对话者之外先验地存在着具有权威的真理或知识，对话者通过谈话的逐步推进，一步步地向真理逼近，最终以真知的获得作为对话的终结。事实上，先在的结论和固定的答案并不存在，那些假设、偏见、历史解释可以从对话中不断得到新的解读，对话具有更大的开放性和启发性——对话可以永无休止地进行下去。

这样以来学校教育与教学中习得的知识（学术上的真理与真实）与其说是作为教师和教科书单向传递、灌输的“正解”（结论），不如说是学生通过与教师及家长的双向的甚至是多向的开放的富有启发的对话，在累积多种多样的发现、发明之中创造的。对话中心课程将在一定程度上打破单一的、封闭的、僵死的、贴标签式的做法，把课程引向具有无限可能性的、无限生机与活力的状态。

3. 对话中心课程具有理解和反思的特征

伽达默尔认为，“偏见并不是骂人的话，相反，它说明我们只能从某个特定的‘视界’来理解世界，该视界为我们提供了思想和行动的起点。只有当人们能够相互间展开交谈，由此产生不同视界的‘融合’，形成新的共识，人与人之间的理解才是可能的。[①]”可见，对话的过程本质上就是对话的师生之间、教材与学生、学生与学生等主体双方视界融合的过程，正是在这样的一种对话的过程中，理解便产生了。在理解的基础上，“反思”在对话中起着核心作用。在开放的对话中，对话者与自我、文本、他者的互动过程中是一个不断反思的过程。在这里，不仅教材、教师的观念需要反思，更为重要的是学生自我也成为反思的对象。正如杜威所言，反思使我们对既有经验进行批判性的考查，可以将我们的经验与他人的经验联系起来，构建一种过去、现在和未来的经验都联系起来的经验网络。通过开放性的对话达成理解、反思，使每一个儿童、教师所拥有的知识的量与质得到真正的提升。

---

① 史密斯．2000．全球化与后现代教育学．郭洋生，等译．北京：教育科学出版社，119

六、分科课程与综合课程

（一）综合课程

综合课程是指运用两种或两种以上学科的知识观和方法论去考察和探究一个中心主题或问题的课程。如果这个中心主题或问题源于学科知识，那么这种综合课程即是学科本位综合课程（或综合学科课程）；如果这个中心主题或问题源于社会生活实践，那么这种综合课程即是社会本位综合课程；如果这种中心主题或问题源于学生自身的需要、动机、兴趣、经验，那么这种综合课程即是经验本位综合课程（或综合经验课程）。

学科本位综合课程（综合学科课程）是以学科或文化知识作为课程整合的基点，试图打破或超越各分科课程自身固有的逻辑，形成一种把不同学科内容有机整合为一体的新的逻辑的课程。根据学科课程综合程度的不同，可以把学科本位综合课程划分为“相关课程”、“融合课程”、“广域课程”三种形态。

相关课程是指两种或两种以上学科在一些主题或观点上既有相互联系，又保持各学科的相对独立。相关课程可以克服分科课程彼此封闭、各自为政的缺陷。通过寻求不同学科之间的内在联系，可以使学生所学习的知识彼此整合起来，这有助于优化学生的认知结构；融合课程是将有关学科融合为一门新的学科，融合之后，学科之间原来的界限不复存在。融合课程并非原先的几门传统学科的拼盘或混合，而是打破或超越了被融合的各学科的固有逻辑，形成了一个新的有机体——融合课程的逻辑。由此看来，融合课程在学科综合的程度上远远超出了相关课程；广域课程是指能够涵盖整个知识领域的课程整体，其目的是为了使学生能够高度整合分科课程，以便能与生活联系起来。广域课程在其出发点上与融合课程存在某种相似：都是围绕一个所选择的组织核心而将分支学科组织为一个新的课程整体，而且被整合的每一门学科都将失去其独立性。然而，广域课程与融合课程也有区别：广域课程在范围上要比融合课程来得大。融合课程的范围主要限于与学科有关的领域，而广域课程则不仅包括与学科有关的领域，人类的所有知识与认知的领域都可以被整合起来。因此，广域课程实际上是“学科本位综合课程”与“经验本位综合课程”融合的产物，并非纯粹学科本位的。

社会本位综合课程是以源于社会生活的问题为课程整合的核心，其目的是使学习者适应或改进当代社会生活。这类课程的内容主要源于某一社会或整个人类的条件和状况，学生研究社会（特别是他们自己的社会）的种种特征与问题，如学校的功能、社会生活的主要活动、学生和整个人类的诸种持久的问题等。美国著名教育哲学流派“社会改造主义”是这种课程的典型倡导者。这种教育哲学认为，教育担负着社会的责任，担负着克服文化危机和创造文化的重要使命。其代表人物布拉梅尔德从现代文化存在危机的认识出发，要求教育指向未来的目标，以未来为中心，提供新的社会目的，修改旧的社会目的，使教育成为一个制定明确而严密的社会计划的主要手段。

20 世纪 70 年代以来，国际上流行着几种社会本位综合课程，较为典型的有：“科学-技术-社会课程” (science-technology-societycurriculum，简称“STS 课程”)，是指向科学、技术与社会交互作用的课程体系，即课程的开发与实施建立在科学、技术与社会交互作用的价值观的基础上；“环境教育课程”，产生的直接社会背景是社会发展和科学技术发展失控所导致的生态系统的破坏和人类生存环境的急剧恶化，它以唤起教育者的环境意识，增强对人类与环境相互关系的理解，发展解决环境问题的技能，树立正确的环境价值观为目标；“国际理解教育课程”，是随着国际化时代不同国家、民族、文化彼此之间交往范围的扩大和交往程度的加深而出现的。国际理解教育课程本质上是多元主义教育价值观的体现，它以尊重并提升不同国家、民族、文化间的差异为特征，在尊重差异的前提下相互理解，展开交往与合作。

经验本位综合课程（综合经验课程）是以儿童当下的直接经验、儿童的需要和动机、儿童的兴趣和心理发展为课程整合的核心，其目的是促进儿童的经验积累和人格发展。这样看来，儿童本位综合课程（或称“经验本位综合课程”）即是前述的“经验综合课程”。卢梭的“浪漫自然主义经验课程”、德国的“乡土教育论”与“合科教学”、杜威的“经验自然主义经验课程”、克伯屈的“设计教学法”、“当代人本主义经验课程”都可以说是经验本位综合课程的典范。

从当今课程理论研究和课程改革实践的发展趋势来看，综合课程确实引起了众多人的兴趣。这是因为文化或学科知识的发展不是相互隔离、彼此封闭的，而是相互作用、彼此关联的。文化或学科知识的健康发展所需要的是持续的交往，这意味着不同学科间要相互开放、相互作用、彼此关联。综合课程正体现了文化或学科知识之间相互作用、彼此关联的发展需求。而且，学生要解决真实的世界中的种种现实问题，也需要把种种来自学术与非学术领域（如科学、技术、人际关系、交往等领域）的知识、技能整合起来。另外，学生心理发展的整体性必然要求学校课程具有综合性。综合的、探究取向的课程能够为学习者提供许多潜在的机会，以使其发展和完善有意义的知识和技能，从而增强学习者的自我效能感和学习动机，提高学习者的学习兴趣。

当然，综合课程的开发与实施尚存在许多问题，受到一些限制，如综合课程教材的编写存在着较大的难度，综合课程对教师的要求更高，需要教师精通许多学科知识，并具有较高的综合课程开发和实施的专业技能、技巧，如果教师不能适应这些要求，则会大大影响综合课程的质量及开发的前景。

（二）分科课程及其与综合课程的关系

分科课程与综合课程是两类不同的课程。分科课程是一种单学科的课程组织模式，它强调不同学科之间的相对独立性，强调学科的逻辑体系的完整性。综合课程是一种多学科的课程组织模式，它强调学科之间的关联性、统一性和内在联系。单从学科本身的发展来看，这两种课程组织形式各有其存在价值，因为学科的发展呈现分化和综合并驾齐驱的趋势。学科的分化趋势表现得非常突出，许多学科近年来甚至衍化出多达百门的分支学科。同时，学科的综合趋势又非常明显，迄今为止已出现了三代交叉科学。既然学科发展既分化、又综合，那么分科课程与综合课程就都有其存在的必要了。从学科本身的发展看，这两类课程组织形式似乎不能随意彼此取代。

分科课程与综合课程这两类课程组织形式之间又存在着内在联系。首先，分科课程与综合课程的区分是相对的。分科课程总包含着知识之间的某种程度的综合。一门学科既然能够形成一个完整的逻辑体系，它总是建立在一定的知识综合的基础之上的。而开发出一门综合课程并将之作为课程计划的一部分之后，它总呈现出某种分科的形式。其次，分科课程与综合课程又是相互依赖、相互作用的。不同分科课程之间其区别是明显的，但总存在着一定的内在联系。像目前课程实践中各学科之间相互封闭、相互孤立的现状并不是分科课程本来应当有的特征，而是许多不合理的人为因素所导致的结果。另一方面，综合课程并不全然不顾学科逻辑，并不是以牺牲科学体系为代价，而是从某种观点、以某种方式对分门别类的学科逻辑的超越。牺牲了科学体系的综合课程必然是琐碎的、苍白的、无力的、肤浅的。综合课程实际是分科课程的延伸和拓宽，而且更多地带有基础性交叉科学和边缘科学的性质。

第三节　课程开发的几种模式

“课程开发”是由“课程编制”、“课程建设”等词汇发展而来的。著名学者钟启泉将其定义为“适应社会变化，不断地评价和改革学校课程的动态的、持续性的实践活动的总体”[①]。课程开发是表示新的课程的编订、实验、检验一改进一再编订、实施、检验……这一连串作业过程的整体，大体相当于课程改造、课程改革之类的概念。总之，它意味着伴随科学技术的进步与社会的发展而展开的新课程研究。

一、泰勒模式

泰勒行为目标模式是以行为目标为课程开发的基础和核心，围绕课程目标的确定及其实现、评价而进行课程开发的模式。泰勒行为目标模式是20世纪初开始的课程开发科学化运动的产物。科学的课程编制的开创者博比特和查特斯在20世纪20、30年代基本上确立了行为目标模式的雏形。而1949年美国教育家、现代课程理论之父拉尔夫·泰勒所著的《课程与教学的基本原理》一书的问世则标志着行为目标模式完整形态的确立。1956年以来，心理学家布卢姆等人编纂的“教育目标分类学”则为该模式的发展奠定了心理学基础。

（一）泰勒的行为目标模式的主要内容

在《课程与教学的基本原理》一书的导言部分，泰勒开宗明义地指出，开发任何课程和教学计划都必须回答四个基本问题：

---

① 钟启泉．1989．现代课程论．上海：上海教育出版社，319

第一，学校应该达到哪些教育目标？

第二，提供哪些教育经验才能实现这些目标？

第三，怎样才能有效地组织这些教育经验？

第四，我们如何确定这些目标正在得以实现？

对这四个问题的回答便构成了课程开发的四个基本步骤：确定教育目标、选择教育经验、组织教育经验、评价学习结果。

1. 学校应该达到哪些教育目标

学校是一个有目的的公共机构，教育是一种有意识的活动。泰勒的讨论始于以下问题：学校应该达到的教育目的是什么。他将目的与目标等同起来。教育是达到目的的一种手段。教育目标的制定是考虑学习者、校外的当代生活(博比特最初所强调的)、各学科的本质、学习心理学以及一种哲学或一种价值观体系的结果。于是产生了一个问题：如何最佳地制定指导实际行动的目的呢？为此，泰勒进一步提出对上述目标进行甄选的办法，主张首先通过“教育哲学”、“社会哲学”来删除一部分“非重要及相互矛盾的”目标，然后再通过“学习心理学”删除或调整另一部分不符合学生年龄特点的以及通过学习仍难以达到的目标。只有通过这两道过滤网，才能保证确定与价值系统具有高度符合性的目标。教育目标确定之后，接下来就是如何有效地陈述目标。泰勒认为，陈述目标最有效的措辞表达应该是：既确认要让学生发展的行为的种类，又确认该行为运用的内容或生活领域，只有这种既包括行为又包括内容表述的目标才能为下一步的课程发展提供明确、具体的指导。

2. 怎样选择有益于实现教育目标的学习经验

泰勒认为，实际上学习是通过学习者的经验而实现的，因此，教育就是设法让学习者占有必要的经验。泰勒具体提出了选择学习经验的五条原则：① 必须既能使学生有机会实践该目标所隐含的行为，又能使学生有机会处理该目标所隐含的内容。② 必须使学生在实践上述行为中有满足感。③ 所选择的学习经验应该适合学生目前的水平和心理倾向等。④ 多种经验可用来达到同一个目标。⑤ 同一个学习经验也可产生多种学习结果。

后来泰勒又在上述五条原则的基础上进行修改补充，形成了“有效学习的十个条件”。

3. 怎样有效地组织学习经验

泰勒认为，为了使教育经验产生累积效应，必须对教育经验进行有效组织，使之相互强化。为此，他提出了有效组织学习经验的三条标准，即“连续性”、“序列性”和“统整性”。连续性是指主要的学习经验直线式地重复。序列性与连续性相关，但又超越连续性，强调后一种经验之间的横向联系。这三条标准必须适用于学习者的经验，而不仅是教育者的观点。泰勒认为，确立组织原则的基础是正确认识“逻辑组织”与“心理组织”之关系。逻辑组织反映了学科领域专家对课程要素之间关系的看法，心理组织则反映了学习者的心理发展特点和学习者对课程要素之间的看法。

4. 怎样评价学习经验的有效性

泰勒认为，课程评价乃是课程开发活动中的一个重要环节。所谓评价首先是对教育目标的评价。由于目标的表述包括目标的“行为”和“内容”两方面，因而，目标评价也具备“行为”与“内容”两方面。评价第一步是界定教育目标，第二步是确认评价情境，以便学生将所获得的行为变化充分表现出来。第三步是编制评价工具。

泰勒所提出的上述原理较为详细，全面地考虑了课程开发过程的种种问题，具有很高的实用价值和广泛的影响力。

（二）对行为目标模式的总结与评价

1. 行为目标模式具有的特点

1）由于把“行为目标”这一概念置于中心地位，为教育研究的各个分支提供了一个系统的焦点，明确了课程开发就是生产影响学习者形成理想行为的刺激环境系统（结构）以及课程编制的目标模式。

2）明确了课程开发不仅意味着学科和学科内容的定位与排列，而且也意味着设定、采用了种种的教材、资料、媒体等影响学习者的理想的行为环境。

3）揭示了内容目标与行为目标的矩阵的编制，为解决精选教学内容和教学的个别化这一现代课题开辟了道路。

4）为评价课程与教学效果提供确定性的依据，保证课程开发的科学性，以及课程与教学的高度计划性和有效性。

5）它形成层次分明的目标体系，使得课程评价更加精确。

2. 行为目标模式存在的问题

1）知识形式最重要的特点是人们可以用它进行思维，知识的性质表现为对创造性思维的支持，知识的价值在于激发各种类型和各种水平的理解。这就要求课程应该考虑知识中的不确定性，鼓励富有个性和创造性的学习。然而，目标模式则试图使行为标准化、公式化，而非创造化。由于成就目标的明确与教育内容的确定，忽视了课程的间接效果与隐性课程的功能，导致了学习经验的狭窄化与划一化的倾向；而且这也限制了教师的自主创意和专业拓展，导致实践的简单化倾向，潜藏着教学活动僵化的危险。

2）作为学习结果之测定的评价，把教学过程视为暗箱，轻视学习过程中经验的价值，按既定目标来评价学生的学习结果，用考试的方式来测量学生的成绩，很容易忽视个性、情感、兴趣、态度等无法测量的东西，而这恰恰是最有价值的。

二、斯滕豪斯的过程模式

斯滕豪斯反对在课程开发中普遍使用目标模式，并针对目标模式的弊端，提出课程开发的过程模式。斯滕豪斯出版了《课程研究与开发导论》一书，对“泰勒原理”进行了详尽而透彻的分析与批判，客观地指出了其贡献与局限性，在此基础上，斯滕豪斯建立起过程模式的理论框架。

（一）基本内容

斯滕豪斯深受哲学家彼得斯（R.S.Peters）的影响，并以彼得斯的知识论作为自己的过程模式的理论依据。彼得斯认为知识和教育本身具有内在的价值，而不是达到别的目标的手段，应该根据教育活动的内在价值标准而非它们的结果来评价教育。据此，斯滕豪斯认为过程模式不依赖于分解的目标来选择内容、活动和指导教学过程，它选择的依据是知识、活动的内在价值等。他引用了拉思（J.D.Rath）鉴别标准以供人参考，其中共有 12 条细目[①]：

1）在所有其他条件相同的情况下，如果一项活动允许儿童在活动过程中作出自己的选择，并对选择所带来的结果作出反思，则这项活动比其他活动更有价值。

2）在所有其他条件相同的情况下，如果一项活动允许学生充当主动角色而不是起被动的角色，则这项活动比其他活动更有价值。

3）在所有其他条件相同的情况下，如果某项活动要求学生探究各种观念、探究智力过程的使用,或探究当时的个人问题或社会的问题，则这项活动比其他活动更有价值。

4）在所有其他条件相同的情况下，如果一项活动要求学生涉及实物教具，即真实的物体、材料与人工制品，则这项活动比其他活动更有价值。

5）在所有其他条件相同的情况下，如果一项活动能够让处于不同能力水平的儿童成功地完成，则这项活动比其他活动更有价值。

6）在所有其他条件相同的情况下，如果一项活动要求学生在一个新的背景下审查一种观念、一项智力过程的应用，或一个以前已经研究过的现存面临的问题，则这项活动比其他活动更有价值。

7）在所有其他条件相同的情况下，如果一项活动要求学生审查一些项目或问题，这些项目或问题是我们社会中的人们一般不去审查的，是典型地被国家的大众传播媒介所忽略的，则这项活动就比其他活动更有价值。

8）在所有其他条件相同的情况下，如果一项活动使儿童与教师共同参与“冒险”——不是生命或肢体之险，而是冒成功或失败之险，则这项活动比其他活动更有价值。

9）在所有其他条件相同的情况下，如果一项活动要求学生改写、重温及完善他们已经开始的尝试，则这项活动比其他活动更有价值。

10）在所有其他条件相同的情况下，如果一项活动使学生应用与掌握有意义的规则、标准及准则，则这项活动比其他活动更有价值。

① Stenhouse, L. 1975. An Introduction to Curriculum Research and Development. London: Heineman, 86～87

11）在所有其他条件相同的情况下，如果一项活动能给学生提供一个与别人分享制定计划、执行计划及活动结果的机会，则这项活动比其他活动更有价值。

12）在所有其他条件相同的情况下，如果一项活动与学生表达目的密切相关，则这项活动比其他活动更有价值。

斯滕豪斯认为，只有分析有价值的活动标准以及分析被认为是有价值的活动结构，才能趋近教学中的过程原则。真正指导教师从事教育活动的各种价值是体现在他所从事的教育过程本身之中，而不是在他想要达到的结果之中。因而，为教师详细规定所要达到的目标，并不能帮助他们选择、创造恰当的教学策略。相反的，应该通过澄清有价值的教育活动所包含的过程原则，鼓励教师对课程实践的批判和发挥创造，发展教师对教学过程的理解和判断能力。过程模式把学生视为积极的活动者，鼓励学生探索具有教育价值的知识领域，进行自由自主的活动，强调教师和学生的交互作用，把教师视作学生学习的伙伴和引导者，而非学生行为的主宰者和控制者，强调教师具有充分的自主权，并倡导“教师作为研究者”的课程思想。

（二）对过程模式的总结与评价

斯滕豪斯的过程模式是针对解决目标模式的弊端而提出的。它反对目标模式把知识看成是确定的、需要学生接受的现成东西的知识观和教育观，主张课程应该通过促使人思考知识来解放人，使人变得更自由。主张教师的思考、发现与创造，强调改革的关键在于使教师得到发展，扩大他们的专业自主性。过程模式强调过程本身的教育价值，强调师生之间的交互作用，尊重并鼓励学生的个性特点，把发展学生的主体性、创造性作为教育目标，并把这一目标与课程、教学活动过程统一起来。过程模式冲破了目标模式的“工具理性主义”的樊篱，使其更具有建设性。

然而，斯滕豪斯对过程模式的建构比他对目标模式的批判要逊色得多。尽管他提出了很好的课程开发思想，但由于对过程原则的强调过于笼统，没有具体说明行动的方式，缺乏明确的要求，因而使人感到难以把握，甚至影响课程教学的效率。可见，过程模式还有待于进一步发展完善。

三、施瓦布的实践模式

施瓦布是美国著名的课程论专家。1969～1984 年间，他在芝加哥大学发行的《教育学》杂志发表题为《实践》的四篇论文，系统阐发了关于实践的课程开发模式，引起了课程领域的极大反响，从而掀起了自 20 世纪 70 年代以来影响深远的走向实践运动。实践模式是“实践—审议—开发”的模式，是根据教师实际帮助儿童学习的实践过程为基础的开发方式。

（一）施瓦布的实践模式的课程观

施瓦布的实践课程开发模式主要是针对传统的理论课程开发模式而提出来

的，他对二者做了区分。

实践模式的独特性在于探索基于课堂的课程开发的可能性，其过程是“实践—审议—开发”。理论模式的目的在于形成新知，形成以新知内容为特定事实的严密认识；其方法特征是运用归纳与演绎从已知知识到可能解决的未知知识的过渡。而实践模式的目的在于实践问题之解决的决策，而不是形成特定的知识；其方法特征立足于不确定前提来从事未知问题的解决。

在“实践—审议—开发”模式中，不是根据课程决定儿童的学习活动，而是根据儿童的学习实际及其可能性决定课程。

在这种模式中，教师是实践者，同时是研究者、开发者，是以教师构想的课程为轴心，课程与教学互为媒介，处于互动关系。这是因为，教师构想的教材与儿童之学习可能性的课程，是包含了教学的方略而形成的；课堂教学的展开过程伴随了教育性经验的开发、教材与计划的修正及发展这一点上，准备了课程开发的实质性基础；由此，“课程编制的地点是在课堂‘生活空间’之中，在学生和教师的体验之中。在这一空间与这一经验之中，从事认知活动的教师和学生可以在给定信息与可能创造的事物之间寻求通道，在严格遵循事实与即兴参与之间寻找‘中间途径’，在混沌和亲密的特定性以及自发性与课程化的可预测的形式主义之间寻求‘中间点’”①。

实践过程与开发过程的媒介，就是课程审议。课程审议是根据课堂中儿童的学习实际的观察与记录，重新发现教材的价值，探讨计划的有效性并修正它，为教师的临床选择与判断提供决策。它是以特定教材、特定教师、特定儿童为对象的案例研究，是追求课程局部构成单位改造与开发的方式，更具有“改进、改造、改革”的特征，是开发教师自身的教育构想及其力量的课题。

（二）实践模式的内容②

1. 审议实践，求得开发

“实践—审议—开发”模式的课程开发的中心活动，是作为课程实践探究的课程审议。课程审议具有以下意义与功能。

1）具有评价、诊断课程实践过程中学习经验的价值，使得潜藏与具体的学习经验的教育价值的被发现及其对其具体评述有了可能。课程审议是根据实践过程中的事实进行诊断、审议，借此发现学习经验的价值和评价的可能，而不是根据预先设定的目标来测定其结果。

2）通过课程审议，可以打破因常规、规范化的课程与教学而屏蔽了的对教育价值的批判性的考察。在学校的常规的制度性框架下，我们洞察儿童学习的眼力往往是近视的。课程审议具有唤醒、恢复眼力的功能。比如，套装化的制度性知识的传递和记忆，往往会破坏教材的文化价值，束缚儿童的想象与思考，导致想象力的衰退。以形式平等为特征的同样课程、同步教学，有时则难免含

① 威廉F. 派纳，等. 2003. 理解课程. 张华，等译. 北京：教育科学出版社，878

② 佐藤学. 2003. 课程与教师. 钟启泉，译. 北京：教育科学出版社，45～51

有促进顺从意识的规训与等级化的潜在功能。所以，课程审议的真义就在于它是一种既发现实践的事实中的潜在的教育可能性，又发现其危险性的自觉活动。

3）沟通理论与实践。教育实践性的问题具有综合性，是以政治的、社会的、历史的、心理的、文化的、学术的种种方面为背景的综合性问题，具有不容许特定的理论指导、裁定的特征。课程问题也是以教材问题、教师问题、儿童问题、课堂问题为四要素，在具体的情境中形成的综合的、多维度的问题领域的。课程审议是案例综合地探究问题的方法。施瓦布特别注重实践的艺术和折中的艺术。实践的艺术是针对每个个人所感知的各种个别的、具体的、特定的情境而言的，它包括观察的艺术和问题形成的艺术。折中的艺术旨在为课程决策提供辩护。它要求首先要对作为依据的每种理论进行初步分析，然后再沿着两个方向作进一步分析：一是对具有同一类或类似的研究课题但有着不同术语的理论进行比较，识别每一种理论的偏见。二是把研究课题相关但理论体系截然不同的各种理论加以比较，明确对研究对象所作的歪曲。

4）启发教师在开发与实践中的创造性，提升其开发能力。根据实践的案例展开的论评、鉴赏，是具体考验参与评论的教师和被评论的教师的实践能力及理论素养的活动，是开启创造性精神的活动。

2. 开发的过程

基于课程审议的具体开发过程普遍采用的是包括参与观察在内的案例研究，包括“观察与记录→描述与阐释→评价与开发”等阶段性步骤。

（1）观察与记录

观察与记录是根据教材、教师的作用、课堂场所与空间等，观察、记录儿童具体的学习经验的活动。以下各方面的观察经验和课堂图像是极其重要的：教材与儿童的沟通状态、学习过程中儿童的表情与动作的变化、师生的情绪性对应关系及其变化等。

（2）描述与阐释

描述与阐释是尽可能忠实地并且有选择地再现课堂中的事件，发现事实的含义与关联，生动活泼地探究课堂教学的活动。

在描述与阐释中，交流多样的观点与见解是非常有效的。教育是有可能从种种角度作出多种解读的综合性的事实，借助各种不同观点的审视，极有可能重新发现事实的含义。尤其是教师未能意识到的课程的潜在功能及其相关的未定型的无意识的教育经验，也有了被阐明的可能。

（3）评价与开发

评价与开发是基于上述两个过程的价值判断的活动，是决定开发方略的决策活动。评价与开发的最终的决策主体是作为实践的教师。改造课程实践的可能性是多种多样的，因此，各方应协助作为实践的教师做出决策，并且根据决策促进教材与教学计划的改造与开发。

（三）支撑开发的条件

在我国，长期推行的全国划一的刚性的课程管理体制，导致以教师为主体的课程开发成为最缺乏经验的一个领域。对教师而言，创造的基础——经验与传统是极其贫乏、有限的，缺乏广泛的支撑开发的条件。为此，有必要采取以下措施：

1. 成立课程开发中心

为了推进课程开发，应考虑建立地区与学校的课程开发中心和网络，为从事研究和实践的教师进行交流和得到援助提供帮助。尤其在以中央集权课程行政为背景的国家，课程的制度性和制约性极强，建立有助于形成每个教师和每所学校课程开发能力的地区援助系统就更具有决定性的意义。这些中心可以根据教师的自发要求，不断充实作为公共机构设置的各项功能，逐步在中小学、大学和社区形成有形或无形的非正规的网络。在这些中心里，教师彼此间可以就合作研究所取得的开发与改造实践的事实进行交流，并积累基本经验，进行案例研究，还可以为开发的教材、计划等提供必需的资料服务。

2. 加强合作研究

教师选择某种课程、编写教案，根据每个学生的特点进行援助、组织其学习活动，是教师凭借专业力量展开的最核心的活动。而这种活动是教师选择、判断、评价的不间断的活动过程。

通过合作研究不仅可以使教师的实践经验得以交流、互换，而且可以发掘课程与教学的深层价值，因为合作研究能够明确地理解教师彼此的深层意图和本意，这是练就教师课程改造及课程开发的最重要的方式之一，可以提高其课程开发的能力。

（四）对实践模式的评价

施瓦布的课程实践模式指向解放的兴趣，这与指向技术兴趣的泰勒模式相比是一种实质性的超越。[①]施瓦布提出的课程生态系统观强调教师、学生、教材、环境四要素间的相互作用和动态平衡，这是对传统的、仅仅把教材作为课程的核心或全部的课程观的否定和纠正，是现代课程理念的重大转折。施瓦布倡导的行动研究，为课程的开发提供了有价值的方法论基础。其课程审议观体现了集体的民主参与的实质，所产生的深远影响已超出了课程领域，波及到整个教育和社会领域。

当然，施瓦布的实践模式也存在着一些问题。由于过于强调各种实践情境

① 对于“解放兴趣”与“技术兴趣”，派纳作了如此评判：课程知识的生产对于课程领域的进步是重要的。不过，如果这种生产不是出于解放的意图而是僵化的意图——如必然是反理论的“知识体系的积累”，或者把理论应用于……实践……那么，就不可能出现……根本的运动。课程的当前状态是停滞的。要出现运动，我们必须把注意力偏离技术和理性，思考和阐述解放的观点。只有当我们与我们的研究是解放的关系的时候，我们才能够设计一些理论，系统提出行动策略……这些行动和策略将“改善”全国的学校

的独特性，对是否能够存在一般的、可靠的理论持怀疑态度，难免会导致相对主义。施瓦布所倡导的折中的艺术，实际上是对各种理论进行调和，但由于各种理论的价值取向各不相同，很容易造成思路上的混乱。课程的集体审议由于要求在所有成员体验并理解的基础上来解决问题，这只能是一种理想，即使在现实中做到，对课程问题也很难取得共识。

第四节　21世纪初我国基础教育课程改革

改革开放以来，尤其是20世纪90年代以后，我国的基础教育改革取得了明显成效，基础教育课程建设也取得了显著成绩。但是，我国的基础教育总体水平还不高，基础教育课程仍存在诸多问题，尚不能完全适应时代发展的需要。为此，教育部于2001年6月颁布了《基础教育课程改革纲要（试行）》，决定调整和改革基础教育课程的体系、结构和内容，以构建符合素质教育要求的新的基础教育课程体系。

一、基础教育课程改革的背景

21世纪是以知识的创新和应用为重要特征的知识经济时代，科学技术迅猛发展，国际竞争日益激烈，国力的强弱越来越取决于劳动者的素质。社会的信息化、经济的全球化使创新精神与实践能力成为影响整个民族生存状况的基本因素。中国是人口大国，人口的素质直接关系到国际竞争的成败，关系到民族的兴旺发达。因此，“改革妨碍学生创新精神、创新能力发展的教育观念、教育模式，全面推进素质教育，极大地提高全民素质，是落实‘科教兴国’战略，实现伟大民族复兴的关键”①。

新中国成立50多年来，在广大教育工作者的共同努力和全社会的大力支持下，我国的基础教育取得了巨大成就，基础教育课程也在不断改革。尤其是1983年《中华人民共和国义务教育法》颁布后，我国开始了具有划时代意义的课程改革，并由此形成我国基础教育课程的现行体系。

1999年6月，党中央国务院召开了改革开放以来第三次全国教育工作会议，做出了“深化教育改革，全面推进素质教育”的决定，为我国基础教育课程改革指明了方向。基础教育课程改革是实施素质教育的核心环节，课程集中反映了社会发展对教育的需求，体现着教育价值的取向，制约着教育的行动方式，直接影响着学生身心成长和整体教育质量的提高。然而，随着时代的发展，面对未来的挑战，依据全国教育工作会议的精神审视现行的基础教育课程，我们发现我们的基础教育仍然存在着一些问题。主要表现在：教育观念滞后，人才培养目标已不能完全适应时代的需求；思想品德教育、爱国主义教育、历史教育在形成民族凝聚力方面还没有很好地统一起来；部分课程内容陈旧；课程结构过于单一，学科体系相对封闭，以至难以反映现代科技、社会发展的新内容，脱离了学

① 钟启泉，等．2001．《基础教育课程改革纲要（试行）》解读．上海：华东师范大学出版社

生经验和社会实际；课程实施过程基本以教师、课堂、书本为中心，难以培养学生的创新精神和实践能力；课程评价较重视学业成绩，忽视学生的全面发展；课程管理过于集中，使课程不能适应当地的经济、社会发展的需求和学生多样发展的需求等。这些问题的存在，很大程度上是课程体系不完善造成的。为此，改革基础教育课程，构建素质教育的基础教育课程体系便成为当务之急。

二、基础教育课程改革的理念与策略

确立体现时代精神的新的课程价值观、根治现行课程体系的弊端是本次课程改革的根本任务，由精英主义教育转向大众主义教育则是本次课程改革的基本理念。

所谓精英主义教育即“以少数所谓‘优等生’为核心，大多数儿童（学生）退居边缘，进而成为教育的牺牲品。‘生产模式’追求整齐划一，追求‘规模效益’，培养机械、苍白、无个性的‘标准件’”。但是在社会的进步与发展中，公民的整体素质起着十分重要的作用，因为作为自由而平等的个人——公民充分地介入社会合作是社会进步的动力与条件。公民充分介入社会合作的能力是通过有价值的教育来培养的，即教育并不是把未来的公民纳入等级化的教育机构中，并根据考试成绩不同而实施不同的教育，而是培养他们的正义感与向善的能力，训练他们的理性能力，提高他们的经验与视界，丰富他们的个性，促进他们的美德，这样，公民才能在社会生活中正常参与社会合作并有效规范自己的行为，并且能够在多元的社会情境中理性地判断、选择，并实现自己的价值，承担确保社会正义与社会进步的义务。大众主义教育价值观认为，教育活动的主要目的在于培养和发展所有学生适应未来社会生活的基本素养，为未来社会培养全面发展的人：这种人既包括各专业领域中的高级人才，也包括具有较高素养的普通劳动者。大众主义教育不是扼杀儿童（学生）人性的教育，而是丰富人性的教育；不是少数人取胜、多数人惨败的教育，而是寻求人人发展、人人成功的教育。

所以，面向每一个儿童及每一个儿童独特的心灵，正是本次基础教育课程改革的内在特征。素质教育旨在谋求平等与优质兼得。教育发展的过程是教育民主化的过程，教育的民主化是衡量教育进步的基本尺度。

新课程的基本价值取向是：为了每个学生的发展。这意味着我国基础教育课程体系必须走出目标单一、过程僵化、方式机械的培养模式，让每一个学生的个性获得充分发展，培养出丰富多彩的人格。据此，我国基础教育课程改革的策略应该是：

倡导全面、和谐发展的教育；重建新的课程结构；体现课程内容的现代化；倡导建构的学习；形成正确的评价观念；促进课程的民主化与适应性。

三、基础教育课程改革的目标[①]

我国的基础教育课程改革要以邓小平同志关于“教育要面向现代化，面向

① 钟启泉，等. 2001.《基础教育课程改革纲要（试行）》解读. 上海：华东师范大学出版社

世界，面向未来”和江泽民同志“三个代表”的重要思想为指导，全面贯彻党的教育方针，全面推进素质教育。新课程的培养目标应体现时代要求，要使学生具有爱国主义、集体主义精神，热爱社会主义，继承和发扬中华民族的优秀传统和革命传统；具有社会主义民主法制意识，遵守国家法律和社会公德；逐步形成正确的世界观、人生观、价值观；具有社会责任感，努力为人民服务；具有适应终身学习的基础知识、基本技能和方法；具有健壮的体魄和良好的心理素质，养成健康的、审美的生活方式，成为有理想、有道德、有文化、有纪律的一代新人。

（一）基础教育课程改革的具体目标

基础教育课程改革的具体目标主要包括以下 5 个方面。

1）改变课程过于注重知识传授的倾向，强调形成积极主动的学习态度，使获得基础知识与基本技能的过程同时成为学会学习和形成价值观的过程。

2）改变课程内容“难、繁、偏、旧”和过于注重书本知识的现状，加强课程内容与学生生活以及现代社会和科技发展的联系，关注学生的学习兴趣和经验，精选终身学习必备的基础知识和技能。

3）改变课程实施过于强调接受学习、死记硬背、机械训练的现状，倡导学生主动参与、乐于探究、勤于动手，培养学生收集和处理信息、获取新知识的能力、分析和解决问题的能力以及交流与合作的能力。

4）改变课程评价过分强调甄别与选拔的功能，发挥评价促进学生发展、教师提高和改进教学实践的功能。

5）改变课程管理过于集中的状况，实行国家、地方、学校三级课程管理，增强课程对地方、学校及学生的适应性。

（二）国家课程标准的框架与特点

与以往的教学大纲只注重知识点的变化、内容的增减、具体的要求和课时数的多少、在规定的时间能否完成教学任务和达到教学目标等方面的问题不同，本次课程标准关心的是课程目标、课程改革的基本理念和课程设计思路，关注的是学生的学习过程和方法，以及伴随这一过程而产生的积极情感体验和正确的价值观。教师在使用课程标准的过程中，主要关注的是如何利用各门学科所特有的优势去促进每一个学生的健康发展，而不是仅仅关心学生对某个结论是否记住，记得是否准确，某项技能是否形成以及运用起来是否得心应手。

课程标准的前言部分对课程的性质、价值与功能做了定性描述，阐明了各学科课程领域改革的基本理念，并对课程标准的设计思路做了详细的说明。课程目标部分明确了各门学科在知识与技能、过程与方法、情感态度与价值观等三方面共同而又各具特点的课程总目标和学段目标。把过程与方法作为课程目标之一，是“标准”的突出特点。内容标准部分按照学习领域、主题或目标要素阐述了学生在不同阶段实现的具体学习目标。对于学生的学习结果，则用尽可能清晰的、便于理解及可操作的行为动词，从知识与技能、过程与方法、情感态度与价值观三方面进行描述。课程标准中的目标主要是按结果性目标和体验性目标来描述的。结果性目标主要用于对“知识与技能”目标领域的刻画，而体验目标则主要用于反映“过程与方法”、“情感态度与价值观”等目标领域的要求。无论是结果性目标，还是体验性目标，都尽可能地以便于理解、便于操作和评估的行为动词来刻画。由于课程标准最终要检验的是学生是否达到了预期的学习结果，而不是教师有没有完成某一任务或是否达到了某一目标，因此，“内容标准”的陈述是以学生为出发点的，目标的行为主体是学生，而不是教师。实施建议部分考虑到课程实施的各个环节，课程标准提供了教与学的建议、教材编写建议、评价建议、课程资源开发与利用建议等。各项建议力图体现本次课程改革的基本理念，为改善教学行为、变革学习方式、提高教材编写质量、体现评价的发展功能等提供指导。此外，课程标准中的“内容标准”和“实施建议”均提供了典型案例，便于使用者（教师、教材编写人员、教育管理者等）准确理解课程标准，切实感受到课程标准的理念及其设计思想，为具体实施课程标准提供可资借鉴的案例，从而尽可能减少课程标准在实施过程中的落差。

课程标准力图在“课程目标”、“内容标准”和“实施建议”等方面全面体现“知识与技能、过程与方法以及情感态度与价值观”三位一体的课程功能，从而促进学校教育重心的转移，使素质教育的理念切实体现到日常的教育教学过程中。具体特点表现为：

1. 突破学科中心

课程标准关注学生的兴趣与经验，精选学生终身学习必备的基础知识与技能，努力改变课程内容的落后现状，密切教科书与学生生活以及现代社会、科技发展的联系，打破单纯地强调学科自身的系统性、逻辑性的局限，尽可能体现义务教育阶段各学科课程应首先服务于学生发展的功能。

2. 改善学习方式

各学科课程标准结合本学科的特点，加强过程性、体验性目标，引导学生主动参与、亲身实践、独立思考、合作探究，从而实现学生学习方式的变革，改变单一的记忆、接受、模仿的被动学习方式，发展学生搜集和处理信息的能力、获取新知识的能力、分析和解决问题的能力，以及交流与合作的能力。

3. 为课程实施提供了广阔空间

课程标准重视对某一学段学生所应达到的基本标准的刻画，同时对实施过程提出了建设性的意见，而对实现目标的手段与过程，特别是知识的前后顺序不作硬性规定，从而为教材的多样性和教师教学的创造性提供了广阔空间，为体现并满足学生发展的差异性创造了比较好的环境。

四、重建我国基础教育的学校课程结构

20 世纪末，许多发达国家都发起了面向 21 世纪的基础教育课程改革，而以发达国家为代表的许多国家的课程改革都将课程结构的调整置于核心位置。

世界各国都重点突出了课程类型的多样化、学校课程体系中科目结构的合理化与均衡化、课程内容的综合化和精简化。这是世界基础教育课程结构发展的主导性趋势。

（一）我国基础教育课程结构的现状

与国际相对成熟的基础教育课程结构相比，我国基础教育课程结构存在以下主要问题：首先，学校课程结构类型单一，不利于学生均衡、个性化发展，在学校课程中学科课程占绝对主导地位，而经验课程则微乎其微；必修课程占据绝对主导地位，而选修课程则微乎其微。其次，各科目之间的比重失衡。最后，课程内容长期以来繁、难、偏、旧。

基于上述问题，重建我国基础教育的学校课程结构应坚持以下原则："努力实现课程结构的综合性、均衡性和选择性。[①]"

（二）我国基础教育课程结构的调整

1. 构建多样化的课程类型结构

针对以往课程结构类型单一的状况，在新的学校课程结构中开发与分科课程相对应的综合课程，与必修课相对应的选修课以及与国家课程相对应的地方课程和校本课程。首先，学校课程计划分别以"综合型"和"分科型"两种方式呈现出来，倡导实施以综合课程为主的课程计划。其次，适当减少国家课程在学校课程体系中所占比重，形成国家、地方、学校三级课程并行的类型结构。最后，倡导适当减少必修课程的比重，增加选修课程的比重。

2. 构建均衡化的科目结构

由于长期以来我国基础教育课程中的语文和数学等传统优势科目占据了较大比重，从而造成了学校课程体系中科目结构失衡。削减传统优势科目，将下调后的课时分配给综合实践活动和地方与校本课程，并且从小学三年级开设英语。从课程体系中科目的比重关系的调整可以看出其指导思想是：重点培养学生的创新意识与能力、收集和处理信息的能力、主动获取新知识的能力、分析与解决问题的能力、交流与协作的能力以及对自然环境和人类环境的责任感与使命感。

3. 完善优化课程内容

首先，删除原有课程内容中艰难、晦涩、陈旧的部分，使课程内容呈现出简洁、明了、有条理和新颖的特征。其次，增加与学生和社会现实生活相关的成分，使课程内容更加具体、更富有生活气息。第三，放弃以往统一尺度对课程内容的界定，实现课程内容标准的层次化。总之，课程内容的调整其目的在于实现课程内容的现代化、生活化与适应性，恰当处理现代社会科学技术进步

① 钟启泉，张华．2001．世界课程改革趋势研究·课程改革专题．北京：北京师范大学出版社，17

与学生发展的关系，精选有助于学生进行终身学习的基础知识和技能。

思考与练习

1．谈谈你对课程概念的理解？
2．比较学科课程与经验课程各自的优点和缺点？
3．试比较教材中提供的三种课程开发模式各自的特点？
4．联系实际谈谈我国基础教育课程改革的状况？

教学理论

【内容提要】 教学是教与学的统一，是学校实现教育目的、培养全面发展人才的基本途径。在教学中，教师占据主导地位，学生则处于主体地位。教学促进学生的全面发展。在学校教育中，教学处于中心地位，学校工作必须以教学为主。随着社会的发展，教育的变革，教学观念也发生了巨大的变化，从传统教学中的重视教师、知识、结果、传承等向现代教育的注重学生、能力、过程、体验及创新转变。

第一节 教学概述

一、教学的含义

（一）教学的词源分析

在我国，“教”与“学”二字早在殷商甲骨文中即已出现。而“教”、“学”连用则最早见于《尚书·说命下》中的“惟斅学半”（斅 xiào，同教），然其性质仍为两个单音词。在《礼记·学记》中，“建国君民，教学为先”中的“教学”一词其含义虽则广泛，然与今天的“教育”几乎同义。据考，“教”与“学”二字真正指称教师之“教”与学生之“学”，是在宋代欧阳修所作《胡瑗先生墓表》中：“先生之徒最盛，其在湖州学，弟子来去常数百人，各以其经传相传授，其教学之法最备，行之数年……”，这里，“教学之法”中的“教学”与我们今天的“教学”涵义已很接近。

在英语中，“教”与“学”分别以不同的词汇表示。人们一般用意义相近的两个词“teaching”和“instruction”来表示“教”，用“learning”表示“学”。“teach”与“learn”由同一词源派生而来，二者在意义上密不可分。在英文教育文献中经常见到“teaching- learning”的合称形式，这个合成词的含义与我国通常所使用的“教学”一词在意义上是等同的。

（二）教学的概念

对“教学”一词，中外教育学者有不同的理解和认识。前苏联教育家斯卡特金认为，“教学是一种传授社会经验的手段，通过教学传授的是社会活动中各种关系的模式、图式、总的原则和标准。[①]”美国教育心理学家布鲁纳认为，“教学是通过引导学习者对问题或知识体系循序渐进的学习来提高学习者正在学习中的理解、转换和迁移能力。[②]”

我国教育学者的观点有：教学是“教师的教与学生的学的共同活动。学生在教师有目的、有计划的指导下，积极主动地掌握系统的文化科学基础知识和基本技能，发展能力，增强体质，并形成一定的思想品德。[③]”“教学就是指教的人指导学的人进行学习的活动。进一步说，指的是教和学相结合或相统一的活动。[④]”“教学是为实现教育目的，以课程内容为中介而进行的教与学相统一的共同活动。在教学活动中，师生双方按照一定的目的及要求，通过各种方法进行交往、交流，以使学生掌握一定的知识技能，形成完善的个性品质和思想品德，以实现人类社会发展对个体身心发展要求的统一。[⑤]”

对教学概念的表述虽然存有差异，但各家在以下诸方面亦有共同之处：

1）强调教学是教与学的统一。教学活动包含教师的教与学生的学两个方面，二者相互作用，既对立又统一。教主要是教师的行为，是知识的外化过程；学主要是学生的行为，是接受知识并内化、建构的过程。教不能脱离学，学也不能没有教。

2）明确了教师的主导作用和学生的主体地位。在教学过程中，教师是教学活动的设计者和组织者，起主导作用；学生则是学习活动的主人，处于主体地位；教师只能指导而不能代替学生学习，学生只有在教师的有效指导下，才能更好地完成学习任务。

3）教学是促进学生全面发展的活动。学生身心的健康成长，离不开教学的深刻影响。教学的立足点和归宿是培养人，不仅使学生掌握一定的知识和技能，还培养学生的能力和良好的品德，对学生身心的全面发展起着积极的促进作用。

另外，钟启泉先生诸多关于教学的基本理念也颇值得我们思考[⑥]。

1. 教学是教化

在学校教育中，教学是系统地传授知识和传播文化的主渠道，是一个从客观文化价值到个人的主观精神生活的转化过程，也即是个人在接受文化、创造新文化的同时，内在地创造了掌握文化的新人。教学中需要教学科专业知识，但更需要教学生如何做人、如何思考，使学生具备文化底蕴。文化底蕴构成了个体发展的根基。

2. 教学是诊断

教学首先是“诊断”，其次才是“治疗”。充分全面地了解学生在思考些

① 顾明远．1998．教育大词典（上）．上海：上海教育出版社，711

② 顾明远．1998．教育大词典（上）．上海：上海教育出版社，711

③ 王策三．1985．教学论稿．北京：人民教育出版社，150

④ 李秉德．2001．教学论．北京：人民教育出版社，2

⑤ 钟启泉．2004．课程与教学概论．上海：华东师范大学出版社，7～8

⑥ 钟启泉．2004．课程与教学概论．上海：华东师范大学出版社，185～188

什么，应是教学的前提条件。教是一种理解学的活动，为了促进学生科学概念的发展，教师必须弄清学生思考问题的过程，成为帮助学生学习的专家。如果说学习是改变学生的观念，那么教学就是发现学生已有的观念并帮助他们的观念得到发展。

3. 教学是探究

教师不是学生的主导，而是向导，教学过程不是一种知识传输过程，而是一种使学生产生稳定的探究心向并积极探究的过程。教学应把要学习的知识置于多种、具有一定复杂性的问题情境中，或镶嵌于活动背景中，使学生对知识形成多角度的丰富的理解，或结合自己的原有经验来学习探究新知识，建构自己对各种问题的观点和见解，建构自己所坚持的判断和信念。

4. 教学是发问

教学离不开提问，但是教师不应该质问，而应该发问。质问以寻求“确切的答案”为目的，发问着眼于学习活动和学习行动，无论结果怎样，都能使学习得以进行、发展。教师提问的目的应该是最终把学生培养成提问题的主体，使学生主动参与教学、勇于发问、敢于探究。由教师的启发式发问和学生的触及式发问组成真正的课堂教学的提问。

5. 教学是求异

每个学生都是独特的，所以教学应该是各式各样的、变化的、求异的，它不是寻求把教育上的所有东西都变得具有同一性，而是强调各种各样的“差异性”，它寻求各种“不同的声音”，而不是现今在教学中的一种“权威的声音”。当教师本着“求异”的精神去教学的时候，教学活动也就同时转化为促进一个个学生成长的活动。

6. 教学是交往

在课堂中，交往是一个有目的的活动过程，它是师生之间或是生生之间为了协调、沟通、达成共识、联合力量去达成某一个目的而进行的相互作用。教学中不仅要重视所教学的内容，而且要重视师生在教学内容中的交往关系。在学校教育领域，教室是一个观念的生态圈，学生在这个生态圈中接受教师提供的信息，同时在与教师的交往、对话的过程中增强其沟通能力及文化读写能力。

（三）教学与相关概念的关系

1. 教学与教育

教学与教育之间是部分与整体的关系。教育包括教学，教学是学校教育的中心工作，是学校全面发展教育的基本途径。学校教育工作涉及诸多方面，除教学外，还通过课外活动、生产劳动、班主任工作等途径向学生进行各种形式的教育。

也有观点认为，教育和教学是目的和手段的关系，教育是目的，教学是手段，教学为教育服务，教育通过教学完成自身。因此，教育和教学是一个问题的两个方面而难以分限，因为“人”是一个整体，“为了人的发展”而进行的教育必须也是一个整体。

2. 教学与智育

教学与智育有着密切的联系但也存有明显的区别，智育主要是向受教育者传授科学文化知识和技能，因此，智育主要通过教学加以实现，教学无疑是智育得以实现的主要途径。当然，除此以外，智育的方式尚有多种，如各种课外活动、自学等。同样，教学不仅仅是为智育服务，它的功能更为广泛，除智育而外，教学的育人功能同样十分重要。另外，体育、美育、劳动技术的培训、社会交往能力的养成甚至生存技能的习得等都离不开教学。

（四）当代教学观

教学观是人们对教学活动的根本看法。随着社会的发展，教育的变革，教学观念也发生着巨大的变化，主要体现在以下六个方面①：

1. 从重视教师向重视学生转变

在传统的教学中，教师的权威是毋庸置疑的，教师掌握着教学的全部话语权，完全把教学控制在自己的设计中，学生只是一个被动的学习者，没有自主权，没有质疑权，甚至没有对所学知识的选择权。但随着教学研究的深入，新的教学观发现，学习在很大程度上是学生本人的建构过程，教师仅是这一过程的助产士或合作者，充其量是个引导者、指导者，学生是教育的对象，更是学习活动的主体。因此，根据学生身心发展的特点，探究学生在课堂情境中的学习规律，并遵循这些特点和规律去设计、组织教学，让学生真正成为学习的主宰者已是当下教学观的主流意识。教学正日益从重视教师转向重视学生。

2. 从重视知识传授向重视能力培养转变

书本知识的传授曾是课堂教学的主要目标。教师的主要教学活动即设计、组织、传达教科书上的所谓“知识”，以为传达得越多，学生的知识量越大，学生的成材率就越高。但事实是，许多“高分低能”、“两脚书橱”式的学生在现实社会中并没有表现出应有的适应性和灵活性。究其原因就在于机械的知识传递——即简单的书本复制并不能激发学习者的能动性，无法使学生在新的境遇里以所学习的知识为背景活学活用、举一反三，激发新的创造性。因此，传统的知识传授型教学观受到了严峻挑战。教学的主要任务开始转向对学生能力的培养，借助更多的实践和新的手段，着重训练学生学习、掌握和创造知识的能力，做到“授人以渔”。

3. 从重视教法向重视学法转变

教师作为教学活动的组织者和引导者对教学有着重要影响，因此，如何在

① 全国十二所重点师范大学联合编写．2002．教育学基础．北京：教育科学出版社，177

教学中科学施教就显得尤为重要，对教法的研究也是极有价值的工作。但是，学习的最终目的是学生的成长，教学过程在本质上是学生主动学习的过程，单纯的教法研究无疑有舍本逐末之嫌，对教法的研究最终还是要落脚到对学法的研究上。因此，近年来，对学法的重视正日益成为教学者的主动选择。目前流行的新教学方法中，问题解决学习法、发现学习法、学导式方法、异步教学法等，无不体现着对学法的重视，传统的对学生的忽视倾向正逐渐得到纠正。

4. 从重视认知向重视发展转变

传统的教学观十分重视知识的传授，把教学过程理解为一个认知过程，这体现出人类最初的教学目的，有着重要的价值和意义。但随着对人的研究的深入，人们发现，在影响人生成功与否的诸要素中，除知识和智力而外，人的意志力和情感类型也起着重要的作用甚至是决定性的作用。所以，教学除了提高学生的认知能力和智慧水平外，还应使他们具备良好的情感和意志。另外，教学中重视体质发展也成了一个迫切的现实问题。超越认知原则，重视儿童身体、认知和情感的全面和谐的发展，成了当下教学观念的精神追求。

5. 从重视结果向重视过程转变

传统的教学观重视教学的结果，往往以学生掌握知识的多少及认知程度的高低为标准评价教学的质量。而在当代教育中，人们认识到，一味地强调教学结果并不科学，良好的结果来自于科学的过程。教学过程中学习者的切身体验非常重要，认知体验、情感体验以及道德体验等，均是决定教学结果的重要因素。重视过程比重视结果更能体现教学的本质。因此，当代教学观强调激发学习兴趣，力求形成学生强烈的学习动机和乐学、善学的学习态度。同时又重视学生的求知和探索过程，让他们通过独立思考和作业，获得对基本知识的领悟、技能技巧的习得和对寓于知识经验中的情感的深刻体验，在学习过程中得到充分发展。

6. 从重视传承向重视创新转变

文化传承的确是教学的重要任务，没有传承，人类的文化将无以为继。但传承并不是最终的目的，传承是为了更好地创造，只有创造才能给人类带来生生不息的发展和进步，因此，教学必须在传承的基础上肩负起另一个重要功能——创新，让学生在学习、掌握知识、经验的同时，历炼出较强的实践、创造能力，为后续的创新生活打下基础。重视学生、重视能力、重视学法、重视发展以及重视过程，都是重视创新的体现。

二、教学的地位与任务

（一）教学的地位

在学校教育中，教学处于中心地位，学校工作必须以教学为主。

学校工作以教学为主，是由教学在学校工作中所起的重要作用决定的。学校建立的初衷即为了教学，因此，在学校工作中，教学是师生的中心活动，其他工作都是围绕着如何为教学服务而设计的，教学工作不仅所占时间最多，对学生发展的影响最全面、深刻，而且对学校教育质量的影响也最大。

学校工作以教学为主，是由学校教育本身的特殊职能所决定的。学校是专门培养人才的场所，而各项教育任务主要是通过教学来完成的。如果学校不能把教学放在中心地位，教育质量必然会大打折扣，人才培养的质量就无法得到保证，为社会服务就成了一句空话。建国以来，我国教育实践的经验和教训从正反两方面证明：学校坚持以教学为主的原则，教育质量就会提高；反之，教育质量必然下降。坚持以教学为主，并非轻视其他的教育活动，也不是搞“教学唯一”，而是主张在教学为主的前提下，妥善安排教学与其他各项教育活动，以便全面提高学校的教育质量。

（二）教学的基本任务

总体而言，教学应该全面完成教育目的所提出的使学生德智体全面发展的任务。具体来说，主要有以下几个方面：

1. 引导学生掌握文化科学基础知识和基本技能

基础知识是指构成各门科学的基本事实及其相应的基本概念、原理和公式等及其系统。这些知识是人们从人类知识宝库中精心挑选出来的，符合现代社会科技发展的要求和学生身心发展的特点。在教学中，教师应创设各种情境，帮助学生利用已有经验进行学习和认知，完成知识的自我建构。

基本技能是指各门基础学科中最常用、最主要的技能，如读、写、算的技能，基本实验操作技能等。某些技能通过训练，达到自动化、运用自如的程度，就称为技巧。技能、技巧既是学习的目的，又是完成学习任务的手段。因此，教师要根据每门学科的特点和要求，引导学生主动参与训练，以形成基本的技能、技巧。

基础知识和基本技能、技巧通称“双基”，这是教学的首要任务，也是完成其他教学任务的基础。普通中小学属于基础教育，应当重视“双基”教学。

2. 发展学生的智力、体力和能力

智力是指个人在认识过程中表现出来的认知能力系统，包括注意力、观察力、记忆力、想象力和思维力，其中思维能力是智力的核心。发展智力是使学生顺利而有效地进行学习的必要条件，青少年时期也是智力发展的关键时期，因此，教学在向学生传授知识的同时，还要重视发展学生的智力。

体力是人体活动时所能付出的能量。在教学上，发展体力是指促进学生身体形态、结构和生理的发展，提高人体基本活动能力和对自然环境的适应能力，增强学生的体质。学生体力充沛，精力旺盛，有助于智力和其他心理品质的发展。

能力是指顺利完成某种活动所必需的个性心理特征，教学不仅要培养学生的一般能力，还要培养学生的特殊能力。现代社会快速发展，科学技术日新月异，更要培养学生的自学能力和创新能力。

3. 培养学生的社会主义品德、科学世界观和优良个性

青少年学生的品德和世界观正处于急速发展和逐步形成的重要时期。在教学中，结合教材的思想性，通过师生间的相互学习和交往，提高学生的思想认识、审美情趣和道德修养，培养学生正确的观念态度，是教学的又一项重要任务。

个性是具有一定倾向性的心理特征的综合，包括需要、兴趣、理想、信念、能力、气质、性格等因素。教学能促使个体提高能力、改善性格，形成积极的动机、兴趣和理想等，并使它们建立协调的关系，从而促进个性的健康发展。

三、教学理论及其流派

（一）教学理论概述

1. 教学理论的概念

对教学理论的认识主要有两种观点：一种是把教学理论界定为一种知识体系或认知体系。如有的学者从理论的表现形态入手，将教学理论界定为对教学活动系统化了的理论认识，是人们借助一系列概念、判断、推理表达出来的知识体系[①]。另一种是把教学理论看作是教学论，界定为教育学的一门分支学科。认为教学理论是研究教学情境中教师引导或促进学生学习的行为，并构建一种具有普遍性的解释框架，提供一般性的规定，以指导教学实践的一门学科[②]。

我们较为倾向于后者，即把教学理论界定为教育学的一个重要分支。它既是一门理论科学，也是一门应用科学；它既要研究教学的现象、问题，揭示教学的一般规律，也要研究利用和遵循规律解决教学实际问题的方法策略和技术。

2. 教学理论与相关概念

（1）教学理论与学习理论

学习理论是教育学的一门分支学科，是指描述或说明人和动物学习的性质、过程和影响学习的各种因素的学说。教学理论主要研究“怎样教”的问题，学习理论则主要描述和说明“学习是怎样发生的，以及学习开始后会发生一些什么情况”的问题[③]。布鲁纳认为，教学理论是一种处方性的和规范性的理论，而学习理论是描述性的。教学理论所关心的是怎样更好地教会人们想学的东西，它所关心的是促进学习而不是描述学习。美国教育心理学家奥苏贝尔继续发展了这种思想，认为从约定俗成的意义上说，有效的学习理论并不能告诉我们如何施教，但是它确实给我们提供了最可行的起点，从中可以发现按师生的心理过程和因果关系等方面来阐明教学的一般原理。学习理论与教学理论是相互依

① 迟艳杰．1997．学领域中的理论与实践——兼论我国教学论学科面临的主要问题及发展选择．中国教育学刊，4

② 袁振国．2004．当代教育学．北京：教育科学出版社，163

③ 全国十二所重点师范大学联合编写．2002．教育学基础．北京：教育科学出版社，178

存的，而不是彼此排斥的。对一门完整的教学科学来说，两者缺一不可[①]。

（2）教学理论与课程理论

在国内，对教学理论和课程理论关系的认识主要有三种观点：一是大教学小课程。认为教学包含课程，课程是教学内容的代名词，课程理论是教学理论的组成部分；二是大课程小教学。认为课程包含教学，教学只是课程的实施与设计，教学理论是课程理论的组成部分；三是课程与教学虽有不同的研究领域，但又相互关联、相互交叉。课程强调的是学生的学习范围（知识、活动或经验），重点解决教育内容问题；教学强调的则是教师的引导行为（教授、对话或导引），重点解决教育的形式问题。

其实，教学与课程是一枚硬币的两个方面，不可能彻底分开。因此，教学理论与课程理论虽是教育学体系中的两门相对独立的学科，但二者互为理论基础。“希望在课程论与教学论之间做出清晰的划分是不可能的。理论研究可以也应当各有侧重，但更应当注意彼此的联系。[②]”

鉴于课程与教学的密切联系，“课程—教学”一词已被人们普遍接受，并且被广泛采用。在以往课程论与教学论的基础上，全面地设计和思考课程与教学问题，以整合的方式来研究课程与教学，已成为我国当前教育领域的研究热点，课程与教学论的书籍也不断问世。

（二）当代主要教学理论流派

自从有了教学实践活动，就有了人们对教学实践活动的反思，从教学经验到教学思想，再到教学理论，教学理论的形成经历了理论萌芽、独立形态、发展与繁荣等阶段。特别是20世纪50年代以后，产生了许多新的教学理论流派，教学理论的发展呈现出多元化态势。

1. 哲学取向的教学理论

哲学取向的教学理论源于苏格拉底和柏拉图的“知识即道德”的认识。这种理论认为教学的目的是形成人的道德，而道德的形成需要知识的累积。因此，为了实现道德的目的，知识就成为教学的一切。于是便演绎出一种以知识授受为逻辑起点，并有相应的目的和手段的教学理论体系。哲学取向教学理论的基本主张是，①教学目的，坚持知识—道德本位；②教学过程，注重知识传授；③教学内容，坚持科目本位；④教学方法，以讲授法为主。这种理论的代表著作是：前苏联教学论专家达尼洛夫等编著的《教学论》（1957）、斯卡特金主编的《中学教学论》（1982）和我国教学论专家王策三的《教学论稿》（1985）。

2. 行为主义教学理论

20世纪初，以美国心理学家华生为代表的行为主义理论对心理学的发展进程影响甚大。他认为，心理学是自然科学的一个纯客观的实验分支，理论目标

① [美] 奥苏贝尔的《奥苏贝尔谈学习论与教学论》（邵瑞珍译）。参见：郭占基，等．1988．心理学教学参考资料选辑．北京：人民教育出版社

② 从立新．2000．课程论问题．北京：教育科学出版社，321

在于预见和控制行为。因此，把刺激-反应作为行为的基本单位，学习即“刺激—反应”之间连接的加强，教学的艺术在于如何强化这一行为模式。由此派生出程序教学、计算机辅助教学、自我教学单元、个别教学法和视听教学等多种教学模式和方法。其中以斯金纳的程序教学理论影响最大。其理论的基本主张是：①认为教学目标就是预期的行为结果。因此，教学目的就是提供特定的刺激，以便引起学生的特定反应。②在教学过程中强调相倚组织。相倚组织是指对强化刺激的系统控制。③教学方法则采用程序教学法。程序教学就是将教材分成连续的小步子，严格地按逻辑编成程序的一种自动教学模式。

3. 认知教学理论

认知心理学是20世纪50年代中期在西方兴起的一种心理学思潮。认知心理学家们认为个体作用于环境，而不是环境引起人的行为，环境只是提供潜在刺激，至于这些刺激是否受到注意或被加工，取决于学习者内部的心理结构。学习的基础是学习者内部心理结构的形成或改组。提出认知教学理论的是美国教育心理学家布鲁纳和奥苏贝尔等，其中影响较大的是布鲁纳的认知结构教学理论。其理论的基本主张是：①教学目标，强调智能发展。②教学原则，提出动机原则、结构原则、序列原则和强化原则。认为学习取决于学生对学习的准备状态和心理倾向，教学要选择适当的知识结构，并选择适合于学生认知结构的方式，要按最佳顺序呈现教学内容，还要让学生适时知道自己学习的结果。③教学内容，重视学科知识结构。④教学方法，倡导发现法。

4. 情感教学理论

20世纪60年代以来，人本主义作为心理学的第三势力崛起，主张心理学要想真正成为关于人的科学，应该探讨完整的人，而不是把人分割成行为、认知等从属方面。人本主义心理学家认为，真正的学习涉及整个人，而不仅仅是为学习者提供事实。真正的学习经验能够使学习者发现他自己独特的品质，发现自己作为一个人的特征。教学的本质即促进，促进学生成为一个完善的人。美国人本主义心理学家罗杰斯的非指导性教学就是这一流派的代表。其理论的基本主张是：①教学目标，是“充分发挥作用的人”。②教学过程，构建非指导性教学模式。这种教学过程以解决学生的情感问题为目标，包括确定帮助的情境、探索问题、形成见识、计划和抉择、整合五个阶段。③教学方法，强调意义学习。意义学习是一种全人参与、自我发起、自我评价并使个体的行为、态度、个性以及在未来选择行动方式时发生重大变化的学习。④师生关系，教师是“促进者”。在教学过程中，教师通过与学生建立起融洽的个人关系，促进学生的成长。

5. 建构主义教学理论

建构主义是认知结构学习理论在当代的发展，它强调学生的巨大潜能，认为教学要把学生现有的知识经验作为新知识的生长点，引导他们从原有的知识经验中“生长”出新的知识经验。认为学习是获取知识的过程，但知识不是通过教师传授得到的，而是学习者在一定的情境及社会文化背景下，借助其他人

（包括教师和学习伙伴）的帮助，利用必要的学习材料，通过意义建构的方式而获得的。建构主义教学理论的基本主张是：①知识观。知识不是对现实的准确表征，只是一种解释或假设，并不是问题的最终答案。知识不是先于或者独立于学习者而存在，而是学习者主动建构的结果，具有个人性和情境性。②学习观。学习不是教师向学生的知识传递，而是学生建构自己知识的过程，学生不是被动的信息吸收者，而是信息意义上的主动建构者。③学生观。学习者之所以积极主动地对面临的各种刺激产生反应，是因为学习者本身就有建构知识的潜能、动机和可能性。学生是学习的主体，强调学生的自主性。

第二节　教 学 过 程

一、教学过程的本质

教学过程的本质问题，是教学论研究的重要内容，也是国内学者长期争论的一个焦点问题。建国以来，我国教育界开展过多次有关教学过程性质的争鸣。特别是 20 世纪 80 年代以来，论争更为激烈，时至今日仍在继续。在教学过程本质的大讨论中，学者们提出了多种多样的教学过程本质观，呈现出百家争鸣的局面，最具代表性的有以下几种观点：

（一）特殊认识说

教学过程是一种特殊的认识过程。这是前苏联教育理论家凯洛夫在其主编的《教育学》中提出的观点，也是我国著名教学论专家王策三在其代表作《教学论稿》中提出的观点。这一观点认为： 教学过程是一种认识过程，教学主要解决如何使学生从不知到知、从知之不多到知之较多的问题，即让学生认识客观世界、掌握文化知识的问题。当然，教学还承担着发展学生能力和品德等多方面的任务，这些任务是在掌握文化知识的基础上和过程中来实现的。教学过程不同于人类一般的认识过程，有着自己的特殊性。这种特殊性主要表现在：教学过程是学生个体的认识活动，不同于人类历史的总的认识；教学认识是在制度化的教育系统中展开的，在教师指导下进行的；教学认识无论是方式还是内容都具有间接性；教学认识具有发展性和教育性。这一观点在学界影响较大，被众多教育学论著所肯定。

（二）认识—实践说

教学过程是认识活动和实践活动的统一过程。这是我国著名教学论专家李秉德在其主编的《教学论》中提出的观点。这种观点认为，教学过程是一个包括认识和实践两个方面的活动过程，是学生在教师的指导下，对人类已有知识经验的认识活动和改造主观世界、形成和发展个性的实践活动的统一过程。从认识方面来看，教学过程是学生在教师指导下认识世界的过程，是一种特殊的认识活动；从实践方面看，学校教学活动是人类实践活动形式之一，是一种特殊的社会实践活动。

（三）认识—发展说

教学过程是促进人的成长的过程，美国教育学家布鲁纳在其所著《教学论探讨》中指出："教学，说到底是一种帮助或促进人的成长的努力。"我国有些学者赞同这一观点，认为教学过程是教师通过传授知识技能进而形成和发展学生的各种能力和个性品质的过程。强调教学过程不是一个简单的认识过程，而是一个学生发展的过程。教学的根本目的在于促进学生身心的全面发展。

（四）多本质说

多本质说具体包括多方面本质说和多层次本质说。其基本观点是：教学过程既有认识论方面的本质，也有心理学、生理学、经济学、伦理学方面的本质，因此，教学过程的本质应该是一个多层次多类型的结构。它既不是单一的认识过程，也不是单一的发展过程，而是一个多方面、多层次、多序列、多形式、多矛盾的复杂过程。主张用系统论的观点，从整体性和全过程上对教学过程的各个侧面进行客观的、系统的、全面的、综合的分析研究。

（五）交往说

20世纪60年代，交往教学论在德国兴起。人们将交往理论引入教学领域，认为教学过程的本质是教师与学生之间以知识为中介、以传授知识和技能、促进学生发展为中心任务的一种特殊的交往过程。有学者指出："教育是人类的特殊交往活动"，"教学过程中师生的内在关系是教学过程创造主体之间的交往（对话、合作、沟通）关系，这种关系在教学过程的动态生成中得以展开和实现。[①]""交往说"认为交往是教学活动所具有的最一般、最普遍和最稳定的共同属性，昭示着教学过程不是教师教与学生学的机械叠加，而是意味着师生互教互学、共同进步，彼此形成一个真正的"教学共同体"。

"交往说"是新近提出并被许多学者所认同的观点，教学交往本质观反映了现代教学的开放性和社会建构性，反映了现代教学的多重主体性和交互主体性；它以实然的方式把握教学的本质，又兼顾了应然的教学所具有的特征，涵盖了现实的各种教学；它对主体性教育理论的构建有重大意义，对改善师生关系、增强师生之间的有效交往十分必要。但反驳者认为：交往是任何社会活动的外在形式，如果仅从外在形式去阐释一种社会现象的本质未免有些牵强附会，同时在某种程度上说也是背离教学过程本质研究的基本方向的；用交往范畴并不能很好地阐述教学的特性，教学交往本质观无法解释教学起源问题，教学交往观也难以有效说明教学促进学生发展的机制。

二、教学过程的规律

在教学过程中，教师、学生、教学内容和教学手段等因素相互联系、相互

① 叶澜．2002．重建课堂教学过程观．教育研究，10

作用，形成了一些稳定的、必然的联系，这是教学过程规律性的体现。

（一）间接经验与直接经验相统一

学生获得知识有两种来源：一是直接经验，即学生亲身实践获得的认识；二是间接经验，即他人的认识成果，这里主要指人类历史经验的积淀。教学过程是学生的认识过程，以学习间接经验为主，直接经验为辅。

1. 教学过程以学习间接经验为主

人类在其漫长的发展过程中，积累了大量的经验，创造了高度的文明，这一切单靠学生个体的亲身实践去获得是不可能的。如果借助书本知识和其他形式的间接经验，既可突破时空的局限，又能避免前人认识客观世界时所经历过的曲折和失败，用最短的时间和最高的效率把人类长期实践所积累起来的丰富的文化科学知识掌握起来，以便在新的起点上获得新的发展。因此，学习间接经验是学生认识客观世界的一条捷径，教学过程应以传递和学习间接经验为主。正如马克思所说："再生产科学所必要的劳动时间，同最初生产科学所必要的劳动时间是无法相比的，如学生在一小时内就能学会二项式定理。[①]"

2. 学生学习间接经验必须以直接经验为基础

间接经验、书本知识一般表现为概念、定理、原则、规律等，这些理性知识对于学生来说，是抽象的不易理解的东西。学生要把这些知识转化为自己的东西，就必须依靠自身以往的积累或现时获得的感性经验。把直接经验与间接经验有机结合起来，方能获取比较完全的知识。如果只学习书本知识，缺少必要的直接经验，容易产生脱离实际、死记硬背的现象。陶行知先生作过一个精辟的比喻"接知如接枝"，他说"我们必须有自己经验里发出来的知识作根，然后别人相类的经验才能接上去。倘若自己对于某事毫无经验，我们决不能了解或运用别人关于此事的经验。"

3. 在教学中适当组织学生进行初步的探究活动

在教学过程中，学生获得的知识是直接经验与间接经验的有机结合。尽管在教学中不主张学生事事都去实践，但适时地组织一些初步的探究活动，让学生亲身体验一下科学家探求未知真理的认识过程也是十分必要的，这有助于培养学生解决问题的能力、研究创新的能力和严谨的科学态度。所以新课程特别重视研究性学习，除综合实践活动课程外，其他各科教材中也都加入了让学生体验、探究的活动内容。

（二）掌握知识与发展智力相统一

掌握知识与发展智力是教学活动的两大基本任务。关于掌握知识和发展智力的问题，教育史上存在着形式教育论与实质教育论之争。形式教育论者认为，教学的主要任务不在于教给学生多少知识，而在于培养学生的能力，重视古典

---

① 马克思，恩格斯．1979．马克思恩格斯全集（第26卷）．北京：人民出版社，377

语言、辩证法等形式课程的教学。其代表人物有英国的洛克和瑞士的裴斯泰洛齐。实质教育论者则认为，教学的主要任务应当是传授对实际生活有用的知识，学生的能力无需特别训练，重视自然科学、机械技术等实科课程的教学。其代表人物有德国的赫尔巴特和英国的斯宾塞。这两种不同的观点在20世纪以前是各执一端，进入20世纪以来，则逐渐走向融合。在教学过程中，掌握知识与发展智力既相互区别又相互联系。

1. 掌握知识是发展智力的基础

知识是智力发展的必要条件，人们的智力发展离不开知识与经验。因为，脱离开一定的知识，观察、记忆、想象、思维都将失去赖以进行的“原料”，“无知便无智”、“无知必不能”说的就是这个道理。而且，科学知识既是人类长期实践积累的成果，又是人们认识能力的结晶，它蕴藏着丰富的智力因素和认识方法。对学生来说，只有在掌握知识的过程中，才能使智力得到更好的发展。

2. 智力发展是掌握知识的条件

知识的掌握本身就是复杂的智力活动。一个人如果不具备起码的智力水平，掌握知识只能是天方夜谭；同样，一个人如果不充分调动智力因素来学习知识，也难以很好地理解和把握，将其转化为自己的东西。所以，学生的智力发展水平如何，将直接影响到知识掌握的效率和质量。智力水平越高，就越能加快学习进程，提高学习效率，保证学习质量。

3. 掌握知识与发展智力不同步

掌握知识与发展智力之间虽然联系密切，辩证统一，但是，知识与智力毕竟是不同的概念，各自有不同的内涵。从个体而言，知识是个体对客观事物的反映成果，是头脑中的经验系统；而智力则是顺利完成这种反映，进行某种实际活动的主观条件，是个体获得经验的心理发展水平。因此，知识并不等于智力，知识的掌握与智力的发展之间是不均衡的。首先，知识多，智力水平不一定高。知识的多少并不标志着智力发展水平的高低。如果头脑中的知识只是简单地被记忆、堆积，无法融会贯通、为我所用，那么，即使学到的知识再多，也不表明其智力水平达到了一定高度。其次，智力高，知识不一定多。智力高的人不一定拥有很多知识，关键是看他们掌握的知识的性质和类别，以及能否灵活运用已有知识重组或创造出新知识。再者，智力不会在掌握知识的过程中自发形成和发展。教师要精心选择教学内容、组织教学活动，创设有利条件，让学生在积极主动的认知活动中，掌握知识，发展智能。

（三）知识传授与思想教育相统一

教学活动必然具有思想品德教育的意义，这是经过长期教育实践和教学理论研究而总结出的一条客观规律。德国教育家赫尔巴特明确提出了“教学的教育性”概念，指出：“教学如果没有进行道德教育，只是一种没有目的的手段；道德教育如果没有教学，就是失去手段的目的。”他的结论是：“我想不到有任何‘无教学的教育’，正如在相反方面，我不承认有任何‘无教育的教学’。”[①]在教学过程中，学生掌握文化科学知识和提高思想觉悟是相辅相成的两个方面。

1. 掌握知识是提高思想的基础

人们的思想品德、世界观与人生观的形成，都离不开知识的熏陶。教学内容本身即具有重要的思想教育价值，渗透着大量的教育因素，这些因素在教学活动中无疑发挥着育人的作用。教学中的知识传递，不仅能增长学生的聪明才智，而且还可以帮助学生辨是非、别善恶、识荣辱、分美丑，提高思想觉悟，成为奠定科学的世界观和共产主义道德品质的基础。

2. 思想的提高是学生学习知识的动力

学生掌握文化科学知识是一个能动的认识过程，其思想状况决定着他们的学习目的和学习积极性。在教学过程中，教师要根据教学的目的，结合教材的特点，深入挖掘其内在的思想教育因素，针对学生的思想实际，自觉进行思想品德教育，不断提高他们的思想觉悟，使他们把个人的学习与祖国的建设、人类的幸福联系起来，自觉主动地学习，不断完善提高自己的知识结构。

3. 掌握了知识不等于提高了思想

教书不等于育人，学生有时领悟了某一思想观点或掌握了某些道德认识，却不能用来调节自己的思想和行为。要使知识转化为学生的思想观点，不仅要求教师在传授知识的基础上有的放矢地对学生进行思想教育，而且要联系实际，使学生自觉从所学知识中吸取思想营养，引起感情共鸣。只有这样，文化科学知识才能转化为学生的观点和信念，成为调节他们行为的力量。

（四）教师主导与学生主体相统一

在教学过程中，教师与学生各自的地位与作用如何，是教学论研究的核心问题之一。在教育史上，曾出现过两种片面而对立的观点：一是以赫尔巴特为代表的“教师中心论”，片面强调教师在教学活动中的权威，忽视学生的主体性；二是以杜威为代表的“学生中心论”，片面强调学生的主体性和主动性，否定教师在教学活动中的作用。我们认为，教学过程是师生共同活动的过程，教为主导，学为主体。

1. 教师在教学过程中起主导作用

教师是教育者，受社会的委托，代表社会意念，执行教学要求。教师受过专业训练，懂得教学规律和学生身心发展规律。只有借助教师的指导和帮助，学生才能简捷有效地掌握人类经验，迅速提高自身的发展水平。所以，教师的指导是学生学习和发展的基本条件。

2. 学生是学习的主体

在教学过程中，学生既是教育的客体，又是学习的主体。学生是教学活动

① 张焕庭．1979．西方资产阶级教育论著选．北京：人民教育出版社，257

的积极参加者和实践者，不是被动接受教师改造的对象。所以，教师不能靠强制和灌输，而是要调动学生学习的积极性和主动性，使学生通过自己的认识和实践，把人类的认识成果变成自己的知识财富，进而转化为智力和才能。

3. 教师主导与学生主体辩证统一

在教学过程中，教师发挥主导作用，即“教为主导”；学生处于主体地位，即“学为主体”，二者相互依存。学，是在教之下的学；教，是为学而教。只有教师主导与学生主体两方面积极配合，教学相长，才能取得最佳的教学效果。

三、教学过程的阶段

在教育史上，中外教育家从不同角度对教学过程的阶段进行了系统的分析和研究，提出了多种多样的阶段理论。如赫尔巴特认为，教学应包括“明了一联想一系统一方法”四个方面，杜威将其划分为“暗示－理智化－假设－推理－验证”五个阶段，克伯屈则界定为“目的－计划－实行－评价”四个部分[①]。我国教育工作者继承和发展了赫尔巴特、凯洛夫学派的思想，从学生理解和掌握知识的角度展开，把教学过程分成六个基本阶段。

（一）激发学习动机

学习动机是推动和维持个体进行学习活动的一种内部动力。学生的学习动机一般可分为直接动机和间接动机。直接的学习动机是由学习活动本身所引起的对学习的需求，如由教材内容的新颖、教师讲解的生动所引发的学习动机。间接的学习动机是指与学习活动没有直接联系，只是把学习作为实现某种目的的手段，如为实现自己的理想而学习、为取得好成绩作优秀生而学习等。在教学过程中，教师既要利用教材内容的感染性和自己的教学艺术吸引学生，引起学生的学习兴趣，激发其直接学习动机，又要通过学习目的教育，增强学生学习的责任感和自觉性，激发其间接学习动机。

（二）感知教材

书本知识一般以抽象的理性知识为主，学生要理解和掌握它们，必须有相应感性材料作支撑。感知教材，就是对教学材料进行初步的把握，将教材承载的抽象知识与直观、生动的形象结合起来，形成对客观事物的鲜明表象，为下一步深入理解教材打好基础。教学过程中，教师引导学生感知教材主要有两种形式：一是直接感知，即通过参观、见习、实验、观察实物等形式，让学生对相关对象进行直接感知；二是间接感知，即通过使用直观教具、利用语言的生动描述、唤起学生记忆表象等办法，帮助学生借助已有的感性经验来理解抽象的知识。

（三）理解教材

理解教材，是指学生在获得感性认识的基础上，在教师的指导下，经过思

① 筑波大学教育学研究会．2003．现代教育学基础．钟启泉，译．上海：上海教育出版社，284～285

维加工，达到对客观事物本质和规律性的认识。理解教材是教学过程的中心环节。在教学过程中，教师要善于调动学生思维活动的积极性，引导学生运用分析、比较、综合、抽象、概括、系统化等思维方法和归纳、演绎等逻辑推理形式，科学地对学习材料进行思维加工，揭示事物的规律，掌握事物的本质，从而形成正确的概念，把感性认识上升为理性认识。

（四）巩固知识

巩固知识，是指学生把所学的知识牢固地保持在记忆中。在教学过程中，学生在短时间内掌握大量的书本知识，这些知识不是他们亲身得来的，又不能立即运用到实践中去，容易遗忘，所以及时强化巩固非常必要。学生只有牢固掌握所学的知识，才有利于自如地运用知识和顺利地接受新的知识。知识的巩固应贯穿于教学过程的始终，教给学生科学的记忆方法，通过适当和有效的复习与练习，都可达到巩固知识的目的。

（五）运用知识

运用知识，是学生把知识应用于完成作业和解决实际问题的活动。学生掌握知识的目的在于运用，运用知识于实际，能验证和加深所学知识，使学生形成熟练的技能技巧，还能培养学生分析、解决问题的能力和创造力。学生理解记住了知识不等于会运用，教师要注意指导学生学以致用。在教学中，学生运用知识主要是通过教学实践，如完成各种练习作业、实验、实习等。此外，还可以与课外活动、生产劳动和社会实践活动相结合。

（六）测评学习效果

测评学习效果，是指根据一定的教学目标对教学过程所产生的结果进行测试评估。学习效果的测评是获得教学反馈信息的重要来源，通过教师检查和学生自查，能及时了解学生对知识技能的掌握情况，发现遗漏和不足，以便在后续学习中及时补救。通过教师评价和学生自评，能准确掌握教学目标的达成情况，发现教学过程中教与学存在的问题，以便及时调控教学过程，保证教学质量，还可使后续教学活动获得新的动力。

在教学过程中，上述六个阶段均有其独立地位，发挥着独特的作用，但它们又紧密联系、相互衔接。在具体的教学活动中，教师应根据实际情况，合理地、灵活地、创造性地安排和组织教学过程的阶段，切忌固定化和模式化。

第三节　教学原则

一、教学原则概述

（一）教学原则的概念

对教学原则这一概念，我国教育学者有不同的表述，主要有：“教学原则是指导教学工作的基本准则。[①]”“教学原则是根据教育、教学目的，反映教学规律而制定的指导教学工作的基本要求，是对教学中一些矛盾关系的处理原则。[②]”“教学原则是有效进行教学必须遵循的基本要求。它既指导教师的教，也指导学生的学，应贯彻于教学过程的各个方面和始终。[③]”

我们认为，教学原则是根据教育教学目的、教学过程的客观规律和教学实践经验而制定的教学工作必须遵循的基本要求[④]。

（二）教学原则与教学规律

教学原则与教学规律既有区别亦有联系。教学规律是教学过程中各种矛盾之间的本质的必然联系，是不以人的意志为转移的客观存在，具有普遍性、稳定性、必然性。而教学原则是人们根据教育教学目的和对教学规律的认识而制定的基本要求，是对教学实践经验的概括和总结，体现了人的主观能动性。教学原则与教学规律又相互联系，教学规律是制定教学原则的主要依据，教学原则是教学规律的具体反映。随着教学规律不断被发现和被认识，随着教学经验的不断积累和总结，教学原则将不断得到发展和完善。

二、教学原则体系

（一）国外教学原则体系举要

前苏联教育家凯洛夫主编的《教育学》所提出的教学原则体系由七条原则组成：①在掌握知识的过程中，学生的自觉性和积极性原则；②教学的直观性原则；③教学上的理论与实际相结合的原则；④教学的系统性和连贯性原则；⑤掌握知识的巩固性原则；⑥教学的可接受性原则；⑦在教师对班级进行集体工作的条件下，对学生进行个别指导的原则。

前苏联教育家赞科夫从促进学生的“一般发展”出发，提出了五条新的教学原则：①以高难度进行教学的原则。要求教学在学生面前设置一定的障碍，并促使学生努力克服障碍；②以高速度进行教学的原则。要求加快教学进度，以广度求深度、新度和牢固度，而非开快车；③理论知识起主导作用的原则。要求提高教学中理论知识的比重；④让学生理解学习过程的原则。要求学生在教学过程中注意学习活动的进行过程，学会如何学习；⑤使全体学生都得到发展的原则。要求教师重视对差生的教育，合理发展每个学生的个人爱好和能力。

美国教育家布鲁纳从结构主义观点出发，提出了四条教学原则：①动机原则。要求教师要引导学生把外在的学习要求转化为内在的学习动机，作好学习的心理准备；②结构原则。要求教学要选择适合学生认知结构的方式教给学生学科的基本结构；③程序原则。要求教材的呈现顺序要与学生的认知发展水平相适应，并且要符合经济、有效的观点；④反馈原则。要求教师要及时地以适

---

① 顾明远．1990．教育大辞典（第1卷）．上海：上海教育出版社，194

② 王策三．1985．教学论稿．北京：人民教育出版社，147

③ 王道俊，王汉澜．1999．教育学．北京：人民教育出版社，220

④ 李剑萍，魏薇．2002．教育学导论．北京：人民出版社，231

当的方式向学生反馈学习结果的信息，以便学生适时地调整学习进程。

美国教育学家、心理学家布卢姆在他的“掌握学习”理论中提出了八条教学原则：①面向全体学生的原则。要求教师的教学必须为每个学生提供均等的学习机会，使每个学生都得到理想的、适合个性需要的教学；②教学目标的主导性原则。要求整个教学过程都必须依据教学目标进行，而且教学目标的制定必须达到准确性、行为化和可测性三个标准；③教学目标体系完整性原则。要求教学目标体系须由认知、情感和动作技能三方面有机组成，尤其强调学生情感的表现和发展；④知识系统性原则。要求教师要传授结构化的知识，并把握各单元、各部分知识之间的内在联系；⑤措施与目标紧密对立原则。要求教师对应各级教学目标制定出相应的教学措施；⑥教学的针对性原则。要求教学应根据每个学生的实际发展水平、学习方式和个性特点来进行；⑦教学评价的教育性原则。要求教学评价的着眼点要放在寻找改进教学过程、提高教学质量的各类证据上；⑧及时反馈矫正原则。

（二）我国教学原则体系

我国中小学常用的教学原则体系，是根据我国现阶段教育目的的基本精神，遵循教学过程的客观规律，在系统总结教学实践经验的基础上，吸收古今中外有关教学原则的精华，经过不断地修正和完善而形成的。

我国教学论专家王策三在《中国大百科全书·教育卷》中，提出了我国中小学的九条主要教学原则，即①科学性与思想性相统一原则；②理论联系实际原则；③教师主导作用与学生主动性相结合原则；④传授知识与发展智力相统一原则；⑤系统性原则；⑥直观性原则；⑦巩固性原则；⑧量力性原则；⑨统一要求与因材施教相结合原则。我国学者还提出了其他教学原则，如全面发展教育原则，最优化原则，民主性原则，师生协同原则，主体性原则，美感性原则等。在此选取几个主要原则加以阐释。

1. 理论联系实际原则

理论联系实际原则，是指教学要从实际出发，把理论知识讲授与实际结合起来，把教学内容与生活结合起来，并注意培养学生运用科学知识去分析问题和解决问题的能力，使学生学懂会用、学以致用。

理论联系实际原则，是人类认识规律的要求，也是教学过程中间接经验与直接经验相统一的规律的反映。新课程强调教学要面向生活，面向社会，注重与学生的经验结合在一起，使新知识、新概念的形成建立在学生现实生活的基础上。只有坚持理论联系实际，把知识的讲授与生动的现实相结合，把学习知识与运用知识相结合，才能使学生获得比较完全的知识，做到学以致用。

贯彻理论联系实际原则，要求做到：

1）联系实际教授书本知识。为了使学生能自觉地理解和掌握各学科的基本知识，教师要注意联系实际进行讲授，如联系学生的生活经验和已有的知识、能力、思想品德等的实际，联系科学知识在社会生产和生活中的运用实际等。

2）创设实践机会，培养学生运用知识的能力。学生掌握知识的目的在于运用，在教学中，教师要精讲巧练，多创设实践机会，通过教学实践和社会实践，让学生在练习和实际操作中提高运用知识的能力。

3）根据教学需要，适当补充乡土教材。我国幅员辽阔，各地在自然条件、经济发展、人文特点、教育水平等方面均有较大差异。因此，教学要适当补充乡土教材，充分挖掘本地本校的课程资源，确保教学的实效性。

2. 启发性原则

启发性原则，是指教师在教学中要充分调动学生学习的积极性，引导他们生动活泼地学习，使学生通过自己的独立思考，融会贯通地掌握所学的知识，提高分析问题和解决问题的能力。

"启发"一词，源于孔子的"不愤不启，不悱不发"一语。后来《学记》又提出了"道而弗牵、强而弗抑、开而弗达"的教学思想。古希腊的苏格拉底也非常重视启发教学，他善于用问答方式来激发和引导学生自己去寻求答案。这种苏格拉底式的问答法也被称为"产婆术"。启发性原则反映了学生的认识规律性。教学过程是学生在教师指导下的能动认识过程，没有教师的引导，学生的认识不可能高效；没有学生的主动性、积极性，人类的知识经验也不可能转化为学生自己的精神财富。

贯彻启发性原则，要求做到：

1）调动学生学习的自觉性和主动性。学生学习的自觉性和主动性是其学习的内在动力。要启发学生学习的主动性，首要任务是激发学生的学习动机。在教学中，教师要根据教材内容和学生的年龄特点，采用不同的教学方法激发学生的学习兴趣，使之具有强烈的求知欲望，树立正确的学习目的和态度，拥有巨大而持久的学习动力。

2）启发学生独立思考，发展思维能力。学习是复杂的思维活动，是学生在教师指导下不断地提出问题、分析问题和解决问题的过程。学生的积极思维通常是从问题开始的，所以，教师首先要研究教材内容的"启发点"，创设问题情境，激起学生的思考。然后因势利导，培养学生多方位、多角度认识事物、解决问题的能力和习惯，使学生产生尽可能多、尽可能新和具有独创性的见解。

3）教给学生学习的方法，使之懂得怎样学习。在教学中，教师不仅要传授知识，更重要的是要教会学生懂得怎样学习，掌握学习方法，理解学习过程，交给学生打开知识宝库的"金钥匙"，使之能独立地获取知识和运用知识。

4）引导学生动脑、动口、动手，创造性地进行学习。启发不仅要引导学生动脑、动口，还要引导他们动手。学生掌握知识有一个逐步深化的过程，懂了不一定会做，会做不一定有创造性。所以，教师要善于启发诱导学生将知识创造性地运用于实际，或提供素材、条件、情境和要求，让学生独立探索，发展创造才能。

5）发扬教学民主，生动活泼地进行教学。在教学中，发扬教学民主，建立良好的师生关系，创设愉快、生动、活泼的课堂气氛，是启发式教学的重要条件，也是获得最佳教学效果的重要保证。只有发扬教学民主，鼓励学生发表不同见解，允许学生向教师提问质疑，学生才能畅所欲言，聪明才智才得以充分展现。

3. 直观性原则

直观性原则，是指教师在教学中运用各种直观手段，引导学生充分感知所学对象，丰富感性认识，发展观察力和形象思维，为形成正确而深刻的理性认识奠定基础。

在教育史上，首先明确提出直观性原则的是捷克教育家夸美纽斯，他在《大教学论》中指出："知识的开端永远必须来自感官"。"在可能的范围内，一切事物都应该尽量地放在感官跟前"[①]。直观性原则是根据学生的认识规律提出来的，也反映了学生思维发展的特点。学生掌握书本知识必须以感性经验为基础，思维发展是由具体形象思维向抽象逻辑思维过渡，但形象思维仍处于重要地位。所以，教学要注意直观性。

贯彻直观性原则，要求做到：

（1）直观教学要有明确的目的性

直观教学可以生动形象地突出教学的主题，帮助学生理解和掌握抽象的理论知识。直观手段多种多样，一般可分为三类：一是实物直观（如实物标本、实验、实习等），二是模像直观（如图片、模型、幻灯片、教学电影等），三是语言直观。教师进行直观教学时，必须有针对性地根据教学任务、教学内容和学生的年龄特点，恰当地选择不同的直观手段，以获得最佳的直观效果。

（2）运用直观手段要与教师的讲解相配合。在教学活动中，直观手段的运用和教师适当的讲解相配合，是决定直观手段使用效果的重要因素。因为教师的讲解可以集中学生的注意力，使学生明确观察的目的和方向，抓住主要特征和关键部分，透过展示的现象去认识事物的本质。

（3）要重视运用语言的直观性。形象的语言描述可以摆脱实物直观和模像直观所需时间、地点、设备和其他条件的限制，学生只要有必要的表象储备，就可以起到直观的作用。由于语言的描绘具有更开阔的意境，语言直观有助于发展学生的想象力，促进学生思维能力的提高。

（4）要合理运用直观手段

直观教具的选用要符合学生的年龄特征和认识水平。一般来说，低年级宜多使用直观教具以引起学生的注意力和学习兴趣，高年级直观教具的选用宜少而精。切忌为直观而直观，片面追求形式上的热闹，不讲实效，使直观庸俗化。

4. 循序渐进原则

循序渐进原则，是指教学要按照学科的逻辑系统和学生认识发展的顺序进行，使学生系统地掌握基础知识和基本技能，形成周密的逻辑思维能力。

我国古代的教学就注重按一定顺序进行。《学记》要求"学不躐等"、"不陵节而施"。荀子说："不积跬步，无以至千里；不积小流，无以成江海"。朱熹又进一步提出："循序而渐进，熟读而精思"。循序渐进原则是科学知识本身的特

① 夸美纽斯．1984．大教学论．北京：人民教育出版社，156

点和学生认识发展规律的反映。学校设置的各门学科，所编写的教材，都以相应的科学体系做基础。而学生的认识，也总是由简单到复杂，按照一定的顺序不断提高的过程。

贯彻循序渐进原则，要求做到：

（1）按照学科的科学体系进行教学

教师要认真研究教材，教学要突出知识之间的内在逻辑，注意前后连贯，新旧衔接，使学生新学的知识本身既是其旧有知识的合乎逻辑的发展，又是以后进一步学习的基础。这样的教学，才能使学生系统地掌握每一学科的完整知识体系和内在结构。

（2）按照学生认识发展的顺序组织教学

学生的认识发展顺序一般是：由简到繁、由浅到深、由易到难、由具体到抽象、由已知到未知。教师应注意按照学生认识发展的规律，提出教学要求，重组教材内容，安排教学活动，使学生在原有的基础上不断提高。

（3）要使教学保持一定的速度和难度

循序渐进决不是循序慢进，要求教学要在依“序”而进的基础上，适当增加知识的难度和加快教学的进度，控制在“跳一跳，摘到桃”的程度，使学生的大脑始终处于积极的思维活动状态。

（4）培养学生系统学习的良好习惯

在教学中，教师要有意识地指导和督促学生进行系统地学习，通过预习、听课、复习、检查学习效果等，来培养学生系统地、循序渐进地掌握知识、技能和持之以恒的学习习惯。

5. 因材施教原则

因材施教原则，是指教师要从学生的实际情况和个别差异出发，有的放矢地进行有差别的教学，使每个学生都能扬长避短，获得最佳发展。

“因材施教”一词，最早见于朱熹的“孔子教人，各因其才”。由于学生的潜能及其身心发展的个别差异性，再加上社会发展要求的复杂性和多元性，就要求我们改变单一整齐的教学局面，坚持因材施教的原则。因材施教原则是学生身心发展等客观规律在教学中的反映。学生的身心发展，在一定阶段上既有共同特征，也有个性差异。只有因材施教，才能更好地促进学生个性的发展。

贯彻因材施教原则，要求做到：

1）加强调查研究，深入了解学生。深入了解和研究学生是因材施教的基础。教师既要了解全班学生的知识水平、接受能力、学习态度的一般特点，又要了解每个学生在兴趣、爱好、智力、品德、身体、个性等方面的具体情况。只有掌握这些情况，才能有的放矢地进行教学。

2）面向全体，全面完成教学任务。中小学是基础教育，要面向全体学生，全面提高他们各方面的素质。教师要把主要精力放在面向全班的集体教学上，教学的广度、深度和进度是大多数学生经过努力能够达到和接受的。同时，也要兼顾个别差异，使各类学生都得到相应发展。

3）针对个别差异，长善救失。学生有着各自不同的特点，在教学中，教师要承认差异、尊重差异，既要善于发现和挖掘学生各自不同的潜能，又要创造条件培养和发展他们的特长。要“知人善教”，做到因人而异，长善救失。

6. 师生协同原则

师生协同原则，是指在教学中要建立一种民主平等的师生关系，充分发挥教师的主导作用和学生的主动性，使教学成为师生协同活动、相互促进的过程。

师生协同原则是教学过程中教与学相互影响与作用规律的反映。教学是教师和学生交往、合作，多维互动的过程。在这个过程中，学生是学习的主体，教师起主导作用，二者只有相互配合，协调一致，才会取得好的教学效果，完成教学任务。

贯彻师生协同原则，要求做到：

1）树立正确的学生观，发挥学生的主体性。教师要尊重学生，把学生看作学习活动的真正主人，促进学生在整个教学过程中主动参与、全员参与和全程参与，最大限度地发挥自主性、能动性和创造性。

2）发挥教师的主导作用，创建民主和谐的教学氛围。教师是教学过程的设计者、组织者和指导者，起着主导作用。但是，主导不等于主宰，教师要放下“师道尊严”的架子，平等地对待学生，创建民主和谐的教学氛围，师生相互促进，共同发展。

3）进行平等对话，促进师生间的交流。教学不再是单向的“授→受”关系，而是师生之间的平等对话过程，这种对话应该是合作性的、探究性的自由表达。教师与学生应作为平等的主体进行知识对话和情感沟通，各自抛弃自身的偏见，真诚的接纳对方，进行心与心的交流。

第四节 教学设计

一、教学设计的含义

（一）教学设计的概念

教学设计是一个专业概念，首先提出这一概念的是美国教育研究者罗伯特·加涅，他在1965年出版的《学习的条件和教学论》一书中提出了“教学是对学生在教师设置的刺激环境中适当反应的强化”的思路，并基于这一思路提出了“Instructional Design（ID）”的概念。自从加涅提出“ID”概念之后，国内外教育工作者围绕着“教学设计”问题，在理论和实践方面进行了深入的探讨。L. J. 布里格斯认为“教学设计是分析学习需要和目标以形成满足学习需要的传送系统的全过程”。R. 瑞奇进一步认为，教学设计是“为了便于学习各种大小不同的学科单元，而对学习情境的发展、评价和保持进行详细规划的科学。[①]”

① 孙可平．1998．现代教学设计纲要．西安：陕西人民教育出版社，1

我国学者认为，教学设计是指“对整个教学系统的规划，是教师教学准备工作的组成部分，是在分析学习者的特点、教学目标、学习内容、学习条件以及教学系统组成部分特点的基础上统筹全局，提出教学具体方案，包括一节课进行过程中的教学结构、教学方式、教学方法、知识来源、板书设计等。[①]”或“教学设计是指在进行教学活动之前，根据教学目的的要求，运用系统方法，对参与教学活动的诸多要素所进行的一种分析和策划的过程。[②]”也有学者认为“教学设计就是为了达到一定的教学目标，对教什么（课程、内容等）和怎么教（组织、方法、传媒的使用等）进行设计。[③]”

尽管对教学设计概念界定不同，但教学设计的过程实际上就是为教学活动制定蓝图的过程，它规定了教学的方向和大致进程，是师生教学活动的依据。可以说，教学设计是教学活动能够得以顺利实施的保证。通过教学设计，教师可以对教学活动的基本过程有个整体的把握，有助于增强教学的科学性和调控性，提高教学效率和教学效果，实现教学的最优化。

（二）教学设计的特点

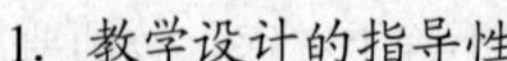

1. 教学设计的指导性

教学设计是教师为有效组织和指导教学活动而精心设计的施教蓝图，是对教学活动的初步设想，其目标是促进学生的学习和绩效的提高。因此，教学设计整体方案完成并付诸实施的时候，它就成为指导教师教学活动的基本依据和行动指导方案，教学活动中的诸要素都受其约束与控制。

2. 教学设计的整体性

教学是由多种要素组成的复杂系统，教学设计就是在系统科学方法的指导下，对教学中的诸多要素进行系统安排和统整组合的活动。这也是科学的教学设计与以往的单纯经验性教学设计的重要区别。整体性要求教学设计要对教学活动的诸多构成要素进行综合的、整体的规划与安排，但不是要求教学的所有因素都要面面俱到，而是要根据教学目标的要求，突出重点，特色鲜明。

3. 教学设计的操作性

教学设计既有一定的理论色彩，又明确指向教学实践。它通过一整套具体的计划和操作程序来协调、配置各种教学资源，使各要素有机结合完成教学系统的功能，教学设计的具体产物是具有可操作性、经过验证的教学系统实施方案。方案对教学系统的各因素，如教学内容的选择、教学方法的运用、教学时间的分配等都做了具体明确的规定和安排，成为教师组织教学的可行依据。

4. 教学设计的灵活性

由于教学设计是先于实际教学活动的，具有预测性或预演性，所以，教学

① 顾明远．1990．教育大辞典（第1卷）上海：上海教育出版社，210～211

② 徐英俊．2001．教学设计．北京：教育科学出版社，7

③ 李伯黍等．1993．教育心理学．上海：华东师范大学出版社，297

设计方案不是僵化、固定不变的，它应当为教师实际实施设计方案留有一定的弹性和灵活性。当然，这种弹性和灵活性并不是随心所欲的，而是要符合教学设计方案的整体要求。

5. 教学设计的创造性

教学设计的过程，实际上就是教师根据不同的教学目标和不同学生的特点，创造性地思考、设计教学实施方案的过程。由于每位教师的教学经验、教学技能、教学风格等具有鲜明的个性化特征，教师设计的教学方案也会因此而带有不同程度的个人风格与色彩。因而从这种意义上说，教学设计工作本身就是一种具有教师个性化特征的创造性劳动，它为教师个人创造才能的发挥提供了广阔天地。

二、教学设计的模式

（一）课堂教学设计模式

由于教学设计中所面临的教学系统的范围和任务的层次以及个人专业背景不同，使人们对教学设计的理解和认识不尽相同，因而导致数百种不完全相同的教学设计模式的产生。但统而言之，它们可以分别归属于三大类模式中的一种。即以系统为中心的模式，以课堂为中心的模式和以产品为中心的模式。在此介绍两类常见的以课堂为中心的教学设计模式。

1. 目标定向的教学设计模式

目标定向的教学设计模式是教学设计中最常见的模式，这种模式以完成特定的任务，达到规定的教学目标为设计的出发点和归宿。格拉奇-埃利模式就是这样的一种模式[①]，如图 8.1 所示。

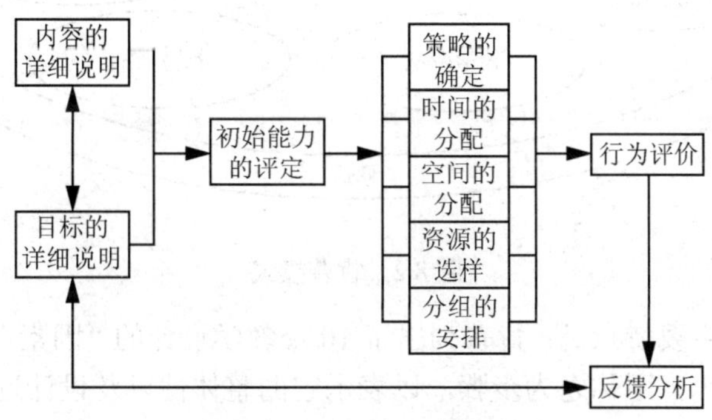

图 8.1　格拉奇-埃利模式

格拉奇-埃利模式从开始便强调确定教学内容和阐明教学目标之间的交互作用；然后根据目标、内容对学习者的初始能力进行评定；在此基础上再确定教学策略，安排教学组织形式，分配时间和空间以及选择合适的、已有的教学

① 乌美娜．1994．教学设计．北京：高等教育出版社

资源，模式中将这五方面的工作并列起来是为了表明它们之间的相互关系和相互制约；接着对学生行为做出评价，一方面要以目标为标准进行评价，另一方面评价提供了关于教学效果的反馈，从而对模式中所有步骤重新审查，特别是检验目标和策略方面的决定。

格拉奇—埃利模式的优点在于执行的教师很容易借助模式描述的过程来识别和确定自己的任务。缺点是它可能无意识地强化教师和管理人员保持现存的组织结构和职员的配备，而不会去重新检查学校赖以运行的整个基础。

2. 非目标定向的教学设计模式

美国新泽西州立大学教授肯普认为，一个教学系统应包括四个基本要素，即学生、方法、目标和评价。也就是说，在进行教学设计时要考虑：这个教案或教材是为什么样的人而设计的？希望这些人能学到什么？最好用什么方法来教授有关的教学内容？用什么方法和标准来衡量他们是否确实学会了？这四个基本要素及其关系是组成教学系统开发的出发点和大致框架，并由此引申开去，提出了一个教学系统开发的椭圆形结构模型[①]，如图 8.2 所示。

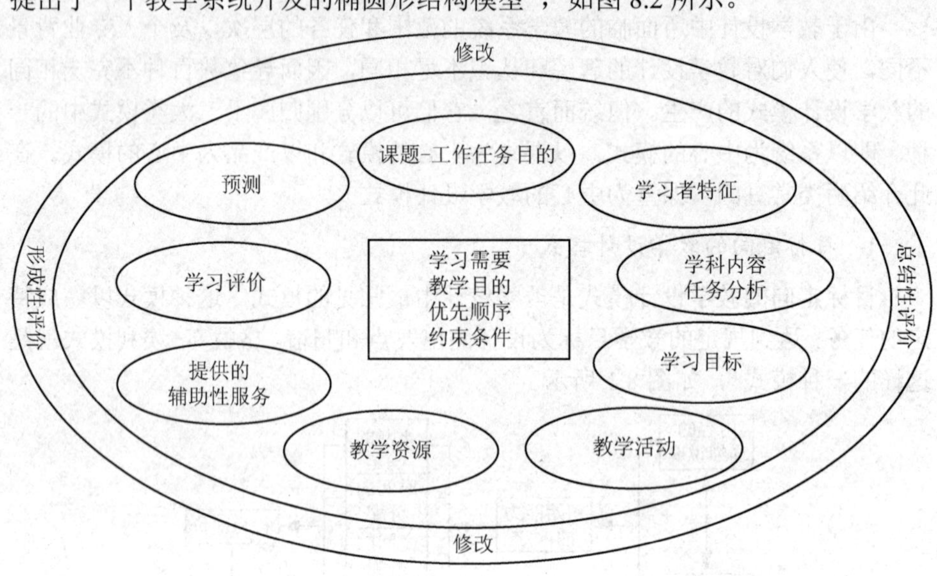

图 8.2　肯普模式

该模式的主要特点是：肯普列出了 10 个教学设计的“因素”，各要素相互联系、相互作用，不称之为步骤，以表示它的整体性以及设计过程之弹性；没有用线条和箭头将各因素连接起来，说明在某些情况和条件下，可以不必考虑或进行全部的因素（环节），或是由任何一个因素作为设计的起点，再依实际情况继续下去；将“学习需要”、“教学目的”、“优先顺序”和“约束条件”置于中心地位，以强调教学设计过程中必须随时拿这几个因素作为参考的依据；以椭圆形将 10 项因素圈在整个系统中，并以外围的“评价”和“修改”表示这

① 陈晓慧．2005．教学设计．北京：电子工业出版社，36

是两件整个设计过程中持续进行的工作。肯普模式不像其他许多模式那样只能按线性结构按部就班地进行设计，而是设计者可以根据教学实际情况，选择自己工作的起始点，按具体需要编排设计顺序。

（二）教学设计的一般模式

教学设计者在教学设计实践的基础上总结出教学设计过程的共同要素，即学习需要分析、学习内容分析、学习者分析、教学目标的阐明、教学策略的确定、教学媒体的选择和运用、教学设计成果的评价等，这些共同要素构成了一般的教学设计过程模式，如图 8.3 所示，其中学习者、教学目标、教学策略和评价是教学设计的最基本要素。

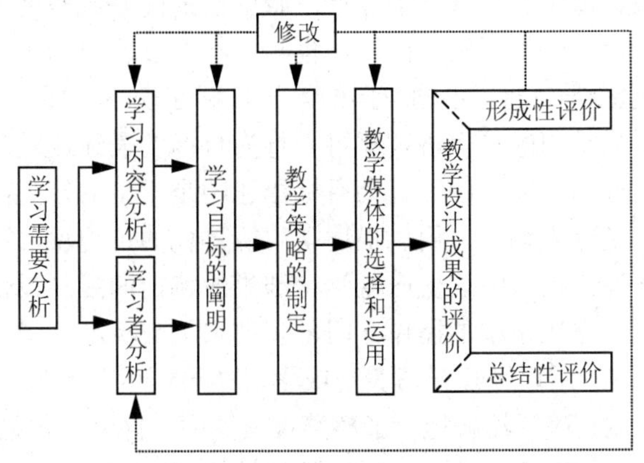

图 8.3　教学设计的一般模式

应说明的是，我们人为地把教学设计过程分成诸多要素，是为了更加深入地了解和分析并发展和掌握整个教学设计过程的技术。在实际设计工作中，要从教学系统的整体功能出发，保证“学习者、目标、策略、评价”四要素的一致性，使各要素相辅相成，产生整体效应。另外，还要清醒地认识到，我们设计的教学系统是开放的，教学过程是个动态过程，涉及的环境、学习者、教师、信息、媒体等因素都处于变化之中。因此，教学设计者应在学习借鉴别人模式的同时，根据教学实际要求，创造性地开发自己的模式，因地制宜地开展教学设计工作。

三、教学设计的内容

（一）教学目标设计

1. 教学目标设计的含义

教学目标设计是对教学活动预期所要达到的结果的规划，它是教学设计的重要环节。合理的教学目标是保证教学活动顺利进行的必要条件，因为教学目标规定着教学活动的方向、进程和预期结果，也是评价教学效果的基本依据。

2. 教学目标设计的步骤

1）钻研课程标准和教材，确立目标点。教师要通过对学科课程标准和教材内容的钻研和分析，把握课程的基本结构和知识体系，找出难重点，确立教学的目标点。

2）分析学生已有的学习状态和发展水平。教师要了解学生已有的学习状态（知识、技能、态度等）和当前的发展水平（年龄、成熟程度、经验背景等），以便准确地确定教学的起点。

3）确定教学目标分类。要保证目标在教学中的清晰度和可操作性，必须进行教学目标的分类。国内外普遍采用的是布鲁姆等人的分类方法，即把教学目标分为认知领域、情感领域和技能领域。我国当前的基础教育课程改革又提出了教学的三维目标，即知识与技能、过程与方法、情感、态度与价值观。

4）准确表述教学目标。不同取向的教学目标在表述上要求不一样，情感目标的表述只须遵循常规的语言规范即可。行为目标的表述比较复杂，应当包括四个要素：一是行为主体，因为行为目标描述的是学生的行为，所以行为主体指的是学生；二是行为动词，用以描述学生所形成的可观察、可测量的具体行为；三是行为条件，指影响学生产生学习结果的特定的限制或范围，主要说明学生在何种情境下完成指定的操作；四是表现水平或标准，指学生对目标所达到的最低表现标准，用以评量学习表现或学习结果所达到的程度。例如，“通过课外朗读，学生能正确、流畅地背诵整篇课文”中，行为主体是“学生”，具体行为是“背诵整篇课文”，行为条件是“通过课外朗读”，评价标准是“正确、流畅”。

（二）教学内容设计

教学内容设计是教师认真分析和处理教材，合理选择和组织教学内容以及合理安排教学内容的表达或呈现的过程。它是教学设计最关键的环节，也是教学设计的主体部分。

1. 不同类型知识的教学设计

不同类型的知识具有不同的特点，教学设计的方法也不同。从教学设计的角度考虑，一般将知识分为以下三类[①]：

（1）陈述性知识及其教学设计

陈述性知识，主要是有关“是什么”的知识，包括有关事物名称或符号的知识、简单命题知识或事实知识、有意义命题的组合知识（即经过组织的言语信息）。数学中的基本事实、概念、原理，化学中的元素符号、分子式，历史中的人物、事件等都属于陈述性知识。

在陈述性知识的教学设计中，要将设计的重点放在如何帮助学生有效地理解、掌握这类知识上，注重学生对其符号或词语意义的获取。教师在具体设计

① 傅道春. 1994. 教师技术行为. 哈尔滨：黑龙江教育出版社，149～152

过程中应注意：首先，找出新知识与原有相关知识的结合点，讲清二者间的联系，以帮助学生在理解的基础上有效吸收、同化新知识。其次，对学生的学习准备状况作认真分析，了解学生已有的知识准备、知识结构、学习动机和学习习惯等。第三，恰当引入教学媒体，如教具、学具的使用，教材呈现手段的变化等。

（2）程序性知识及其教学设计

程序性知识是有关“怎么办”的知识，是关于方法和应用的知识。语文中的句子规则，数学、物理、化学中的大部分知识，体育中的动作技能等都属程序性知识。

程序性知识的教学设计应确定的教学目标，主要就是帮助学生形成运用概念、规则和原理解决问题的能力。为达成这一目标，程序性知识教学要有充分的练习设计。教师要对讲授与练习的时间合理规划，使规则、概念的掌握与解决问题技能的形成在课堂教学中都能得到有效保障。

（3）策略性知识及其教学设计

策略性知识亦是回答“怎么办”问题的知识，它与程序性知识的主要区别在于它所处理的对象是个人自身的认知活动和个体调控自己认知活动的知识。这类知识渗透在各科学习之中，没有专门和具体的学科内容。

策略性知识分为两级水平：较低级的为一般学习活动的策略知识，如控制与调节注意的策略、记忆策略和提取策略等；较高级的为创造思维策略知识，这类策略往往是因时、因人、因内容而异的一个推理过程，难以程式化，目前尚未明确分类。要搞好策略性知识的教学设计，教师必须首先学习和掌握有关学习策略、认知策略方面的知识，加强策略教学的训练，同时注意挖掘课程中的策略性知识内容，在此基础上根据策略性知识的特点和学生学习的特点进行有针对性的教学设计。

2. 教学内容设计的要求

进行教学内容设计时，教学内容的选择和组织要遵循以下要求：

（1）选择教学内容要注意适宜贴切

教师要认真钻研教材，精心取舍。选择的教学内容要适宜，有利于教学目标的达成；要在学生的“最近发展区”内，有利于促进学生的发展；要有启发性，能锻炼学生的思维，启迪其心智。

（2）组织内容要注意逻辑顺序和心理顺序的统一

逻辑顺序即知识系统的内在逻辑体系，心理顺序即学生学习活动内在的认知规律。教学内容的组织既要考虑逻辑顺序，又要考虑心理顺序，只有做到二者的统一，学生才能顺利、有效地学习有关的教学内容。

（三）教学方法与媒体设计

教学方法与教学媒体密切相关，教学方法一般离不开教学媒体的配合，媒体的使用必须贯穿一定的教学方法。因此，教学方法与教学媒体相辅相成，任何一方不恰当，均会影响教学效果。

1. 教学方法的选择与设计

教学方法包括教的方法和学的方法。在教法上，既要考虑如何教给学生已经概括了的社会基本经验，又要考虑教给学生怎样有效地获得这些经验的方法；在学法上，既要考虑怎样指导学生去获得已有知识和经验，又要考虑怎样指导学生建构知识，不断完善自身的知识结构。

教学方法一般按下列程序进行优化组合：收集各种教学方法，加以分类；根据教学目标、师生特点，选择最适合的一、二种主要方法；结合主要方法选择最佳的辅助方法；把选择的教学方法优化组合成一个教学方法系统。

2. 教学媒体的选择与设计

教学媒体含义广泛，既包括语言、文字、粉笔、黑板等传统媒体，也包括幻灯、录音、录像、电视、电脑和互联网等各种现代教学媒体。教学媒体特别是现代教学媒体的运用，为教学信息的便捷、高效传递提供了可能，为教学质量的提高奠定了物质基础。要使教学媒体充分发挥其作用，设计者选用教学媒体时不能只注重性能或价值，还要注意媒体的实用性与教学环境之间的适用性等问题，具体依据教学目标的要求、教学内容的特点、学生的需要和水平、一定的教学条件、教学媒体自身的功能与特性。

教学媒体选择和组合的程序一般有以下几步：明确教学目标，列出教学活动，选择媒体种类，列出备选媒体，选择最佳媒体，确定最终的媒体组合。

（四）教学结构设计

教学结构是为了完成一定的教学目标，在时间和空间上各种因素的“排列”和“组和”。教学结构设计要体现科学性、整体性和协调性。由于学科性质不同，课程的类型各异，课堂教学结构也存在不同形式。教学结构设计一般遵循三个步骤：一是选取教学环节。根据具体的教学目标、教学对象及教学内容恰当选择教学环节，把握好每个环节的任务和要求，使之相辅相成。二是具体设计教学各环节的组织。选取教学环节后，要将各环节进行有机地组织，恰当安排各环节的先后顺序，合理分配各环节的教学时间。三是对各教学环节进行“统调”，使之从整体上形成最佳组合，以保证整体功能大于各部分之和。

（五）教学评价设计

教学评价是根据教学目标，运用评价的方法和手段对教学活动及其预期效果进行价值判断的过程。在教学设计中，除了对学习者的学业成绩进行评价外，还要对媒体及教学方法进行评价，对教学过程进行评价。教学评价应渗透在教学设计的各个阶段各个部分之中，贯穿于教学活动的全过程。教学评价的设计，既要能验证教学目标的达成情况，也要有助于促进学生的发展和教师的成长。还要注意评价内容的全面性和评价方式的多样性。

思考与练习

1．名词解释：教学　教学原则　教学设计
2．当代教学观的变革体现在哪些方面？
3．简述当代教学理论流派的主要观点。
4．结合具体课堂教学实例，分析教学过程的阶段。

第九章 教学实践

【内容提要】 教学实践主要涉及教学方法、教学组织和教学策略。教学方法是教学活动的一个重要组成部分，是教学的基本要素之一，对教学效率的高低乃至教学活动的成败影响甚大，教学中应尽量运用启发式，戒除注入式。教学组织是教师和学生的双向互动活动，在这一活动中要服从一定的教学秩序，学习的各方应形成一定的“配搭”关系；教学策略重点研究“如何教”的问题，它包括教学内容、教学思路、教学方法、教学测评等一系列有助于实现教学目标的工作方式。

第一节 教学方法

一、教学方法的概念

“方法”一词，源自古希腊语 metodos，意思是指做事的步骤、途径。正确的方法是做好工作的前提。古人云：“事必有法，然后可成，师舍是则无以教，弟子舍是则无以学。[①]”毛泽东同志也曾说过：“不解决桥或船的问题，过河就是一句空话。不解决方法问题，任务也只是瞎说一顿。[②]”

那么，什么是教学方法呢？对这一问题我国的许多学者从不同的角度和侧面表达了不同的见解：

顾明远主编的《教育大辞典》指出：教学方法是指师生为完成一定教学任务在共同活动中所采用的教学方式、途径和手段。

王策三在《教学论稿》中认为：教学方法是为达到教学目的，实现教学内容，运用教学手段而进行的．由教学原则指导的一整套方式组成的、师生相互作用的活动。

李秉德在《教学论》中认为：教学方法，是在教学过程中，教师和学生为实现教学目的、完成教学任务而采用的教与学相互作用的活动方式的总称。

王道俊、王汉澜主编的《教育学》指出：教学方法是教师和学生为完成教

① 朱熹．1993．四书集注·孟子集注·告子章句上．北京：岳麓书社，482

② 毛泽东．1952．毛泽东选集（第1卷）．北京：人民出版社，134

学任务而采用的办法，它包括教师教的方法和学生学的方法，是教师引导学生掌握知识技能、获得身心发展而共同活动的方法。

国外教学论专家对这一概念也进行了不同的定义：

达尼洛夫、叶希波夫编著的《教学论》指出：教学方法是指教师的工作方式和由教师领导的学生的工作方式，借助于这些工作方式，可以使学生掌握知识、技能和技巧，还可以形成他们的共产主义世界观和发展他们的认识能力。

斯卡特金主编、赵维贤等翻译的《中学教学论》指出：任何教学方法都是教师的一整套有目的的动作，教师通过这些动作组织学生进行认识活动和实践活动，使学生掌握教学内容，从而达到教学目的。

筑波大学教育学研究会编、钟启泉翻译的《现代教育学基础》指出：教学是采用多样的方式展开的：教师提问，儿童回答；或者儿童在小组里互相讨论，然后向全班报告等。在教学情境中，教师和学生的这种为了教与学而展开的活动方式谓之教学方式（教学方法）。

从以上罗列的各种概念可以看出：我国和前苏联学者侧重于从理论的抽象层面对教学方法进行界定，而日本学者则侧重于描述性和操作性的过程。但是我们也可以看出，不论这些学者从何种角度解释教学方法，他们都承认教学方法的双边性，即教学方法是教师的教与学生的学相互作用的双边活动。其中，教师的教是以学生的学为前提的，教师教学必须考虑学生的现有水平、身心发展、认知方式等，而教师的知识水平、能力结构、思维方式等又对学生的学产生着重要影响。

教学方法是教学活动的一个重要组成部分，是教学的基本要素之一。它对教学效率的高低乃至教学活动的成败影响甚大。因此，教学方法问题解决得好坏，就成为能否实现教学目的、完成教学任务的关键。教学实践证明，教师如果不能科学地选择和使用教学方法，会导致教师空耗大量精力而难以取得理想的教学效果，甚者给学生造成巨大的课业负担。不仅使教学工作徒有其表，而且对学生的成长形成伤害。所以，正确理解、选择和运用教学方法，对于更好地培养人才具有重要意义。

二、教学方法的特点

（一）实践性

教学方法的最终目的是应用于教学实践，其工具性质是显而易见的。所有的教学方法包括其基本精神、影响媒介、作用方式、具体步骤、详细要求等，都必须是可以操作的。不具操作性的所谓方法是毫无意义的。教学方法的实践效果，是检验其优劣的重要指标。必须指出的是，教学方法绝不是单纯的技巧问题，它实质上是教师的教学观念和能力水平的直观反映。苏霍姆林斯基曾说，对待学生缺乏同情而漠不关心的态度，会导致采取错误的教学方法，给学生的发展造成不良的影响。

（二）耦合性

亦称双边性，是指任何一种教学方法都是教师指导学生学习这一双边活动的方法，是由教师教和学生学耦合而成的操作策略。巴班斯基曾经指出："教学方法的本质实际上取决于学生的学习认识活动（学）和教师相应的活动（教）的逻辑——程序方面和心理方面。教学方法决定于学的方式和教的方式行动上协调一致的效果。"可见，每一种教学方法都是互相联系着的教师与学生一定的活动方式的共同体，而不是教师教的方法与学生学的方法的简单相加。

（三）多样性

教学方法是丰富多彩的，每个人都有自己独到的教学方法，众多的教学方法形成了庞大的"方法库"，以供教师教学时选择使用。由于每种方法都有其独特的功效而同时具有一定的局限性，因此，适用于所有教学条件的万能方法是不存在的。只有集合多样化的教学方法才能帮助教师顺利达成教学目的。正如巴班斯基所说："教学方法是师生为达到教育和培养人的目的而进行的相互联系活动的方式。由于活动的方式和性质是多方面的，所以，教学方法也是多种多样的。因而，企图制定经常使用的、数目有限的几种教学方法是错误的。"

（四）整体性

不同的教学方法共同构成一个完整的方法体系，各种具体方法彼此联系、密切配合、互相补充、不可分割，综合地发挥着整体效能。一般而言，任何方法，无论哪一种方法，如果我们把它孤立出来，使之离开整个体系，离开整个综合系统来单独分析的话，那它就既不能被认为是好的方法，也不能被认为是坏的方法。在马卡连柯看来，个别方法的影响，可能有正面的结果，也可能有反面的结果，而互相配合的各种方法的总和才是决定性的方法。

（五）继承性

教学方法也和其他教育现象一样，具有历史继承性。古今中外教育家在长期的教学实践中，为了提高教学实效，非常重视教学方法的探讨，并且积累了相当丰富而宝贵的实践经验。其中有些在一定程度上反映了教学的客观规律，至今仍具生命力，值得我们认真总结、整理，并借鉴其合理的部分。任何新的教学方法也不可能从零开始，它都必然要从多方面吸收和利用以往旧的传统的教学方法中的一切有价值的成分。

（六）发展性

任何教学方法体系都不是永远固定不变的。在具体的教学实践中，教师必须根据变化了的时代精神、内容性质和对象特点等客观条件，勇于开拓，推陈出新，使教学方法更能适应教学的实际需求。目前新的教学实践的困惑在强烈呼唤着新的更有效的教学方法的出现。教学方法的发展，也包括对传统教学方法的挖掘、改造、互相补充和综合利用，因而它同教学方法的继承性并不矛盾。

三、教学方法的分类

在教学方法理论中，分类是一个十分重要而又十分复杂的问题。现代教学论中暂时还没有一个统一的、公认的教学方法的分类法。不同的研究者根据不同的标准，从不同的需要、不同的角度出发，可将教学方法分为不同的种类。例如：从教师帮助学生获取知识的方式看，教学方法可以分为讲解法和发现法；根据学生掌握知识性质来划分，达尼洛夫和斯卡特金的《中学教学论》将教学方法分为图例讲解法、复现法、问题性讲解法、局部探讨法、研究法；巴班斯基把教学方法分为三类，即组织认识活动的方法、刺激和形成学习动机的方法以及检查和自我检查的方法。下面主要介绍我国对教学方法最常用的一种分类方法，即将教学方法分为语言性教学方法、直观性教学方法、实践性教学方法、研究性教学方法等。这种分类法依据的是各种教学方法的外部特征，一目了然，大家比较容易接受，而且分类标准的概括性较强，能把诸多具体的教学方法囊括于内。

（一）语言性教学方法

语言性教学方法是指教师运用口头语言向学生传授知识、技能以及学生独立阅读书面语言为主的教学方法。这种教学方法的特点是能比较迅速、准确地使学生获得间接经验，而且对学生而言，语言的训练与培养也是提高学生思维能力的一个主要手段。语言性教学方法主要包括讲授法、谈话法、讨论法和读书指导法。

1. 讲授法

讲授法是指教师通过口头语言，系统地向学生传授知识的教学方法。讲授法是我国当前最常用的教学方法，它最大的优点在于教师能够在较短的时间里使学生获得较多的系统知识。而且，由于语言是人们传递经验和交流思想的主要手段，讲授法具有简单、实用、效率较高等特点，因此，几乎所有的教师在教学时都会考虑使用讲授法。讲授法具体又可分为讲述、讲解、讲读、讲演四种形式。

在运用讲授法时，教师的讲授是主要的活动，而学生主要是聆听和记录，这种方法使用不当容易造成学生注意力分散、思维不活跃等问题。尤其是有些教师对讲授法的使用简单、机械，往往导致乏味的“满堂灌”现象。这一现象不仅和我国的新课程改革是背道而驰的，而且非常不利于学生自主意识的成长，应该给予足够的警惕。但是，“满堂灌”并不足以全面否定讲授法，讲授法依然是课堂上最为方便快捷的授课方式。教师在运用讲授法时如果能注意以下三个方面，那它仍不失为一种好的教学手段。

首先，讲授内容应富有形象性和灵活性，使学生在语言的还原中获得较为理想的记忆和较为丰富的联想，并在较短时间内得到系统的科学知识；其次，讲授方法应注意具有启发性。讲授法并不意味着教师的讲述贯穿始终，教师应充分把握住讲述的节奏，同时在讲述中时常给学生创设思考的机会，使学生的认识活动能够积极主动地获得发展，能动地获得知识和技能；最后，讲授时应讲究语言艺术。教师的语言要标准、清晰、准确、生动，最好能做到通俗易懂，深入浅出。同时，要把握好语言的节奏感，以富有感染力的表述把语言的美感充分表达出来。

2. 谈话法

谈话法又称问答法，是教师和学生以口头语言问答的方式进行教学的一种方法。谈话法是一种历史悠久的方法。我国古代教育家孔子经常用谈话法启发学生思维，传授知识。古希腊哲学家苏格拉底也曾用这种方法进行教学。谈话法的优点是便于激发学生的思维活动，培养学生主动思考能力和语言表达能力，唤起和保持学生的注意力和兴趣。教师通过谈话可直接了解学生对知识、技能的掌握情况，获得教学的反馈信息，从而改进教学。这种方法非常适合于中小学，尤其是小学低年级。根据教学任务的不同，可以把谈话法分为三类：即传授新知识的谈话、复习巩固和检查知识的谈话以及指导总结性谈话。

教师在使用谈话法时应注意以下三点：首先，做好谈话设计。即要事先设计好要问的问题和谈话步骤，问题要能激发学生思考；其次，谈话要面向全体学生，使大家都有回答、参与的机会。研究成果表明，学生叫答次数与教学效果呈正比。因此教师应尽可能保证每个学生有较多且均等的叫答机会；最后，谈话时向学生提的问题要具体、明确、有启发性，能引起学生思考，并掌握好机会，在学生“愤、悱”状态时给予恰当的诱导，使学生一步一步地获取知识。

3. 讨论法

讨论法是在教师指导下，学生以全班或小组为单位，围绕教材的中心问题各抒己见，通过讨论或辩论活动，获得知识或巩固知识的一种教学方法。讨论法有助于提高学生的合作意识，增强口头表达能力，激发学习兴趣、活跃学生思维，提高独立思考能力和分析问题解决问题的能力。讨论法既是学习新知识、复习巩固旧知识的方法，也是提高学生思想认识的好方法。它既可以单独运用也可以和其他方法结合使用。学习新知识的讨论法，需要学生具备一定的基础知识和一定的理解能力、独立思考能力。因此，这种讨论法一般在高年级使用。

4. 读书指导法

读书指导法是教师指导学生通过阅读教科书和课外读物以获取知识、养成读书习惯的教学方法。读书指导法是教师教会学生学习的基本方法，它有利于培养学生的自学能力，激发学习的兴趣和求知的欲望，有利于开阔学生的视野，弥补教师讲解的不足。在运用读书指导法时，教师不仅要指导学生阅读教科书，为学生打下良好的知识基础，而且还要教会学生用批判的眼光分析教材内容。为了解决学生知识面窄的问题，教师还应引导学生自觉地阅读课外书，以促进学生个性全面发展。

（二）直观性教学方法

直观性教学方法是指教师在教学过程中以实物教具进行直观演示，或带领学生进行教学性的参观等，使学生利用各种感官直接感知客观事物或现象而获得知识的方法。这种教学方法的特点是生动形象，具体真实，学生视听结合，记忆深刻。直观性教学方法包括演示法和参观法。

1. 演示法

演示法是教师通过在课堂上展示实物、直观教具或实验，使学生获得感性认识的教学方法。演示法的特点在于加强了教学的直观性。随着教学手段的现代化，演示内容的增多，演示法的作用也日益加重，它作为一种辅助性教学方法广泛应用于中小学各科教学中，尤其适用于低年级的学生。演示包括模型、标本、图画、电影投影、录像、幻灯的演示等，也包括教师在体育、劳动课上的示范性动作或操作的演示等。在运用演示法时，要求教师要做好准备，确定演示目的，并且在演示过程中注意进行语言讲解，促使学生从感性认识上升到理性认识。

2. 参观法

参观法是教师根据教学任务的要求，组织学生到工厂、农村、展览馆、自然界或其他社会场所，通过对实际事物和现象的观察和研究而获得知识的方法。如地理、历史学科参观名胜古迹、博物馆，理化学科参观科技馆，艺术学科参观美术展览、戏剧表演等。参观能打破课堂和教科书的束缚，使教学与实际生活、生产密切地联系起来，扩大学生的视野。

（三）实践性教学方法

实践性教学方法主要是指学生的实践活动，是通过练习、实验、实习等实践活动使学生的认知向高一层次发展，把技能转变为技巧的方法。实践性教学方法的特点是学生在获取知识的过程中，手脑并用，学以致用。这类教学方法包括练习法、实验法和实习法。

1. 练习法

练习法是学生根据教师的指导，运用已学的知识和技能，反复完成某一活动，借以形成巩固技能、技巧的方法。练习法的基本特点是以已有的知识技能为基础，并且反复操作。它应用很广，各年级各学科可广泛采用。练习的类型多种多样。根据练习的形式，可以把练习分为口头练习、书面练习和操作练习；根据练习的内容，可以把练习分为语言的练习、解答问题的练习和实际操作的练习；根据练习的层次，可以把练习分为模仿性练习和创造性练习。

2. 实验法

实验法是学生在教师的指导下，利用一定的设备、仪器，开展独立作业，通过实际操作和观察获得知识的方法。实验法是物理、生物、化学等自然学科进行教学时经常采用的方法。这种方法有助于提高学生观察与独立思考的能力，培养学生探索、研究新事物的创造精神和科学态度。根据实验的目的和任务不同，实验法可分为感知性实验、验证性实验和复习性实验三种类型。

3. 实习作业法

实习作业法是学生在教师的指导下，在实际生产生活中操作或工作，从而巩固一定技能、技巧并获得知识的方法。实习作业法在技术性强的学科中有很重要的作用。如数学课的测量实习，生物课的植物栽培和动物饲养实习，物理与化学课生产技术实习，地理课的地形和地貌测绘实习等。实习作业法贯彻了理论与实际相结合、教育与生产劳动相结合的思想。

（四）研究性教学方法

研究性教学方法是在教师指导下学生通过独立的探索，创造性地解决问题，以获取知识和发展能力的方法。研究性教学方法是当前我国基础教育课程改革中倡导的一种教学方法，采用这类教学方法有助于培养学生的研究意识和能力以及创新精神和实践能力，同时，还有助于培养学生科学的态度、情感和价值观。使用研究性教学方法时要求正确选定研究课题，提供必要的条件，让学生独立思考与探索，循序渐进。

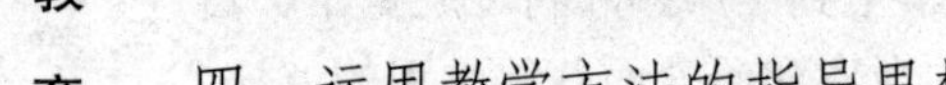

四、运用教学方法的指导思想

在教学中，存在着两种根本对立的教学方法的指导思想：注入式与启发式。注入式是把学生看成没有主观能动性的单纯接受知识的容器，教师的教只从主观愿望出发，很少考虑学生的接受水平和兴趣需要。在教学中，教师仅起信息的载负和传递作用，学生则起接受、贮存作用。在这种思想指导下的教学成为记诵式教学。启发式则强调教师把学生看成是学习的主体，从学生的实际出发，采取一切有效的形式和手段，调动学生学习的积极性、主动性和创造性，教给学生科学的学习方法，培养学生的学习能力，发展其智力，学校成为学生全面发展的乐园。

一般认为，运用教学方法的指导思想是“坚持启发式，废止注入式”。作为当代的教师，坚持贯彻这种启发式思想对于新课程的推行及实施尤为重要。我们知道，“启发”一词来源于孔子的“不愤不启，不悱不发”，由此可以看出启发式教学思想的实质在于调动学生学习的积极性、主动性，使学生变被动学习为主动学习。而我们现在的基础教育课程改革之一就在于改变教师一统课堂的现状，还学生一个主动、自由的空间，课堂教学成为师生共同探讨的多向互动教学，鼓励学生发现问题、提出问题，倡导学生发表独创性的见解。

另外，坚持启发式教学思想不仅需要学生有学习的积极性、主动性，而且还要使这种积极主动性始终能够指向教学目标。在教学实践中，我们经常看到教师千方百计调动起了学生学习的积极性和主动性，但是，这种积极性和主动性转瞬间旁逸斜出，造成了教与学的“跑题”，这时学生的思维是活跃的，但没有围绕教学目标。例如，有的教师喜欢在讲课中引用电影、电视故事，学生当然愿意听，兴致勃勃，聚精会神。但是，如果引用不当，引用内容远离教学目标，那就会空耗教学时间和学生精力。

在教学实践中，有的教师简单地把教学方法的某些表面形式作为判断启发式注入式教学的标志，认为凡是课堂上采取提问的教学就是启发式，教师一讲到底就是注入式，这完全是对启发式教学的误解。判断一种教学是启发式还是注入式，关键在于是否充分调动了学生学习的积极性和主动性，即学生主体作用发挥的程度。

五、教学方法的改革与发展

教学科技的进步，人文精神的复归，系统科学研究的深化，教育理念的更新，是我国教学方法改革的背景与依据。教学方法改革是当今教学改革中的一项重要内容，也是现代教学研究中一个十分引人注目的研究领域。20 世纪后半叶，随着一些新的教学方法的出现和流行，现代教学方法呈现出一些新的特点。这些特点主要表现为以下方面：

（一）重视学生的主体性

传统教学方法的特点是过于注重知识的灌输和死记硬背，置学生于被动接受的地位，学生基本上没有能动性，在学习过程中被教师、书本的权威所支配，没有自由，个性被严重压制。现代教学方法则注重学生学习的特点和规律性，极力激发学生学习的动机和兴趣，力促学生积极、主动地学习，使教学过程成为学生自主学习、能动发展的过程；在学习上，重视过程体验和自由个性的实现。基础教育课程改革下的教学方法着眼于学生潜能的激活、开掘和提升，关注学生终身学习的习惯和能力的形成，促进学生的可持续发展。

（二）重视学习方法的研究

英国教育家洛克在《教育漫话》中指出：“导师应该记住，他的工作不是要把世上可以知道的东西全部教给学生，而是在于使得学生爱好知识，尊重知识，在于使学生采用正当的方法去求知，去改进他自己。”教学要教给学生学习的方法在理论中早已提出，但是在教学实践中并未给予充分重视。传统教学把学习方法的实质看成是教法，突出教学中“教”的一面，所以讲授法成为课堂教学中占支配地位的方法。随着教学改革的逐步深入，人们对学习方法越来越重视。现代教学方法认为教法归根到底是通过学生主体活动来获得效能，主张把“教”建立在“学”的基础上，并在改进教法的同时，通过多种途径对学生的学习方法进行有效的指导与培养。“教学生学会学习”已成为教育面向未来的重要对策之一。

（三）重视学生情感在教学中的作用

传统教学的一个明显的倾向是把学生的智力与情感割裂开来并将它们对立起来，一味地突出智力，教学方法表现为过分突出和重视知识的传授和智力的发展，而忽视非智力因素的作用。现代教学方法重视教学的人本取向与情理统一，讲究认知与情感的平衡，关注知识、能力和心理的同步发展，主张培养学生的学习兴趣，激发学习动机。让学生在学习活动中获得成功的体验，锻炼克服困难的意志，建立自信心，并使他们在学习活动中形成实事求是的态度以及进行质疑和独立思考的习惯。

（四）重视现代教育技术的应用

教学方法的运用一般要借助一定的教学设备和教育技术手段。目前，越来越多的新的教育技术被引入到教学领域，教学方法正随着教育技术的不断进步而变得日益先进，逐步实现了科学技术与教学方法的融合，实现了教学方法的现代化，提升了教学手段的应用效果，教学方法出现了前所未有的新局面，这为教学方法的价值实现提供了新的更大的可能性。使用教学软件制作课件进行教学是现代流行的教学手段。

纵观近年来的教育方法改革，真正对课堂教学改革影响较大且使课堂发生较大变化的因素是属于纯粹教学方法的多媒体教学。多媒体对教学的最大贡献是增加了教学的维度，将平面的课堂教学（传统课堂教学只有语音一个维度，板书的视觉冲击力并不强）转变成了声画一体的二维立体空间，这无疑增加了对学生接受能力的刺激，这一刺激又对提高学生的建构能力起到了巨大作用，课堂教学变得更加直观化、精彩化了。

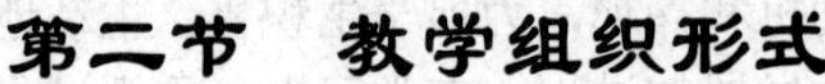

第二节　教学组织形式

一、教学组织形式的概念

在教学过程中，师生的相互作用及教学方法手段等如何集结起来加以实施，教学思想观念如何转化为教学实践，教学改革从何处着手，这些都涉及教学组织形式理论。关于教学组织形式的概念，国内外学者有不同的表述，例如：

筑波大学教育学研究会编、钟启泉翻译的《现代教育学基础》指出：教学组织形式就是由既定的作息制度和规章制度规定的师生之间的相互作用。

李秉德主编的《教学论》指出：教学组织形式是教学活动中师生相互作用的结构形式。或者说，是师生的共同活动在人员、程序、时空关系上的组合形式。

前苏联休金娜在《中小学教育学》中指出：教学组织形式是教学过程的重要组成部分，体现出对学生的学习活动进行的按时间的严密的组织，与教师的活动是相互联系的，这种活动可以是全班教学、小组教学、个别教学，还可以是群众性的教学。

钟启泉主编的《课程与教学概论》指出：教学组织是指学生在教师的指导下，根据一定目标从事教与学的活动，掌握课程教材的形式和结构。

从以上表述可以看出不同的学者对教学组织形式的理解是有差异的，揭示的特点也各有千秋。但以下几点却是共同的，那就是教学组织必须是教师和学生的双向互动活动，而且在这一活动中要服从一定的教学秩序，学习的各方应形成一定的“配搭”关系。

采用合理的教学组织形式，有助于提高教学工作的效率并使种种有效的教学方法、手段得以在相应的组织形式中运用。在教学实践中，人们很难将教学组织形式同教学方法截然分开，只是为了理论研究的方便才把它抽出来作为独立的范畴进行考察。教学组织形式同教学方法及整个教学活动模式的这种关系，决定了教学组织形式的合理与否，对教学活动的展开和效果具有直接的意义。

二、教学组织形式的发展历程

纵观教学组织形式的发展，大致经历了三个阶段：

（一）个别教学

古代，世界各国学校普遍采用个别教学的组织形式，甚至是唯一的形式。我国过去的私塾、书院和西欧中世纪的学院大多采用这种形式。这是最早的教学组织形式，一些国家直到 18 世纪还在使用。个别教学的特点是教师只与个别学生发生联系，学生之间也不是一个严密组织的集体，学生的年龄不等、程度不齐，学习内容与进度难以统一，教学活动和时间没有确定的安排，学生可随时入学和退学，教学规模小、进度慢、效率低，但却能较好地适应个性差异。这种教学组织形式，是当时低下的生产力水平和较为简单的社会形态的反映。

（二）班级授课制的兴起与普及

欧洲文艺复兴之后，资本主义生产和文化科技的发展要求扩大教育规模，增加教育内容和加快教学速度。于是，班级授课制应运而生。教育史上，最先采用这种教学组织形式的是 15 世纪德国的纽伦堡和萨克森选帝侯国的人文主义学校。然而最先在理论上确立班级授课的是捷克著名教育家夸美纽斯。夸美纽斯在其《大教学论》一书中，对这种新的教学组织形式进行了全面的分析、比较和总结，对班级授课的学年编制、班级组织、教材安排和课时分配都提出了具体要求，并进行了理论阐述。

但是由于当时还不具备推广这种教学组织形式的历史条件，在学校教育中的普及极其缓慢。在 18、19 世纪的产业革命要求普及广大民众的知识和技能以及民主革命要求教育的民主化的背景下，从 19 世纪后半叶开始，以德国为先锋，几乎所有的欧美先进国家都确立了旨在为国民大众服务的国民教育制度，这种教育制度使班级授课制得到广泛普及。我国的班级授课始于 1862 年清政府在北京开办的京师同文馆，到 1902 年清政府颁布《钦定学堂章程》，班级授课制便在我国的各级学校广泛普及。

（三）教学组织形式的多样化

班级授课制的产生是教育史上的一个重大进步，对世界教育产生了巨大影响，成为现代教学的基本组织形式。但是，从 19 世纪 70 年代开始，班级授课制开始受到越来越多的批评，与此相对应，一场以美国为中心的适应个别差异的班级教学组织的改造运动开始活跃起来。

最早对班级授课制进行改造的是美国教育家柏克赫斯特提出的道尔顿制。按道尔顿制的要求，教师不再系统讲授教材，而只指定自学参考书并布置作业，由学生自学和独立作业，有疑难时才请教师辅导，学生完成一定阶段的学习任务后向教师汇报学习情况和接受考查。由于每个学生的能力和志趣不同，他们各自的学习任务和内容也不尽相同，甚至彼此毫不相干；学习任务按月布置，完成后再接受新的学习任务。道尔顿制的最显著特点在于重视学生的自学和独立作业，在良好的条件下，有利于调动学生的主动性，培养他们的自主学习能力和主动创造性。在这一时期，还出现了分组教学、设计教学、文纳特卡制等不同的教学组织形式。

20 世纪 50 年代以后，由于国际科技竞争和培养尖端人才的需要，分组教学、个别化教学再度受到重视，在对它们进行革新的基础上，产生了许多新的教学组织形式，如特朗普制、小队教学、活动课时制等。这样，教学组织形式的发展进入了以班级授课和个别化教学为代表的多种教学组织形式并存的新阶段。

20 世纪 80 年代以来，随着信息技术的发展，产生了一种全新的教学组织形式，即网络教学。20 世纪末又产生了建立在无形的网络基础上的“虚拟学校”，为更多在传统的学校组织形式中无法获得教育的人提供了接受教育的可能性。尽管对它的实际效果和质量人们仍存争议，但它们的出现无疑在教学组织形式领域掀起了一场革命。

三、班级授课制

（一）班级授课制的概念及特点

班级授课制是我国目前学校教学的基本组织形式，也是国际上最通用的教学组织形式。班级授课制，通常称为课堂教学，是将学生按年龄和程度编成有固定人数的教学班，由教师根据教学计划中统一规定的课程内容和教学时数，按照学校的课程表进行分科教学的一种组织形式。

班级授课制的基本特点是：

（1）学生相对稳定

班级授课制的基本单位是班，通常每班由 30～50 个年龄和文化程度相同或相近的学生组成。

（2）教师相对稳定

每个教学班的班主任和科任教师按照业务专长和工作能力等条件实行相应的分工，各负其责，默契配合，在教学过程中共同发挥主导作用。

（3）内容相对稳定

班级授课制的教学内容是统一规定的课程标准和教科书，并按交错授课、多科并进的形式排成课表，其教学进度与要求都是统一的。

（4）时间相对稳定

班级授课制的计划中规定了学年、学期和学日课业的起止时间和严格的作息时间表。一般每课时为45～50分钟，课与课之间有短暂的休息。

（5）场所相对稳定

班级授课制的教室、实验室等有相对稳定的场所，甚至连学生的课堂座次也有相对稳定的形式。

班级授课制的上述特点，使它具有其他教学组织形式所不能替代的优点，同时也使它具有一些不易克服的局限性。它的优点使它获得了教学的基本组织形式的地位，它的局限性则使它不断受到批评，客观上成了教学组织形式不断变革和发展的内因。

（二）班级授课制的优点与缺点

班级授课制与个别教学相比，有以下优点：

（1）有利于提高教学效率

教师能在同一时间面向全体学生开展教学，提高了教学的效率，节省了教师的人力资源。在以批量化生产商品为特征的工业化社会，面向全体学生开展教学有利于培养大批熟练技工，有利于提高全民的素质，是教育普及化的重要方式。

（2）有利于保证教学质量

严格的教学目的和教学计划保障了整个教学活动能够按部就班、井然有序地进行，学生也可以循序渐进地获取系统的知识。课程的划分提高了教师的专业化，通过课程体系中各学科的分工合作，有助于实现全面的教学任务，有利于学生各方面的发展。

（3）有利于发挥集体的教育作用

集体授课的形式为学生增加了教育资源和信息来源，学生不仅可以与教师交流，而且可以接受集体教育的影响，可以在学生群体之中开展讨论切磋，共同提高。

（4）有利于发挥教师的主导作用

教师是整个课堂的设计者和组织者，而且具有一定的业务水平和教学能力，学生自始至终都是在教师的有效指导下来完成教学任务的。

班级授课制也存在着不足与缺陷：

（1）不利于发挥学生的主动性

由于是集体教学，教学活动多由教师设计和组织，学生要相对被动地适应教师的教学，其学习的主动性和独立性受到一定程度的限制。

（2）不利于学生创造力和实践操作能力的培养

在以“讲授—接受”为主要模式的班级授课中，学生的学习是接受学习，并且容易导致以书本知识为中心，以致学生的探索和实践机会较少，不利于培养学生的探索精神、创造力和实际操作能力。

（3）不利于因材施教

教学面向全班学生，教学内容与进度整齐划一，只能以中等学力水平为准，不能照顾学生的个别差异，致使学力强和学力差的学生都有所不适应，不利于因材施教。这正是班级授课制最容易遭受批评的一个缺陷。

（三）课的类型与结构

在班级授课制的发展过程中，人们对课的类型与结构的认识日益深入。这对教学有重要的意义。因为不同类型、不同结构的课在教学上具有不同的功能。如果教师在教学时善于根据教学任务、教学内容和教学方法以及学生的年龄特征等方面的需要，正确地选择和运用课的类型、安排课的结构，就能更好地完成教学的任务。

1. 课的类型

课的类型是指根据教学任务而划分的种类。有单一课和综合课两大类型。

单一课，是指在一节课内主要完成一种教学任务。中小学常见的单一课有新授课、复习课、练习课、检查课等。综合课，又称混合课或复杂课，是指一节课内要完成两种或两种以上的教学任务。在小学和中学低年级普遍采用这种类型的课。因为小学和中学低年级的教材比较简单，不需用一节课的时间来实现其单一的教学任务。此外，小学生和中学低年级学生有意注意时间有限，注意力难以长时间集中，故教学应以综合课为主。

2. 课的结构

课的结构是指课的各部分内容及各部分进行的顺序和时间分配。不同类型的课，其结构会有所不同。同一类型的课，也会因教学对象、学科特点、教学内容和教学方法的不同而有不同的结构。一般来讲，课的基本结构有以下几个部分构成：

（1）组织教学

组织教学的目的在于促使学生为上课做好心理准备和学习用具方面的准备，集中注意，积极自觉进入学习状态。教师可以通过恰当的开场白和出示课题等方法，集中学生的注意力，激起他们的学习兴趣和求知欲，保证教学能够顺利地进行。组织教学应贯穿于教学过程的始终。

（2）检查复习

检查复习的目的在于通过学生复习已经学过的内容，激活旧知识，以便新旧联系，为接受新知识做准备；检查学习质量，弥补知识上的缺陷，以便确定学习的起点。检查复习的内容，可以是上一课的学习内容，也可以是以前学过的并与即将学习的新知识有关的内容。检查复习的方法有口头回答、黑板演算、检查家庭作业等。检查复习后一般要给予评定，指出其优缺点和努力方向。

（3）讲授新教材

讲授新教材的目的在于使学生通过教师系统生动有效的讲授，掌握新知识，发展新技能。这一部分是综合课的主要部分，所占时间多，是该堂课成功与否的关键。教师要采取多种方法，调动学生学习的积极性，使之充分感知和理解教材，以便迅速掌握新知识。

（4）巩固新教材

巩固新教材的目的在于检查学生对新教材的掌握情况，并及时解决存在的问题，使他们达到基本巩固和消化所学的内容，促进新旧知识的融合，为深入学习和独立作业做准备。巩固新知识可采用复述、提问、练习、阅读课文等方法进行。

（5）布置课外作业

布置课外作业的目的在于培养学生运用知识分析问题解决问题的能力和自学能力，在此过程中，促进学生将所学的新知识内化转化，成为主体认知结构中的一部分。教师布置作业时，应使学生明确作业要求、注意问题和完成时间，对较难的作业要给予必要的提示。作业要精选，形式要多样化。

上述五个基本组成部分，教师应根据学科的特点、教学内容、教学方法和教学对象的具体特点及课的类型，灵活地创造性地加以安排，不能生搬硬套。

四、当代国内外教学组织形式的改革

（一）国外教学组织形式的改革

20 世纪中期，随着第三次工业技术革命的兴起，教育改革的浪潮也在各国纷纷兴起。针对班级授课制阻碍学生全面发展、压抑学生个性培养等弊端，各国进行了改革教学组织形式的尝试。西方各国进行的尝试较多，下面简单介绍几种。

1. 分组教学

为了解决班级上课不易照顾学生个别差异的弊病，19 世纪末 20 世纪初，分组教学在一些国家出现。所谓分组教学，就是按学生的能力或学习成绩分为水平不同的小组进行教学。分组教学分为能力分组和作业分组。能力分组，是根据学生的能力发展水平来分组教学，各组课程相同，学习年限则各不相同。作业分组，是根据学生的特点和意愿来分组教学，各组学习年限相同，课程则各不相同。

目前，分组教学在欧美一些国家又有起色，一般有内部分组和外部分组两种形式。内部分组是在传统的按年龄编班前提下，根据学生能力或学生成绩发展变化情况分组教学。这种分组是一种经常变动的临时分组形式，不断分组和不断合并。其主要形式有两种：一种是不同学习内容和不同学习目标的分组，另一种是相同学习目标和相同学习内容而采用不同方法和媒体的分组。外部分组是打破传统的年龄编组，按学生的能力或学习成绩的差别分组教学。其主要形式有：跨学科能力分组、学科能力分组、选修分组和综合学校多轨分组等。

分组教学便于因材施教，有利于人才的培养。但是，这种教学组织形式很难科学地鉴别学生的能力和水平，而且分组后快班学生容易产生骄傲情绪，普通班、慢班学生学习积极性普遍降低。

2. 小队教学

小队教学于 20 世纪 50 年代中期在美国流行，也称协同教学，是对教师队伍的组织结构进行改革的一项尝试。小队教学的基本特点是采取由两名或两名以上的教师合作施教，根据其不同的能力和特长组成“互补性”的结构，通过人工协作，在教学中分别承担不同的角色和任务，共同负责一个班或几个平行班的教学工作。小队教学最常见的分为常规小队组织和合作的小队组织。常规小队组织采取分层负责的方式，有一名带头人和教师及教师助手组成；合作的小队组织由小队各组成员根据课业需要和个人专长轮流负责。

小队教学是一种合理而有效地利用教师的人力资源的优化组合方式，使每个教师的兴趣和特长得到有效的发挥，它还能充分运用现代教学技术设备和手段，有利于教师之间的相互学习、交流和提高。

3. 特朗普制

近年来，美国学校出现了一种新的教学组织形式。它是由教育学教授劳伊德·特朗普提出的。这种教学形式试图把大班、小班和个人三种教学形式结合起来。实行大班上课，即把两个以上的平行班合在一起上课，讲课时应用现代化教学手段，由出类拔萃的教师担任；小班研究，每个小班 20 人左右，由教师或优秀生领导，研究、讨论大班授课教材；个别教学，主要是学生独立作业，部分作业指定，部分作业自选，以促进学生个性的发展。其教学时间分配为：大班上课占 40%，小班研究占 20%，个别教学占 40%。目前这种教学形式尚在实验中。

（二）国内教学组织形式的改革

近年来，我国上海、江苏、浙江等地都在积极探索学校教学组织形式的改革。这种改革主要从两个方面进行，一是在课堂教学中加强教师与学生及学生与学生之间的互助与合作；二是在班级集体教学中增加个别化教学的因素。下面简单介绍分层递进教学。

分层递进教学是 20 世纪 90 年代我国中小学兴起的一种教学组织形式的改革，是一种在课堂中实行与各层次学生能动性相适应的、着眼于学生分层提高的教学策略。分层递进教学具体实施起来大致包含三个环节，即学生分层、目标分层和施教分层。学生分层和目标分层是在教学中根据学生的智能水平与学习态度的差异将学生分成低、中、高三层，结合教材与学生学习的可能性为每一层学生设置相应的教学目标。包括基本目标、中层目标、发展目标。基本目标指全体学生可以掌握的基本的内容，中层目标指大部分学生可以掌握的比较复杂的内容，发展目标指基础好的学生可以掌握的比较复杂的内容，是对教材内容的加深和扩展。施教分层要求教师在教学中采用相应的学习起点、学习坡度与学习方法。具体实施起来按照合、分、合的程序。具体地说就是在教学进程的某一阶段，首先将学生分层次进行教学，即一部分学生接受教师的直接教学，另一部分依据教师提供的自学提纲或口述的学习要求进行自学，然后再合起来集体授课。分层递进教学既可以提高教学效率，又可以在群体中增加个别化施教的因素。

第三节　教学工作的实施

教学工作的实施由备课、上课、作业的布置与批改、课外辅导、学业成绩的检查与评定五个环节构成，这是我国目前教学工作具体实施最常见最普遍的过程。这五个环节环环相扣，相互联系。其中备课是起点，学业成绩的检查与评定是终点，上课则是中心。

一、备课与上课

（一）备课

备课是教师上课前的教学准备。备好课是上好课的前提，是提高教学质量的重要保证。教学实践证明，备课越充分，教师讲好课的把握就越大。备课的过程是教师提高自身的知识水平的过程，也是教师总结教学经验，提高教学能力的过程。备课主要包括以下四个方面的内容：

1. 研究教学文本

这里说的教学文本是指课程标准、教科书和参考资料。

课程标准是国家教育部颁布的学科教学的指导性文件，它提供了国家管理和评价课程的基础，是教材编写、教学、评估和考试命题的依据。因此每一位教师，都必须认真学习课程标准。学习课程标准，首先要领会课程改革的基本理念和课程实施建议的主要精神，以提高贯彻课程标准的全面性与自觉性。其次要了解课程总目标和每一年段的学习目标，特别要理解描述学习结果用语的含义，以提高落实学习目标的准确性。

教科书是依据课程标准编写的系统呈现学科知识的学习用书，是教师教学和学生学习的主要依据。研究教科书一般要经过“懂、透、化”三个阶段。懂，就是要对书上的内容，包括概念、原理、公式、结论、字、插图、表格、练习等都要清楚、明白。透，就是要透彻理解教学内容的基本要点、基本结构、内在逻辑、知识背景等。化，就是要对教学内容的理解达到举一反三、左右逢源并能运用自如的程度，使其与教师已有的知识、智慧、思想、情感化为一体。值得一提的是，基础教育课程改革提倡创造性地使用教材，主张“用教材教而不是教教材”，教师要有“课本只是一个范例”、“整个大千世界才是学生的教科书”的课程资源意识，创造性地将个人及学生的经验、文本知识、师生互动成果等进行有机的融合，实现科学性、艺术性与人文性的统一。

此外，教师备课时还要借鉴参考资料。通常，每套教材都配有《教学参考书》。它既是教材的说明，又是教学的指导书。教师备课时认真阅读与教材配套的《教学参考书》，能给教师带来许多有益的启示和帮助。但是，阅读《教学参考书》中的各种说明，并不能替代教师自身的独立思考。也正因为如此，不少有经验的教师总是先研究课本，再阅读《教学参考书》，以便于较为清醒地将教材的实际表现与编者的意图加以比较。至于其他一些参考资料，如各地教师的相关教学体会、教学设计或教学课件，也可以借鉴，这样有利于比较广泛地吸取他人的成功教学经验，缩短自己的摸索进程。但必须注意教与学的共性和个性问题。例如，《教学参考书》中的一些教学建议，尽管是在一些教师教学实践的基础上提炼而成的，但毕竟难以考虑到各班学生的具体情况，以及各位教师的实际教学水平与教学特点。因此，教师在备课时应有选择地加以吸收利用。

2. 了解学生

教育必须创造一种适合学生的教育，而不是挑选适合教育的学生。因此，教师备课时必须深入了解学生，做到“目中有人”，这样才可以增强教学的针对性和预见性。教师了解学生主要包括了解学生原有的知识水平基础、学习态度、学习习惯和学习方法以及学生的兴趣、爱好、思想情况、个性特点、身体状况等。只有了解学生，才能谈得上备好课，才能科学而客观地确定教学的起点、深度、广度和速度。

了解学生的途径很多，如平时多深入学生，注意观察学生平时的表现、研究学生的档案材料和平时成绩，进行家访，开座谈会，作个别谈话等，还可以运用一些心理测试技术，获得一些较准确的智力、个性等方面的资料。

3. 考虑教法和摸索学法

教师要根据教学的目的和任务、教材的性质以及学生年龄特点，选用适当的教学方法，做到“手中有法”。教师要善于把多种教学方法互相配合，灵活运用。任何教学方法都不是万能的，方法的效力不在于方法本身，而在于选择和运用。只有这样才能既易于学生接受，又能调动学生的主动性，促进其能力的发展。

教是为了不教，教师的教是为学生的学服务的。教师要尽可能了解学生学习的年龄特征和认知规律，通过细致的课前和课堂观察，了解学生学习方法上所存在的问题，有目的地进行学法的研究和指导。

4. 设计教学过程

在做好以上三项工作的基础上，教师还要设计教学活动如何进行，具体地说，就是要完成以下三个计划的编写。

（1）学期（或学年）教学进度计划

学期（或学年）教学进度计划一般在学期或学年开始前制订。它的作用在于明确整个学期或学年的教学任务和工作范围，并做出通盘的安排。它的内容包括：学生情况的简要分析、教学要求、教科书的章节或课题内容及其教学时数和时间的具体安排、各个课题所需要的主要直观教具等。如图 9.1 所示。

学期教学进度计划（表式）

科　目		班级		任课教师	
所用教材		编者		出版社	
本学期要达到的目的					
周次	起止月日	教学时数	教材纲要	作业及其他	备注
1					
2					
3					
4					
5					
6					
7					
8					
9					
10					
11					
12					
13					
14					
15					
16					
17					
18					

教研组长审核签字：教务处长审核签字：

图 9.1　学期教学进度计划（表式）

（2）课题（或单元）计划

制定好学期或学年教学进度计划以后，上课前，教师还要对课程标准中的一章、一个较大的课题或教科书中的一个单元进行全盘考虑，并在此基础上，制定出课题（或单元）计划。其内容包括：课题（或单元）名称、教学目的、课时划分及各课时的任务、内容、课型和主要的教学方法、必要的教具等。

（3）课时计划（教案）

课时计划也称教案，它是教师在课题备课基础上，对每一节课做了深入细致的准备后精心设计的每节课的教学方案，要求在每节课上课之前写好。教案是教师实施教学活动的具体方案，是上课最直接的依据，它直接关系到上课的质量。常见的教案有讲义式、提纲式和综合式三种。讲义式教案需要把要讲的内容和课堂教学的活动全部编写出来。一节课内容的行文一般在 3000～5000 字之间。提纲式教案是以纲要的形式将知识点、方法等按一定的顺序编写出来，内容集中、简练，一目了然。综合式教案有两种情况：一是在一份教案里，某些部分是讲义式，某些部分则是提纲式；二是一堂课准备两份教案，一份是详细讲稿，一份是从讲稿中抽取出来的提纲，上课时两份教案可根据需要选择使用。

教案的内容一般可分为两部分，一是一般情况，主要包括上课班级、学科和课题名称、上课日期、教学目的、重点难点、课型、教学方法、教具等。二是教学内容和教法进程，一般包括该课时的教学内容和采用的具体方法手段措施以及进度的安排，它是教案的正文、重点。编写教案时还要设计板书，板书无固定格式，一般包括基本部分和辅助部分。如表 9.1 所示。

表 9.1　课时计划（教案）

班级		科目		日期	
教材分析	重点				
	难点				
	关键				
教学目的					
课型		教法		教具	
教学进程	教学步骤和内容		板书		时间
教学后记					

（二）上课

上课是整个教学工作的中心环节，是提高教学质量、培养学生的关键。教师上课，应以教案为基础，但又不能拘泥于教案，应该结合具体情况，灵活使用教案。上课对每个教师来说，是他的思想业务水平和教学能力的集中反映。对学生来说则是掌握系统知识、发展能力和个性的基本学习形式。上课的基本要求是：

1. 目的明确

教学目的既包括知识教学的目的，又包括能力培养的目的，还包括思想教育的目的。教学时教师不仅要明确这些目的，而且也要让学生明确这些目的，使整个教学活动从这些目的出发，围绕这些目的，最终实现这些教学目的。

2. 内容正确

教师上课时，必须保证教学内容的科学性和思想性。在内容的安排上，既要突出教材的重点、难点和关键，又要顾及教材的系统性和连贯性；既要注意新旧知识的联系，又要注意理论与实际的结合。只有教学内容正确，才能保证教学的质量。

3. 方法恰当

教师要根据教学任务的要求、教学内容的特点和学生的具体情况，以正确的教学原则为指导，选择和运用恰当的教学方法。只有方法恰当，学生的积极性才能调动起来，教学才能取得良好的效果。

4. 结构紧凑

教师上课要有严密的计划性、组织性，要巧妙地安排每堂课的结构，使每个教学环节自然过渡，有条不紊地进行。讲授、练习、演示、板书等内容的安排，要井然有序、环环相扣，使整个教学活动和谐、紧凑、富有节奏感，达到以较少的时间和精力取得最大限度的教学效果，并使学生受到美的熏陶和感染。

5. 基本功好

教师的基本功扎实全面是上好课的重要条件。教师的基本功主要包括讲、写、作、画、演五个方面。“讲”是讲话，教师要讲普通话，语音清晰流畅，语调抑扬顿挫，语言准确精练、生动形象；“写”是写字，教师的板书，内容上要简明扼要，形式合理、整齐、美观，使学生一目了然；“作”就是教态，教师的表情、动作要朴实、大方、自然、优美；“画”就是讲课过程中能准确地画出图表、图形等；“演”就是指正确运用语言文字和各种教学手段、教具进行演示和示范表演。

6. 积极性高

在整堂课的进行中，教师和学生都应处在积极的状态。教师的主导作用和学生的主体作用都能得到充分发挥，师生配合默契，形成民主合作的气氛。

以上六个方面是教师上好一节课的基本要求。近几年，随着教学改革的逐步深入，新的教学理念逐渐渗透到课堂。在新的课程标准的思想指导下，教育者对一节课又提出一些新的要求，具体反映在以下几个方面：

1. 课堂要着眼于学生的发展

一节课的成败得失，应主要从学生方面看，看学生在课堂上知识、技能、方法、情感、态度与价值观是否得到发展。新课程理念下的课堂教学不仅是一个特殊的认识过程，而且是师生双方情感共融、分享体验、共同创造的完整的生活过程。课堂中教师要有效地组织学生发现、寻找、收集和利用学习资源，恰当地设计学习活动并引导学生主动参与。要落实学生的主体地位，建立良好的学习环境，既要了解学生的共性，又要关注学生的差异性。

2. 关注课堂的交往与生成

新课程背景下的课堂教学，不再是教师亦步亦趋地上演“教案剧、课本剧”，而是由教师与学生、学生与学生之间的真诚互动生成的课堂。现在的教学评价关注课堂的“生成性”如何，关注教师在课堂教学中提出的问题及作业中，有没有设置一些“生成性”的问题，以此来启发学生的思维，培养学生的创新精神。

3. 课堂气氛应该宽松和谐

好的课堂应当有宽松和谐的学习气氛，使学生能在探索和学习过程中产生丰富的情感体验。上“板着面孔”的课，学生可能会掌握有关的知识技能，但他们不会对学习产生兴趣，也不会有积极主动的探索热情。宽松和谐的气氛可以通过教师生动的语言、和蔼的态度、富有启发性和创造性的问题、有探索性的活动等来创造。

4. 课堂要为学生创设思考的空间和时间

好的课堂教学应当是富有思考的，学生应当有更多思考的余地。学习归根结底是学生自己的事，教师是一个组织者和引导者。学习的效果最终取决于学生是否真正参与到学习活动中，是否积极主动的思考。教师的责任在于为学生提供思考的机会，为学生留有思考的时间和空间。

二、教学工作的其他环节

（一）作业的布置与批改

作业的布置与批改是教学工作的有机组成部分，是上课的延续。学生作业分为课内和课外作业两种，学生作业的直接目的在于巩固所学内容。此外，组织好学生作业的布置与批改工作，对于培养学生良好的学习态度、学习习惯和学习方法，锻炼和提高他们的智力和各种能力，都具有重要作用。学生的作业一般有阅读作业、口头作业、书面作业和实践作业等。

教师在布置与批改作业时应当遵循以下要求：

1. 作业的内容要典型、全面

教师布置的作业，应当符合课程标准和教科书的要求，作业的目的要明确，每项作业都有明确的意图，为学生知识的巩固、技能的训练服务。

2. 作业的分量要适当，难易适度

教师应按照本学科课程标准的要求确定作业的分量，避免“题海战术”。作业的难易以学生的一般水平为准，对学有余力的学生可适当增加一些有一定难度的参考作业供选择。各科教师要相互协调作业分量，防止学生负担过重。

3. 对作业的要求要具体明确

教师布置作业时要有明确的要求，规定完成的时间。教师也应当根据具体情况对学生完成作业给予指导。

4. 对学生的作业要认真、及时地批改

教师通过批改作业，可以全面地了解学生情况，从而有效地调整自己的教学；而教师的批改结果是重要的信息，将这种信息反馈给学生，能够使他们清楚地知道自己的进步和错误。批改作业的方式是多种多样的，包括全面批改、重点批改、轮流批改、当面批改、指导学生互相批改等。

如何改进作业布置与批改，是当前教学改革研究的重要问题。有的教师提出了学生自主作业、选择性作业、小组合作作业等新形式。在作业批改上，更加注重指导性、鼓励性和互动性，这些新的经验都值得借鉴。

（二）课外辅导

课外辅导是教学工作的重要组成部分，是上课的补充和辅助，是适应学生个别差异、因材施教的主要途径和措施。在我国学校主要采用班级授课制，而且班级规模通常较大的情况下，尤其应当重视并尽量做好这项工作。

课外辅导的内容通常包括：解答学生的各种问题，指导学生完成作业，为因各种原因成绩较差的学生补课并帮助他们克服学习上的困难，为成绩优秀且学有余力的学生提供个别指导等。课外辅导主要以个别辅导和小组辅导两种形式进行。

课外辅导要坚持正确的目的，以素质教育思想为指导开展这项工作，任何以课外辅导的名义进行的加课、补课，都是应当坚决制止和取缔的。

（三）学业成绩的检查与评定

学业成绩的检查与评定是测试教学效果，对教学过程进行调节控制、掌握教学平衡的一个重要环节，它对改进教学、提高教学质量有着重要意义。

检查与评定学生学业成绩，对学生来说，可以促进他们复习巩固和加深所学知识，了解自己学习上的优缺点和存在的问题，明确努力方向，激励学习的主动性；对教师来说，可以了解自己的教学效果，总结经验教训，不断改进教学工作；对学校领导来说，可以了解教师的教学情况和学生的学习情况，针对存在的问题，制定提高教学质量的有效措施；对学生家长来说，可以及时了解子女的学习情况，配合学校共同提高学生学业成绩。因此，科学、合理的检查与评定，能够促进教学，起到诊断、强化、调节和教育的作用。

学业成绩的检查方法主要有考查与考试。考查是在平时教学过程中，为了随时了解学生的学习情况而采用的检查方法。它主要包括口头提问、检查作业、书面测验、日常观察等方式。考试是对学生知识、技能进行总结性检查时所采用的一种方法。一般有期中考试、期末考试和毕业考试。考试的形式有口试、笔试和实践考试三种。笔试又可根据需要分开卷与闭卷两种。

学业成绩的评定有两种方式：评语和评分。评语能反映和表达学生具体的特点，分析原因，指出改进和努力的方向。评分能看到学生学业成绩的等次。常见的评分方法有百分制和等级制两种。

教师对学生进行学业成绩的检查与评定应遵循以下要求：

1. 态度要客观公正

教师评分只反映学业成绩，而不反映其他方面的表现，要避免对学生的主观印象，感情用事。评分宽严要得当，尺度要统一，做到客观、公正。

2. 注意理论联系实际

由于学科的特点不同，检查与评定的具体要求必然不同。教师要灵活地运用一般的检查评定方法，结合本学科与学生的实际情况，具体地制定评分标准。

3. 及时进行分析总结

检查评定成绩的根本目的，在于促进学生的学习，改进教师的教学。所以，对学生学业成绩的检查与评定，要及时给予反馈。通过分析，肯定成绩，找出薄弱环节，制定出提高教学质量的具体措施。

教学工作的各个环节是相互联系、相互促进的，只有充分发挥各个环节的特点和作用，才能使教学质量得到全面提高。

第四节　教学策略

一、教学策略的概念及特征

（一）教学策略的概念

教学策略是当前课程与教学研究的一大热点问题。它对课程与教学理论的深入发展、课程与教学实践的变革以及对教学质量的提高、促进学生的发展等方面都有着重要的价值。那么，教学策略的概念是什么呢？下面我们先来看一下“策略”一词的含义。

“策略”一词，最早见于三国时期刘劭的《人物志》。《人物志• 接识》云：“术谋之人，以思谋为度，故能成策略之奇。”意思是说，专事谋略之人，把思考、探究计谋方略作为准绳，故能成就新奇的策略。可见，策略就是计策方略，是人们在洞悉客观事物及人事的基础上为达某种目的所设定的谋略方案及行动方式。这种策略意识由主体内部（心理）的规则系统所操控，所以它具有内潜性的特点。策略用在教学上称为教学策略。

教学策略，英文名称 Teaching Strategy，是现代教学论研究的新课题，从20世纪70年代末提出这一术语至今，尚无统一的说法。E. D. 加涅认为，教学策略是指“管理策略”和“指导策略”两方面[①]；保罗 D. 埃金等人则强调，教学策略是“为完成特定目标所设计的指示性的教学技术”[②]；D. G. 阿姆斯特朗定义为“有系统地安排的教师活动，用以帮助学生达到某一单元所确定的教学目标”[③]。

教学策略，在我国也有多种解释。顾明远主编的《教育大辞典》指出，“教学策略”是指“建立在一定理论基础之上，为实现某种教学目标而制定的教学实施总体方案。包括合理选择和组织各种方法、材料，确定师生行为程序等内容”。邵瑞珍主编的《教育心理学》关于“教学策略”的定义是：“教学策略是教师在教学过程中，为达到一定的教学目标而采取的相对系统的行为”。袁振国

---

① E. D. 加涅. 1991. 教学与学习的有效策略（上）. 外国教育资料，5

② 保罗 • D. 埃金，等. 1990. 课堂教学策略（中译本）. 北京：教育科学出版社

③ D. G. 阿姆斯特朗，等. 1991. 中学教师实用教学技能（中译本）. 北京：中国劳动出版社

主编的《当代教育学》指出："教学策略专以表示为达到某种预测效果所采取的多种教学行动的综合方案，就是在教学目标确定以后，根据已定的教学任务和学生的特征，有针对性地选择与组合相关的教学内容、教学组织形式、教学方法和技术，以便形成具有效率意义的特定的教学方案。"

由上可见，教学策略可以从多个角度和侧面进行定义，角度不同就会有不同的教学策略的概念。但是，我们也看到，这些概念虽然彼此各不相同，但有一个共同点，即都认为教学策略重点研究"如何教"一类的问题，它包括教学内容、教学思路、教学方法、教学测评等一系列有助于最优实现教学目标的工作方式。

（二）教学策略的基本特征

1. 综合性

选择或制订教学策略必须对教学内容、媒体、组织形式、方法、步骤和技术等要素加以综合考虑,并在此基础上对教学过程和师生相互作用方式作全面周到的安排，而且能在实施过程中及时的反馈、调整。

2. 可操作性

教学策略不是抽象的教学原则，也不是在某种教学思想指导下建立起来的教学模式，而是可供教师和学生在教学中参照执行或操作的方案，有着明确具体的内容。

3. 灵活性

教学策略根据不同的教学目标和任务，并参照学生的初始状态，选择最适宜的教学内容、教学媒体、教学组织形式、教学方法并将其组合起来，保证教学过程的有效进行，以便实现特定的教学目标，完成特定的教学任务。

二、教学策略的结构

教学策略是由它所包含的各要素有规律地构成的系统。一个有效的策略包含指导思想、教学目标、实施程序、操作技术四个要素。

（一）指导思想

任何一种教学策略的背后都有一定的教学思想、教学理论作支撑。在教学策略制定与实施的过程中，教师的教学观念不同，对教学过程各因素的地位认识就不同，这势必会导致不同教学策略的提出与运用。例如，小学数学中同样教两位数乘以两位数，有的教师贯彻新课程的思想，重视培养学生的探索能力和合作意识，先让学生分小组讨论，待到学生通过合作及利用以前的知识知道如何计算时，教师再进行总结，突出算理。有的教师受传统思想的影响，认为课堂主要是教师教给学生知识，直接告诉学生算理，学生被动的听，直到教师讲完再进行练习。这两位教师采取的策略之所以不同，原因就在于教师的指导思想不同。

（二）教学目标

任何教学策略都是指向一定的教学目标的，教学目标是教学策略结构的核心要素，对其他要素起制约作用。运用教学策略时，不论是教学内容还是教学方式或是教学程序，都必须围绕一定的教学目标，为达成一定的教学目标而服务。例如，预防和纠正错别字的教学策略的教学目标是教师通过指导学生在易写错处强化正确写法的第一印象以及教形声字时着重分析形旁的意义，并与容易混淆的同音字相区别等策略达到预防和纠正错别字的教学目标。这里需要注意的是，教学策略与教学目标并不是一对一的关系，一种教学策略可以有多个教学目标，这些教学目标有主次之分，其中主要目标是区分不同教学策略的标志，也是选择教学策略的依据。

（三）实施程序

教学策略的实施程序指教学策略按时间展开的逻辑活动步骤及每一步骤的主要做法等。它指出了采用一种教学策略时应先做什么、再做什么、最后做什么。例如，以反馈为主导策略的掌握学习的基本程序是：单元教学目标的设计、群体教学、形成性评价 A、矫正学习、形成性评价 B。教学策略的实施程序是相对稳定的，随着教学条件的变化，实施程序可以进行一定的调整。

（四）操作技术

操作技术也就是教师运用教学策略时的方法和技巧，它一般包括以下几个方面：教师方面，指教师在教学策略中扮演的角色以及对教师的要求；教学内容方面，指教学策略的依据和教师对教学内容的处理；教学手段方面，指使用本策略需要的一般教学手段和特殊教学手段；使用范围方面，指本策略适用的学科、问题和年级。

三、教学策略的分类

划分教学策略类型的意义在于对教学策略进行更为系统深入的研究，也在于为教学设计人员和教师提供可资选择或参照的模式。袁振国主编的《当代教育学》对国内外教学策略的不同分类进行了详细的分析，从他的分析中我们可以看到，不同学者分类的标准、角度不同，分类的结果也不同。这些分类虽然各有歧异，但是也有彼此重叠之处。下面根据袁振国的分析，简单介绍几种教学策略的分类方式。

（一）加涅的九种基本教学策略

1968 年加涅首先开始综合各种微观教学策略的共同特点，并进而提出了对有效开展教学至关重要的九种教学活动策略：①利用改变刺激的方法引起学生注意；②告诉学习者学习目标，以帮助他们认清教学的重要性和相关性；③刺激回忆前提性知识，使学习者能把它们同新的知识结合起来；④以适当的方式向学习者呈现刺激材料；⑤根据所学知识的复杂程度和难易水平，以及学习者具有的智慧水平，提供学习指导；⑥引起表示所期望的学习的行为；⑦作出行为错误与否的反馈，对正确的行为加以强化，对不正确的行为加以抑制；⑧评价行为以便评价学习；⑨通过提供检索线索和检索策略来增强记忆，促进迁移。

（二）申继亮等对教学策略的分类

申继亮、辛涛认为，教学策略是有关问题解决的知识，而且与问题情景依存关系的倾向性十分突出。因此他们通过与解决问题的一般教学过程模式的联系来对教学策略进行分类，他们根据不同的分类标准，将教学策略分成一般性教学策略和特殊性教学策略以及问题指向型教学策略和自我指向型教学策略。一般性教学策略是一般情况下都要运用的，用以解决一般性教学问题，如教材呈现策略、课堂管理策略、教学评价策略等。特殊性教学策略是只有在特殊问题情景中运用或运用时具有个人特点的策略。

（三）顾泠元对教学策略的分类

顾泠元分析目前国内外的教学策略研究现状，发现教学策略的制订一般是以教学过程的某个主要构成因素为中心，建立框架，将其他相关要素有机地依附于这个中心，形成一类相对完整的教学策略。据此，他按教学策略的构成因素区分出内容型、形式型、方法型和综合型等四种主要类型。

1. 内容型教学策略

教学过程中如何有效地提供学习内容是教学策略的核心内容。内容型策略有强调知识结构和追求知识发生过程两个类别，也就是结构化策略和问题化策略。强调知识结构的策略，主张抓住知识的主要部分，削枝强干，构建简明的知识体系。至于问题化的策略，颇为受到关注。关心未来教育的学者在 20 世纪 80 年代初就认为，未来的学习着重于考虑、发掘问题，及时培养问题求解能力。

2. 形式型教学策略

形式型策略就是以教学组织形式为中心的策略。鉴于班级授课在大多国家仍为教学的基本组织形式，因此现代教学研究在弥补集体教学不足这一点上十分活跃。以学生为中心的个别化教学策略，是一条理想的出路。以学生为中心的个别化教学策略，就是为适应学生个人学习方式而提供高度灵活的学习系统。在这个策略中，教师和学校起支持或辅助的作用，而不是决定的作用。实施这种策略，最重要的是要考虑学生个人的实际需要，有效地利用多种教学资源，让学生个个都积极投入学习，通过自主努力，分别去达到各自的、有区别的目标。

3. 方法型教学策略

方法型策略是以教学方法和技术为中心的策略，它包含着各种各样的方法、技术、程序和模式。长期停留在“教无定法，各有各法”的认识水准上是不够的，应当逐步做出科学的分类，也就是通过试验性的比较和分析，提出所有方法的共同要素和每一种方法各自具有的特点，建立起方法型策略的体系。

4. 综合型教学策略

综合型教学策略是直接从教学的目标、任务出发，综合地展开的教学策略。综合型策略是内容、形式、方法三种类型策略的综合，更多地以教学经验为基础。

思考与练习

1. 从教学方法发展的历史来看，我们应如何对待“传统教学方法”？

2. 为什么班级授课制仍然是今天教学的基本组织形式？对于班级授课制应做哪些改进？

3. 从中学教科书中选择一个课题，进行一次课题备课，并写出一个课时的教案。

4. 教师怎样才能上好一节课？

第十章 道德教育

【本章内容提要】 道德是指人们在社会生活中形成的关于善与恶、公正与偏私、诚实与虚伪等观念、情感和行为习惯，以及与此相关的依靠社会舆论与内心信念来实现的人格完善和自我确定，也包括调节人与人、人与自然关系的行为规范体系。学校道德教育是指教育者根据一定社会的要求和青少年思想品德发展的规律，有目的、有计划、有组织地发展受教育者的政治、思想、道德、个性等方面素质的系统活动。

第一节 道德概述

一、道德的含义

（一）道德的词源含义

道。道德一词在我国古代很早就有，不过最早时“道”与“德”是分开使用的，并分别具有不同的含义。“道”，从首从行，最初的意思是道路。如“周道如砥，其直如矢”，后引申为原则、规范、规律、道理等。孔丘在《论语·述而》篇中云：“志于道，据于德，依于仁，游于艺。”这里的“道”，就是指做人或治国的根本原则。老子讲的“道”则是指宇宙的本体。总之，“道”最初的含义是“道路”，有了它，人与人的身体和心灵就可以相通。

德。是指遵循前面的“道”，即实行某种原则后，心中有所体验而有所得。宋明理学家朱熹在《四书章句集注· 论语注》中说：“德者，得也，得其道于心，而不失之谓也。”道家对“德”又有不同解释，庄子说：“物得以生之为德。”认为天地万物全体之自然，即为“道”，而各种事物所得之自然，即为“德”，用在人伦上，则为人的本性和品德。

道德。荀子在《劝学篇》开始把“道”和“德”连用，他说：“故学至乎礼而止矣，夫是之谓道德之极。”意思是说社会中的人，如果一切都能修养到按照“礼”去做，那就算达到了道德的最高境界。也就是说，“道”是行为的原则，“德”是使人有所得，是行为的效果。一句话，道德是指人的行为合于礼，利于人。

在西方，道德一词最早来源于拉丁语的“moralis”，其原意为风俗习惯、性格，后逐步引申为原则规范、行为品质、善恶评价等。

可见，古代的中国和西方，对道德一词的理解大致是相同的。基本上包含了社会原则和个人的道德品质两方面的内容。

（二）道德的定义

在中国伦理思想史上，道德一词的含义是多方面的，除了指调整人们之间的社会关系及行为准则外，亦指人们的思想品质、善恶评价、个人的思想修养以及所具有的理想境界等。

在西方，苏格拉底、斯多葛派的哲学家们把道德看作是一种知识，认为罪恶即是对道德所应知的许多事情的无知，道德即是知识。这一观点在某种程度上是合理的，因为道德的确有知识的成分。然而他们只看到道德的知识的一面，却没有看到对道德来说更重要的是行为。俄国的克鲁泡特金把道德看作是包括情感和观念在内的一种社会意识。他在《正义与道德》一书中说：“道德乃是人类间慢慢地发达而且至今还在发达的感情与观念之复杂的组织。”这种把道德看成是一种社会意识，而且还在不断发展的观点是正确的，但他又认为这种情感和观念来源于本能却又使人难以认同。法国唯物主义者霍尔巴赫把道德看作是对社会有益的行动。他说：“做善事，为旁人的幸福尽力，扶助旁人，就是道德。道德只能是为社会的利益、幸福、安全而尽力的行动。”这种看法基本正确，不足的是他仅仅看到道德的一个方面而忽视了道德的其他方面。

许多马克思主义的伦理学家对什么是道德这一问题都作过积极的研究和探讨。如罗国杰认为：“道德就是人类社会生活中所特有的，由经济关系决定的，依靠人们的内心信念和特殊社会手段维系的，并以善恶进行评价的原则规范、心理意识和行为活动的总和。”他们的研究都较好地反映了道德的基本特点和主要作用。因为道德作为行为规范不同于其他行为规范（如法律、行政组织、社会团体的规范）的主要之点是依靠社会舆论、内心信念和多种形式的教育来支持的，它的作用是调整个人与个人、个人与集体、个人与社会之间的关系。

总之，所谓道德是指人们在社会生活中形成的关于善与恶、公正与偏私、诚实与虚伪等观念、情感和行为习惯，以及与此相关的依靠社会舆论与内心信念来实现的人格完善、自我确定和调节人与人、人与自然关系的行为规范体系。也就是说道德既是一种观念、情感、行为习惯，又是一种人格完善、自我确定，还是调节人与人、人与自然的关系的一种行为规范体系。

二、道德的结构

道德的结构是支撑道德这一社会存在的基本框架，对道德结构的探寻可以从不同的视角进行：有的从伦理学的研究领域对道德的结构进行探索，还有的从心理学的角度对个体道德的结构进行剖析。

（一）伦理学视角的道德结构

从宏观上而言，道德可以在结构上区分为价值形态、规范形态和秩序形态这样三个既互相关联又层层推进的方面。道德建设的过程是道德的价值形态转换为规范形态并进一步转化为秩序形态的过程。

道德的价值形态主要表现为宽容、奉献、慷慨、仁慈、博爱、无私和富有爱心等要素和境界，它一般以善恶、好坏、高尚和卑下等判断，表达一定社会、民族、团体的现实利益，反映个人的行为对于社会或他人的价值，并通过调节人们的道德行为干预社会生活，而不直接揭示和论证现实社会关系发展的客观规律。道德的价值形态是道德规范的核心和灵魂。

道德的规范形态是指人们在社会生活中的言行举止所依据的行为标准，是道德结构的核心因素。道德作为人类把握世界的方式，它主要依靠其规范体系来调节人的行为、人与人及个人与社会之间的关系，并为人们处理这些关系设定了具体的伦理路径。道德规范是道德价值的物质载体。

道德秩序则是道德规范的具体实现。社会是一种结构系统，社会结构的维系和存在取决于社会结构的协调和平衡。社会结构要达到平衡，自身要具备协调和平衡的功能，道德秩序就是执行这种功能的重要机制。不同的社会结构塑造着不同的道德秩序。在这种结构对功能的要求中,道德秩序形成了自己的特质,证明了自己的存在。所以它的基本精神始终是维持社会的稳定与有序。

（二）心理学视角的道德结构

目前，道德心理学主要运用“四分法”来分析个体道德的结构。

知。是指道德认识，是人们对道德规范及其意义的理解和掌握，对是非、善恶、美丑的认识和评价，以及在此基础上形成的道德观念、信念和评价能力。我们在道德教育中，必须有目的、有计划地用马列主义的基本理论和共产主义道德规范武装学生，提高他们的道德认识，培养他们的共产主义信念。

情。是指道德情感，是人们对客观事物作是非善恶判断时引起的内心体验，是对客观事物爱憎好恶的态度。青少年学生富于激情，他们的许多行为都是以他们的情绪和情感为转移的。因此，在道德教育中应十分重视学生各种道德情感的培养，以养成他们丰富、深刻而又稳定的道德情感。

意。是指道德意志，是人们为实现道德行为所做出的自觉而顽强的努力，它是一种毅力和自我控制能力。对学生道德意志的培养，既要提高他们的道德认识，培养坚定的信念、崇高的义务感和责任感，以增强意志的力量，更要重视实际锻炼，让他们在与各种困难作斗争的过程中，磨炼坚强的意志。

行。是指道德行为，是人们在道德认识、情感和意志的支配下，对他人和社会做出的行为反应。学生品德的培养，只有达到某种行为习惯时，才能形成道德品质，才算达到道德修养的较高境界，完成了道德教育的任务。因此，在道德教育中，道德行为既是结果，又是目的，极为关键。学校应特别重视学生道德行为习惯的培养与训练，不仅要提高他们的道德认识，而且要对其行为方式进行指导，并通过实践活动进行反复的行为训练，养成良好的行为习惯。

综上所述，知、情、意、行是形成学生个体品德的基本要素。它们之间既存在区别，有相对的独立性，又相互联系，构成不可分割的统一整体。其中，知是基础，行是关键，情和意在知到行的转化中起调节作用。因此，道德教育过程就是知、情、意、行几个方面相互作用、相互制约、相互促进、相互转化，从简单到复杂，从低级到高级，从旧质到新质的发展变化过程。

第二节　学校道德教育

学校道德教育是指教育者根据一定社会的要求和青少年思想品德发展的规律，有目的、有计划、有组织地发展受教育者的政治、思想、道德、个性等方面素质的系统活动。从内容范围上，学校道德教育包括学校政治教育、思想教育、道德教育和个性心理品质教育。政治教育主要是政治立场、政治态度等方面的教育；思想教育指世界观、人生观等方面的教育；道德教育是指学生道德品质的培养；个性心理品质教育指品格、意志、性格等方面的教育。

一、学校道德教育的内容

学校道德教育的内容是指用来教育、影响受教育者的符合一定社会需要的道德规范、政治原则、思想观点及其体系。学校道德教育内容的选择不仅受到社会占统治地位的政治、思想观点和道德规范的影响，而且还受到学生年龄特征的制约。当代我国中小学道德教育的内容，是国家教委颁发的《小学德育纲要》和《中学德育纲要》中具体规定的内要包括以下内容：

（一）爱国主义教育

爱国主义教育是培养学生对自己的祖国、民族及其优良传统的热爱情感。爱国主义是一种非常高尚的情感，它体现了一个国家和民族的凝聚力，是青少年教育的主旋律。爱国主义是一个历史范畴，在社会发展的不同阶段、不同时期具有不同的内容，相应的，其教育内容也随着变化。其主要内容包括：

1. 国家观念的教育

要引导学生认识到自己是中国人，是国家的主人，培养他们的国家意识，增强其主人翁责任感。要引导青少年把个人的命运和前途与国家的命运、前途联系起来，视祖国的利益高于一切。

2. 热爱社会主义祖国和热爱中国共产党的教育

教育青少年热爱社会主义，认识社会主义制度的优越性，明确社会主义是中国人民的历史选择。了解中国共产党的革命史、斗争史、建设史，认识到中国共产党是中国人民爱国主义运动和社会主义事业的领导核心，在政治上、思想上、行动上与党中央保持一致。

3. 维护民族团结、祖国统一和国际主义的教育

要使青少年了解我国是一个多民族的国家，各民族一律平等，要维护各民族的团结和国家的独立统一。要使青少年懂得爱国主义不等于民族主义，而是

与国际主义紧密联系的。

（二）集体主义教育

集体主义是社会主义社会成员之间，以及个体与集体、个人与国家关系的一个基本特征，是共产主义的一个基本原则。集体主义教育就是用集体主义观点对学生进行关心集体、助人为乐的感情和善于在集体中生活的教育，是学校道德教育内容的核心。主要内容包括：

1. 教育青少年热爱集体、关心集体、养成集体生活的良好习惯

要帮助学生树立集体荣誉感、责任感，在集体生活中能与同学友好相处，互相关心和帮助，养成个人服从集体、少数服从多数、尊重集体决议的习惯。同时，要反对学生脱离集体、离群索居的不良倾向。在集体主义教育中，还要尊重每个人的兴趣、爱好和才能，使他们的个性得到充分发展，而不要以集体的名誉去束缚学生个性的发展。

2. 教育青少年正确处理个人利益和集体利益的关系

在社会主义社会里个人利益和集体利益在根本上是一致的。要兼顾个人利益和集体利益，当个人利益与集体利益、国家利益发生矛盾时，个人利益应服从集体利益、国家利益。同时，也不能忽视、抹杀、或践踏正当的个人利益。

3. 教育青少年养成尊重群众的观点

要学生逐步学会联系群众、团结和依靠群众搞好工作与活动。

（三）劳动教育

劳动教育是让青少年树立正确的劳动观和劳动态度、热爱劳动人民、养成劳动习惯的教育。加强劳动教育，可以促进青少年更好地适应社会生产的发展，促进学生的个性的全面发展。主要内容如下：

1. 热爱劳动和劳动人民的教育

使青少年了解劳动人民是创造历史的主人，教育青少年热爱劳动人民、尊重劳动人民、自觉抵制各种轻视体力劳动和体力劳动者的言行。

2. 社会主义劳动态度和珍惜劳动成果的教育

教育青少年要以主人翁的态度积极参加社会主义建设；遵守社会主义劳动纪律；认识到公共财产是广大劳动人民辛勤劳动的成果，要爱护公共财产，和一切侵犯、损害公共财产的思想和行为作斗争。

3. 艰苦奋斗、勤俭建国的教育

使青少年认识到艰苦奋斗是中华民族自尊、自信、自强精神的反映，勤俭建国是中华民族的传统美德。教育青少年艰苦朴素、不贪图享受等优良品质。

（四）民主、法制、纪律教育

民主、法制、纪律教育是指用社会主义民主、法制、纪律的基础知识来教

育学生，使他们受到民主的训练和遵纪守法的教育，懂得和履行社会主义公民的权利和义务，增强法制观念，养成自觉遵纪守法的行为习惯。

1. 民主思想和参与意识的教育

要培养青少年的参与意识，在受教育期间就关心班级与学校的工作和活动，提出中肯的建设性的合理化建议，积极参与民主管理与监督，并主动关心国家大事。

2. 法律知识及法制观念的教育

使青少年懂得作为一个公民应有的权利和义务，以及权利与义务的关系。帮助青少年了解我国的基本法律，了解民主与法制的关系，懂得自觉遵守和维护国家法律是公民的义务，懂得运用法律来维护自己和人民的民主权利，增强学生的法制观念，使其敢于同一切违法犯罪行为进行坚决的斗争。

3. 纪律教育

要使青少年学生认识到纪律的重要性，从训练学生的行为入手培养学生的纪律性，使青少年正确理解自由与纪律的关系，提高执行纪律的自觉性，养成不折不扣自觉遵守纪律的习惯，敢于批评破坏纪律的行为。

（五）理想教育

理想是人生的奋斗目标，是人们对未来的向往与追求。理想是人们从事实践活动的力量源泉和精神动力，也是青少年形成人生观和世界观的起点。青少年富于理想，只有引导他们树立正确远大的理想，才能给他们以前进的正确方向和巨大动力。理想教育的主要内容包括：

1. “共同理想”的教育

现阶段我国各族人民的共同理想是：“建设有中国特色的社会主义，把我国建设成为高度文明、高度民主的社会主义现代化国家”，“到本世纪（20 世纪）末，要使我国经济达到小康水平；到下世纪（21 世纪）中叶，接近发达国家水平”。这是现阶段我国各族人民的共同利益和愿望，是实现个人理想的根本出发点和内在根据，也是“共同理想”教育的核心内容。

2. “个人理想”的教育

学生的个人理想是不应当脱离新时期我国人民的共同理想，而应该是将共同理想转化为学生个人各种各样绚丽多彩的理想。树立“三百六十行，行行出状元”的观点，将学生的理想建立在自己的兴趣、特长和国家需要的坚实基础上。

3. 引导学生把对理想的追求落实到实际行动中

理想是美好的，而实现理想的道路是崎岖的。因此，不仅要启发引导学生把远大的理想与当前的学习生活结合起来，而且引导学生参加各种形式的社会实践活动，在实践活动中获得大量的感性材料，进一步丰富、充实自己的理想。

（六）文明行为的教育

对学生进行文明行为教育，培养学生文明行为习惯，是中小学教育的经常的重要的内容之一。学生无论在学校、家庭或公共场所，都要遵守文明行为的规则。文明行为的内容是很广泛的，涉及到人们生活的各个方面，看似小事，却体现出一个人的文化修养和情操。文明行为习惯，首先表现在尊重他人上，表现在整洁的仪表上，表现在遵守公共秩序和在公共场合举止适当等。

文明行为教育的具体内容是很多的。如在社会公共生活中，大力发扬社会主义人道主义精神，尊重人，关心人，特别注意保护儿童、尊重妇女，尊敬老人、关心帮助残疾人等；在家庭中，尊重家长，善于体谅、关心家庭成员，分担家庭责任等；在学校，尊敬师长，爱护同学；遵守纪律，爱护公共财物；讲卫生，爱清洁；有礼貌，谦虚，热情，诚实等。

（七）良好的个性心理品质教育

现代社会特别重视人的个性心理品质。青少年正处于人生发展的重要阶段，是心理品质形成和发展的重要时期。这一时期形成良好的个性心理品质可以为学生其他素质的发展打下坚实的基础。个性心理品质教育的主要内容包括：

1. 自我意识品质的培养

自我意识是人对自己身体、思想、行为的活动现状的意识，是个体对自己正在发生的全部心理活动的认识。要培养学生对自己的正确认识和评价，在此基础上激发他们自强、自信的勇气，改造他们自大、虚荣、自卑、不思进取等不良的自我品质。

2. 人际交往能力的培养

指导青少年与同学、教师、家长之间建立良好的人际关系，培养他们对人真诚、坦率、公平、谦虚、关心等良好的交往品质，克服虚伪、冷酷、嫉妒、孤僻等不良的交往品质。

3. 耐挫能力的培养

耐挫能力包括对挫折的容忍力和超越力。引导青少年正确认识和对待挫折，教育学生把挫折当成对自己才识和胆识的磨炼与考验，帮助学生树立战胜困难的自信，要指导学生建立适当的抱负水平亦即志向水平，使学生在追求成就或从事某项工作时，为自己设立适当的成就目标。同时教给学生正确的对待挫折的积极适应的方法。

二、学校道德教育的过程

学校道德教育过程是教育者根据一定社会的要求和受教育者品德形成的规律，有目的地对受教育者施加教育影响，并通过受教育者的积极活动，把一定社会的思想准则和道德规范转化为受教育者个体品德的过程。

（一）学校道德教育过程的结构

道德教育过程既然是教育者对受教育者施以有目的的影响过程，那么教育者和受教育者就必须成为其两个基本因素，同时又必须借助一定的媒介物，即传递影响的内容、方法以及教育活动。因而，教育者、受教育者、教育内容和方法以及教育活动就成为思想道德教育过程的三个基本要素。

凡是有目的地组织教育活动以培养受教育者，使之具有一定的道德品行的个人或团体都可以称之为教育者。因此，教育者包括个人教育者和团体教育者。个人教育者一般指教师、校内辅导员、团体干部等。团体教育者一般指校内的党团组织、学生会、教师集体、校外的家庭和社会文化团体等。教育者作为教育活动的主体，是道德教育过程中的组织者和实施者，在教育过程中起主导作用。受教育者，也包括个体教育对象和群体教育对象。个体教育对象一般指学生，群体教育对象则是指学生班级、共青团、少先队、各种课外教育活动组织等团体。在道德教育过程中，受教育者具有教育客体和教育主体的双重性。明确受教育者在道德教育过程中的双重性，有利于教育者在对受教育者进行教育时，充分发挥其积极的能动作用。

教育的内容和方法是教育者用以影响、作用于受教育者的中介或手段。从道德教育的实施来看，不仅教育的内容和方法，而且教育者本身也可以成为教育的手段。教育者的人格、情感、意志、举止等都是影响受教育者的重要因素。因而，在道德教育过程中，教育者和教育手段是融为一体的。教育活动也是道德教育过程中不可缺少的因素，它是由各具独立性而又相互联系、相互制约的教育者的活动和受教育者的活动统一组成的。正是通过施教与受教的活动，才使各要素之间发生关系和相互作用。没有活动，也就无所谓道德教育过程。

可见，构成学校道德教育过程的三个基本要素，不是简单地相加，而是按照各自在道德教育过程中的地位和作用，通过相互间统一的教育活动，有机地结合成一定关系，从而构成道德教育过程。其中，教育者和受教育者都是主体，是最积极的两个因素。研究其结构的目的，在于正确处理好各要素间的关系，特别是要处理好教育者和受教育者的关系，使之取得最佳配合，以期达到最优的教育效果。

（二）学校道德教育过程的规律

学校道德教育过程具有如下六个基本规律：

1. 道德教育过程是培养学生知、情、意、行的过程

学生品德的形成，通常以知为开端，沿着知、情、意、行发展，以形成行为习惯为终端。但由于知、情、意、行各因素具有相对的独立性，其发展方向和水平也经常处于不平衡状态，因而道德教育过程具有多种开端，即多端性。实际上，知、情、意、行都可以作为道德教育的开端，而且整个教育过程的组织，其运行的顺序也应当是灵活多变的。

2. 道德教育过程是促进学生思想内部矛盾斗争的发展过程

学生个体品德的形成与发展是由客观矛盾所引起的学生思想内部矛盾运动的结果。外界的教育影响是不可缺少的重要条件。但这种影响要真正发挥作用，为学生接受，转化为自身的品德，还需要经过一个内因变化过程，即经过学生内部的矛盾运动。这种内部矛盾，就是受教育者对当前道德要求的反映和现有道德状况之间的矛盾。其中，学生的内部矛盾是多种多样的，这些矛盾错综复杂，交织在一起，成为学生品德发展的动力。在道德教育中，教育者的责任在于自觉地掌握和运用矛盾运动的规律，根据学生内部矛盾的性质，有计划地实施以系统的影响，启发、引导他们开展积极的矛盾运动，促进、加速矛盾向积极方向转化，推动他们的道德品质向着教育者所期望的方向发展。

3. 道德教育过程是教育与自我教育相统一的过程

道德教育过程，还是教育与自我教育相统一的过程。学生不仅是教育客体，也是教育主体。他们作为积极参加教育活动的主体，并不是消极地接受教育影响的。当学生一旦形成教育者所要求的品德，就具有相对独立性，并转化为一种能动的自我教育力量。它经常表现为自我教育目标的具体性及其与教育要求的一致性；自我批评和自我监督的严格性和一贯性；接受教育的自觉性和主动性等。

4. 道德教育过程是组织学生活动和交往的过程

作为社会成员的学生，其思想品德总是在一定社会条件下，在参与社会活动和交往中形成，又通过活动和交往表现出来。活动使社会关系得以实现，交往是社会关系现实化的方式。所以，活动和交往是形成学生思想品德的源泉，是道德教育过程的基础。

在学校中，学生活动和交往的形式是多种多样的，由于学生的主要活动是学习，主要交往对象是教师和同学，因此，学校的道德教育应重视学习活动的组织，寓教育于教学活动中，在学习活动中充分体现道德规范的要求。并且，学生的活动和交往，主要是在学生集体中进行的，要充分利用与发挥学生班级、团、队等集体的教育作用，寓教育于各种集体活动之中。

5. 道德教育过程是统一多方面教育影响的过程

学生的思想品德是在广泛的社会活动和交往中，接受学校、家庭和社会的教育影响而形成发展的。其教育影响因素贯穿于他们的游戏、学习、劳动、生活等全部活动中，贯穿于他们和所有人的各种交往活动中，这些影响有积极的，也有消极的。只有教育者有目的的组织起来的活动和交往，才对学生思想品德的形成具有积极意义。学校思想品德教育具有可控性，它不仅应该有效地组织学生的活动和交往，还应该而且能够对各种环境的影响进行选择和调节，使家庭教育、社会教育和学校教育一致起来，统一多方面的教育影响，促使学生的思想品德沿着社会所需要的方向发展。

6. 学校道德教育过程是一个长期的反复的逐步提高的过程

学校道德教育过程是与思想品德形成过程的长期性、反复性相联系的。首先，学生的思想品德是学校、家庭和社会多方面教育影响的结果。任何一方的不利因素，或教育不力，都会造成影响的不一致，使学生的思想出现反复；其次，学生思想的矛盾是客观现实的反映。整个意识形态领域里矛盾斗争的长期性、复杂性，也必然反映在学校道德教育的过程中，使道德教育过程具有长期、反复的特点；再次，学生思想品德的形成需要知、情、意、行各因素的相应发展，都不是一朝一夕能实现的。培养、塑造新的思想品德需要长期、反复的教育，形成新的动力系统。

三、学校道德教育的方法

学校道德教育方法是为了达到既定的德育目标，教育者和受教育者所采取的工作方法和活动方法的总和。通常包括说服教育法、榜样示范法、陶冶教育法、实际锻炼法、自我教育法、品德评价法。

（一）说服教育法

说服教育法是指教育者通过摆事实、讲道理，以影响受教育者的思想意识，提高其道德认识的德育方法。包括讲解、报告、谈话等形式，其主要功能是提高受教育者的道德认识。说服教育法在学校德育中是运用最广泛的方法，因为无论以什么途径和方法提高学生的认识，都离不开说服教育。因此，说服教育法是学校德育的基本方法。该方法的运用要注意以下几点要求：①信服性。信服而不是压服，以理服人是说服教育法的最显著的特点。②情感性。教育者的态度要真诚，要理解、爱护、关心学生，做到情通而理达。③多种方式的配合使用。考虑到德育效果的多因素性等特点，要使理论的力量、知识的力量、语言的力量、情感的力量形成合力，增强说服的效果。

（二）榜样示范法

榜样示范法是指以他人的高尚思想、模范行为、优异成就来教育影响受教育者的方法。榜样示范有教育者的示范、伟人的示范以及优秀学生的典型等多种方式。

运用榜样示范法要注意以下几点要求：

慎选榜样。榜样要想被学生接受，要具有认可性、亲近性、鼓舞性、针对性、可学性等特点，否则榜样的作用将受到局限。

激发学生对榜样的敬慕之情。只有学生能从内心深处产生对榜样的惊叹、爱慕、敬佩之情，才能理解榜样人物的精神实质，自觉地运用榜样来调节自己的行为。

学习榜样要见之于行动。“学英雄，见行动”。学习英雄，只有将榜样的好思想、好品德转化为学生自身的思想和行为，才算达到了目的，收到了效果。教师要及时地抓住时机，把学生的情感引导到行动上来，将敬慕之情转化为道德行为和习惯。

（三）实际锻炼法

实际锻炼法是教育者有目的地组织学生按照一定的要求，参加各种实践活动，经过反复锻炼，形成良好道德品质和行为习惯的方法。该方法侧重于学生的意志锻炼和行为习惯的养成。实际锻炼法的主要方式如下：

日常行为的训练。学生在日常的学习、工作和生活中最易暴露出思想和行为上的弱点，只有通过日常的学习、工作和生活的锻炼，才能发扬优点、克服缺点。

参加各种实践活动。组织学生参加各种有意义的实践活动，包括学习、课外活动、社会活动和生产劳动等。

通过紧张的学习活动，可以培养学生正确的学习态度和刻苦认真、细致耐心的学习习惯；组织学生参加一定的社会活动，有利于他们接触社会，增强集体荣誉感的优良品质；通过生产劳动的锻炼，可以培养学生的劳动观点、劳动习惯，养成勤劳俭朴、坚韧顽强的品质。

（四）陶冶教育法

陶冶教育法是指通过创设良好的教育情境，潜移默化地使受教育者在思想、情操方面受到感染、熏陶。该方法的主要特点是非强制性、隐蔽性和无意识性，寓教育于情境之中，没有强制措施，对学生有潜移默化的效果，影响深远。

陶冶教育包括人格感化、环境陶冶、艺术熏陶。

人格感化指通过教育者自身的品德、情操和对受教育者深切期望的态度来感染对象。

环境陶冶指通过学校的物质文化和精神文化环境使学生受到感染和熏陶。

艺术熏陶指通过音乐、美术、舞蹈、雕塑、诗歌、影视作品等文学艺术活动陶冶学生的思想情感。

实施陶冶教育，首先应加强教育者自身的修养，以对学生真诚的爱来影响学生的心灵。其次，重视校园文化建设，开展丰富多彩的健康向上的文化娱乐活动，组织学生参与其中，在文艺的陶冶中受到教育。

（五）自我教育法

自我教育法是指在教育者的指导下，受教育者在自我意识基础上产生积极的进取心，为形成良好的品德向自己提任务，自觉进行思想转化和行为控制的方法。苏霍姆林斯基认为“教是为了不教”，“促进自我教育的教育才是真正的教育”，因此，从某种意义上说，自我教育不但是一种方法，更是德育的最终目的和归宿。

受教育者的自我教育包括自我认识、自我体验和自我控制等方面。

自我认识。自我认识是自我教育的前提，是受教育者对自己的思想、言行、优缺点的自我判断。只有发现自己的不足，找出与他人、与社会、与教育要求的差距，并产生对自己的不满态度，才能激发自我改进和提高的愿望。

自我体验。自我体验是伴随自我道德认识和评价所产生的情感体验，是对自己思想、言论、行为作价值判断时产生的道德情感。抓住契机，引导学生体验自我放纵的痛苦和战胜自我的愉快。

自我控制。自我控制是学生在道德意志行为中自觉地掌握和支配自己的情感和行为。自我控制是心理成熟的标志。教育者要创设困难情境，磨炼学生的意志，指导学生自我激励、自我监督、自我检查、自我命令等，最终达到自我实现。

（六）品德评价法

品德评价法是教育者依据一定的标准，对受教育者的思想、言行做出判断，予以褒贬，以激励其上进，预防和克服不良品德和行为习惯的方法。它是道德教育不可缺少的强化手段。

品德评价主要有表扬与奖励、批评与惩罚、操行评定等具体方式。表扬与奖励是对学生良好的思想行为给予的肯定性评价，其目的是受到表扬与奖励的学生明白自己正当、良好的思想行为，获得精神上的满足，从而巩固、发展这些优良的品质。批评与惩罚是对学生的不良思想行为的否定性评价，其目的在于帮学生分清是非，产生自责、羞愧和内疚，从而克服缺点和错误，明确努力的方向。操行评定是教育者在学期或学年结束时对学生思想品德所作的比较全面的评价，包括肯定的评价和否定的评价两个方面。

运用品德评价法要求：①要有明确的目的。奖惩都不是目的，而是教育学生的手段；②评价要客观慎重。坚持从实际出发，灵活掌握评价的分量和时机，做到客观、公正、合情、合理；③评价要得到集体舆论的支持。否则，会削弱评价的教育作用，甚至产生不良的后果。

四、学校道德教育的模式

学校道德教育模式简称德育模式，是在德育实施过程中道德与德育理论、德育内容、德育手段、德育方法、德育途径等因素的某种组合方式。当代最具有影响力的德育模式有认知性道德发展模式、体谅关心模式、价值澄清模式、社会行动模式等，它们在提高学生的道德认识、陶冶学生的道德情操、培养学生的道德行为习惯上各具特色，各有贡献，大体上说，认知性道德发展模式重知，体谅模式重情，社会行动模式重行。

（一）认知性道德发展模式

认知性道德发展模式（the cognitive emerald development model）是由瑞士心理学家皮亚杰和美国心理学家科尔伯格等人创建。皮亚杰的贡献主要体现在理论建设上，而科尔伯格的贡献还体现在从实践上提出了一种可以操作的德育模式。

1. 道德发展论

科尔伯格的道德发展理论，确切地说，是道德判断发展理论。他主要从哲学和心理学上探讨道德判断的发展，为其发展性道德教育模式奠定了坚实的理论基础。

（1）道德判断的形式或结构反映个体道德判断的水平

道德判断有内容与形式之别。所谓道德判断的内容，就是对道德问题所作的“该”或“不该”、“对”或“错”的回答，反映人的道德立场；所谓道德判断的形式或结构，指的是判断的理由以及说明理由过程中所包含的推理方式，反映人的道德思维结构。体现学生道德水平的不是道德判断的内容，而是其道德判断的形式或结构。

（2）个体的道德判断按照一定的顺序逐阶段向上发展

科尔伯格及其同事对儿童的道德判断力进行了追踪研究，他们采用的道德两难问题情境，要儿童们对“海因兹难题”的故事做出判断并陈述自己判断的理由。该故事大意为：一位欧洲妇女海因兹太太罹患严重癌症，医师诊断只有一名药剂师最近发现的一种药物可治愈此病。海因兹奔赴药店时，店主将成本仅200美元的药物，提高为2000美元。海因兹因为妻子久病已用尽所有积蓄，向亲友借贷只能凑得1000美元。他恳求店主允许先付1000美元以救妻子一命，余款保证稍后补足。店主拒绝并称卖药目的只求赚钱，不考虑其他问题。太太性命危在旦夕，海因兹走投无路，在当天夜间撬开药店窗户偷得药物，救了妻子一命。针对这个故事，科尔伯格要儿童回答：“你认为海因兹偷药救妻的行为对不对？如说他对，为什么？如说他错，为什么？”他们的研究表明：

第一，个体的道德判断处于不断发展之中，经历性质不同但相互关联的三种水平和六个阶段：前习俗水平（包含以惩罚与服从为定向的阶段1和以工具性的相对主义为定向的阶段2），习俗水平（包含以人与人之间的和谐一致或者“好男孩－好女孩”为定向的阶段3和以法律与秩序为定向的阶段4），后习俗水平（包含以法定的社会契约为定向的阶段5和以普遍的伦理原则为定向的阶段6）。各个阶段道德判断的结构（道德思维形式）存在质的差别。

Ⅰ 前习俗的水平

在这个水平上，儿童能够区分文化中的规则和好坏，懂得是非的名称，但是他是根据行为对身体上的或快感上的后果来解释好坏的(受罚、得奖和交换喜爱的东西)，或是根据宣布这些规则和好坏的人们的体力来分别好坏的。这一水平分为两个阶段：

阶段 1：以惩罚与服从为定向。以行为对自己身体上所产生的后果来决定这种行为的好坏，而不管这种后果对人有什么意义和价值。无条件地屈从力量以避免惩罚成为价值判断的标准，而不是尊重为惩罚和权威所支持的那种基本的道德秩序(后者是阶段4的表现)。道德发展至此阶段者，对行为对错的判断，不是从行为本身着眼，而是从行为带来的后果着眼；后果带来奖励，就是对的行为，后果带来惩罚，就是错的行为。偷窃是要受罚的，所以认为海因兹偷药行为是错的，应该受惩罚。

阶段 2：以工具性的相对主义为定向。正确的行为就是那些可以满足个人需要、有时也可以满足他人需要的行为。人们之间的关系是根据像市场地位那样的关系来判断的。儿童知道了公平、互换和平等分配，但他们总是以物质上的或实用的方式来解释这些价值的。交换就是“你帮我抓痒，我也帮你抓痒”，而不是根据忠义、感恩或公平来进行判断的。道德发展至此阶段者，对行为对错的判断持利益交换的观点，帮助别人是为了希望别人帮助自己。故而认为海因兹偷药行为是对的，因为他挽救了妻子一命，也消除了自己的痛苦。

Ⅱ 习俗的水平

在这个水平上，按照个人的家庭、集团或国家所期望人们做的去行事就被认为它本身就是有价值的，而不管它所产生的直接的和明显的后果如何。这种态度不仅服从个人的期望和社会的秩序，而且忠心耿耿，主动去维护、支持和辩护这种秩序，并以与这种秩序有关的个人或团体自居。在这个水平上，有两个阶段：

阶段 3：以人与人之间的和谐一致或者“好男孩－好女孩”为定向。凡是讨人喜欢或帮助别人而为他们称赞的行为就是好行为，其中许多符合大多数人心目中定型了的形象的或“自然的”的行为。经常用意图去判断行为。第一次把“他的用意是好的”作为行为的一个重要因素。好孩子就会获得别人的赞许。道德发展至此阶段者，对行为对错的判断，多以符合家庭社会期待的“乖孩子”为标准。因此认为海因兹的偷药行为是对的，因为救了妻子一命，是个好丈夫。

阶段 4：以法律与秩序为定向。行为服从于权威、固定的规则和维护社会秩序，尽自己的义务、对权威表示尊重和维护既定的社会秩序本身就是正确的行为。道德发展达到此阶段者，开始认同社会规范，对学校校规和社会法律，有自觉遵守的义务与责任。因此认为海因兹的偷窃行为是错的，应受法律制裁。

Ⅲ 后习俗的、自主的或有原则的水平

在这个水平上，儿童显然努力在摆脱掌握原则的集团或个人的权威，并不把自己和这种集团视为一体从而去确定有效的和可用的道德价值和原则。这个水平也有两个阶段：

阶段 5：以法定的社会契约为定向。总的倾向带有功利主义的色彩。正确的行为往往取决于一般的个人权利和已为整个社会批判考核而予以同意的标准。儿童清晰地意识到个人的意见和价值是相对的，从而相应地强调要求有一个取得一致意见的程序和规则。除了在宪法上民主地同意了的事物，权利是关于个人的价值和意见的事，所以其结果是强调法律的观点，但同时也强调要根据对社会是否有用的理性思考来改变法律的可能性（不像以法律秩序为定向的阶段 4 那样死板地维护法律）。在法律领域之外，自由同意和契约是遵守职责的一个具有联结作用的因素。道德发展至此阶段者，对行为的对错判断时，多以合于社会大众权益所定的法规为基础；以个人行为符合公定法规者为对，违犯公定法规者为错，因此认为海因兹的偷药行为应该是正确的行为，因为店主私自涨价，违犯公平交易的原则。

阶段 6：以普遍的伦理原则为定向。根据良心做出的决定就是正确的，而所谓根据良心做出的决定就是根据自己选择的具有逻辑全面性、普遍性和融贯性的伦理原则做出的道德决定。这些原则是抽象的和伦理的，像“中庸之道”，绝对命令等，而不是一些具体的道德规则，如“摩西十诫”等。实质上，这些原则就是普遍的公正原则、互惠原则、人权平等原则和尊重个人的人类尊严的原则。道德发展达到此一阶段者，认为海因兹偷药行为是对的，因为人类的生命价值至高无上，海因兹的作为不但救了他妻子的性命，而且也等于维护了人类的生命权。

第二，上述三种水平与六个阶段按照不变的顺序由低到高逐渐展开，既不可能跳跃，也不可能倒退。

第三，更高层次和阶段的道德推理能兼容更低层次道德阶段的道德推理方式；反之，则不能。

(3) 冲突的交往和生活情境最适合于促进个体道德判断力的发展

对于道德发展的动因，科尔伯格进行了研究，他认为：第一，道德发展是学习的结果，这种学习不同于知识技能的学习。人可以通过一段时间的学习来习得某种知识和技能；但道德学习是一个长时期的乃至于需要付出整个一生的努力过程。第二，道德的发展有赖于个体的道德自主性。道德不是从外部强加于人，而是个体内部状态与外界环境交互作用的产物，它不可能从外部强加于人。第三，冲突的交往和生活最适合于促进个体道德判断力的发展。科尔伯格的合作者布莱特认为，儿童通过对假设性的道德两难问题的讨论，能够理解和同化高于自己一个阶段的同伴的道德推理，拒斥低于自己道德判断的同伴的道德推理。围绕道德两难问题的思考与选择是促进学生道德发展的一种有效的方法。

2. 道德教育论

(1) 道德教育旨在促进道德判断的发展及其与行为的一致性

认知性道德发展模式强调，道德教育的目的首先在于促进学生的道德判断不断向更高水平和阶段发展，其次在于促进学生道德判断与行为的一致性。科尔伯格及其同事的研究表明：儿童的道德判断普遍存在与其行为不一致的现象，但是，儿童道德判断力的发展水平和阶段越高，道德判断与行为的一致性程度越高。因此，道德教育的关键是促进学生道德判断力的逐步提高。

(2) 道德教育奉行发展性原则

认知性道德发展模式强调，根据儿童已有的发展水平确定教育内容，创造机会让学生接触和思考高于他们一个阶段的道德理由和道德推理方式，造成学生认知失衡，引导学生在寻求新的认知平衡之中不断提高自己的道德判断的发展水平。

认知性道德发展模式实施德育的方法和策略包括：第一，了解学生当前的道德判断发展水平；第二，运用道德难题引起学生的意见分歧和认知失衡；第三，向学生揭示比他们高一阶段的道德推理方式；第四，引导学生在比较中自动接受比自己原有的道德推理方式更为合理的推理方式；第五，鼓励学生把自己的道德判断付诸行动。

认知性道德发展模式向世人提供了一种重视理性思维的德育模式，还向世人展示了一种从基础理论到开发应用的研究模式。在当代学校德育模式中，认知性道德发展模式可能是上述理论基础最为坚实的模式。但是，它的理论假设并非无懈可击。人们的批评和怀疑主要集中在科尔伯格的道德发展理论上。

一些研究表明，有些文化背景下的人根本没有出现阶段 5 和阶段 6 的道德发展特征。科尔伯格对这两个阶段的定义很可能带有西方的文化偏见。此外，还有不少人批评这个模式忽视道德发展中的情感因素。

尽管遭到上述批评及至更多的非议，认知性道德发展模式对于我国学校的道德教育改革依然具有诸多可能的借鉴作用。

（二）体谅关心模式

体谅关心模式形成于 20 世纪 70 年代初，为英国学校德育学家彼得·麦克菲尔和他的同事所创，后风靡于英国和北美。该模式假定与人友好相处是人类的基本需要，满足这种需要是教育的首要职责。它以一系列的人际与社会情境问题启发学生的人际意识与社会意识，引导学生学会关心，学会体谅。与认知性道德发展模式强调道德认知发展不同，体谅关心模式把道德情感的培养置于中心地位。

英国历来坚持宗教德育，但随着战后科技发展，社会问题日益严重，因而加强学校德育研究，希望开设世俗德育课程来改善社会问题，1967～1971 年间，麦克菲尔受命领导一个德育课程研究小组，以问卷、访谈等方式对 800 多名 13～18 岁的英国中学生进行调查，让学生用口头或书面形式各举一个成人对待他们的好或坏的情况实例，调查表明，青少年一致认为成人“好”的教育行为就是能体谅、宽容，“坏”的教育行为就是压制、支配的行为。研究对麦克菲尔全面接受人本主义思想起了很大作用，他指出，调查明确地显示，待人好主要表现为对学生需要、情感、兴趣的关心，反之就不好。他认为这项研究证明了人类的基本需要是与他人友好相处、爱或被爱，帮助人们去满足这种需要是德育的首要职责。当代学校太过于强调积累知识，以致太过于忽视解决人的个性和社会关系方面的问题，当代学校德育应当面对这个实际，改革德育。

麦克菲尔坚信，学校应该营造引导学生关心人、体谅人的人际氛围。为此，他特别强调两点：一是营造相互关心、相互体谅的课堂气氛，使猜疑、谨小慎微、提心吊胆、敌意和忧虑在课堂生活中逐渐销声匿迹。二是教师应在关心人、体谅人上起道德表率作用。教师引导学生学会关心的最佳办法，就是教师自己去学会关心。麦克菲尔认为，学校要注重营造和谐的人际关系和社会关系，他和同事们根据《英国学校道德教育课程的方案》，经过若干年研究后编写了德育课程《生命线》系列教科书，以及该丛书的教师指南书《学会关心》，这套德育丛书集中阐述了体谅关心德育模式所主张的多关心、少评价的德育思想。它的理论假设是在对学生的广泛调查的基础上提出的，他的教材也是取自学生的调查。

《生命线》丛书是实施体谅关心模式的支柱，它由 3 部分组成：第一部分：《设身处地》，含《敏感性》、《后果》、《观点》3 个单元，其中的所有情境都是围绕人们在家庭、学校或邻里中经历的各种共同的人际问题设计的。第二部分：

《证明规则》，含《规则与个体》、《你期望什么?》、《你认为我是谁?》、《为了谁的利益?》、《我为什么该?》五个单元，情境所涉及的均为比较复杂的群体利益冲突及权威问题。第三部分：《你会怎么办?》，含《生日》、《禁闭》、《逮捕》、《街景》、《悲剧》、《盖尔住院》6 本小册子，向学生展示以历史事实或现实为基础的道德困境。这些情境教材的目的，在于拓宽学生超越当前社会的道德视野，鼓励学生形成更为深刻、普遍的判断框架。

体谅关心理论的特点主要表现在以下四个方面：

1. 体现人本性

麦克菲尔的体谅关心理论是受存在主义哲学、人本主义心理学思想影响最深的学派之一。在这些思想的指导下，体谅关心理论主张“以人为本”。它在这方面的作用主要表现在以下几个方面：

尊重人与人之间的差异性。认为人是具有多种能力和兴趣的，学校也是一个具有多种目的的机构，不能只注重学术目的。单一目的不仅在道德上是错误的，在实践与技术上也是不可行的。体谅关心理论使所有的孩子都学会关心他人，在体谅关心他人的同时找到一种满足感，关注了所有人的价值和需要。这一理论使学生们明白：如果一个人连自己都不关心，让他去关心别人是不可能的，作为个体的人来讲，每个人的一生都离不开体谅与被体谅、关心与被关心；从作为类的人来说，如果人与人之间没有体谅与关心，人类就会无法生存和延续。

彻底改善了师生关系。使之由以前的“我—他”关系变成了“我—你”关系、关心与被关心的关系。学生被看作是有主见、有思想、有感情的完整的人，而不是客体和容器；教师也不再是高高在上发号施令的权威人物，而成为一名与学生有着平等地位的体谅者、关心者。

改进了德育方法。比如鼓励师生之间真诚的对话，并指出对话的目的不是为了获胜或劝服对方接受自己的观点，而是对话双方体谅对方、彼此关心，不管有多大的分歧，都应该超越差异，维持关系。

2. 重视情感性

体谅关心模式非常关注情感在道德教育中的作用。麦克菲尔主张从培养儿童尊重自己、尊重他人、尊重社会、尊重自然的情感做起，使儿童成为体谅者、关心者。《生命线》教材充满了以社会上发生的真实事件为素材编写的感人故事，具有很强的情景性，非常易于学生理解和接受。这样编排的目的即在于激起学生学会关心、体谅、同情别人的动机。诺丁斯倡导的以关心为主线建构起来关心者与被关心者的新型人际关系的道德教育方式，把人际关系主要是师生关系完全理解为一种情感交融、以情促德的关系，他把情感问题提到了重要的位置，认为情感高于认知、推理。主张教育者应从关心者的角色和思想境界投入道德教育，并力求使受教育者体验到他在被关心之中，从而学会关心他人。

体谅关心对情感的高度重视，使德育成为一种真正意义上的人性教育。也正是因为重视情感这一特色，体谅关心理论被称为主情派，并与主知、主行德育理论三分天下，使德育理论的研究呈现出丰富多彩、百花齐放的局面，活跃了学术氛围，促进了学术发展。

3. 提倡生活性

体谅关心理论主张使德育重返生活世界，建构一种大德育世界，通过情境中的各种交往和活动，使学生学会体谅关心，成为具有体谅意识和关心行为的人，这一作用主要体现在以下几个方面：

该理论主张将体谅关心主题引入正规课程之列，使学生在学习科学知识的过程中了解与之相关的一些重大的现存问题和相应的伦理道德问题，这是体谅关心理论的生活性在德育内容上的体现，这一作用还体现在具体的德育方法中，该理论认为，基于关心之上的道德是一个具体的而不是抽象的过程，应该在应该得到体谅关心的人面前表现对他的真心实意的关心。

在师生交往的具体情境中培养了学生的关心素质，提出师生建立关心者与被关心者的关系的主张，并要求教师提供榜样作用。

4. 反映时代性

体谅关心理论的出现不是偶然的，它有着很深刻的社会背景，可以说这一理论的出现是时代的召唤，它反映了当时特有的时代性：不管是解决一个国家的生存和发展问题，还是解决全球性问题，都需要倡导一种全球合作精神，要求人们站在全球的高度上来思考年轻一代的培养问题，使他们学会体谅别人、关心自己。

这一理论的出现与二战后美国的国情也有很大的关系。当时，美国的经济霸主地位逐渐形成，但这却难以掩饰日益严重的社会问题，精神空虚、道德堕落、少年吸毒犯罪、种族歧视和失业率居高不下。在美国学校教育没有及时担负起自己的使命的时候，体谅关心理论在拯救德育危机中发挥了重要的作用。

（三）价值澄清模式

这是美国道德教育理论家路易斯·拉斯等人所倡导的道德价值观教育模式。他们认为：现代生活的步调和复杂性使决定何者为善、何者为正确、何者是有价值的问题等变得更为困难，以至相当数量的儿童在确定什么是有价值的事情、哪些事情值得自己花时间和精力去做等问题上倍感困惑。当今社会，学生的价值观受到许多传播媒介的影响，这些各式各样的影响使得学生的价值观陷入混乱的境地。帮助学生正视各种影响，从而树立起自己的价值观是学校的一个重要责任。传统的价值教育往往通过榜样、说服、制定规则等方法教育儿童应该相信什么以及树立怎样的价值观，但是，当教师在向学生传授他们认为是正确的道德价值观时，学生同时也在受其他价值观的影响。这种试图把某种价值观强加给儿童的结果，只能使学生要么“进一步陷入混乱”，要么“他们长大以后只知道假装相信某种道德价值观念”，因此，该模式认为，价值从根本上是个人的而不是社会的，道德价值观念是不能也不应该传授给别人的，教育不能强令儿童应该具有什么价值。学校道德教育的作用在于训练学生，使其掌握做出价值判断和价值决策的方法，通过分析和评价手段，减少价值混乱，促进同一价值观的形成，从而发展学生思考和理解人类价值观的能力。

价值澄清模式受到了国际教育界的广泛重视，特别是因为它有较强的实践性，受到教师和学生的普遍欢迎。它所提供的多种方法都有一套能为师生掌握的可操作性程序，根据这个程序进行教学和评价，有章可循，易教易学。同时它所提供的策略深受儿童欢迎，其中较为著名的有：①供价值指示因素，教师通过某些蕴含有潜在价值的原型来发现学生的价值取向；②清反应，它主张教师在课堂讨论中避免把自己的价值观系统作为正确的答案。课堂气氛应让学生感到被尊重和信任。讨论是“柔性的、随意性的和激励性的”，而不是坚持性的。除此之外，还有价值观卡片、价值观连续体技术、价值观投票、顺序排列、含有价值观的游戏等。

这是一种尊重儿童的主体作用，注重发展儿童道德意识、道德判断和价值观选择能力，注重现实生活，有很强的可操作性的道德教育模式。当然，该模式“强调每个人都有自己的价值，而且这些价值都是合理，值得尊重的，实际上已经陷入极端个人相对主义的窠臼”。[①]实践中，如果任凭以个人的价值观为标准来衡量和评价自身的社会行为，其结果必然变得混乱和出现无政府状态，这是我们必须避免的。

（四）社会行动模式

20 世纪 70 年代，欧美各国兴起了美国教育家弗雷德·纽曼提出的道德教育的社会行动模式。该模式着重阐述了培养学生道德行动的重要意义和具体方法。纽曼认为，当代出现的各种道德教育理论都只注意了增加道德知识，发展道德认知能力，分析寻找价值原则以及改变学校道德教育环境等方面，而忽视了实施行动的训练和技能，这是目前各种理论存在的共同问题。因此，道德教育不应强调道德教育本身，而应注重培养和提高学生在进行社会行动时所必需的胜任环境的能力。他认为，一个有道德的社会成员，应具备三种环境胜任能力：第一、物质的——对物体的影响力，第二、人际的——对人的影响能力，第三、公民的——对公共事物影响的能力。而第三类能力是社会行动模式的中心，道德教育应该注重公民的社会行动能力的培养和训练。而学生要获得有意义的道德教育所必需的环境胜任能力，只有通过公民行动课程的学习。因此，纽曼极力主张把有关公民行动的活动和道德推理、价值分析等内容结合起来。

社会行动模式是一个很有创见的道德教育模式，它从以往的理论出发，提出道德教育必须注重公民社会行动方面的教育，注重个体社会道德行为的培养，弥补了各种理论的不足。同时，它在实践上发展了一套较完整的教育实施方法和程序，使学生有可能获得真正的公民行动教育，实际地参加到真实的活动中，而不是纸上谈兵。但是也应注意到社会行动教育模式存在的问题，譬如，与这一模式有关的管理问题或许比较困难，可能会妨碍新的计划的贯彻。还有公民行动教育费用太昂贵，尤其是必须建立宽敞的实验室供计划中的课程之用，这在目前大多数学校是很难做到的。

---

① 戚万学. 1995. 冲突与整合——20 世纪西方道德教育理论. 济南：山东教育出版

第三节　学校道德教育的改革

20 世纪 80 年代末以来，道德教育问题已逐渐成为我国教育界乃至整个社会的热点问题，学校道德教育正面临着严峻的挑战。当前的学校道德教育，无论是在面向未来的需要，还是为适应当前社会经济转型的需要方面，都还存在很大差距。因此，学校道德教育怎样适应变化了的大环境，怎样对学生进行道德教育，这是摆在每一个教育工作者面前的重大课题。

一、学校道德教育中存在的问题

（一）目标过高，难以实现

德育目标是教育目标在德育方面的总的要求。长期以来，一提德育，往往存在着“理想化”的观念。我们所确立的理想的德育目标跟学生的现实生活相差太远，使德育陷入“纯理想化”的境地，与学生的思想实际很难挂钩，很难让学生产生道德体验。诸如：树立远大理想，培养高尚的道德情操，英雄主义教育等等。而且，多数时候进行教育时，一般是用单纯的政治教育来代替德育，它以教科书为中心，将教师和学生的德育活动束缚于设计好的固定的教材结构安排和教学活动中，以政治角度规范道德行为，目标太高，使学生难以企及。传统德育作为一种知性德育，它在获得自身独立存在的价值的同时，却遗忘了人们置身其中的生活世界和自然界，割断了与社会生活的“脐带”，也就是割断了自己的源头活水。德育从人的“生活世界”和“自然之境”中抽离了。处于与生活世界和自然界背离状态的德育，使学生在教师理智的“他律”下，记诵一些抽象空洞的道德规范性知识，而体验不到生活世界和自然界的丰富性和鲜活性。抽象空洞的目标带给学生更多的高不可攀挫败感，降低了他们的积极性。

（二）内容空洞，脱离生活，跟不上时代的发展

在我们传统的德育中，“爱祖国、爱人民、爱科学、爱劳动、爱社会主义”的口号经常在耳畔响起，经常在教科书中出现，而很少有人听到“爱父母、爱老师、爱同学、爱自己”的呼声。德育的内容要适应时代的需要。时代的进步向人的发展提出了全面的、综合的要求，这个全面的、综合的要求包括两方面的含义：一方面是个人的价值得到充分的发展和完善；另一方面是适应社会的发展。然而，在我们传统的学校道德教育内容中似乎很少提到个人自我价值的发展，而只是一味要求个人的性格或品德等诸方面都必须符合社会的公德，强调伦理对个体的制约性。在当前发展社会主义市场经济的条件下，人的观念也已随之发生了一定的变化，即在市场经济的发展、进步的同时，人们原有的思维方式、观念也发生了变化。如价值观、人生观发生了倾斜，理想信念淡化，

过分注重实惠，只重眼前利益，追求物质享受，把个人价值的实现作为人生的唯一目标，把物质待遇的优劣作为衡量一个人有无价值和价值大小的唯一尺度，从而出现了“拜金主义”、“功利主义”、“金钱至上”等不良思想，而把人应该遵守的基本道德置于脑后。在这种情况下，有人希望借我国丰富的道德遗产，把传统的道德价值再以原则的形式强加于儿童，把“忠孝”、“本分”、“规规矩矩做人”、“老老实实干事”等内容灌输给儿童。诚然，我们有优良的道德传统，但现在更重要的不是一味地继承，而应该赋予其现时代的新的内容、新的涵义，即道德价值的现代化，从而使德育的内容更能符合学生的需要，更加富有时代气息。

（三）方法呆板，缺少互动

在学校，德育教育方法主要为在课堂形式上的“灌”，即我说你听，照本宣科，不容分说，没有商量，把学生视为没有思想、没有感情、没有经验的器物。教师与学生之间的关系变成了主体和客体的关系，缺乏人本性。把德育的内容视为僵化的东西，只注重道理的传授，不注重思想行为观察与检验，与学生的实际生活严重脱节，不讲求德育的实效性。在这种观念支配下，滋生了夸夸其谈，唱高调，讲豪情，不切实际，眼高手低，言行不一，弄虚作假等品行。而且在传统学校道德教育中，“堵”为上策，思想品德问题一“堵”了之。当发现学校德育环境方面有消极因素存在时，传统的方法便是“堵”，调动一切力量，全力以赴把所有的消极因素消除干净，千方百计不让学生接触到有害因素。例如：禁止玩电子游戏，禁止私自上网，禁止破坏公物，禁止打架吸烟等，缺乏必要的疏导。对犯了错误的学生也多是机械地按学校的条例条规进行处罚，其结果是使学生产生对抗情绪，激化、扩大了矛盾，既伤害了学生，也失去了教育的育人功能。

涂又光先生在谈到德育与智育的区别时指出，知道为“智“，体道为“德”。“体道”与“知道”是两种根本不同的过程。传统德育即“知道”德育，它将德育的“交往”过程等同于智育的“认识”过程，由专门的机构和专门的人员在专门的时间里，把活生生的道德实践转换成规定性、物化的规范知识学习，且主要以传授的形式、灌输的方法来实施。它从抽象的道德概念出发，致使德育变成了“智育”，道德学习变成了概念学习，“人育”、“育人”变成了“物育”、“育物”，而没有将把握人性与把握物性、“体道”与“知道”这两种根本不同的过程加以区别，最终导致受教育者变成了装知识的容器或“美德袋”。因此，贯穿于德育过程的乃是接受知识、形成概念、记忆规范、反复练习等机械式“学科规训”。如果说这种德育也存在着交往的话，那也是一种异化了的交往，仅仅表现为观念信息的单向流动，而非本真意义上的交往。

二、学校道德教育改革的新构想

（一）将一元化的学校道德教育目标层次化

以往在学校道德教育目标上存在的主要问题，是目的和目标不分，用目的代替目标，只有高度，没有梯度，这就像要人上楼而不给人梯子。学校道德教育工作要改变统一目标教育带来的“假、大、空”现象，就必须从学生的思想、道德、心理等方面的实际出发，将一元化的道德教育目标分成若干个层次，即对各年龄阶段和教育阶段确定不同层次的具体目标和教育的起点，依次选择相应的具体内容、方法和途径，再把各阶段、各层次的德育目标和措施整体地衔接起来，逐步提高，就可以收到良好的效果。当前我国大、中、小学的道德教育目标都是从热爱祖国、热爱共产党、热爱社会主义、热爱劳动、热爱学习（科学）、遵纪守法和有良好的心理品质等方面去要求。这些目标虽然在量的方面有层次性，但在质的方面并没有显出应有的层次。如“热爱祖国”这一项子目标各年龄阶段都有，而实施这一目标的内容、方法、途径也基本雷同。于是，大、中、小学的道德教育目标虽有各自的系统，但重复的东西过多，缺乏层次性，构不成整体序列。因此，学校道德教育的改革，一个重要的任务就是从学生实际出发，将总体目标具体化，为学生发展的每一年龄阶段、每一种发展水平拟定出道德教育的具体目标。由于每个学生所处的家庭、社会地位、经济文化状况以及所受教育等多有不同，而且个人主观因素亦有差异，因此，在思想发展和对自己的要求上也必然呈现出多种状况，不能强求一律。

道德教育目标层次化包括两个方面：一方面，不仅要把最高目标分解为各个年龄阶段的目标（如现行的大、中、小学德育目标），而且要针对各年级学生发展的不同要求，制定出各年级德育的具体目标。如小学阶段可具体地分为低年级、中年级、高年级的德育目标。另一方面，在道德教育目标要求上区分层次，要把对全体学生的普遍要求和对其中优秀分子的要求区分开来，即把广泛性与个别性区分开来。这种有针对性的教育，才能促进个体最充分的发展。

（二）将空洞化的学校道德教育内容生活化

内容选择的起点从做合格公民开始。我国传统的学校道德教育是按照由学生日常的文明行为习惯——即个人道德开始，过渡到政治思想，最后上升为人生观和世界观这样一条发展、提高的轨迹进行的。而当代学校道德教育的内容改革，要求德育的内容特别是中小学德育的内容应该从培养合格公民和社会责任感入手，即强化公民教育。中小学通过开设道德教育课程，向学生传授一般的伦理道德规范和法律知识，学做合格公民。

进一步充实德育内容。第一要抓好德育的“双基”即基本的文明习惯教育和基本的政治方向教育。首先要在引导学生“学会做人”上下功夫，要做文明人。牢记日常行为规范的要求，养成文明的行为习惯，具有诚实正直、勇敢坚毅、勇于探索、惜时守信等良好品质；其次要做现代人。勤于学习、勇于奋进、敢于竞争、善于合作。第二，充实与社会主义经济基础相适应的内容。我国的学校道德教育内容的改革应把社会需要与学生发展的需要的内容结合起来。强调社会需要与学生发展需要的重要性，不仅使学生适应社会，满足社会需要，还使学生勇于改革不合理的、落后的东西，推动社会的不断进步和自身的向前发展。宣传好国家利益、集体利益和个人利益相统一，目前利益与长远利益的统一，物质奖励和精神奖励相统一等辩证关系。教育学生在努力为社会创造物质财富的同时，要有高尚的、充实的精神世界。如进行以“诚实守信”为核心的“为民之德”教育；以“责任心”为核心的“立事之德”教育等。第三，注意多学科的综合。从伦理学、哲学、心理学、社会学的结合上构建其内容。面对青少年生理成熟期提前的现实，在中学应慎重地进行以性道德为主要内容的青春期教育。

（三）将知识化、灌输、封闭的学校道德教育方法情感化、互动化、社会化

检讨现行的学校道德教育，存在很多不尽如人意的地方。比如人为表浅化、孤立封闭化、课程知识化；单向灌输多、双向理解少；集体受教多、个体选择少等。为了有助于人生命发展、生活质量提高和精神心灵成长，朱小蔓认为应该做三个调整：

第一，从知识化、认知化调整到重视情感体验和情感发展。20世纪五六十年代以后的很长一段时间里，世界上流行的是重视认知发展的道德教育模式，它虽然具有一定的历史合理性，但对着眼于发展人的道德教育而言显然是不够完整的，因而需要向重视人的情感和态度扩展。黑格尔就提出，与伦理不同，道德必须落实到个人的精神世界。道德是个人化的，道德学习是个人在关系中的自我把握，道德教育从本质上讲是为了影响人、化育人的心性品质的。因此，必须重视人的情感体验，它是个体在特定情境中的一种经历，如果没有这种人的经历和由经历所构成的切身体验，那么个体就不可能对道德产生深刻的认同并进一步渗入人的内心。俄国哲学家索洛维约夫通过文化人类学的考察认为，基本的道德情感存在三种形态：当人把自己和动物区分开来，人就获得了作为人的尊严，也就有了羞耻感，就产生了道德的愿望；当人和同类相处，就产生了同情感、怜悯感；当人面对神性感到自身的渺小，并试图超越自己，追求精神成长的时候，人就产生了敬畏感。这些道德情感都需要在一定的教育情境中培养。我们认为现实教育活动中存在三种情境：自然情境、创设情境和介入情境（直逼生活真实的情境），最关键的是教师要善于灵活运用这三类情境来培养学生的道德情感。

第二，从单向灌输调整到双向互动。这是学校道德教育在方法甚至立场上的一个改变。过去有一种观点认为成人比孩子、教师比学生能掌握更多的道德真理，因此道德教育只能是单向地灌输。杨振宁教授也认为：“中国文化是个人服从社会，儒家礼教也好，家庭观念也好，都是要求个人以社会为重，个人的自由、权利受到很大抑制和约束。”直到20世纪末，这种看似天经地义的观念才发生动摇。根据孙云晓等人的研究，各个年龄阶段的孩子中都具有一些较成人更为可贵的道德品质，他们提出了一个崭新的道德教育理念：向学生学习，教师和学生共同成长。今天的道德教育是需要在代际交往和互动中进行的，是需要在对话和讨论中展开的。这要求我们首先承认现实的代际年限在迅速缩短，另一方面也要求我们在向学生传递正向价值的时候同时承认他们有质疑这种教育的权利。只有这样，道德教育才可能真正成为精神生命之间的相互碰撞，才

能生发出更多鲜活的道德个性。

第三，从封闭的校园转向社会生活实践。道德原本就产生于现实的社会生活关系中，离开了生活就不可能滋养德性。生活有酸甜苦辣，只有通过体验百味人生，人才能不断超越自身从而扩展和丰富精神世界。学校道德教育的过程是一个使学生在道德方面社会化的过程，学校道德教育必须用现实社会的真实生活来教育学生，让学生在参与真实的社会生活的过程中认识社会生活的真实面目，从而进一步学会怎样参与社会生活的改革与创新活动。今天，已经有越来越多的学校在开设社会实践课程，开展各种社区活动，目的就是为了让道德回归生活，让生活成为德育最重要的老师。

引导学生积极参与班级、学校、家庭与社会的各项事务及其决策与管理工作，就可以促进学生通过参与较好地养成他们自身的主人翁意识、团体认同感、集体荣誉感、集体主义精神、自觉纪律、参与意识、社会责任感与使命感，又可以有效地帮助学生在各种参与活动中，扮演或承担各种合适的社会角色，从而有效地认识自我，认识他人，更好地取他人之长补自身之短，最终促使青少年学生为社会贡献出更大的力量。当然，最重要的仍然是，青少年学生在这种实践性道德教育活动中，通过亲身的、直接的、民主的参与活动，不仅很好地认识与学习了社会生活，而且为以后更好地参与社会生活——这正是学校道德教育乃至整个教育工作的根本目的与任务——准备了良好的态度、意识、经验、品性、方法与能力。而这，正好从另一方面证实了苏霍姆林斯基的名言——“没有自我教育，就没有真正的教育”。

思考与练习

1. 如何理解道德教育的过程是培养学生知、情、意、行的过程？

2. 选择学校道德教育内容的依据是什么？当前学校道德教育的具体内容有哪些？

3. 选择优秀教师对学生进行道德教育的典型材料进行讨论，分析教师遵循了学校道德教育的哪些基本规律？

4. 对当前学校道德教育模式，如认知性道德发展模式、体谅关心模式、价值澄清模式、社会行动模式等进行述评。

5. 结合自身的体会谈谈学校道德教育中存在的主要问题，并提出改革学校道德教育的新举措。

第十一章 教育评价

【内容提要】 教育评价是对教育活动进行价值判断的过程，具有诊断、改进、鉴定、激励、监控、导向等功能。教育评价模式有泰勒模式、目标游离模式、CIPP模式、CSE模式、应答模式、反对者模式、自然探究模式。

教育评价是教育过程中的独立环节，是现代教育不可或缺的重要组成部分。教育评价研究与教育基本理论研究和教育发展研究并驾齐驱，成为当代教育科学三大研究领域之一。

第一节 教育评价概述

一、教育评价的概念

如何解释和理解教育评价，是教育评价理论首先要解决的问题。

（一）教育评价的含义

评价是一种常见的社会活动，大量地存在于人们的日常生活和社会生活中。“评”即评定，“价”即价值，“评价”乃评定价值之意。英语中的evaluate（评价）一词，词源学上的含义是引出和阐发价值。可见，评价实质上是一种价值评定活动，是依据一定标准对客体满足主体需要程度的判断过程。教育需要评价，通过教育评价对教育活动的现实或潜在的价值作出判断，以推动教育的改革和发展，实现教育价值的增值。

在教育科学体系中，由于教育评价是相对较新的学科领域，其理论体系和方法技术等还处在不断发展与完善过程中，目前国内外教育评价的专家学者对教育评价的界定还没有达成完全的共识，尚未形成一个确切、严谨、统一的科学定义。在各种界定中，有的强调教育评价是判断教育目标或教育计划的实现程度，有的强调通过评价搜集信息、为教育决策提供服务，有的强调教育评价是考察教育成绩的一种手段或方法，有的强调教育评价是对受教育者的变化及其引起因素作出的价值判断，有的强调教育评价是对教育活动满足社会和个人需要程度的判断。尽管各种界定强调的侧重点有所不同，但也有一定相同的地方，反映出人们对教育评价本质的认识。

借鉴专家学者的思想，综合有关教育评价的各种观点，我们可以这样理解教育评价：教育评价是评价者根据一定的教育目标和价值标准，依照科学的方法程序，对教育活动满足社会和个体需要的程度作出判断，从而为完善自我和教育决策提供依据的过程。

（二）教育评价的特点

1. 教育评价重在价值判断

从本质上看，教育评价是一种价值判断活动。教育的价值，体现在教育活动能够为社会和个人的发展服务，这也是教育之所以存在和发展的根源。教育评价就是要对教育活动提供给社会和个人发展的价值作出判断，以增进和提升教育活动的价值，不断推动社会和个人的发展。

科学研究揭示事物的客观规律，重在事实判断，而教育评价揭示事物的价值，重在价值判断。教育评价的价值判断活动，必须建立在对教育现象的事实判断的基础上，否则会变成没有客观根据的主观臆断。教育评价要在充分获得教育现象信息、作出事实判断的基础上进行价值判断，以真实、准确地认识教育现状，积极主动地改革发展教育，实现教育的价值目标。

2. 教育评价的基本依据是教育目标

教育评价具有较强的目标指向性。教育目标是根据社会和人的发展需要制定的有关教育活动的目的和方向的规定，是教育活动应达到的质量标准和规格要求。教育目标是教育工作的出发点和最终归宿，决定了教育发展方向和人才培养目标，也决定了教育行为的具体取向，是进行教育评价的基本依据。从一定意义上说，教育评价就是评判教育目标是否实现以及实现的程度如何。

教育目标具有一定的层级结构，是由总目标和具体目标组成的。国家规定的教育目的是教育的总目标，各级各类学校、各种教育活动、各科教学等都有具体目标。教育评价既要以总目标为指导，又要以具体目标为直接依据。

3. 教育评价具有系统性

教育评价并非单一的活动，而是具有系统性的综合活动过程。教育评价有其科学的方法和程序，一般由确定目标、获取资料、分析资料、形成判断、指导决策等组成。

教育评价重在为完善自我和教育决策提供依据，进行评价是为了改进工作和学习、提高工作和学习的质量，这是评价者和被评价者的共同目标。教育评价活动必须围绕这一目标系统地安排工作步骤，全面获取教育活动或评价对象的信息资料，以作出准确、有效的判断，提供科学的决策依据。

4. 教育评价是客观性与主观性相统一的活动

一方面，价值判断要以事实判断为基础，教育评价具有客观性；另一方面，价值判断又受到评价者价值观的影响，使得教育评价具有显著的主观性。在教育评价活动中，评价者的认识水平和心理因素会强烈影响对教育活动的价值判断，影响到评价结果的可靠性，评价结论反映出评价者的主体需要和愿望。同一教育现象或活动，评价者不同，其评价过程和结果都可能不同。这就需要有效地调控评价者的心理活动，使教育评价客观、公正。

（三）教育评价的主体和对象

1. 教育评价的主体

教育评价的主体指的是评价者，即由“谁”来评价。传统的考试、测量多是教师对学生学业的考查，教师几乎成了考试、测量的唯一主体。事实上，现代教育评价具有多主体性，教育评价的主体不仅仅是教师，学生、教师、学校领导、学生家长、政府部门、用人单位、社会人士，都可以成为教育评价的主体。学生是学习的主体，学校教育水平高低、教学工作质量好坏、学校领导办学能力优劣、教师的工作态度如何等，学生都有进行评价的权利，因而是教育评价的主体。学校领导集体成员作为全校教育工作的领导者和管理者，有权根据国家的教育方针政策和上级教育行政部门的要求，对全校的教育工作进行评价，也是教育评价的主体。各级人民政府和教育行政部门都负有管理教育的权力和职责，同样也是教育评价的主体。另外，学生家长和地区居民、用人单位和社会各界人士或机构，对教育的措施、学校教育的质量、学生的管理等，都有权提出批评、建议和评价，也是教育评价的主体。

2. 教育评价的对象

教育评价的对象范围十分广泛，包括了教育活动中的一切现象和结果。宏观上涉及教育目标、教育结构和教育管理体制等方面，中观上包括教师队伍、办学条件、学校各项工作等方面，微观上则主要关注学生的学习和发展。评价对象依照其重要性大致可分为六种水平[①]。

第一种水平是每个学生。学生是教育活动的核心对象，也是教育评价最重要的对象。每个学生在各方面的表现既是教育活动的前提条件，也是发展过程和成果评价的首要依据。学生评价是对学生学习进展与行为变化的评价，最基本的有学业成就、行为表现和身体状况三方面的评价。学业成就评价包括学生在知识技能领域的成绩和情意领域（智能、态度、兴趣、爱好）的表现的评价；行为表现评价也就是操行评定，用以考察学生在道德品质和行为处事上的优点与不足；身体状况评价包括体质、体力、精力、卫生习惯和良好的生活方式等方面的评价。学生评价在教育评价中居于核心地位，在狭义上使用教育评价这一概念时就是指学生评价。

第二种水平是教育活动。根据为促进学生发展而规划的各种教育活动的有效性或成功度来评价教育目标是否实现。教育活动的评价具体包括教学评价、学校例行活动评价以及班会评价等。

第三种水平是课程计划和教师。这两者直接制约教育活动的状况。课程计

---

① 王景英．2004．教育评价．北京：中央广播电视大学出版社

划直接规定教育活动的内容、方式，对课程计划的评价，包括课程体系的评价、教学科目的评价（课程标准内容和结构的评价、教科书及教学参考书内容和结构的评价）等。以教师为对象的评价，包括教师的教学方法和特点、师生关系、指导能力以及教师的热情及态度、教育观等方面的评价。

第四种水平是潜在地影响每个学生发展的学校的社会文化背景。学校的社会文化背景主要包括学生集体、教师集体、学校整体状况。在以群体为单位对学生进行评价时，它的对象是班级、学年和在学校学生中反映出的生活方式、价值观、态度等一般特性；在对班级进行评价时，它的对象是作为班级整体的统一程度与和谐度、教师指导的强度、学生自主性与创造性的发挥度等；在对学校整体进行评价时，它的对象是学校的规模及就学范围、不良行为发生率、升学就业情况、师生关系、家庭与学校的关系、周围社会和学校的关系等。

第五种水平是学校物质和社会环境条件。学校物质和社会环境条件方面的评价对象，主要包括学校基本设施、校址和校舍、周围的社会环境。

第六种水平是以学校为要素的包罗对象更广的教育体制。这是从根本上规范学校整个教育活动的具有指导性的重要条件，包括教育行政体制、学校教育在整个社会中的地位和职能等。

（四）教育评价相关概念辨析

在教育评价的科学研究与实践中，人们常常会用到与教育评价相关的一些概念，明晰它们与教育评价的关系，对于深刻理解和把握教育评价概念、做好教育评价工作有着重要意义。

1. 教育评价与教育测量

教育测量是指根据一定原理，借助一定工具对教育现象进行数量描述的过程。教育测量旨在获得有一定说服力的数量事实，是一种以量化为主要特征的事实判断。教育测量与教育评价既有联系，又有区别。

教育评价与教育测量有着密切的联系。一方面，教育测量是教育评价的基础，教育测量是教育评价获得数据资料的重要手段，教育测量所获得的结果是教育评价所需信息的重要来源，是教育评价进行价值判断的前提。教育评价只有在教育测量的基础上才能得出正确的判断，通过测量作出的评价才有可靠性；另一方面，教育测量也需要教育评价，教育测量的结果要通过教育评价的解释才能揭示其实际意义，否则它只是一堆枯燥而抽象的数字，很难成为决策者有参考价值的信息。

教育评价与教育测量是两个不同的概念，二者是有区别的。教育测量是对事物数量特征的获得，强调数量化的方法和结果，关心的是数量的多少，而教育评价是对教育现象的价值判断，强调定性与定量相结合的方法和定性的质的描述性结果，关心的是价值的高低；教育测量是一种纯客观的过程，客观性是其突出特点，而教育评价带有不可避免的主观性，是主观性与客观性的统一；

教育测量是一种单一的活动，一旦获得事物特征的数据，其任务就完成了，而教育评价是一种综合的活动，是对教育活动过程和结果的综合反映，所反映的既是教育活动的过程和终点，又是新活动的起点。

2. 教育评价与教育评估

教育评价和教育评估是两个常用的概念，二者意思相近，在实践中常有混乱使用的现象。考究“评估”一词，“评”是“评量”、“评判”的意思，“估”是“估计”、“估量”、“推测”的意思，因而评估也就是对事物的质量、价值、程度、数值等进行估测判断。因此，教育评价与教育评估在内容上有交叉，也有区别。教育评估可能有价值判断，也可能没有价值判断。当教育评估过程含有价值判断时，它和教育评价是一样的，而教育评估过程没有包含价值判断时，它和教育评价就有一定的差别。一般来说，当人们对教育机构、教育团体、学校、教育计划、政策等涉及因素较多、复杂程度较高的对象进行评价时，常采取定性与定量相结合、质性描述资料与客观统计资料相结合的手段进行价值判断，此时称其为“教育评估”。

二、教育评价的演变

教育评价作为一种实践活动，自学校教育产生时就出现了。经过漫长的历史演变，形成了现代教育评价的理论与实践。

19 世纪之前，教育评价的发展处于传统考试时期。

中国早在西周时就初步建立了教育评价制度，世界上最早的教育专著《礼记·学记》中有对这种制度的记载：“比年入学，中年考校。一年视离经辨志，三年视敬业乐群，五年视博习亲师，七年视论学取友，谓之小成；九年知类通达，强立而不返，谓之大成。”从中可以看出,当时的学校教育既有对学生的学历评价又有对学生思想品德的评价，既有对评价内容的系统安排又有对考评程序的规定。中国的考试制度发端于西周的选士制度，形成于西汉的察举制，完善于历代科举制。汉武帝创立太学,汲取西周教育评价制度的精华并加以发展，实行了“一岁一辄课”即一年考试一次的制度。隋炀帝大业二年（公元 606 年）开始实行科举制，通过分科考试选取人才，指挥学校教育，考评学校教育质量，在人类文化史上有过重大影响。唐代科举制日趋完善，学校日益成为科举的附庸。宋代在学校实行“八行科”（孝、悌、睦、姻、任、恤、忠、和），根据八项指标详细规定了评价标准和方法。明代按八股取士，改革了科举考试方法，力求提高评分的信度，控制和减少测量的误差，可以说是世界上最早的“标准化”考试。宋朝出现的积分法，以及至元、明时期进一步发展形成的积分制，是我国教育从单纯定性评价走向定量评价的开始，在我国教育评价发展史上无疑是一个重大进步。科举制废止于清末，历时近 1300 年，对我国乃至世界的考试制度有重要的影响。

在西方，教育评价也有较长的历史源流。随着教育的发展，特别是学校的产生，对学生学习状况的考查也有了一定的要求，并逐步发展成为一种学校评价制度。古希腊苏格拉底倡导的“产婆术”（也称谈话法），包含着直觉主义的主观性评价精神。古希腊柏拉图在《理想国》中明确阐述了对儿童进行教育评价的思想。虽然西方教育评价的历史发端亦较早，但发展较缓慢。中国的科举制对西方国家的影响很大。欧美国家早期的学校教育考试，大多使用口试。1702年，英国剑桥大学率先以笔试代替口试，开西方笔试之先河。1845年，美国波士顿市教育委员会率先在美国以笔试代替口试，考察该市所属学校的毕业生的质量与水平。

传统考试尽管发挥了不可磨灭的历史作用，但其弊端也是显而易见的。一是考评范围比较狭窄，试题数量偏少，不能全面衡量人才的质量；二是评分标准不够客观，多采用主观性试题，缺乏统一的评分标准，阅卷者容易根据个人的知识、经验、爱好等进行评分，评分结果的主观随意性很大；三是命题程序科学性差，缺乏对试题的筛选与验证。

19世纪末至20世纪30年代，西方教育测验运动兴起并蓬勃发展起来。

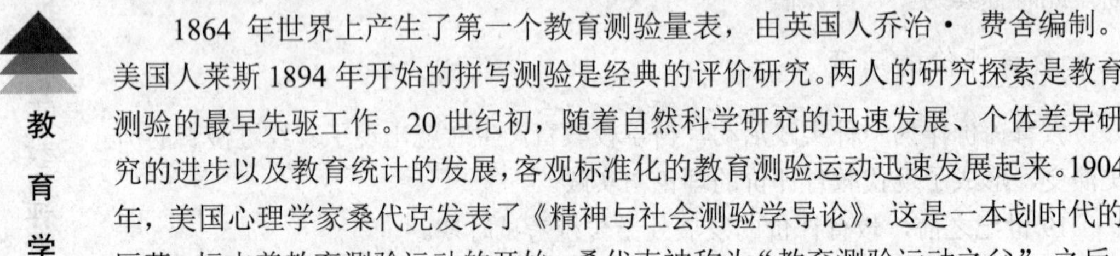

1864年世界上产生了第一个教育测验量表，由英国人乔治·费舍编制。美国人莱斯1894年开始的拼写测验是经典的评价研究。两人的研究探索是教育测验的最早先驱工作。20世纪初，随着自然科学研究的迅速发展、个体差异研究的进步以及教育统计的发展，客观标准化的教育测验运动迅速发展起来。1904年，美国心理学家桑代克发表了《精神与社会测验学导论》，这是一本划时代的巨著，标志着教育测验运动的开始，桑代克被称为“教育测验运动之父”。之后，教育测验运动蓬勃发展。

古代中国萌发的教育评价思想，由于种种原因，并没有在20世纪伴随着西方教育测验运动而发展起来。清末废科举之时，正值西方教育测验运动方兴未艾，在内与外、主动与被动两种力量的共同作用下，西方教育测验的理论很快传入了中国，但20世纪20至30年代的中国教育测验运动进展非常缓慢。

教育测验运动取得了一系列成果，在考试、测验的定量化、客观化与精确化方面有了重要进展，测验种类增多、内容广阔，测验的客观性、标准化不断提高。然而，随着教育测验运动的不断发展，人们逐渐认识到，教育测验尽管能使考试客观化、标准化，并能把人的能力换算成数字，甚至个别差异的程度也可以度量（这些都是教育测验的重大成就），但测验毕竟是片断的，不能测得人的全部，即使是研究最多最有成果的学力测验也不能测得学力的全部领域，如对学习态度、创造力、兴趣、鉴赏力、情操等重要学力内容，因难以数量化，教育测验便不能充分把握，不能做出充分的说明。教育测验在学科测验上强调所测知识全面性所导致的学生死记硬背教材，测验所强调的标准化，对于学生个性才能的发展有消极作用，而且也引起了许多学者的不满。同时，教育工作包括许多因素，要衡量这些方面的状况和成绩，单靠教育测验的定量分析，是不能圆满完成任务的。教育测验只重视客观性，而缺乏明确的教育价值判断，不论是学力、人格还是智力测验，都只是对于结果的测验，不能对过程做出测定，所以对于教育工作的导向功能不强。这就要求在考查与评定教育质量的方法上作进一步的研究与改进。

20 世纪 30 年代，现代教育评价在教育测验的基础上，适应社会和教育发展的需要，在探索研究更科学、更安全的成绩考查方法过程中产生和发展起来。教育评价的提出、形成、运用、推广是与“八年研究”分不开的。“八年研究”指的是美国自 1933～1940 年开展的一次课程改革研究活动，因其历时八年，史称“八年研究”。为研究课程改革实验的结果，全面衡量学生的各项进步，成立了以泰勒为首的评价委员会，他们进行了卓有成效的评价改革实验研究，取得了一系列新成果。后人把以泰勒为首的评价委员会的八年研究成果《史密斯—泰勒报告》，称为“划时代的教育评价宣言”。泰勒也因此被誉为“教育评价之父”。

泰勒之后，教育评价开始渐渐发展成为一个重要研究领域，理论、方法与技术进一步发展，人们提出了许多新的评价理论和模式。教育评价受到世界各国的普遍重视，教育评价技术水平成为衡量一个国家教育发展水平的重要尺度。20 世纪 70 年代中期，教育评价发展成为一个相对独立的专业，进入专业化发展时期。这一时期的教育评价理论与实践的特点是：明确提出评价为决策服务的新思想；开始探讨目标本身的科学性和合理性，即目标本身成为评价的对象，同时预期目标之外的教育效果也受关注；正式提出形成性评价的思想。也应当看到，从教育测验运动以来直至这一时期的教育评价专著，基本上成了评价的“科学”方法和操作技术的专著。在科学主义的庇荫下，教育评价中人被消解了。

时代发展对教育评价提出了新的要求。20 世纪 80 年代后，教育评价的发展出现了新动向，评价从以决策为中心转向以人为中心。这一动向实际上是人本主义教育思潮在教育评价领域的反映。这种以人为中心的评价有着不同于以往评价的突出特点①：以人为中心的评价强调将完整的、有血有肉、有情感、有个性的人当作评价的对象，努力通过评价促使受教育者个性的充分发展，这种注重质的分析的评价，不像以往评价那样片面追求和强调量化而排斥了除知识外的难以量化的其他一切人类价值；以人为中心的评价主张从每个学生的发展的内在需要和实际状况出发，评价他们各自的发展进程，并努力通过评价促使他们向着更高、更美、更远大的方向前进，这种评价一般采用个体参照评价法，带有较强的主观色彩，而不具备较强的客观性，但却真正体现了尊重学生个性的教育精神，而以往评价用某种僵硬的外在的所谓客观尺度来衡量个性各异的人，忽视了学生的个性，使评价对象失去了自己的个性存在，而被沉重的外在因素所操纵；以人为中心的评价坚持人道主义精神，要求教师在友爱的、相互信任与尊重的良好人际氛围中组织评价活动，这种评价充分体现了对学生人格的尊重、能力的信任和发展的关心，有助于宏扬学生人格的主动精神，而以往评价则明显具有非人道性的一面，常表现为对学生的贬损性评价，对学生人格

① 余文森．1995．论美国教育评价的历史发展．福建师范大学学报（哲学社会科学版），4

的践踏，从而导致强烈的师生冲突和对抗现象，并给学生带来焦虑、抵触情绪和消极情绪；以人为中心的评价注重学生的自我评价，把学生看成评价的主体，坚持评价的民主性，注重启发和提高学生的主体意识，增强学生对评价的参与感和自我体验，养成学生自我分析、自我评价、自我调节的习惯和能力，而以往评价由教师独揽，学生只是被动的评价客体，没有评价的主动权和积极性，这种评价造成了学生对教师的极端依赖，从而大大削弱了自我发展的能力。

西方现代教育评价诞生的时期，正是中华民族救亡图存、浴血抗日的年代。在当时的历史背景下，"八年研究"及其他一系列的研究成果自然不可能介绍到中国，甚至连"教育评价"的概念都未能引进，我国教育评价理论的研究水平自此与世界拉开了距离。新中国成立后到1977年恢复高考，我国的教育评价理论研究与实践时断时续，无法奢谈教育评价的发展。20世纪70年代末80年代初开始，我国教育评价研究与实践进入新的发展时期，取得了一些重要成果。但是，现代教育评价在我国的发展历史不长，再加上我国教育本身存在许多问题，致使教育评价存在一些偏颇。探讨我国教育评价的发展方向，深化教育评价改革，有着重要的现实意义。

一般说来，我国当代教育评价的发展呈现如下趋势[①]：①在指导思想上，从侧重一元评价到多元评价。更加注重学生全面素质的发展，反对单一片面的价值取向。所有对学生素质发展有意义的活动都成为教育评价的对象，不仅要评价学生知识技能的发展水平，而且还要评价其兴趣、爱好、情感、态度、意志、品质等多方面的发展状况，尤其要注重对学生的创造性进行评价；②在评价功能上，更加重视评价的教育和管理功能。把教育评价的功能放在改进和提高教育质量上，更加重视评价的诊断、反馈、改进、激励、强化功能，注重被评价者的自我检查能力和自我教育能力；③在评价方法上，更加注重科学主义和人文主义的统一。注重构建立体的教育评价方法体系；④评价制度更加注重科学化和制度化。表现为注重评价的立法建设，要求应用科学方法，开展理论研究和实践研究，促进评价的现代化；⑤重视元评价的作用，强化教育评价的监督机制。元评价是评价主体对评价的评价，它能起到监控、调节的作用，有助于各种评价方案和制度的进一步改进和完善，提高评价的质量水平和价值。

三、教育评价的功能与类型

（一）教育评价的功能

教育评价的功能是教育评价所具有的效能，是教育评价在教育改革和发展中所能发挥的积极作用。

1. 诊断功能

教育评价通过对搜集到的信息资料进行整理分析，能够发现被评价者的优

---

① 李子江. 2001. 论现代教育评价的发展趋势. 河北师范大学学报（教育科学版），2

缺点以及存在的问题，使被评价者发扬成绩、改进不足。为了实现预定的教育目标，必须对教育活动进行有效的指导。正确有效的指导来自于准确的诊断，教育评价能够帮助人们准确地诊断教育活动的关键问题所在，为教育活动的改进和教育质量的提高提供重要依据。

2. 改进功能

教育评价作为教育活动的重要环节和教育管理的重要手段，本身就是改进教育活动的具体体现。伴随着教育活动过程的教育评价，通过收集、筛选、分析加工教育活动或评价对象的有关信息，能够真实地将评价对象的状况显示出来，信息及时反馈给有关当事人，能够帮助他们分析所存在的问题的原因，采取措施及时地解决问题，改进工作和学习。

3. 鉴定功能

鉴定是指对教育活动成效优劣的甄别，具有分等、选拔的效能。鉴定一般有水平鉴定、评优鉴定、资格鉴定三种类型。通过教育评价，可以区分组织、个体或方案等评价对象的各方面或某些方面的优劣程度，确定其有无价值与价值大小，衡量其是否达到了应有的标准、是否实现了预定目标与任务，为其评定相应的等级。这是教育管理决策科学化的基础，教育行政管理部门特别重视评价的这种鉴定功能。

4. 激励功能

评价通常要区分高低、评定等级，评价结论往往直接影响到评价对象的形象、荣誉和利益等，因而科学合理的评价能够激发被评价者的成就动机，给人以发扬成绩的动力和某种精神上的满足，使其追求好的评价结果，激励被评价者全力以赴做好有关各项工作，创造更大的成就。如果在评价结论的基础上结合运用其他一些管理措施，进行表扬、奖励、批评、惩罚，评价的功能就会得到更充分的发挥。教育评价中，在肯定成绩和优点的同时，若能诚恳地、富有建设性地指出被评价者存在的缺点与问题，也会激励他们自觉地改进不足，提高工作和学习质量。

5. 监控功能

教育评价是教育管理的重要手段之一，每一次教育评价的具体活动，都是对教育系统内各组成部分、具体工作环节以及被评价者工作的一次调节与控制。管理者通过评价，调控教育活动，监督、促使被评价者按标准做好工作，同时通过评价结果也可以使社会了解并监督教育活动的开展，从而有效地促进教育目标的实现。

6. 导向功能

教育评价是根据一定的标准进行的价值判断活动。在教育评价活动中一般要根据评价目标制定评价指标和标准，然后据此进行评价。评价指标和标准与评价结果之间有着内在联系，不同的评价指标和标准会得出不同的评价结果。因此，评价指标和标准就像一根指挥棒引导人们活动的方向。被评价者为获得好的评价结果和达到其他目的，就会致力于满足评价标准的要求，教育评价的导向作用十分明显。在权威性较高、评价结果与被评价者的利益密切相关的评价中，导向功能更容易得到发挥。教育评价的导向功能还体现在，评价结果会指引被评价者对自己的工作和学习进行改进和提高。

教育评价各种功能的发挥，是通过教育评价实践活动体现出来的。当然，功能与活动并非一一对应的关系，教育评价活动会综合地发挥评价功能，只是由于评价目的的不同，某一特定的评价会侧重某种评价功能的发挥。另外，教育评价既能发挥积极作用，也会产生消极效应，所以要注意研究如何预防、减弱或化解教育评价可能产生的消极作用。

（二）教育评价的类型

按不同的依据可将教育评价划分为不同的类型。

1. 诊断性评价、形成性评价、终结性评价

根据教育评价的目的与功能划分，可将其分为诊断性评价、形成性评价、终结性评价。

诊断性评价是为了了解教育活动存在的问题或使教育活动的形式、内容、过程等更适合活动对象的自身条件及需要而进行的评价。教育活动进行之前，可用诊断性评价了解活动对象自身的条件与需要，据此确定特定活动的目标、内容、形式、方法；教育活动进行之中，可用诊断性评价了解活动参与者存在的主要问题或活动对个别成员不奏效的原因等。诊断性评价可以及时发现问题，为修订活动方案等提供依据。

形成性评价是在教育过程中为不断了解活动情况，及时调整活动，提高活动质量而进行的评价。形成性评价不以区分评价对象的优劣程度为目的，也不重视对评价对象进行分等鉴定，其主旨在于了解活动得失，为改进活动及时提供反馈信息。形成性评价是在活动过程中进行的。

终结性评价是对教育活动结果进行的评价。终结性评价侧重于对教育活动的成果作出鉴定。终结性评价一般是在教育活动发生后进行的。

2. 绝对评价、相对评价、个体内差异评价

根据教育评价的参照标准划分，可将其分为绝对评价、相对评价、个体内差异评价。

绝对评价是依据某种需要或要求设定标准进行的评价。绝对评价的目的在于对评价对象是否达到了目标要求和达标的程度作出判断。绝对评价的标准是在测量之前根据教育目标确定的客观标准，评价时将评价对象与这个固定的客观标准进行比较，评价其达到标准的程度，作出价值判断。绝对评价的结果显示评价对象实际达到的水平。

相对评价是根据评价对象的实际情况设定标准进行的评价。相对评价的目的在于区分评价对象个体在团体中的相对位置和名次，满足对评价对象进行分等和选拔的需要。相对评价的标准是在对测量结果作出统计处理之后从评价对

象的集合总体中选取一个或若干个对象作为基准确定的，将其余评价对象与基准进行比较，或者是用某种方法把所有评价对象排列成先后顺序。相对评价的结果显示个体在群体中的相对位置。

个体内差异评价是以评价对象以往发展水平或某一状况作为标准进行的评价。个体内差异评价的目的在于使评价者了解评价对象的进步情况、优点与不足，为其提供更好的学习与工作指导，使评价对象全面了解自己并确定努力方向。个体内差异评价的标准是根据评价对象的个人情况确定的，因而是多元的而不是划一的。个体内差异评价的结果显示个体发展的变化与差异。

3. 定量评价、定性评价

根据教育评价的分析方法划分，可将其分为定量评价和定性评价。

定量评价是采用结构式的方法，预先设定操作化的评价内容，收集并量化评价对象的信息，运用数学方法作出结论的评价。定量评价能够使一些概念精确化，加强评价的区分度，降低评价的主观性和模糊性，增加评价的说服力，有助于评价对象间的精确比较。但由于数量值过于抽象概括，很难对评价对象存在的问题及影响因素作出有效分析，也不利于评价对象有针对性地改进工作。

定性评价是采用开放的形式获取评价信息，运用定性描述的方法作出结论的评价。定性评价有利于评价者了解评价对象的整体状况，制定有效的活动方案，但由于评价不够精确具体，不利于评价对象间的精确比较。

在实际工作中，有些评价信息可以量化，有些不能量化或不易量化，所以应该将定量评价与定性评价结合起来。

4. 自我评价、他人评价

根据教育评价的主体划分，可将其分为自我评价与他人评价。

自我评价是教育活动实施者作为主体的评价。自我既可以是个体也可以是组织。自我评价是对自我行为过程和结果的反思，可以形成自我反馈环节，有利于发挥自我这一主体的自主性、积极性，也有利于发挥自我作为评价客体的自主性、积极性。

他人评价是教育活动实施者以外的他人作为主体的评价。他人是相对活动实施者而言的，既可以是个体也可以是小组或机构。他人评价比较客观，可以为活动实施者了解自己的状况提供广阔的视角，为改进活动状况提供更多的思路。他人评价的实际效果取决于评价对象的参与程度以及评价本身的科学性、公正性等。

在教育实践中，教育评价的各种类型常常交叉使用。要根据教育评价工作的实际需要和各种评价类型的特点恰当地选用评价类型。

第二节　教育评价的模式

教育评价模式是教育评价基本理论与方法的总体概括，是相对固定的评价程序。它是在一定理论指导下对教育评价的功能、范围、内容、方法、过程和程序等方面的规定。

教育评价模式反映一个整体的教育评价过程，但不是具体的评价方案，一般只对某种教育评价的基本理论与方法进行框架性的描述。它是教育评价理论与实践沟通的桥梁或中间环节，对教育评价实践活动具有指导和控制的作用。教育评价模式有不同的类型，不同的教育评价模式都代表着一种教育价值取向，反映不同的教育评价思想方法，是不同教育价值取向和教育评价思想方法的系统体现。本节介绍几种著名的教育评价模式，为人们理解教育评价理论和开展教育评价活动提供参考。

一、泰勒模式

20 世纪 20 年代末 30 年代初，美国经济大萧条，学校的培养目标与社会发展不相适应的问题十分突出。为了度过危机，教育的办学效益问题受到人们的普遍关注。1933～1940 年，美国进步主义教育联盟在 7 所大学和 30 余所中学中开展了声势浩大的为期 8 年的教育改革实验(八年研究)。泰勒被邀请主持“八年研究”评价委员会的工作。在研究过程中，泰勒和他的同事正式提出了教育评价的概念，以区别于早期的教育测验活动，形成了“泰勒模式”。

泰勒认为，如果教育的目标是高级智慧技能，那么就应该针对这些技能进行测量，而过去的教育测验运动所实施的课程和测验都是教科书中心主义的，是很片面的，不能说明人的高级智慧技能如社会态度、实际技术、创造、兴趣、鉴赏力等。泰勒和他的同事提出了以教育目标为中心的评价模式。他们认为，教育就是使人的行为方式发生变化和改进的过程；各种行为方式的变化就是教育目标，这个目标既是实施教育的方向，又是对实际活动是否达到目标及达到目标的程度作出判断、进行评价的依据；教育评价就是确定学生行为变化程度的过程，也是确定课程与教学实际达到教育目标程度的过程；人的行为是复杂的，有的可以量化，有的难以量化，所以对人的行为的评价应是多方面的，是分析和综合的结合，评价方法应该多样化，除测验以外还需要用观察、评定、调查等各种评价手段来检查教育效果。

泰勒的教育评价思想以教育目标为核心，认为教育评价应该被理解为确定教育目标在实际上被理解到何种程度的过程，评价过程在本质上乃是一种测量课程和教学方案在多大程度上达到了教育目标的过程。泰勒模式的具体评价程序[①]：①根据社会实际需要、学生的实际需要和专家的建议制定教育目标；②用教育目标的形式来说明学生应养成哪些行为；③建立可以使学生产生预期行为的情境；④选择或编制满足客观性、有效性、可靠性要求的收集信息的测验手段；⑤运用这些手段检查学生行为的变化，收集学生行为表现的资料，并对学生的行为达到教育目标的程度进行判断；⑥根据判断结果，对学生行为变化的原因进行说明，并提出修改教育方案的意见；⑦修改方案，重复评价过程。

① 王景英．2004．教育评价．北京：中央广播电视大学出版社，22～23

泰勒模式以教育目标为导向，把教育目标转化为可测量的学生的行为目标，并根据这些行为目标开展教育活动，然后依据行为目标对教育活动的效果进行评价，判断实际教育活动效果达到预期教育目标的程度，通过信息反馈促进教育活动尽可能地逼近教育目标。所以，泰勒模式也称为“行为目标模式”。

泰勒模式是教育评价理论发展史上第一个比较完整的评价模式，也是最有影响的模式。至20世纪50年代末，泰勒的评价思想一直是西方各国占统治地位的评价思想。而且，由于泰勒模式结构紧凑、逻辑脉络简洁清晰，不仅容易理解而且容易实施，具有较强的可操作性，所以至今依然是世界各国常用的评价模式。但是，泰勒模式也有其不足之处：评价目标凝固化，把预定的目标作为评价的统一的参照系和统一的标准，忽视了对教育目标本身合理性的评价；忽视过程性评价，注重的是评价的鉴别、确证和检查功能，而没有突出其形成性功能和为新的决策提供信息的功能；忽视对学生个性发展的特殊性的关注，评价缺乏全面性。

二、目标游离模式

目标游离模式是由迈克尔·斯克里文于1967年提出的。严格地讲，目标游离模式没有正式的定义，没有一套完整的评价步骤或程序，因而不是一种完善的评价模式，有人把它仅当作一种评价的指导思想或原则。

目标游离模式是针对目标评价模式的弊端提出来的。斯克里文认为，实际进行的教育活动，除了会收到预期的教育效应外，还会产生各种“非预期效应”，或者叫“副效应”、“第二效应”，这种非预期效应有时是很大的，而且既可能是消极的，也可能是积极的。评价如果仅限于衡量教育活动的成果达到目标的程度是不全面的，大大地限制了评价的范围及其深远意义，而应该收集包括可能产生的相反效果在内的有关方案活动成果的全部信息，以作出正确的价值判断。因此斯克里文强调，在开展评价活动时要尽量减少方案、计划制定者的主观意图对评价活动的影响，不应该把方案、计划制定者的主观意图告诉评价者，应把评价活动的重点由“方案想干什么”转移到“方案实际干了什么”上来，最终使评价成为“没有偏见的”、自由的评价。由于这种评价模式将评价活动与目标相分离，所以称为目标游离模式。

目标游离模式最大的特点是突破了目标的限制，把活动参与者的意图而不是方案、计划制定者的预定目标作为评价的依据或准绳，扩大了评价的范围，开阔了评价者关注的视野，对教育评价的理论和实践产生了较大的影响。斯克里文“副效应”即“非预期效应”概念的提出具有很大意义，如果对教育活动的评价忽视了非预期效应显然是不全面的。

三、CIPP模式

CIPP模式诞生于20世纪60年代，但其背景可追溯到50年代后期。1957前年苏联成功发射了第一颗人造卫星，美国政府受到震动，他们反省认为，美国科技的落后归根到底反映了教育的落后，感到应该通过教育改革来加快国家

的人才培养和科技发展步伐，因而美国国会于1958年9月通过了《国防教育法》，决定拨巨资用于国家的教育改革。由于政府投入资金的教育项目都要求进行效用评价，因此提高了对教育评价手段的要求。在教育评价领域，有人重新审视了当时占统治地位的泰勒模式，结果认为泰勒模式有很多缺陷，已经无法适应新的教育改革对教育评价的要求。泰勒模式受到挑战，其他模式应运而生。在新的评价模式中，比较完整并有较大影响的是CIPP评价模式。

CIPP模式是由斯塔弗尔比姆于1966年提出的。它是由背景（context）评价、输入（input）评价、过程（process）评价和成果（production）评价组成的一种综合评价模式。CIPP是这四种评价的缩写。该模式的核心思想是把教育评价看成是“为决策提供有用信息的过程”。

“背景评价”为计划决策服务，是对教育目标本身所进行的诊断性评价，也就是根据社会需要和评价对象的整体状况对所提出的教育目标进行价值判断。背景评价的详细内容包括了解、分析和判断教育目标背后的社会需要，这些需要的广泛性和重要性，以及所确定的教育目标能在多大程度上满足这些社会需要。

“输入评价”为组织决策服务，是对用以实现教育目标的教育方案的可行性的评价，也就是对实现教育目标所需要的条件以及可以得到的条件的评价。输入评价要解决的具体问题包括对为实现教育目标而制定的各种教育方案进行比较、优选，或者将两种或两种以上的教育方案的优势进行结合。在对教育方案的比较、优选的过程中，需要对实现目标所需要的人、财、物和解决问题的策略等进行调查研究，并最终确定解决问题的最佳方案。

“过程评价”为决策的实施服务，是对方案实施过程的形成性评价。过程评价的目的在于了解和掌握方案实施的进度，获得反馈信息，及时发现方案实施过程中存在的问题，并通过对问题的分析，作出对方案进行调整或终止的决策。

“成果评价”为再决策服务，是对教育方案实施结果的终结性评价。成果评价的目的在于测量、解释和判断方案实施的成效，为下一周期新的教育方案的制定提供依据。

CIPP模式最突出的优点是将四种评价结合在一起共同发挥作用，使评价活动贯穿于教育活动的全过程，不仅重视最终结果评价，而且重视对目标本身的合理性进行评价，同时重视方案的形成性评价，拓宽了评价范围与内容，能够为决策过程提供全面的信息，是对泰勒模式的重要发展。提出的输入评价和过程评价，很有启发意义。但是，由于CIPP模式所要进行的评价较多，对评价信息、经费和评价技术的要求较高，操作难度相对较大，需根据评价委托人的要求和实际情况选择使用。

四、CSE模式

CSE模式是一种与CIPP模式最为接近的评价模式。CSE模式是美国加利福尼亚州立大学洛杉矶分校评价研究中心（Center for Study of Evaluation）在20世纪60年代后期提出的一种评价模式，CSE是该中心名称的英文缩写。

CSE 模式将评价分为需要评定、方案计划评价、形成性评价和总结性评价四个步骤[①]。需要评定，就是调查对目标决策有影响的各类人员的需要，为最终确定目标服务；方案计划评价，就是为实现目标对各种备选方案的可行性作出评价，其中包括对人、财、物等各类资源配置的调查研究，从教育的角度，还包括对教育内容与教育目标一致性问题的研究；形成性评价，就是方案实施过程中的评价，目的在于掌握教育方案实施过程中的成功和不足之处，以便及时对方案加以完善，以确保教育活动朝着实现教育目标的方向发展；总结性评价，就是在教育活动全部完成以后对教育质量进行全面的调查，并作出终结性的价值判断。

CSE 模式是一种完整的动态评价模式，评价的形成性功能与总结性功能在评价活动中得到了有机统一，评价活动贯穿于教育改革的始终，从教育目标的确定开始到教育质量的全面检查为止，在教育改革的各个阶段，根据教育改革的需要为相关人员提供评价服务。实践证明，CSE 模式是一种较为实用的评价模式，在课程评价中运用尤为广泛。

五、应答模式

应答模式又叫反应模式或当事人中心模式，是由美国学者斯塔克于 1973 年提出的。

斯塔克认为，要使评价结果能真正产生效用，教育评价工作应以关心教育活动方案的人所关注的有价值的问题为出发点，对这些问题给予回答。他建议把问题作为评价的先行组织者。而发现这些有价值的问题，必须通过与关心教育活动方案的人进行接触，以了解他们的愿望。问题的确定强调价值观的多元性和发散性，尽可能满足大多数人的需要。问题确定以后，再根据问题制定评价方案，选择收集信息的方法和手段。

在收集评价信息的方法上，该模式注重与科学主义相对的自然主义方法，强调自然观察、交往和描述性的定性分析等方法的运用，反对把测验方法作为收集评价信息的基本手段，反对把测验结果作为评价的唯一依据，但不反对在适当的场合使用测验的方法。

应答模式的实施步骤[②]包括：①识别方案的范围；②了解方案活动；③了解人们的需要，确定评价的目的；④确定问题；⑤识别、筛选所需要的资料；⑥选择进行观察、判断的工作人员和评价工具；⑦对指定的前提条件、过程和结果进行观察；⑧进行理论总结，准备描述性的资料，开展个案研究；⑨对用于评价工作的某些证据资料进行鉴定，以提高这些证据资料的可靠性；⑩准备评价资料，供评价听取人使用；⑪整理正式评价报告；⑫与方案的评价委托人、评价的听取人和方案的实施者进行沟通，了解各类人员的兴趣和需要。上述步骤并不是机械固定的，相互之间可以互逆或跨越。

① 王景英. 2004. 教育评价. 北京：中央广播电视大学出版社，25

② 王景英. 2004. 教育评价. 北京：中央广播电视大学出版社，26

应答模式关注与教育活动方案相关的各类人员的需求，强调评价价值观的多元性和发散性，使这种评价模式具有一定的民主性。但是，该模式注重定性的分析方法，强调与各类人员进行直接沟通，在时间和人力等方面的耗费较大，操作成本较高。

六、反对者模式

反对者模式又称“对手模式”或“反向模式”，是由欧文斯等人在20世纪70年代中叶提出的。它是一种为了揭示教育方案和教育活动正反两方面的长短得失而采取准法律过程评委会审议形式的评价模式。

反对者模式十分重视听取关于教育方案和教育活动的争议意见，尤其是对立意见之间的对手式辩论，目的在于全面了解情况，为最终作出正确结论服务。一般来说，这一评价的基本特点是它充分反映了各类人员“多元的”价值认识，是依靠人们直觉与经验的评价。

反对者模式的另一种形式是由美国的沃尔夫于1973年提出的司法模式。该模式曾经在美国印第安纳大学用来评价教师教育课程，据说收到了较好效果。沃尔夫的司法模式由四个阶段组成：①提出争论主题。通过访谈等社会调查方式，提出若干需要争论的主题，也就是评价的问题；②选择争论主题。对提出的问题进行认真筛选，找出最重要的问题；③辩论准备。由两组评价人员从正反两个方面收集材料，进行辩论准备；④听证。类似于法庭开庭，由“控”、“辩”双方各自表述自己的观点、论据，并相互诘问，最后由评价决策人员在听取各方意见后，作出评价结论。

反对者模式有助于获得较为广泛的信息和各方面的意见，克服各种偏见，澄清各种潜在的冲突意见，避免评价工作简单化，比较适合争议性较大的工作的评价。但是这种模式的评价结果有时易为辩论技巧所左右，评价费用又较高，难以广泛应用。

七、自然探究模式

自然探究模式是建立在现象学、解释学、日常语言分析以及符号互动论基础之上的评价模式，由库巴等人提出。

自然探究模式认为，人所生活的世界是由人、事、时、地、物不断交织变化而成的世界，它构成了“意义之网”。库巴等人将这种观点归纳成了五点假设：①社会实体是多元的，只有站在不同的角度、采用不同的方法才能真实地把握实体的性质，实体间又是相互联系的，只有运用扩散的、开放的方法才能整体地把握它们的联系；②研究的主体与客体是交互影响的，两者的关系随时间与空间的变化而变化，因此人们对它的解释也不能是固定的或稳定的；③知识是个案化的结果。自然探究并不把研究的目的放在探讨普遍化的规律上，并不试图去证明事物间普遍的因果关系是否存在，而只是关注某个因素是否有助于解决当前的问题；④同时性的构建。在很多情况下，事物是互为因果的；⑤价值牵连。任何研究都是与价值选择有关的，即使在实证的研究中也在所难免[①]。

自然探究模式对评价要素要求不高，目标上注重研究的质而非量，方法上更注重欣赏而不注重测量，因而这种评价模式弹性较大，不太正式，计划性成分也少。人类学研究、案例研究、应答性评价法和专家意见往往是其运用的主要方法。其中，专家意见之所以成为此类评价的主要方法，是因为人们逐步认识到评价活动中应当有质的艺术性成分在内，而专家根据他们的经验能够评价事情的微妙性质和洞察事情细微变化过程。因此，这种评价模式有助于理解教育事件之间的细微差异，并提供一系列详细的材料进行深入的分析[②]。我国台湾有些学者认为，自然探究模式是课程评价的“新典范”。

第三节　教育评价的一般步骤与方法

一、教育评价的一般步骤

教育评价活动涉及的因素较多，只有科学地设计安排工作程序，才能使其有计划、有组织地进行。教育评价一般可分为准备、实施和结果处理三个步骤。

（一）准备

教育评价的准备阶段是具体实施评价的预备阶段，是教育评价活动必不可少的基础性环节。准备工作的好坏直接影响着评价的质量，影响着评价功能的发挥。准备阶段一般要做好五个方面的具体工作。

1. 明确教育评价目的

明确教育评价目的，就是明确特定评价的直接目的，也就是明确为什么进行这一评价，以使评价有正确的方向性。

2. 分析教育评价背景

为了使具体的评价活动更具有针对性和实效性，就必须搜集并认真分析特定评价活动的有关背景材料。对教育评价背景进行分析，主要包括社会发展背景分析、教育发展阶段性需要分析、评价委托人需要分析以及被评价者预期心理分析等。

3. 设计教育评价方案

设计教育评价方案是准备阶段最具实质性的工作之一，直接影响着教育评价工作的成败。教育评价方案的内容一般包括：评价的对象和目的要求，评价的组织和领导，评价指标体系，评价方法、程序，评价的时间安排，评价的注意事项。良好的教育评价方案一般具有切实可行、规范完整、时限明确等特点。

---

① 陈玉琨．1999．教育评价学．北京：人民教育出版社，168～169

② 周金浪．2006．教育学．上海：上海教育出版社，354

4. 准备工具和资料

准备工具和资料是准备阶段的一项必要工作，它是依据已经制定的评价方案进行的。它的主要工作内容包括：根据指标体系的项目和要求设计各种有关的表格，为被评价者准备有关汇报提纲，准备评价所用计量用具、文件、材料纸等物品。

5. 组建教育评价组织

组建教育评价组织也是准备阶段的实质性工作之一，即组织准备。它的主要工作内容包括：成立专门评价委员会，设置一定形式的评价办事机构，聘请有关专家成立专家组，宣布评价工作有关组织纪律，做好有关评价人员的分工、培训等。

（二）实施

实施阶段是实际进行评价活动的阶段，是整个评价程序的中心环节，也是评价组织管理工作的重点。实施阶段的工作主要有下列几项。

1. 宣传动员

宣传动员不仅可以统一思想、协调行动，而且也能为今后根据评价信息改进工作奠定基础。做好宣传动员工作,一是要使参与评价的全体人员充分认识本次评价的目的和意义，激发他们内在的积极性；二是要使参与评价的全体人员掌握评价的方法和步骤，按科学的评价程序参与评价活动；三是要使参与评价的全体人员切实了解本次评价活动的具体进程，便于他们相互配合与协助，使教育评价顺利地进行，实现教育评价目的。

2. 试评

为了使教育评价妥善可靠，在正式评价之前，一般先选择好试点单位进行试评，以便取得经验，提高正式评价的质量。试评可以由评价组织者进行评价，也可以把被评价者的自我评价作为试评。把自我评价作为教育评价实施的组成部分，有利于全面搜集信息、准确进行价值判断，有利于减轻组织者的工作负担，有利于调动被评价者的积极性、发挥评价促进改革和推动工作的作用。

3. 正式评价

在试评的基础上开展正式评价。做好正式评价工作的关键在于被评价者的密切配合，要求被评价者不仅做到实事求是地全面准确地提供各种材料，而且还要为评价者提供有利的工作条件。同时，评价者要注意加强自身的监督和检查，防止和杜绝各种弄虚作假、拉关系等不良现象与行为，使评价做到客观、公正、公平。

4. 搜集整理评价信息

搜集评价信息是进行教育评价的基础性工作。评价者要根据评价指标体系，通过查阅文献、观察、调查、测验、访谈等途径，全面、准确、客观地搜集评价信息，为科学评价做好铺垫。

整理评价信息就是将收集到的全部教育评价信息反复加以核实、优化、分类、汇总，以便于评价所用。

5. 判定评价对象达标程度

判定评价对象达标程度就是根据预先制订的评价指标体系中的指标，对照搜集整理的评价信息资料，逐一分析判断评价对象所达到的程度。这是实施阶段的核心工作，也是整个教育评价中最重要、最关键的工作。为了做好这一工作，评价者要反复学习和研究教育评价指标和评价标准，统一评价人员的认识和理解，发扬实事求是和认真负责的工作作风，排除各种不正之风的干扰。

6. 作出综合评价结论

这是教育评价实施阶段的最后一项工作。在分析判断的基础上，运用教育学、统计学、模糊数学的有关理论和方法，将分项评定的结果进行合成或汇总，并对整体的评价结果进行数量上的综合评价和文字上的综合描述，得出综合评价结论，形成评价意见。必要时，可对评价对象作出优良程度的区分，或作出是否达到应有标准的结论。评价结论要以事实为依据，具有客观性、权威性和正确导向。

（三）结果处理

结果处理阶段的主要任务是分析本次评价活动的质量、向有关方面反馈评价信息、总结评价工作经验等。

1. 检验评价结果

评价结果的检验主要是检查评价程序的每一个步骤是否正确，作出的综合评价结论是否可信。

2. 反馈评价结果信息

为了发挥教育评价的指导作用，评价活动结果的信息要及时反馈给有关方面。具体工作包括：向有关部门汇报评价工作的结果，为教育决策提供参考；在一定范围内的同行中公布评价结果和结论，以资借鉴；向被评价者反馈意见。信息反馈过程中，对结论的解释要慎重，因为任何评价结论都不可能绝对客观和准确。另外，要做好评价对象的思想引导和心理调控工作。

3. 总结评价工作

总结评价工作就是在本次评价活动的工作流程结束以后，对本次评价活动的质量和效果进行总结和评价。评价工作总结结束之后，要注意保存本次评价的重要资料。

教育评价的各个工作步骤环环相扣，需要统筹兼顾，全盘规划，切实提高评价工作的质量。

二、教育评价指标体系的建构[①]

教育评价是依据预期教育目标对教育活动的效果进行价值判断的过程，因此教育评价离不开目标。评价目标的确定要以教育目标为依据。最初确定的评价目标一般比较笼统、抽象，必须把它分解为具体的评价指标，才能使其具有可测性和可评性。指标是具体的、可测的、行为化和操作化的目标。评价目标逐级分解后所形成的既有层次又相互联系的、系统化的指标群，就是教育评价指标体系。

教育评价指标体系的建构，关系到评价是否客观，是否切合实际，关系到评价是否能顺利进行，是否能作出较为准确的价值判断，关系到评价是否能实现其功能和作用，是评价工作成败的关键。从当前教育工作现状看，教育评价指标体系在很大程度上已成为教育工作的指挥棒。教育评价指标体系的结构不同，对教育工作的导向就不同。教育评价指标体系指向哪里，教育工作就转向哪里；教育评价指标体系偏重什么，实际工作就注重什么。如果教育评价指标体系遗漏了某项重要指标，则可能导致教育工作的重大失误。具体评价标准的不同，也会导致达标行为的差异。因此，教育评价指标体系的建构具有特殊而重要的意义。

（一）教育评价指标体系的结构

教育评价指标体系由反映评价对象内涵的指标集及其评价标准和量化符号构成。

指标集是由目标→指标，或者由抽象→具体的多层级指标构成。评价目标被分解时，第一次分解后得到的指标称为一级指标，每一个一级指标再分解后得到的指标称为二级指标，二级指标分解后得到的指标称为三级指标。指标层级一般分两级或三级，层级太多容易主次不分；每一个上一级指标分解成下一级指标的个数不能太多，一般不超过 6 个。在指标层级间，指标与目标是相对而言的，一级指标既是目标的一级指标，也是二级指标的评价目标，而二级指标又可看成三级指标的目标，也就是说，每个上一级指标又都是其下一级指标的评价目标。

评价标准是评价教育实际达到指标程度的具体要求。达标程度可分为不同等级，各等级有不同的评价标准。在教育评价指标体系中，末级指标必须明确规定评价标准。

量化符号是教育评价指标体系结构中不可忽略的部分，一般有权数和分数两类。这两类数值是用来反映某一个体在整体中的相对地位的。权数常用小数形式，一般把同一级的所有指标视为一个整体，整体权数总值为 1。此外还有百分数等其他形式。分数包括指标赋分和等级赋分两种。同一级指标赋分，满分值为 100 分。等级赋分可使用达到度，如 A、B、C、D 四等的达到度分别为

---

① 扈中平．2005．现代教育理论．北京：高等教育出版社，446～450

0.95、0.85、0.75、0.65。在教育评价指标体系中，既可以单纯使用这两类数值中的一类，也可以将这两类数值结合起来使用。

（二）教育评价指标体系的建构

教育评价指标体系的建构，要注意解决好以下几方面的问题。

1. 明确建构依据

建构教育评价指标体系的依据，主要包括教育方针政策、教育理论和知识、教育规律、教育工作实际几个方面。前两者为主观依据，主要解决建构者的理念问题，后两者为客观依据，强调的是实证问题。建构者应认真查阅有关文献资料，全面掌握有关信息，明确指标体系的大方向；要深入研究教育科学理论知识，打好扎实的理论基础；要深入实际，开展调查研究，总结经验教训，奠定实践基础。

2. 逐级分解评价对象

科学而有效地逐级分解评价对象是提高评价指标体系效度的关键。一般情况下，分解评价对象与理解评价对象的内涵有关。对评价对象内涵理解得越正确越透彻，评价对象的分解越容易。对评价对象内涵理解的程度，不仅与建构者智力水平密切相关，还与建构者在逻辑学、心理学、教育学等方面的知识与理论素养密切相关。深厚的相应知识与理论素养，有助于建构者正确而深刻地理解评价对象内涵，科学地分解评价对象。同样的道理，对每一项指标的分解，都离不开对指标内涵的透彻理解。

有时人们对评价对象的内涵理解是多向的，可以这样理解，也可以那样理解。这种情况下，应根据评价目的的需要去选择分解路向。如果评价对象内涵相当丰富，一项评价对象可分解成若干细项指标，应根据评价目的的需要来确定细项指标的取舍，从中选取最重要的指标。

3. 确定评价等级和标准

各项指标评分等级的确定要恰当。各等级评分标准要界定清楚，并且容易操作。分两级评价，还是分三级、五级评价，应根据指标的类型和性质来确定，一般范围是2～5个等级。

评价标准的确定，主要解决两个问题：一是标准类别的选择，要根据不同类型指标的不同特点，综合运用各类评价标准；二是各等级评价标准的规定，各个等级所规定的评价标准，界限要清楚，评判者较易区分，应按各条标准的内在联系由高到低顺次编排，显示出等级之间的递阶性。

4. 分配指标和等级数值

如何科学地确定指标与等级的数值，是建构教育评价指标体系的难题之一。从国内外的情况看，已从早期的凭个体经验来确定发展到集体讨论或专家咨询，越来越重视同行和专家的意见，已从主观随意确定发展到注重调查研究，按一定科学程序规范进行。为了使指标与等级数值的分配更加科学与合理，特对参与人员提出要求：具备相应的知识经验、较高的智慧水平；明确赋值依据，掌握赋值要求；具有认真的态度、严谨的作风、高度的责任感，严格按照科学程序进行指标和等级的数值分配。

三、教育评价的方法

教育评价方法是教育评价主体为完成教育评价任务而采取的工作手段与方式。任何一项评价活动，在明确评价目的、制定评价内容与指标体系之后，都必须采取一定的方法付诸实施，否则实现教育评价任务便是一句空话。教育评价的一般方法主要有以下几种。

（一）观察法

观察法是评价者对被评价者在各种活动中的态度、言行等方面直接感知并作记录，对照事前确定的标准进行评价的方法。观察法适用于评价兴趣、爱好、态度、习惯等不容易量化的行为表现和唱歌、绘画、手工等技能性的成绩。

观察法的优点是简便易行，不需要特别的设备和用具，能够看到被评价者的自然状态，获得比较充实、客观的原始资料。但是，被观察者如果知道自己被人观察时行为表现会不同于平常，加之观察者的判断易受习惯与偏见等因素的影响产生主观性，因而观察结果并不完全可靠；一次观察往往难以获取充足资料，需要进行多次观察，这样时间代价就会很高；观察所得到的资料一般只能反映当前状态，无法反映过去的状态。因此，还需要其他方法与之配合使用。

为提高观察的可靠性和精确性，一方面要使观察经常化，记一些被评价者的行为日志或轶事报告，使评价所根据的资料更丰富与全面；另一方面可采用等级量表，力求观察精确。行为日志或轶事报告，都用来记录被评价者有意义的或异常的行为表现，要尊重事实，如实描述行为的发生经过，记录观察到的现象，并可作简要的解释、说明。等级量表，能大大提高评价的精确度。制作等级量表，首先要确定应从哪些方面对被评价者进行评价，其次要确定分几个等次，再次确定每一项的各级评定标准，最后归纳成为评价的等级量表。等级量表要简明扼要。

（二）调查法

调查法是运用问卷、访谈等方式，有目的、有计划、有系统地收集信息资料，通过分析研究得出评价结论的方法。调查法具有真实性、可靠性、灵活性等特点，在教育评价中具有其他方法不可替代的作用，广泛运用于教育评价领域。常用的调查方法有问卷法和访谈法。

问卷法是以书面形式提出问题，由评价对象作答而获取资料进行评价的方法。问卷法有许多优点：比较灵活，能够节省时间和经费；取样不受限制，能保证信息的有效性和可靠性；具有一定的回避效果，结论比较客观。问卷法也有其局限性：不好控制，如果问卷回收率低会影响样本代表性；通常是被试者独立答卷，可能出现估计作答现象，影响答卷的准确性；收集的资料往往是表面的，还需进一步分析，否则难以了解本质性的东西。运用问卷法时，要充分发挥其优点，控制和避免其局限性。问卷要设计科学、简明扼要；组织实施要严密，提高问卷的回收率和有效性；结果统计要准确，还要做深入分析。

访谈法是评价者与被评价者面对面地交谈，了解情况、搜集信息资料而进行评价的方法。访谈法的优点是：具有较好的灵活性和适应性，能最大限度地实现预期目的；具有较强的可控性，访谈者可以有效控制访谈进程和质量；调查过程具有互动性，能促进访谈问题的深入。访谈法的局限性表现在：需要更多的时间和经费，不适合在较大范围内进行；系统性差，标准化程度低，难以统计分析；调查者与被调查者的个性特征、访谈气氛、间隔时间等因素都会影响调查结果的一致性和真实性。运用访谈法要注意：充分做好访谈前的准备工作；选择适当的访谈时间、地点和场合；访谈者需要由访谈对象的熟人引见，有利于得到访谈对象的支持和配合；建立融洽和谐的访谈气氛；访谈者要注意访谈技巧；要严格遵守保密原则；要采取恰当的方式准确客观、快速全面地做好访谈记录，不得搀入访谈者本人对问题的看法和态度。

（三）测验法

测验法是借助各种测试题对评价对象的有关情况实施测量，获得信息资料进行评价的方法。测验法在教育评价中应用十分广泛，人们常常通过测验来检测、改进、提高教育质量。

测验法种类很多。按标准化程度划分，可将测验分为标准化测验、教师自编测验；按试题类型划分，可将测验分为客观性测验、主观性测验；按性质和内容划分，可将测验分为成就测验、心理测验；按机能划分，可将测验分为诊断性测验、形成性测验；按评价标准划分，可将测验分为常模参照测验、标准参照测验。

测验的质量指标主要有信度、效度、难度与区分度。信度是指测验结果的可靠性或一致性程度，如果一个测验在反复使用(如对同样对象多次进行)或以不同方式使用(如换成等值试题进行)都能得出大致相同的可靠结果，那么这个测验的信度就较高，否则信度则较低；效度是指测验实际测量出其所要测量的特质的程度，测验的效度总是对一定的测验目的而言的，判断某种测验效度的高低，就是要看它达到测验目的的程度，不能离开特定的目的笼统地判断测验是否有效度；难度是指测验项目的难易程度，它通常用答对该项目的人数比例来表示，答对人数多则项目难度较小，答对人数少则项目难度大，项目难度多高才合适取决于测验的目的、性质等；区分度是指测验项目对被试实际水平的区分程度，它与难度有密切的联系，只有在测验中包含有不同难度的项目才能提高区分度。

测验试题是测量的工具，测量工具直接影响测量结果，而没有客观、全面、准确的测量结果就不可能得出客观、准确的评价结论。因此，遵照科学的程序和严格的要求编制一套好的测验试题，是运用测验法进行教育评价的关键。

（四）评语评价法

评语评价法是评价者依据一定的标准和要求，通过观察和了解，用书面语言描述的形式对被评价者有关情况作出评价的方法。评语评价法在教师评价学生的思想品德和整体表现时多有运用。

评语用于教师对学生的评价，反映的是教师对学生的一种整体印象，是对学生发展状态的“质”的描述。为了写好评语，教师要深入了解研究学生，使评语写出学生的个性；要增强评语的感情色彩，以赞赏、表扬、鼓励为主；要提高评语的规范性，适当界定评语的基本项目和指标，有丰富的信息量，体现不同的评价功能。

（五）报告或作文法[①]

报告或作文法是评价者指定题目，让被评价者写出报告或作文，然后对照事前准备的标准进行评价的方法。报告或作文法主要用于教师对学生的评价。

报告或作文法有两个特点：一是其目的在于获得预期的答案，这样便于有针对性地对重要目标进行评价。二是根据问题，学生可以自由地表达自己的见解，并有思考的机会，可以从自己的知识储备中选择适当的内容进行作答，评价主体能够从中观察到学生是怎样解释问题并给出答案的。当然，这种方法也因其试题少、覆盖面小，无法考察学生学习内容的全貌，难以取得客观的资料而无法作出公正的评价。同时，这种评价方法也容易使评价重点失控，有时还难免带有主观色彩。

（六）自我评价法

自我评价法是以自我为主体，依据一定评价原则和标准，主动对自己的思想和行为作出评价的方法。自我评价具有主客体的同一性、评价信息的直接性和丰富性、评价性质的反思性、自评过程的循环性等特点，对于自我认识、自我分析、自我提高有着重要意义，在教育评价实践中得到广泛运用。

现代教育评价强调教师、学生、学校领导要增强自我评价意识，加强评价的形成性功能。他们既要评价别人和各种教育活动，也要评价自己，实行自我评价。在进行自我评价时，要善于自我衡量，找出自己的长处与不足，明确努力方向，改进工作与学习。

自我评价主要是利用标准答案、核对表、录音录像等方式进行的。为了提高自我评价的效果和质量，应当注意：树立正确的自我评价观，充分认识评价的发展性目的；要明确自评标准，防止自评的主观性和片面性；创设良好的评价环境，建立健全自评制度；处理好自我评价与他人评价的关系。

上述方法只是教育评价方法体系中的几种一般方法，远远没有包含所有的在不同评价目的下、不同评价领域中、不同评价工作环节上运用的丰富多彩的评价方法。各种评价方法各有特点，不能完全放在同一水平上来比较优劣，不

---

① 周金浪. 2006. 教育学. 上海：上海教育出版社，360

能机械死板地加以套用，应该从实际出发，根据评价目的和要求来决定选择哪种方法进行评价。

思考与练习

1. 辨析教育评价与教育测量。
2. 我国当代教育评价呈现什么发展趋势？
3. 现代教育评价有哪些典型模式？
4. 评析泰勒模式、CIPP 模式。
5. 教育评价指标体系的建构应解决好哪些问题？

第十二章

教育管理

【内容提要】 教育管理是在一定环境制约下，根据一定的教育目的和管理目标而进行的一种社会活动。教育管理过程包括教育决策、教育组织、教育领导和教育控制四个方面。教育管理的发展趋势是：校本管理趋势、知识管理趋势和信息化趋势。在班级管理中，班主任极为重要，应具有良好的对班级组织结构、班级管理的内容、班级管理原则、班级管理方法的认知和实践能力。教育管理作为教育理论和实践的重要组成部分，对于教育的发展起着举足轻重的作用。

第一节 教育管理概述

一、教育管理的概念

作为一种教育现象，教育管理是古已有之的。就广义而言，它伴随着人类社会的产生而产生，伴随着人类社会的发展而发展。就狭义上来说，它是在奴隶社会产生了奴隶制的国家和专门的教育机构——学校以后出现的。在历史上有很多思想家和教育家就教育管理的问题提出过自己的看法，在实践层面也卓有建树。但是，人们把教育管理作为一个独立的学术领域进行研究，形成自己的学术观点，并从理论的高度去指导教育管理实践，却是在20世纪中叶才开始的。时至今日，教育管理学界对于教育管理概念的界定仍是多种多样的，如美国学者 D. E. 奥洛斯基在其所著的《今日教育管理》一书中，把教育管理视为管理科学加教育。他认为：管理是将理性认识付诸于有组织的活动。在现代工业社会中，各组织及其管理都具有很强的相互渗透力，所以，管理是普遍性的活动，它的某些方面虽然各不相同，但管理思想的方法却有共同的地方。日本学者安藤尧雄在其《学校管理》一书中强调学校管理应该是对学校教育的管理，教育管理不仅是对学校物资设备的管理，更重要的是对教育计划和教育活动的管理。我国学者张复荃在《现代教育管理学》一书中提出：教育管理是社会管理的特定领域，实现教育管理的职能，需要考虑到社会管理各领域中那些最一般的、共同的职能。教育管理又是以培养某种规格的人为自己的目标和归宿，管理的客体不同，任务和手段即不同，教育科学所确定的过程和规律的性质也不同，从而使教育管理与社会管理的其他领域的管理有所区别。我国学者陈孝彬则将教育管理一词放在现代社会“大教育”概念下使用，打破了以往社会那种封闭状态的教育格局，而强调教育应立足于社会整体化，教育系统的运行和发展会与其他社会系统的运行和发展发生不同程度、不同层次、不同形式的互动作用。他认为：教育管理是社会管理的一部分，具有社会管理的共同特点，同时，教育管理不同于社会管理，它具有自己的特点。

我们认为，在教育管理中，既要遵循教育发展的规律，又要遵循管理过程的规律，应将二者有机地结合起来。因此，我们将教育管理这一概念表述为：

教育管理是在一定国家或地区的政治、经济与文化环境的制约下，根据一定的教育目的和管理目标，通过决策、计划、组织、领导和控制，有效开发和合理配置教育资源，以提高教育质量，增进办学效益，推动教育事业发展的社会活动。

这个定义包括以下四层含义：

1）教育管理活动是在特定的内外部环境的制约下进行的。任何组织都存在于一定的内外部环境之中，并受到环境的约束。如教育的发展不但要受到国家政策、法律的影响，国家经济的发展、经费的投入也制约着教育的发展，此外，人口数量和结构以及社会所能提供的就业岗位等因素也会影响到教育的规模、布局、专业设置等。因此，教育管理活动必须注重教育的内外部环境，善于利用内外部环境的各种有利因素，并根据内外部环境的变化而不断 创新。

2）教育管理活动是为实现教育目的和管理目标服务的。教育管理活动具有目的性，目的又可以具体化为若干目标，而在同一时期要实现的目标是多种多样的，例如学校的目标包括要培养出高素质的毕业生，提高教师的素质，还要提高社会服务的质量等。因此，不管是什么类型的学校，在整个教育管理活动中都要紧紧围绕着教育目的和教育目标来进行。

3)教育管理工作要通过有效利用教育的各种资源来实现教育目的和管理目标。资源是教育发展的基础，也是开展教育管理工作的前提，传统意义上的资源主要指人、财、物，强调的是内部的、有形的资源。现代意义上的资源远不止这些，至少还包括信息、时间和空间等资源。特别是在当今信息化、国际化的背景下，怎样获取并利用有效信息，同时抑制信息垃圾，怎样有效利用时间，怎样拓展自己的生存空间等将是我们要面临的重大问题。

4）教育管理最终要落实到计划、组织、领导和控制等一系列管理职能上。管理职能是管理者开展管理工作的手段和方法，也是管理工作区别于一般作业活动的重要标志，这些管理职能是每个管理者都必须要做的事情，是管理理论研究和管理实践的重点，不为社会制度和管理者的喜好所左右。

二、教育管理的特征

1. 社会性

教育系统作为社会的子系统，要和社会发生紧密的联系，教育管理思想和教育管理实践都离不开社会环境的制约。社会环境是一个复杂的系统，系统中的诸因素对教育事业的发展有着不同的影响。譬如经济因素的影响，不仅是明显的，而且也是非常关键的。从经济学的角度看，教育的需求与供给，包括教育的总量、结构、质量等在很大程度上都是由经济因素决定的，经济体制的变革必然导致教育体制的变革。文化也是影响教育管理活动的重要因素，实际上管理就是观念形态的文化，其行为是受价值观支配的，在以传播历史传统文化为目标的教育价值观或以现实功利为目标的教育价值观，以及以开拓和创造未来为目标的教育价值观的支配下，其教育管理思想和实践都是截然不同的。美国管理学大师德鲁克在对各个国家的管理差异进行研究的基础上提出:“各大国的管理学不尽相同，它受本国传统的强大影响：美国的竞争对手的传统，欧洲大陆的重商主义传统，日本的家庭传统，英国的俱乐部传统”。现代教育管理的社会性的另一方面，就要把教育的社会效益作为评价和考核教育管理工作质量和效率的主要标准，从这个意义上讲，教育事业是典型的公益性事业，而不是商业化的盈利性活动。

2. 人本性

教育管理是人的管理。管理的主体是人，管理的客体虽然兼有人和物两个方面，但对物的管理仍取决于对人的管理，因此，归根结底还是对人的管理。我国古代的管理思想都很重视发挥人在管理中的关键作用。孟子曾提出“天时、地利、人和”的思想，并认为“人和”在三者中占据主要位置。20 世纪以来，西方管理学也很重视对人的态度及行为的研究，20 世纪初有基于“经济人”假设的泰罗的科学管理，20 世纪 30 年代后有基于“社会人”假设的梅奥等人的行为管理，50 年代有基于“自我实现人”假设的马斯洛等人的人本管理，80 年代以来出现了现代的文化管理，强调超越自我的组织文化和组织形象等。因此，教育管理学要重视研究管理者的活动及其行为规范，同时又要重视被管理者的活动及行为规范。在教育管理过程的双边活动中，广大教职工和学生并不是以一种被动的、消极的心态去听从指挥和管理的，而是以一种积极的、独特的心态和方式去对待的，学校的教师是一个学有专长的知识群体，这一群体中的每个成员除了拥有自己的专业领域外，还具备独特的工作方法和思维方式，他们在工作中表现出来的精神状态、责任感、成就欲望及角色意识对学校的教育、教学质量会起到重要作用。因此，一方面要搞好领导班子的自身建设，努力提高领导者的素质；另一方面要充分调动广大教职工、学生的主动性、积极性和创造性，使教育、教学工作形成积极向上、不断进取、生动活泼的局面。

3. 综合性

教育管理活动和研究对象的复杂性决定了它需要各种有关学科的理论和知识。教育管理学自身是在教育科学和管理科学的边缘地带发展起来的，表现为多种学科的综合，包括行政学、法学、社会学、心理学、人类学、管理学、教育学、经济学、数学、哲学等，美国学者卡斯特和罗森茨韦在其所著的《组织与管理》一书中指出：一切组织，包括学校，可分解为五大系统，即目标与价值系统、技术系统、社会心理系统、结构系统、管理系统，其中前四个系统都与管理系统相交叉，构成一个组织的整体。日本学者高野桂一在其所著的《学校经营的科学》一书中，提出学校管理的科学结构包括四大系统，即教育行政学和法学系统、社会学系统、心理学系统、技术学系统，这四个系统被管理学系统所统帅，共同构成了一个交叉的网络。二战后涌现出的一批横断学科和新兴学科，如被人们称为"老三论"的系统论、控制论、信息论和被人们称为"新三论"的耗散结构论、协同论、突变论，也已经对教育的观念、原理、结构、功能管理等产生了重大影响。

4. 艺术性

教育管理学发展到今天，已经形成了比较系统的理论体系，揭示了一系列具有普遍应用价值的教育管理规律，总结出许多管理原则，这些规律和原则是由大量的学者和实践者在长期的研究、管理工作的过程中形成的，是理论与实践高度凝结的产物，不会因为地域、文化及其社会制度的差异而不同，也不以人的主观意志为转移。但是教育管理学的发展历史相对较短，还需要一个逐步走向完善的过程。另一方面，管理工作所处的环境和处理的事物往往是复杂多变的，理论并不能为管理者提供一切问题的标准答案，仅凭书本上的理论和公式进行管理活动是不能成功的，管理者必须在管理实践中发挥积极性、主动性和创造性，因地制宜地将管理知识和具体的管理活动相结合，才能进行有效的管理。这一点，决定了教育管理的艺术性。

教育管理的艺术性就是指教育管理活动除了要掌握一定的理论和方法外，还要具备灵活运用这些知识的技能和技巧。基于这种认识，20 世纪 70 年代，权变管理理论在管理学界产生了极大的影响。美国管理学家弗雷德·卢桑斯在《权变管理理论：走出丛林之路》和《管理导论：一种权变学说》等论文和著作中，把权变管理思想归纳为管理理论方法和环境之间的函数关系，即管理理论方法＝f（环境），其中环境是自变量，管理理论方法是因变量，这种函数理论关系可进一步解释为"如果就要"模式，即如果某种环境存在或发生，就要采用某种相应的管理思想、管理方法和技术，以便更好地达成目标。权变理论认为没有一成不变的、普遍适用的、最好的管理理论和方法，一切应取决于当时的既定情况。

第二节　教育管理过程

教育管理过程是为实现教育组织的目标而进行的一系列相互关联、连续进行的活动。管理学家们一直非常重视管理过程问题，提出了许多观点。如法约尔的管理过程理论把管理作为组织经营的一种职能，包括计划、组织、指挥、协调和控制，即人们所说的“五职能说”；而孔茨把管理过程看作是计划、组织、人事、领导和控制等五项活动的集合；罗宾斯则把管理过程概括为计划、组织、领导和控制四个要素。目前，对教育管理的过程尚无一个统一的认识。从我国教育管理的实践来看，可把教育过程宏观地分为教育决策、教育组织、教育领导和教育控制四大环节。

一、教育决策

决策是组织或个人为了实现某种目标而对未来一定时期内有关活动的方向、内容及方式的选择和调整过程，它是管理的核心和指南。对于主管人员来说，决策是最重要、最困难、最花费精力也是最冒风险的事情。因此，近年来决策活动引起了管理学家、教育学家、心理学家、社会学家乃至数学家和计算机学家们的极大关注，对决策进行了诸多富有成效的研究，并做出了精辟的论述，在此，仅对教育决策的过程作一简要介绍。

1. 确定决策问题

任何决策都是针对特定的问题提出的解决该问题的策略，教育决策也不例外。因此，决策的第一步就是要明确“问题”是什么。根据问题所涉及的范围，可以把决策问题分类为宏观问题、中观问题和微观问题，不同范围的问题又由不同层次的决策者来解决。例如国家的教育发展问题须由国务院和教育部来决策，地方的教育发展问题由地方政府和教育行政部门来决策，学校的教育问题则由学校来决策；而根据问题的重要程度，又可以把问题分为重大问题、一般问题和无关紧要的问题。重大问题是指关系到一个国家、一个地区或一所学校的发展前途或命运的问题，这些问题解决得好，就会使教育得到健康持续的发展。重大问题可能是宏观问题，也可能是微观问题，例如课堂教学是微观问题，但课堂教学问题解决不好，教育发展就成为一句空话。一般问题是指需要解决的日常问题，例如教育行政部门对学校的日常监督检查、学校的常规管理等，这些问题虽然是例行性的，但也必须解决好。无关紧要的问题则是解决了当然更好，解决不了也无碍大局的事务。有时，还可以把决策的问题分为事实问题和价值问题。事实问题是客观存在的问题，如经费问题、人员问题、时间问题等；而价值问题则是人的主观价值取向的问题，如教育目标问题、办学方针问题等。

2. 确立决策目标

决策目标就是决策者对未来一段时期内所能取得的结果的判断和要求。目标的确定首先要具体，不能含混不清。一般来说，越是近期的目标，越要求明确具体，远期目标则允许带有一定的模糊性。其次，目标的确定要力求恰当，防止目标偏低或偏高，目标偏高是指虽有实现目标的主观要求，但是不具备实现目标的客观条件；目标偏低则是指无需努力，目标即可实现。再次，目标的确定应具有可检验性，为了实现总目标，应建立分段目标，并规定相应的具体指标，通过不断的检验，一步一步向总目标迈进。

3. 拟定决策方案

在目标确定之后，就要为实现目标寻求有效的途径，即提出各种备选的方案。方案的拟定并非多多益善，因为在决策过程中，要考虑到各种资源条件的限制，例如时间的限制、经费的限制、人员的限制等，但只提出一种方案肯定是不可取的，管理上有一条重要的格言“当看上去只有一条路可走时，这条路往往是错误的”，其主旨是鼓励人们探求更多的办法，摆脱唯一选择的困境。那么怎样才能找到多种解决方案呢？首先，教育组织的领导者需要提供基本的决策方案框架。任何一个组织的领导者，都要有自己的思路，自己首先要考虑决策方案。其次，要充分发扬民主，使所有人都参与到教育决策中来，一方面可集思广益，同时参与决策的过程也是形成共识、达成一致的过程，这样可以增强组织凝聚力，也有利于目标的达成。第三，要充分发挥教育研究机构和咨询机构的作用。理论的指导和专家的建议对形成科学决策是大有帮助的。

4. 备选方案的评估

有比较才能有鉴别，有分析才会有结论，尽管备选方案可能都具有一定的科学性和可行性，但总有高低之分或优劣之别，要想选择理想的方案，就必须对备选方案进行综合、全面的分析和比较。一般可从以下几方面进行分析：第一，要对备选方案的科学性进行分析。例如方案的目标是否适当，是否符合实际情况；建立方案所依据的材料和数据是否属实；方法是否恰当，程序是否合理等。其次，要对方案的可行性进行分析。一个决策方案是科学的，但不一定是可行的，在这一点上，主要是对方案的可操作性进行分析。第三，要对决策方案的实施成本进行分析。任何决策都会涉及成本和效益的问题，但教育组织和企业组织有一个非常大的不同，那就是企业以追求利润最大化作为自己的根本目标，而教育组织更多地要考虑到社会效益，而不仅仅是经济效益。

5. 决策方案的选择

选择是决策的精髓。有了备选方案的评估结果就具备了对方案进行优化选择的有效依据。对决策方案的选择，常用的方法主要有：第一、经验法。经验在决策方案的选择中具有重要作用，决策者的经验是一笔重要的财富，但经验也具有局限性，它受到时代的影响，也受到个人的经历、能力、思维方式等因素的影响，因此，仅仅依靠经验可能会导致错误决策。第二、实验法。对于一些重大的、影响面广的决策，很难完全预测到实施后所带来的各方面的影响，一旦失败，后果将不堪设想。这时往往会使用实验或模拟实验的方法。例如，我国的校长负责制就是在试点以后才开始推广的，“新课程改革”最初也是在试验区进行的。但是实验法的实施需要大量的经费支持，时间跨度也比较长，未来的情况也可能会有变化。第三、比较法。这是在方案选择的过程中最为常见的方法，但是由于问题往往具有复杂性，涉及的相关因素较多，所以备选方案往往互有利弊，有时难以分清孰优孰劣。另外，决策方案的选择不仅要确定能够产生综合优势的实施方案，而且要准备好情况一旦发生变化时可以启用的备用方案。选择备用方案是防范不可预测到的未来形势变化的有效手段，其目的是为了尽量避免因临时变化而造成的手忙脚乱。

二、教育组织

教育组织过程是教育管理者按照组织的特点和原则，通过组织设计，构建有效的组织结构，合理配置教育资源并使之有效运行，以实现管理目标的活动。在这一过程中，组织结构对于教育管理活动和管理目标的实现具有重要的甚至是决定性的意义，因此，教育组织的结构设计和构建是关键性的环节。

（一）教育组织设计的原则

任何组织的设计都是按照一定原则进行的，一般来说，教育组织设计的基本原则包括以下几个方面。

1. 与教育目标相一致的原则

这一原则是指教育组织机构和工作岗位的设置必须以有利于实现教育组织目标为出发点和归宿，因此应对教育机构和职位设置进行科学论证，根据教育组织的总体目标设计组织，使得所设计的组织的各个方面都能够有效服务于组织目标。

2. 整体性原则

在进行教育组织设计时，应把教育组织作为一个系统的整体，从纵横两个方面对教育组织结构进行协调和整合，一方面对教育组织的职能、部门、职权、规范进行分门别类的设计，另一方面对组织关系进行配合设计，使教育组织成为一个高效运行的有机整体。

3. 统一领导原则

这一原则是指在教育管理工作中只能有一个指挥中心，每个下级只接受一个直接上级领导并且对他负责，不能“政出多门”。应建立严格的责任制，明确各级管理人员和工作人员的职责和工作关系，做到指挥到位，同时领导者要善于授权，避免工作中越俎代庖。

4. 权责结合的原则

在教育组织设计中，要按照具体部门和职位，规定相应的获取、使用和支配必需的组织资源的权力；同时组织中的权力配置必须与责任配置有机结合。如果权力大于责任，就会出现不负责任的权力；而责任大于权力，则会使责任无法落实。

（二）教育组织结构

教育组织结构是组织设计的结果和具体体现，教育组织结构的形式是教育组织结构设置的典型具体模式。在教育组织的发展过程中，具有典型意义的组织结构形式主要有以下几种：

1. 直线制教育组织结构

直线制教育组织结构是一种最简单的组织结构形式，在这种结构形式中，组织职位按照垂直系统直线排列，各级主管对自己的下级拥有直接的一切职权，职权和命令从上而下直线纵向贯穿组织之中。这种组织结构只适用于规模小的组织，其特点是结构简单，职权集中，责任分明，指挥统一。但是由于没有职能部门，领导者必须事必躬亲，容易陷入事务性工作，而且在复杂问题的决策上产生失误的可能性较大。英国的中学行政系统的组织结构基本就是直线制，在校长、副校长之下设学级与学系（教研室）作为第二级管理机构，直接指挥教师与学生。

2. 职能制教育组织结构

这种结构分为两类，即纯粹职能制结构和直线职能制结构。纯粹职能制按照组织职能分解组织活动为不同的部门，作业人员同时接受若干职能部门的领导和指挥，这种结构的优点是能发挥职能专业化的优势，但存在多头指挥、责任不清及过分强调部门职能重要性而忽视组织整体要求的问题。直线职能制是对纯粹职能制的改进，是以直线制组织为基础，在各级直线主管之下，设置相应的职能部门。其优点是既保证了集中统一指挥，又能发挥专家业务管理的作用。缺点是各部门自成体系，容易造成横向沟通困难，同时可能造成下级单位缺乏积极性和主动性。我国中小学大多采用这种组织结构。

3. 事业部制教育组织结构

事业部制组织结构最早由美国通用汽车公司创立，是一种分权制的组织形式。组织的最高层领导下设多个事业部，各事业部有独立的业务范围、责任和利益，实行独立核算。其优点是最高层领导摆脱了具体的日常管理事务，有利于集中精力做好战略决策和规划，同时有利于充分调动下级管理人员的积极性和主动性。缺点是机构重复，造成一定的资源浪费，事业部间也容易引起竞争，发生内耗。这种结构适用于规模较大的组织。目前我国大学的组织结构基本上采用的是这种模式，即以党委书记和校长为首的上层领导主要是对学校的整体发展进行决策，各学院或系部则有相对独立处理本学科领域的业务问题的权力。

4. 矩阵制教育组织结构

矩阵制组织结构是由两套组织部门联合构成的双重组织结构，其中一套是在组织职能基础上形成的部门，另一套是在组织特定业务项目基础上形成的部门，这两个部门在组织中以纵横两个方向设置，组成了一个矩阵，因此被称为矩阵制组织结构。其优点是垂直管理和水平管理相结合，加强了各部门之间的协作，同时有利于专业人员优势的发挥；缺点是在工作中可能会产生一定的混乱，且双重领导可能造成作业人员无所适从。矩阵组织可以是临时的，也可以是永久的。如中学的各年级组和教研组就属于矩阵组织结构，每位教师既受到所属教研组的业务管理，也受到年级组的管理。

根据教育组织的功能划分，一般把教育组织分为教育行政机关和学校，教育行政机关是国家根据宪法和行政组织法的规定设置的行使国家教育行政管理权力的国家行政机关，分为中央教育行政机关和地方各级教育行政机关，其主要任务是运用行政权力，依法对学校教育进行行政管理。它的主要职能有规划、监督、检查、评估、指导等。由于教育行政机关的行政相对人是学校等专业性的组织机构，所以教育行政机关的业务工作基本上是专业性的，因此，在进行组织设计时，除了保持统一指挥的行政直线结构外，还需设置不同的职能部门协助教育行政首脑管理业务工作，同时还要设置若干委员会对一些重大的教育问题进行研讨。学校是按照一定社会的需要，有目的、有计划、有组织地对年轻一代进行培养和教育的场所，学校教育活动的承担者是教师和学生，教师是从事教育教学工作的专业人员，学校要充分尊重教师，发挥教师的主体性，对教师采取民主协商式的管理；同时，学生是有思想、有感情的个体，学校应尊重学生，应通过启发诱导的方式使学生自主积极、创造性地投入到教育教学过程中，成为教育过程的合作者。因此，学校组织建设需要多种模式的综合。

（三）构建学习型教育组织

当今世界，一切都处在变革之中，作为一个人，应养成终身学习的习惯，不断自我完善；作为一个组织，也要不断地学习，以适应社会变革的要求。因此，需要运用组织学习理论把教育组织建设成为一个学习型组织。圣吉在其著作《第五项修炼》中提出，学习型组织有五个要素：系统思考、自我超越、改善心智模式、建立共同的愿景、团队学习。把教育组织构建成学习型组织，需要从这几个方面着手：第一，促进教育组织的系统思考。教育系统是社会的一个子系统，教育系统和其他的社会系统之间相互影响，相互制约，因此，应把教育组织构建成一个开放的社会系统，使其与外部环境保持物质、能量和信息的交换，管理者必须善于适应环境的变化，或者创造环境。同时，教育系统内部也是由许多部分组成的，其中任何一部分的变化都会影响到其他方面。所以，无论是作为教育组织的领导人还是作为组织中的成员都应该从整体的角度来考虑问题，做出正确的决策，并采取相应的行动。为了达成这种系统思考，需要建立畅通的沟通渠道，使领导和下属之间，部门和部门之间进行良好的沟通，以使人们的思想和行为达到系统整合。第二，构建教育组织的共同愿景。共同愿景是对组织中全体成员个人愿景的整合，组织的远、中、近愿景，都要有教育组织成员共同策定，促使每个人主动、积极地投入到学习中去，产生自觉的创造性的学习，从而孕育组织无限的创造力。第三，激励自我发展，自我超越。为了使组织具有很强的自我发展和自我超越能力，应鼓励每个组织成员自我发展，自我超越，因此，教育组织应在组织设计和激励机制等方面激励每一个成员都积极进取，不断超越自我。第四，促进教育组织中的团队学习。彼得·圣吉曾说，在现代组织中，学习的基本单位是团体而不是个人。过去我们只注重研究个人的智商，而很少关注群体的智商，而在当今时代，事业成功在很大程度上要依靠团队的创造力。因此圣吉特别强调团队学习，通过"深度会谈"，转换对话及集体思考的技巧，让团队发展出超乎个人才华总和的极大智慧和能力。为做到这一点，需要建立宽松的环境，使组织成员之间进行充分的合作与沟通，相互认识到自己的不足，获得超越个人认识的见解。第五，改变心智模式。心智模式是指一个人认识世界、认识个体的思维模式，人的思维模式一旦形成，就会成为一种定势，是很不容易改变的。要建立学习型教育组织，就要促进每一个组织成员不断地反思自己内心的思维图像，在自我剖析以及和他人的交流中发现自己思维定势的缺陷，通过学习改变自己的思维模式，不断地创新思维。

三、教育领导

（一）领导的涵义

在人类已进入21世纪的今天，各个组织、机构都在经历着巨大的变化，领导已成为人们关注的热点问题，正如美国著名领导学家史蒂芬·柯维指出："随着知识经济时代的来临，领导学正成为一门全新而又丰富的管理学问，它新鲜而实用，我敢断言，科技界的电脑和人文类的领导学正并驾齐驱，要统领这个即将一体化的社会"，那么，怎样来理解"领导"呢？很多人从不同的角度进行了解答：领导是一种说服他人热心于追求一定目标的能力（K. 戴维斯）；领导是影响人们自动为完成群体目标而努力的一种行为（G. R. 特纳）；领导是一种影响一个群体实现目标的能力（斯蒂芬·D. 罗宾斯）；领导是指挥、带领、引导和鼓励部下为实现目标而努力的过程（周三多、陈传明、鲁明泓）等等。根据以上启发，我们把领导定义为：领导是指运用权力指挥、带领、影响下属为实现组织或群体目标而积极行动和努力工作的过程，其含义包括以下几个方面：

第一、领导是一个运用权力影响下属的过程

权力是指一个人影响另一个人的能力。罗宾斯指出，权力是依赖的函数。关于权力的来源，法约尔在《工业管理和一般管理》中，最早把权力分为职务权力和个人权力，表明权力来源于两个方面：职务和职务外的个人因素。约翰·弗伦奇和伯特伦·瑞文具体提出了权力的五个基础和来源：①强制权，这种权力建立在下级的惧怕感上，下级认识到如果不按上级的指示办事就会受到上级的惩罚。②法定权，这种权力来自于领导者在组织中担任的职务，来自于下级传统的习惯观念，来自于下级对职位权威的接受和认可。③奖励权，这是与强制权相对应的概念，下级认识到服从上级的意愿带来积极的奖励，这种奖励可能是物质的，也可能是精神的。④专长权，这种权力是指领导者具有某些专门的知识和技能，因此赢得下级的尊敬和服从。⑤个人影响权，这种权力主要来自于个人魅力，是建立在下级对上级的认可、信任或崇拜的基础上。

第二、领导的目的是通过被领导者达到既定的组织目标

领导者应影响被领导者为实现组织的目标做出努力，而不是更多地体现个人的权威。组织需要建立领导者的权威，但独裁的领导方式通常不是最有效的领导方式，有效的领导者应当赋予被领导者在执行组织任务的过程中发挥主动性和创造性的空间。

第三、领导必须具备领导者、被领导者和领导环境三个基本要素

领导者是领导活动的主体，领导者必须有下属的追随和服从，否则，领导者无法展开其领导活动；同时，领导活动的成败还取决于环境因素的影响，即自然环境和社会环境的综合影响，用公式表达，则是领导＝f（领导者、被领导者、环境）。

（二）教育领导方式的选择

领导方式又称作领导模式或管理模式，它是对领导者在具体领导过程中对待被领导者行为态度和表现的概括。二战后，随着西方经济的复苏和发展，领导方式研究也随之兴起，产生了一系列有价值的理论。主要有怀特和利皮特的三极端理论，即领导方式有权威型、民主型和放任型三种基本类型；利克特的专断权威、开明权威、协商、群体参与四种模式；布莱克和穆顿的管理方格理论；菲德勒的权变模型；坦南鲍姆和施密特的连续统一体理论；豪斯的目标—途径理论等。作为教育领导者应选择怎样的方式呢？这需要从以下几个方面试做分析：

1. 教育领导者的特性

教育领导者除了具备领导者所共同拥有的综合能力之外，在专业素养、民主意识等方面特征鲜明。教育领导者首先是一位教育专家，掌握着教育科学知识，具有教育能力，同时精通教育管理理论、方法和技术，对教育教学有发言权，是内行而不是外行，教育领导者一般都具有浓厚的民主意识，对人性有深刻认识，能够尊重人、信任人、关心人。

2. 教育组织的特性

教育组织和企业、政府、军队等组织相比有不同的特征，教育组织是有组织的松散结构系统。按照一般管理理论来管理教育组织具有局限性，当前出现的学校管理行政化已明显损害了教育的发展。

3. 教师工作的特性

教师是履行教育教学职责的专业人员，他们经过长期的训练，在教育教学领域享有独立自主权，所以，教师工作具有自治性，他们不喜欢受到别人的指挥。教师的这种工作特性，要求教育领导者尊重他们的独立性和自主性，不宜采用命令的方式来进行。

通过以上分析，可以得知在教育组织中使用独裁专制的领导方式是不适宜的；把教师看作“经济人”，只利用金钱杠杆是不合适的，可供选择的类型应是支持帮助型或协同合作型。教育领导者应对下属采取信任的态度，支持而不是

命令其工作，使下属积极地参与而不是被动地接受领导，同时领导者还应创造良好的环境，使每个教师都有机会得到良好的发展，以达到自我实现的需要。

四、教育控制

控制是管理者监控组织及其成员的活动，使其按决策完成任务并纠正偏离决策的活动过程。控制主要包括确定控制标准、收集控制信息、监测工作进程、奖惩工作绩效、纠正工作偏差和控制关键点等内容。组织控制的策略很多，而教育控制和企业管理控制有很大的不同，根据教育组织的特点,教育控制包括以下几个方面：

1. 法规控制

运用法规控制是教育管理法制化的具体体现，法制化管理是依法保护公民受教育权、学校办学权以及教师、学生合法权益的保障。无论是教育行政部门还是学校都要依法进行管理。首先,要以完备的立法形式来规范和统一教育管理活动，使其具有权威性和效能性，保证教育政策的连续性和稳定性。其次，教育管理要遵循法制的要求，符合法律管理的规律和特点。

2. 行政控制

行政控制是教育行政机关常用的控制手段，主要表现为上级教育行政部门对下级教育行政部门的控制，同级政府对教育行政部门的控制，教育行政部门内部的行政控制以及教育行政部门采取行政手段对学校进行控制等。行政控制一般采用行政检查、教育监察、审计、教育督导等方式。学校内部也存在教育控制。在运用行政控制时应注意限定在法定范围内，不要干预学校的办学事务和具体管理事务。

3. 人事控制

人事控制包括两个方面，一是对组织成员进行选择和使用；二是对成员进行训练。人员选择和使用主要是解决任用谁、提升谁和调动谁的问题，也就是要把合适的人放在合适的岗位上；人员训练包括业务培训和态度培训等，以保证教育组织成员能高质量地完成教育教学工作。

4. 预算控制

预算是数字化的计划，是用数字编制一定时期的计划，即用财务数字或非财务数字来表明预期的结果。预算控制是通过编制预算，然后以编制的预算为基础来执行和控制组织的各项活动，并比较预算与实际的差异，分析差异的原因，然后对差异进行处理。教育组织的预算控制一是对教育组织每年的收支情况进行预算，通过预算有计划地分配和使用获得的经费；二是对教育组织的规模、设备和服务进行预算。

对于管理者来说，问题的关键不是工作有无偏差，或工作是否有可能出现偏差，而是能否及时发现已经出现的偏差，或正确预见潜在的偏差，从而采取措施加以纠正和预防。因此，要通过上述控制方法，对教育组织环境的变化做出迅速反应，协调好整个教育组织的行为，确保教育组织目标的实现。

五、教育管理的发展趋势

1. 校本管理

近年来，美国、英国、加拿大、澳大利亚等国在推进教育改革的运动中，相继提出校本管理的理念，主张教育活动“校本化”，以学校本身的特性和需要为出发点进行有效管理。校本管理的基本含义是，教育行政部门给予学校更大的办学自主权，学校可以结合自己的情况制定资源配置、财政预算、课程设置、教科书选择、人事决策等方面的实施方案，其目的是改革学校的管理系统，优化教育资源，提高教育质量和办学效益。校本管理采取的是集体管理的方式，由校务委员会、学校督导、校长、教师、学生及社区成员组成管理集体。

2. 知识管理

美国德尔福集团公司执行副总裁、企业知识管理咨询专家卡尔·弗拉保罗曾说：“知识管理就是运用集体的智慧，提高应变和创新能力”。据美国生产力和质量研究中心的定义，企业知识管理是指为提高企业竞争力而对知识进行识别、获取并使其充分发挥作用的过程。知识管理是信息管理的延伸与发展，如果说信息管理使数据转化为信息，并使信息为组织设定的目标服务，那么知识管理则使信息转化为知识，并用知识来提高组织的应变能力和创新能力，它要求把信息与信息、信息与活动、信息与人连结起来，在人际交流的互动过程中通过信息与知识（显性知识和隐性知识）的共享，运用群体的智慧进行创新，以赢得竞争优势。现在，我们要建立和发展国家创新体系，这是知识经济的必然要求。创新主要有技术创新、管理创新和制度创新，制度创新是前提，技术创新是动力，管理创新是保证。知识管理就是要促进组织内部、组织与组织之间、组织与人之间的联系，加强知识联网，加快知识流动，其目的就是创造有利于创新的良好环境，推动创新。

3. 教育管理信息化

管理信息化是一个组织在管理实践中，不断应用信息技术，深入开发和应用信息资源的过程，它由20世纪50年代初～60年代中期的电子数据处理阶段到70年代初的综合数据处理阶段再到70年代以后的系统数据处理阶段，一直发展到90年代以来的网络化。信息技术集成化，使其实现了从个人计算机到群体计算机网络，从孤立系统到联合系统以及从内部计算机网络到跨组织计算机网络的飞跃。信息化给管理包括教育管理带来的变化是革命性的，它将使管理活动的方式、方法、组织结构等发生根本变革，同时给组织带来新的战略性机遇，改变产业竞争格局和态势。因此，如何有效地运用信息技术，适应信息社会发展，将是教育管理研究中的一个重大课题。

第三节 班 级 管 理

一、班主任的素质

班主任是班级管理的核心，其素质的高低，直接影响着班级管理工作的进行。随着时代的变化，教育改革的不断深入，对班主任又提出了新的素质要求，作为一名合格的班主任，应具有合理的素质结构，一般包括思想品德、智能结构、心理素质及身体素质几个方面。

1. 思想品德

班主任是班级的管理者，是学生健康成长的引路人，是学生学习的榜样，因此，班主任应具有坚定正确的政治立场、政治信念和态度，有较高的政治水平、良好的思想意识、思想品格及工作作风，具备共产主义道德品质，一心为公，勇于奉献，这样才能在学生中树立威信，给学生以强有力的教育影响。

2. 智能结构

（1）知识结构

班主任合理的知识结构应包括文化素养、专业知识和教育科学及管理科学等方面的知识。

第一、广泛的文化素养。这是多方面影响学生，提高其文化素养的重要条件，也是师生联系的一根纽带。作为学生，对知识的探求是无止境的，特别是低年级的学生，将教师看作是无所不能、无所不知的人。在和学生大量的交往中，所涉及的问题是很广泛的，班主任只有具备深厚的文化底蕴，才能获得对学生综合影响的能力。

第二、精深的专业知识。在我国的学校，班主任大多是由任课教师兼任，因此，班主任首先必须是一名合格的教师，应该有自己的专业，对于自己所教的学科包括学科的基本知识、基本结构、发展方向及前沿问题等都应十分精通。事实上，一个班主任是否能上好专业课，也是其能否获得权威的重要方面。

第三、教育科学及管理科学方面的知识。班主任是一名教育者和管理者，应根据教育学、心理学和管理学规律科学地指导学生的思想、生活和学习，使学生健康成长。

（2）能力结构

第一，社交能力。班主任必须适应班级管理的需要，与学生、领导、任课教师、学生家长及其他有关人员进行良好的沟通，协调好各种关系。

第二，组织管理能力。班主任应对班级进行科学的组织建设，善于组织学生的各项活动，并对情况的变化快速做出反应。

第三，科研能力。班主任应结合自己的管理实践进行分析研究，善于从实践中发现问题，经常批判性地反思自己的教育管理行为及经验，积极地探索教育管理问题。

3. 心理素质

班主任应具有积极向上的态度、乐观的情绪品质、坚强的意志、高尚的行为、广泛的适应性以及科学的思维方式，具备开拓创新的观念及广博的兴趣、特长，这样才能对学生的心理产生良好的影响，促进学生心理健康。

4. 身体素质

健康的体魄，能确保班主任承担和完成各项班级管理任务，精力充沛地完成工作。

二、班级组织结构

（一）班级的正式组织和非正式组织

任何一个组织都可划分为正式组织和非正式组织两大类。正式组织是为了有效地实现组织目标，遵循有关的制度、章程或其他文件而人为地建立的组织，正式组织明确规定了组织成员之间的职责范围和相互关系，其组织制度和规范、规则对组织成员具有权威的约束力。而非正式组织是基于组织成员的情感和心理需要自发建立起来的，而不是按照有关规章制度人为建立的组织。非正式组织是人们在共同的学习工作过程中，由于共同的思想感情而自然形成的组织，它所追求的是人与人之间的友谊、感情和共同利益。班级中也可分为正式组织和非正式组织。班级组织是由学生组成的正式组织，每个班级成员有固定的编制，有统一的目标、规章制度和组织纪律，有明确的职责分工，有科学的组织机构，如在班主任指导下，有班级委员会，包括班长、副班长、委员等人，还有班级团支部、少先队组织及正式组建的各种小组如兴趣小组、运动队等。班级中也有学生在共同的学习和活动中形成的非正式组织，如各种爱好者群体、具有共同心理需求的群体等，他们以相互间的情感为纽带，具有明显的感情色彩，同时具有灵敏的信息传播渠道，信息交流频繁。一般情况下，非正式组织也会有核心人物，对成员的影响力大。非正式组织对正式组织的影响是双重的，其积极作用有：有利于班级组织的稳定和形成凝聚力，有利于形成学生之间的协作关系，有利于调节学生精神状态，缓解焦虑，促进学生的心理健康等；其消极作用有：有可能妨碍班级的团结，破坏班级的规章制度和纪律，妨碍班级目标的实现等。因此，作为班主任和各任课教师要在充分发挥班级正式组织作用的同时，善于分析班级中的非正式组织，并加以正确引导，使之纳入到学校主流教育轨道上来。

（二）班级组织的角色结构

角色代表了一个人在社会或特定群体中的地位和关系的联系位置，是一个人身份的标志。在班级中，也有一个相互关联的角色群体，如班主任和各任课教师在班级中扮演教育者的角色，而学生在班级中扮演学习者、受教育者的角色，这是班主任和学生的主导角色。同时，学生在班级组织中又充当各种各样的角色，如有的是班干部，有的是一般班级成员，他们又可能同时是某特色小组的成员等。因此，要引导学生适应各种角色的要求，在不同的角色中履行自己的职责。随着时代的变化，我们认识到教师也不仅仅是以教育者的单一角色出现的，他们同时也是一个学习者，向一切人包括学生学习；要做好学生的朋友、参谋、长者等。因此，教师要适应多种角色的要求，做好自己的工作。

三、班级管理的内容

（一）班级教学管理

教学是学校的中心工作也是班级管理的重要活动，要通过班级教学活动的管理，提高全体学生的学习质量。

1. 配合并支持任课教师做好学科教学工作

班主任应根据教学任务，协调任课教师的教学活动，控制教学的进度与课业负担量。为此，应选择得力的班长、学习委员和课代表，连同班主任本人，保持与任课教师的密切联系，在各种活动的安排上兼顾各学科的需求。

2. 加强学习常规管理

从班级组建第一天起，就要制定一套有利于学生发展的规章制度，例如学生不得无故缺课，不得迟到早退，请假必须履行严格的程序，在教学活动中要遵守各项纪律等，并且对出勤率高、纪律好的学生予以奖励，对表现差的学生要进行批评教育，严重的应予以处罚。

3. 对学生进行学习指导

主要是激发学生的学习动机和兴趣，养成良好的学习习惯，进行学习方法与策略的指导，调适学生的学习志向水平，帮助学生了解自己的学习潜能。在这一方面，除对学生进行一般指导外，还应特别注意帮助学习困难的学生。在教育过程中，由于某种因素造成少数学生在学习上出现障碍，如果这些障碍不能及时排除，会使后续学习产生更大的障碍，进而造成持续的学习困难状态。学习上的障碍包括认知障碍、情感障碍和行为障碍，这些障碍会造成交互作用，形成恶性循环，这是学生学习困难的内部因素。学校和家庭教育上的失误以及社会的不良影响是造成和加剧学生学习困难的外部因素。学习困难学生虽然有共同的规律性的特征，但个体差异也非常明显，因此，班主任要和学生深入交流，找到学生学习困难的症结所在，并且努力发现和开发他们的潜能。

（二）班级德育管理

班级是对学生进行全面影响的综合教育实体，加强德育管理，切实有效地开展德育工作，无疑是班级管理的重要组成部分。

1. 学科渗透德育管理

教学是对学生实施教育的根本途径，也是德育的主渠道。教学的内容、教学的过程安排、教学的组织及方法的运用、教师自身的修养等都蕴含着丰富的道德因素，这些因素对学生良好道德品质和行为习惯的养成有着潜移默化的作用。因此，要对这些教育因素进行挖掘、提炼，在平时的教学活动中启发引导学生，达到学科渗透的目的。

2. 德育活动的管理

德育活动的管理一般体现在三个方面。第一，要做好德育活动的规划工作。应根据学生的年龄特征，有序列、有层次地进行设计，同时在活动的安排上要坚持以学生为主体，充分考虑学生的需要与兴趣。第二，德育活动应目标一致、行动协调。班级德育活动丰富多彩，应根据德育目标对人、财、物、时间、空间和信息进行科学组织，确保德育目标在活动中的作用及规格要求。第三，应对德育活动加以指导。

3. 形成教育合力，优化班级德育环境

学生的思想品德是在家庭、社会、学校三方面的综合影响下形成和发展的。其中学校教育起主导作用，应重视校内的教育影响，要协调一致；同时注意取得家庭和社会的配合，如设立家长联谊会、进行家访、建立家庭联系手册、与社会教育机构取得联系等，以提高德育的有效性。

（三）班级体育卫生管理

体育卫生是学生身心健康发展的基本条件和重要手段。班级体育卫生管理应注意以下几个方面：第一，加强常规性体育锻炼指导，主要包括正常的体育课、晨练和课间操等。第二，鼓励学生参加体育运动。借助激励机制鼓励学生广泛参与各种体育锻炼，培养锻炼习惯，增强体质，提高体能。第三，进行生理保健知识教育，养成良好生活习惯。第四，注重心理健康指导。班级心理健康指导工作不应只是针对少数有心理问题的学生，而是要面向全体学生进行超前正面引导，经常性地为学生开设心理健康讲座。要注意讲究班级管理艺术，注意营造和谐的班级心理气氛，同时有针对性地开展心理咨询和个别指导工作。

（四）班级课外活动管理

课外活动是在课堂教学之外，有目的、有计划、有组织地对学生进行的教育活动，包括校内的课外活动、校外教育活动和家庭教育活动。课外活动管理一般包括对文体活动的指导、对科技创造活动的指导和对社会实践活动的指导。进行课外活动管理应注意：第一，要有计划性。应从学生的实际出发，制定切实可行的班级课外活动计划；第二，要安排丰富多彩、灵活多变的活动内容和形式；第三，要遵循教育性原则。各项课外活动的安排都要体现教育性原则，避免纯娱乐化倾向。

四、班级管理原则

班级管理原则是指进行班级管理时应遵循的基本要求，适用于班级管理的各方面，是处理班级事务的根本依据。管理原则不同于管理规律，规律是不以人的意志为转移的客观存在，人们只能发现规律、认识规律、运用规律，但不能创造规律；而原则是人们主观意识的产物，是人们依据对客观事务的认识而确立的。由于人们研究问题的角度不同，对于客观事务认识的不同，所以对管理原则提出了不同的观点。但原则不是凭空臆造的，而是来源于实践，是实践经验的高度概括，反映了管理的客观规律，能够指导管理实践。因此，作为班级管理者，只有认真学习、研究和贯彻班级管理原则，才能有效地做好班级管理工作。班级管理的基本原则包括以下方面：

（一）方向性原则

班级管理确定何种指向，总要受到社会制度的制约。我国是社会主义国家，处于社会主义的初级阶段，在班级管理中，应坚持社会主义方向性原则，为社会主义建设服务，为提高全民族的素质服务。

贯彻这一原则的具体要求是：

1. 必须以马列主义、毛泽东思想和邓小平理论为指导

班级管理的目标、内容和方法都要符合马列主义、毛泽东思想和邓小平理论，符合“三个代表”重要思想和科学发展观的要求，这是贯彻社会主义方向性的根本保证。

2. 坚持把思想政治工作放在各项工作的首位

以邓小平理论、“三个代表”重要思想和科学发展观武装学生的头脑，不断提高他们的思想政治水平，努力做到教书育人、管理育人。

3. 坚持贯彻德智体全面发展的教育方针

在正确的教育思想指导下，处理好德育、智育、体育的关系，坚持德、智、体一起抓，三方面工作统筹安排，使三者互相渗透、互相促进。教育引导学生处理好课内与课外的关系、师生关系、同学关系等，从管理工作上保证学生的健康成长。

（二）全面性原则

全面性原则是指在班级管理工作中，要面向全体学生，对学生全面负责。面向全体学生是指班级管理者应对所有的学生公平、公正，一视同仁，以同样的情感对待全体学生，而不是厚此薄彼、亲近一些学生，疏远一些学生。对学生全面负责是指要促进学生的全面发展。

贯彻这一原则的具体要求是：

1. 平等对待每一个学生

不论是学习成绩好的学生，还是学习成绩差的学生；不论是听话的学生，

还是调皮的学生；也不论是聪明的学生还是迟钝的学生，班级管理者都应同等地重视和平等地对待他们，使他们都能获得发展。

2. 注重学生全面发展

学生的全面发展是指在德、智、体等方面全面发展，有良好的思想政治道德素质、科学文化素质和生理心理素质。在教育教学工作中要克服只重视智育，而忽视德育、体育、美育和劳动技术教育，而在智育中只重视学习成绩，而忽视创新意识、探索精神、科学态度及相关能力的培养等倾向，努力使学生的各种素质得到培养和提高。

3. 注重学生个性特长的发展

全面发展并不是要求每个学生各方面平均发展而成为同一个模式的人，而是包含着个性的多样性和丰富性。实际上，学生由于遗传素质的不同，受到不同的后天环境和教育的影响，而呈现出非常明显的个体差异性。因此，学校和教师不能用固定的尺度和框框去要求学生，而应按照不同要求、不同层次评价和管理学生，善于发现学生的特长，并给予精心培养，帮助他们发挥自己的长处和优势。北京景山中学的“全面发展打基础、发挥特长育人才”和上海建平中学的“合格加特长”等成功经验值得借鉴。

（三）情感性原则

情感性原则是指在班级管理工作中，教师应注意与学生建立积极的情感联系，以促进学生的健康成长。教师对学生的积极情感具有调节教师自身行为的功能，它可以激发教师对教育工作的热情，使教师忠诚于教育事业；同时也可以缩短师生之间的心理距离，使教师更深入地了解学生。另外，教师对学生的积极情感总是以某种信息传递给学生，也具有调节学生行为的功能。学生对教师的积极情感在教育上也具有重要意义，学生与其喜爱的教师相互可以形成良好的心境，有助于学生完成学习任务；而且，还会促使学生对教师产生信赖感以及交往的愿望和行为，从教师那里获得更多的教益。

贯彻这一原则的具体要求是：

1）热爱学生。这是建立师生积极情感的根本保证，也是教师的职业道德要求。热爱学生就是要关心爱护全体学生，尊重学生的人格，平等、公正地对待学生。对学生严格要求，耐心教导，不讽刺、挖苦、歧视学生，不体罚或变相体罚学生，保护学生的合法权益，促进学生全面、主动、健康地发展。

2）注意学生情感变化，选择合适的班级管理方法。学生的情感时时刻刻处在变化之中，在许多情况下向着反方向性质发展。一位班主任如果经常使用具有强烈作用的手段如威胁、喊叫、处罚等，在某一段时间内可能利用了学生产生的害怕情绪，但经常使用会导致学生在情绪上毫无感受，甚至逆反。班级管理者应注意到刻板的语调、一成不变的教室布置、千篇一律的活动安排及经常重复、了无新意的教育内容等可能使学生产生厌烦情绪，而管理者的新的管理举措又可能激起学生的情感波澜，过去令人愉快的管理方法也许会随着时间的推移而变得不受欢迎。因此，在班级管理过程中应敏锐地感知或预测学生的情感变化，对管理方法适时做出调整。

（四）民主性原则

民主性原则是指在班级管理工作中应充分发扬民主，调动全体学生的积极性和创造性，并建立完善的制度，保证学生参与管理。民主是社会进步的标尺之一。民主管理是一种过程和机制，是靠法律约束、制度规范的方式实现的，是用法治来代替人治，具有高度的稳定性、可靠的连续性和广泛的群众性。实际上，民主管理并不是否认个人的作用，而是一旦个人出现失误，能及时地反馈、验证和改正错误，必要时可以用新的人物取而代之。因此，在班级管理工作中一方面要努力提高领导者的综合素质；另一方面应探索科学的、民主的管理制度，不断推进民主化进程。

贯彻这一原则的具体要求是：

1. 树立民主思想和作风

班主任作为班级管理的组织者和实施者，其思想和作风对班级管理的性质、方向和方法有重要影响，也深刻影响着其他人员参与管理的积极性和创造性。因此，班主任应树立正确的学生观，正确认识学生在班级管理中的地位和作用，依靠学生，充分发挥学生的积极性、主体性。同时，班主任应认识到其他任课教师、家长及校外教育结构在班级管理中的作用，做好配合工作。在班级管理中切忌一言堂、家长制，也不要对学生放任自流、不管不问。

2. 探索班级民主管理制度

进行科学的组织设计，健全组织机构如班委会、教师工作组和家长委员会；建立会议制度，定期召开组织会议，听取各组织成员对班级工作的意见和建议；建立监督机制，保证学生对班主任和任课教师的监督等。

3. 实现教学过程的民主化

教学改革作为教育改革的微观领域，是实现教育民主化的根本途径。在教学过程中，应尊重学生的主体地位，发挥学生的主体作用，建立全面、民主、平等的师生关系，和学生进行多向交流，并开展多样化的教学活动，促进学生多种能力的形成。

4. 加强学生的自我管理

自我管理是自己管理自己的过程。以往的班级管理，往往强调管理者的控制作用，而忽视了学生的主体能动作用，容易出现一种被动机械的管理状态。现在世界各国的学生管理中都注意扩大学生的管理权，很多国家建立了学生自治管理机制，让学生自己管理自己。当然，在学生实施自我管理的过程中，教师要给予必要的指导，使学生逐渐学会独立制定计划、独立完成任务、学会自我监督、自我评价、自我修正。

五、班级管理方法

班级管理方法是班级管理者为实现班级的目标，确保班级的各种管理活动按照预定的方向发展所采取的管理手段和措施的总和。

（一）运用行政方法进行班级管理

班级管理的行政方法是指班级管理者依靠自己的权力和班级的组织机构，运用行政手段，按照行政方式对班级进行管理的方法。行政手段是指采用决议、命令、指令性计划、纪律、规章制度、工作程序、标准、指标、督查、检查等手段进行控制。行政方式是以法律规定的行政强制力直接左右被管理者的行为。这种方法的优点是：第一，便于集中统一。采用行政手段能使全班上下统一目标、统一意志、统一行为。第二，便于发挥管理职能作用。通过这种方法的权威性，可以进行强有力的组织、指挥和协调，充分发挥各种管理职能。第三，有利于特殊问题的处理。但是，这种方法也具有明显的缺点：第一，管理效果受到管理者水平的制约，容易造成“人治”；第二，不利于调动学生的积极性和创造性。因此，应配给其他方法使用。

（二）运用思想教育方法进行班级管理

思想教育方法是通过有计划、针对性的思想政治教育，激发人们的学习和工作积极性的方法。在使用这种方法时应注意：第一，要把思想政治工作渗透到教育的全过程。第二，要把握学生的思想现状和需求。在当今全球化时代，在我国建立和完善市场体系的今天，学生的思想出现了很多问题，有很多新的特征和表现，产生了新的需求。因此，应根据时代的特征，关注学生的变化，满足他们合理的需求。第三，注意方式方法的选择，避免思想政治工作流于说教、流于形式，应以活动为载体。第四，注重建立良好的师生关系，与学生进行充分地交流和良好的沟通，使师生心理相融。

（三）充分发挥班干部和骨干力量的作用

运用这种方法应注意：第一，合理选拔班干部。班干部的言行有明显的表率性和导向性，会对班集体及个人造成重大影响。因此，一般应选择热爱班集体、热心为同学服务、工作能力强、身心素质比较高的学生担任，并根据个性特点分派合适的职务。在我国现阶段，存在着任用制、竞选制及轮流制等不同方式。这几种方式各有优缺点，应根据实际情况灵活运用，也可以结合起来使用。第二，正确使用班干部。在班干部确定之后，应对他们充分信任，合理授权，既不要集权，也不要过于分权。同时应认识到班干部和骨干分子也是学生，也是在成长的过程中，具有不成熟性，因此，应对他们客观评价，加强教育和引导。

思考与练习

1．如何理解教育管理的概念？

2．教育管理的改革趋势有哪些？

3．班主任的素质要求是什么？

4．班级管理原则有哪些？你认为最重要的原则是什么？

5．班级管理方法有哪些？如果你是班主任，你会怎么管理班级？

参考文献

阿伦·奥恩斯坦莱文·丹尼尔．2003．教育基础．扬树兵，等译．南京：江苏教育出版社．

陈桂生．1995．德育原理．上海：华东师范大学出版社．

陈桂生．2000．教育原理．上海：华东师范大学出版社．

陈梦稀．2003．现代教育学．长沙：湖南教育出版社．

陈孝斌．1999．教育管理学．北京：北京师范大学出版社．

陈玉琨．1999．教育评价学．北京：人民教育出版社．

戴淑芬．2005．管理学教程．北京：北京大学出版社．

杜威．1981．杜威教育论著选．赵详麟，王永绪，译．上海：华东师大出版社．

冯增俊．2003．教育人类学．南京：江苏教育出版社．

傅道春．2001．教师的成长与发展．北京：教育科学出版社．

郭毅．2002．班级管理学．北京：人民教育出版社．

扈中平，等．2005．现代教育学．北京：高等教育出版社．

黄光扬．2002．教育测量与评价．上海：华东师范大学出版社．

黄济，王策三．1996．现代教育论．北京：人民教育出版社．

黄济．2004．教育哲学通论．太原：山西教育出版社．

瞿葆奎．1998．教育基本理论之研究．福州：福建教育出版社．

瞿葆奎．1999．元教育学研究．杭州：浙江教育出版社．

拉伊．1996．实验教育学．沈剑平，瞿保奎，译．北京：人民教育出版社．

李秉德．2001．教学论．北京：人民教育出版社．

李剑萍，魏薇．2002．教育学导论．北京：人民出版社．

李剑萍．2005．中国现代教育问题史论．北京：人民出版社．

联合国教科文组织．1996．学会生存．北京：教育科学出版社．

联合国教科文组织．1996．教育：财富蕴藏其中．北京：教育科学出版社．

柳海民．1998．教育原理．长春：东北师范大学出版社．

鲁洁．2003．教育社会学．北京：人民教育出版社．

鲁洁，等．1994．德育新论．南京：江苏教育出版社．

陆有铨．1993．现代西方教育哲学．郑州：河南教育出版社．

罗勒·乌里其．1973．西洋三千年教育文献精华．徐宗林，译．台北：幼狮文化事业公司．

南京师范大学教育系．1984．教育学．北京：人民教育出版社．

戚万学，等．1997．现代德育论．济南：山东教育出版社．

全国十二所重点师范大学联合编写．2002．教育学基础．北京：教育科学出版社．

邵宗杰．2001．教育学．上海：华东师范大学出版社．

石佩臣．1995．教育学基础理论．长春：东北师范大学出版社．

石中英．2002．知识转型与教育改革．北京：教育科学出版社．

石中英．2003．教育学的文化性格．太原：山西教育出版社．

石中英．2007．教育哲学．北京：北京师范大学出版社．

孙培青．2005．中国教育史．上海：华东师范大学出版社．

孙喜亭．1999．教育原理．北京：北京师范大学出版社．

王本陆．2004．课程与教学论．北京：高等教育出版社．

王道俊，王汉澜．1988．教育学．北京：人民教育出版社．

王鸿江．2001．现代教育学．上海：上海教育出版社．

王景英．2004．教育评价．北京：中央广播电视大学出版社．

吴文侃．1996．比较教学论．北京：人民教育出版社．

吴志宏，冯大鸣，周嘉方．2004．新编教育管理学．上海：华东师范大学出版社．

谢利民．2004．教学设计．北京：中央广播电视大学出版社．

阎德明．1999．现代学校管理学．北京：人民教育出版社．

叶澜．1993．教育概论．北京：人民教育出版社．

叶澜，等．2003．新编教育学教程．上海：华东师范大学出版社．

余文森．2004．新课程背景下的公共教育学．北京：高等教育出版社．

袁峰．2005．领导与决策．上海：上海社会科学院出版社．

袁桂林．1995．外国教育史．长春：东北师范大学出版社．

袁振国．2000．教育原理．上海：华东师范大学出版社．

袁振国．2002．教育新理念．北京：教育科学出版社．

袁振国．2006．当代教育学．北京：教育科学出版社．

张人杰．2003．大教育学．广州：广东高等教育出版社．

钟启泉，崔允漷，张华．2001．基础教育课程改革纲要（试行）解读．上海：华东师范大学出版社．

钟启泉，张华．2000．课程与教学论：当代教师进修丛书．上海：上海教育出版社．

钟启泉，张华．2000．世界课程与教学新理论文库．北京：教育科学出版社．

钟启泉，赵中建．2003．校长的课程领导：当代教育理论译丛．上海：华东师范大学出版社．

钟启泉．2004．课程与教学概论．上海：华东师范大学出版社．

周金浪．2006．教育学．上海：上海教育出版社．

朱慕菊．2002．走进新课程：与课程实施者对话．北京：北京师范大学出版社．

筑波大学教育学研究会．2003．现代教育学基础．钟启泉，译．上海：上海教育出版社．